Єe

MANUEL

DU

SURNUMÉRAIRE

Arras. — Typ. Rousseau-Leroy, rue Saint-Barbe, 26.

Arras. — Typ. Rousseau-Leroy, rue Saint-Maurice, 26.

MANUEL

DU

SURNUMÉRAIRE

DE L'ENREGISTREMENT, DES DOMAINES
ET DU TIMBRE

PAR

FLOUR DE SAINT-GENIS

DIRECTEUR DES DOMAINES, OFFICIER DE LA LÉGION-D'HONNEUR

HUITIÈME ÉDITION.

Ire PARTIE.

CANDIDATS AU SURNUMÉRARIAT.

—

2e PARTIE.

SURNUMÉRAIRES.

PRIX : 7 FR. A PARIS ET A VALENCE
et 7 FR. 35 *franco* par le retour du courrier
*(Envoyer, par lettre affranchie, un mandat
sur la poste.)*

PARIS

S'ADRESSER A M. DELAMOTTE,

Chef de l'administration du RÉPERTOIRE PÉRIODIQUE DE L'ENREGISTREMENT,
rue de Richelieu, 25,

ET A VALENCE (DROME), A M. PERRIN,
Chef de Comptabilité à la Direction des Domaines.

—

1864.

MANUEL

DE

SURNUMÉRAIRE

DE L'ENREGISTREMENT, DES DOMAINES
ET DU TIMBRE

PAR

FLOUR DE SAINT-GENIS

DIRECTEUR DES DOMAINES, OFFICIER DE LA LÉGION-D'HONNEUR

HUITIÈME ÉDITION.

1re PARTIE.

CANDIDATS AU SURNUMÉRARIAT.

2e PARTIE.

SURNUMÉRAIRES.

PRIX : 1 FR., A PARIS ET A VALENCE
sur la poste.)

rue de Richelieu, 25.

ET A VALENCE (DROME), A M. PERRIN,
Chef de Comptabilité à la Direction des Domaines.

1864.

AVIS ESSENTIEL

POUR LA HUITIÈME ÉDITION.

Cette nouvelle édition coïncide avec des modifications importantes dans la forme et le programme des examens, et des changements intéressants dans la législation.

L'édition de 1859 et le second tirage de 1863 ont été remaniés et augmentés de façon à constituer un travail tout différent de l'ancien.

La *première partie*, consacrée aux CANDIDATS AU SURNUMÉRARIAT, est inédite ; on y trouvera le développement raisonné du nouveau programme, *des solutions et des formules pour les problèmes d'arithmétique et de géométrie*, et une série de 730 questions.

A la *seconde partie*, spéciale aux SURNUMÉRAIRES, on a ajouté un chapitre sur les questions de responsabilité, un autre sur la Prescription, d'autres sur l'Économie politique, le Droit administratif et la Législation générale ; le nombre des questions pour la partie orale a été porté à 1430.

Enfin, le *Tarif complet des droits et amendes* mis au courant de la législation, et le Traité des contraventions, ne seront pas moins utiles aux Receveurs qu'aux Surnuméraires.

Depuis 1834, date de la première édition de ce *Manuel*, nous cherchons à rendre l'étude des instructions plus facile à nos jeunes camarades. Nous n'avons jamais eu la prétention de rédiger une compilation de tout ce qu'il importe à un Surnuméraire de savoir ; il nous suffit de lui servir de guide, les programmes officiels à la main, en le renvoyant aux textes pour le développement des questions de principes, et à la pratique pour l'application des règles de manutention et de comptabilité.

———

CHAPITRE SECOND

EXAMEN DU PREMIER DEGRÉ. — PARTIE ÉCRITE.

CHAPITRE TROISIÈME.

EXAMEN DU SECOND DEGRÉ. — PARTIE ORALE.

CHAPITRE QUATRIÈME.

(Ce Questionnaire a été rédigé d'après les programmes officiels et les précédents examens; il prévoit toutes les questions qui peuvent être posées aux candidats.)

SECONDE PARTIE.

SURNUMÉRAIRES.

EXAMENS DES SURNUMÉRAIRES.

CHAPITRE PRÉLIMINAIRE.

CHAPITRE PREMIER.

EXAMEN DE PREMIÈRE ANNÉE.

ARTICLE Ier.

ARTICLE II.

PARTIE ORALE.

Voir, pour ces quatre premiers numéros, les développements y correspondant dans les matières de l'examen de la seconde année.

PREMIÈRE PARTIE

CANDIDATS AU SURNUMÉRARIAT

CONCOURS D'ADMISSION

CHAPITRE PREMIER

Loi du 5 juillet 1850. — Considérations générales sur l'admission et l'avancement dans les fonctions publiques.

La probité, les bonnes mœurs, la droiture du caractère, sont les plus indispensables qualités du candidat.

conditions d'une éducation libérale, la justification du baccalauréat, et en outre, l'épreuve combinée du stage et du concours.

C'est, en effet, à l'entrée de la carrière, que de pareilles garanties doivent se placer. Les choix ne sauraient être trop sévères : probité, aptitude, intelligence et travail ; puis, c'est au temps et à l'étude à faire le reste.

Un fonctionnaire public, de quelque ordre qu'il soit, n'acquiert point en un jour toutes les qualités requises. Les plus habiles se forment lentement par l'étude, qui donne les connaissances générales, et par la pratique, qui donne l'expérience. Cette expérience, cette aptitude aux affaires, sont surtout nécessaires dans l'administration des domaines.

Il ne suffit point, en effet, que les agents de tout grade parviennent à appliquer avec intelligence le tarif qui constitue l'impôt : il faut, en outre, que pour percevoir les droits sans préjudice pour le Trésor, et sans lésion pour le contribuable, ils saisissent les rapports des actes et mutations avec les différentes lois civiles et de procédure. La connaissance des anciennes lois leur est également nécessaire : car, malgré les variations de notre organisation administrative, combien de matières sont encore régies en tout ou en partie par des règlements antérieurs à 1789 ? C'est qu'il est des choses qui ne peuvent changer : les domaines, les eaux, les forêts, les mines, etc., sont restés à peu près ce qu'ils étaient. Les agents des domaines doivent en outre exercer dans l'intérêt de la société une surveillance active, constante sur les actes des notaires, greffiers, huissiers et autres officiers publics et ministériels.

2° *Avancement*. — Après le recrutement, les règles et les conditions de l'avancement se présentent tout d'abord.

L'avancement est de droit commun. C'est une mesure aussi utile qu'équitable. L'avancement mérité donne à l'État des serviteurs expérimentés ; il excite le zèle, il entretient l'émulation. Pour l'avenir qu'elle offre aux agents, par cette espérance qui ne s'éteint jamais complètement au cœur de l'homme, la pensée de l'avancement compense en partie la médiocrité de la rémunération.

Deux modes existent pour régler l'avancement : *l'ancienneté* et le *choix*.

C'est par une sage combinaison de ces deux modes, que l'administration des domaines est parvenue à concilier les droits du fonctionnaire avec les besoins de l'État, en ne considérant la durée des services qu'autant qu'elle s'unit au mérite et à l'aptitude. Pour graduer l'avancement, pour satisfaire, avec un nombre restreint de mouvements, à de justes prétentions, l'avancement a dû se subordonner à la hiérarchie, laquelle se compose de *grades* et de *classes*.

Le grade désigne un titre ou une fonction spéciale : directeur, inspecteur, vérificateur, receveur, etc. La classe désigne un rang parmi ceux qui occupent cette fonction.

L'une des règles essentielles de l'avancement, c'est qu'*aucune nomination ne peut se faire que parmi les titulaires du grade ou de la classe immédiatement inférieure à l'emploi vacant.*

Toutefois, cette règle, ainsi que les diverses conditions de durée de service dans chaque grade ou classe, laissent encore une large part à l'appréciation du pouvoir qui doit nommer. En cette occurrence, l'administration n'a garde de méconnaître le principe qui doit présider à la distribution des emplois, principe de tout temps proclamé, à savoir : *Qu'il faut pourvoir aux emplois et non aux personnes.* Et cet autre : *Qu'il faut choisir l'homme qui convient à la place et non la place qui convient à l'homme.* En effet, les employés de tout grade et à tous les degrés sont les serviteurs de l'Etat ; l'intérêt commun est la considération dominante et exclusive qui doit présider aux choix des fonctionnaires. Et ainsi que l'a dit M. Vivien dans son remarquable travail sur les *fonctionnaires publics* (1845) :

« Il faut choisir le plus capable, c'est-à-dire le plus savant, si la science est requise ; le plus ferme, si l'énergie de caractère est nécessaire ; le plus vigoureux, s'il s'agit de travaux actifs et de dangers. Le plus discret, si l'imprudence doit être un danger ; donner à chaque poste l'homme qui lui convient le mieux ; approprier l'âge, le caractère, les mœurs, l'esprit de chacun, aux nécessités de l'emploi.

« Voilà le devoir des administrations, devoir délicat, à l'accomplissement duquel elles ne peuvent apporter trop d'attention pour éviter les surprises, trop de volonté pour déjouer les intrigues, trop de désintéressement pour résister aux obsessions de la parenté et de la camaraderie. »

Le problème consistait donc à concilier dans une juste mesure la règle et l'arbitraire, de telle sorte que, se prêtant un mutuel secours, la règle vînt à corriger l'arbitraire et que l'arbitraire pût rectifier la règle. Il fallait tenir compte de la possession des titres ou des grades antérieurs qui établissent une présomption d'aptitude. Il fallait aussi s'assurer, par des moyens déterminés, et d'une manière aussi exacte que possible, si cette aptitude était réelle. L'administration des domaines a résolu ce problème, en exigeant pour tous les grades, et en imposant à tous ses agents des conditions combinées d'âge et de service, de concours et d'examens, éclairées et appuyées par une surveillance constante. Enfin, par une mesure générale, il a été décidé que les différentes classes du même grade seraient désormais attachées aux personnes, au lieu de l'être aux résidences. L'administration s'applique ainsi à ne pas faire supporter à ses agents, préposés à des déplacements pénibles et coûteux...

§ 2. *Importance de l'administration de l'enregistrement, des domaines et du timbre. — Son rang parmi les autres administrations financières.*

L'administration de l'enregistrement et des domaines est l'ancienne et la plus savante des administrations financières. Elle a à sa vigoureuse et rationnelle organisation d'avoir traversé sans ébranlement sensible les époques les plus difficiles des temps révolutionnaires, et d'avoir satisfait sans augmentation de personnel ni de frais aux travaux exceptionnels et aux nouvelles fonctions qu'on exigeait d'elle.

Au surplus, et pour être absous du reproche de partialité, nous emprunterons les paroles de l'illustre jurisconsulte, aujourd'hui président du Sénat, M. Troplong :

« La loi sur l'enregistrement est, pour nous autres légistes, la plus
« noble, ou, pour mieux dire, la seule noble entre toutes les lois
« fiscales. Celles-ci n'agissent que sur des objets matériels, qu'elles
« imposent en tant que matière, et que, pour cette raison, elles
« nomment énergiquement *matière imposable.* Au contraire, la loi de
« l'enregistrement n'est pas astreinte à ce perpétuel contact de la
« matière, elle s'enquiert moins de la chose que du droit sur la
« chose. *De là la nécessité, pour l'administration de l'enregistrement,*
« *de s'élever jusqu'aux régions les plus abstraites du droit civil, et de*
« *contracter avec lui une intime et honorable association.* Quand le pré
« posé veut percevoir un droit d'enregistrement, il faut presque
« qu'il se fasse docteur ès-lois, afin de pénétrer dans l'infinie variété
« des actes de la vie civile, de discerner d'un œil exercé leur carac
« tère propre, et de baser sur cette reconnaissance la redevance due
« à l'État, de saisir enfin, aux détours d'un article du Code, et sous
« un masque habile, les inventions de la fraude, si féconde en faux
« fuyants, pour dérober au Trésor la part réclamée par l'intérêt
« public. »

« Le jeu de la loi du 22 frimaire an VII a donc cela d'attachant,
« pour qui sait en étudier les ressorts, qu'il place sur-le-champ des
« au milieu des difficultés les plus ardues de la jurisprudence.
« Alors surgissent les aperçus inopinés, les doctrines revêtent un
« caractère d'originalité, l'horizon des distinctions s'étend ; enfin,
« une science naît dans la science même, avec ses principes propres,
« sa *jurisprudence, ses antécédents et son histoire;* car, elle aussi, elle

origines curieuses qui pourraient donner matière à plusieurs
« beaux chapitres de notre histoire du droit français; elle a ses vingt
« et glorieux interprètes, dont les livres, quoique oubliés à demi par
« un public léger, n'en contiennent pas moins des trésors pour la
« science et la raison. » *(Introduction publiée par la Gazette des Tribunaux le 20 juillet* 1839.)

Que devient, vis-à-vis de cette appréciation brillante et juste, l'importance relative des autres administrations dont l'initiative se ré-
sume dans l'application des tarifs ou le recouvrement des rôles ? Le
décret du 24 messidor an XII, qui règle les préséances dans les cé-
rémonies publiques, n'a pas classé les administrations financières:
elles marchent en masse et sans ordre; espérons que le temps vien-
dra où l'on rendra à l'administration des domaines son rang naturel,
aujourd'hui surtout que certains de ses agents sont tenus de porter
un costume officiel (décret du 7 novembre 1852).

L'espace nous manque pour tracer ici l'historique, même sommaire, de l'administration des domaines. Nous nous occupons, depuis
vingt années déjà, d'un grand travail qui remonte jusqu'à ces origines curieuses dont parle M. Troplong, et qui sera l'histoire complète de l'administration; nous l'achèverons, s'il plaît à Dieu, que
nos jeunes camarades aient la patience d'attendre.

§ 3. — *Suppression du stage des postulants. — Modification des pro-*
grammes des examens.

L'arrêté du 1er novembre 1863 (aux généralités 2264) modifié
d'une manière intelligente et libérale les conditions d'admission au
surnumérariat.

Le stage des postulants a été supprimé, dans cet objet d'éviter une
perte de temps aux jeunes gens qui, ayant échoué définitivement
aux examens, veulent faire choix d'une autre carrière, et, pour
abréger en leur faveur le temps admis, la durée du temps à
passer dans les bureaux avant d'arriver à un emploi rétribué.

Le programme de l'examen a été modifié, en vue d'élever le degré
d'instruction des candidats et de les obliger à diriger leurs études
vers des travaux moins pratiques. L'instruction spéciale à l'enregistrement sera, en effet, plus facilement et plus sûrement acquise
par les surnuméraires qui auront justifié de connaissances générales; leur jugement sera plus développé, leur esprit mieux préparé à des travaux sérieux.

Pour être admis au concours, il suffira donc, *à partir du 1er janvier* 1864, de se présenter à la direction du département où le can-

didat réside, d'y satisfaire aux conditions prévues par le règlement, et d'y formuler une demande d'admission.

§ 4. — *Conditions actuelles d'admission.* — *Pièces à produire par les candidats au surnumérariat.* — *Règles et forme du concours.*

L'arrêté ministériel du 11 novembre 1863 est ainsi conçu :

Art. 1. L'admission au surnumérariat dans l'Administration de l'enregistrement, des domaines et du timbre, aura lieu désormais conformément aux règles ci-après.

Art. 2. Nul ne peut être nommé surnuméraire s'il n'a dix-huit ans accomplis et moins de vingt-cinq ans, mais les candidats ont la faculté de faire inscrire leur demande avant l'âge de dix-huit ans.

Art. 3. Tout candidat doit se présenter à la direction du département où il réside et rédiger sa demande d'admission sous les yeux du directeur.

Il produit :

1° Une expédition, dûment légalisée, de son acte de naissance ;

2° La justification qu'il est pourvu du grade de bachelier ès-lettres ou de celui de bachelier ès-sciences ;

3° Un certificat des autorités locales constatant qu'il jouit de la qualité de Français et qu'il est de bonnes vie et mœurs ;

4° Un certificat des mêmes autorités ou toute autre pièce authentique établissant qu'il possède personnellement, ou par sa famille, les ressources nécessaires pour assurer son existence pendant la durée du surnumérariat, et pour fournir un cautionnement de 4,000 francs, au moins, lorsqu'il sera nommé receveur.

Art. 4. Chaque demande est inscrite à sa date sur un registre à ce destiné. Le directeur recueille les renseignements nécessaires sur le pétitionnaire et sur sa famille ; il transmet ces renseignements, avec son avis, au Directeur général.

Art. 5. Au 1er juillet de chaque année, ou aux autres époques qui sont fixées par le Directeur général, les directeurs adressent à l'Administration la liste des candidats inscrits dans leur département, et, s'il y a lieu, un rapport motivé sur chaque candidat.

Art. 6. Le Directeur général statue sur l'admissibilité au concours.

Les jeunes gens reconnus admissibles sont répartis entre des comités d'examen que le Directeur général désigne. Ces comités sont composés d'un directeur, d'un inspecteur ou d'un vérificateur, d'un receveur ou du conservateur du chef-lieu, et d'un agent de l'Administration centrale.

Art. 7. L'examen est divisé en deux parties ou degrés.

Il comprend une *épreuve écrite* et une *épreuve orale.*

Les candidats qui ne satisfont pas à l'examen du premier degré ne sont pas admis à subir le second degré.

Art. 8. *Les candidats déclarés admissibles à l'examen du second degré subissent immédiatement cette épreuve.* Les résultats pour chaque examen sont consignés dans un procès-verbal signé par les membres du comité. Ces procès-verbaux et les pièces à l'appui sont transmis au Directeur général, qui, après avoir pris l'avis d'une commission spéciale, dresse et soumet à l'approbation du Ministre la liste définitive, et par ordre de mérite, des surnuméraires. Le Directeur général fixe, au moment de leur nomination, la résidence des surnuméraires et les bureaux auxquels ils sont attachés.

Art. 9. Aucun candidat n'est admis à se présenter plus de deux fois au concours, à moins qu'il n'ait obtenu le grade de licencié ou de docteur en droit postérieurement au premier concours.

Art. 10. Lorsque les candidats auront obtenu un des prix institués dans les facultés de droit par l'ordonnance du 17 mars 1840, il leur en sera tenu compte dans le classement définitif des surnuméraires.

Art. 11. Le nombre des surnuméraires ne peut pas dépasser *cinq cents*.

§ 5. — *Règlement pour l'admission au surnumérariat dans l'Administration de l'enregistrement, des domaines et du timbre.*

Art. 1er. Le programme pour les examens d'admission au surnumérariat dans l'administration de l'enregistrement, des domaines et du timbre est réglé ainsi qu'il suit :

EXAMEN DU PREMIER DEGRÉ (partie écrite).

1° Une page d'écriture faite, sous la dictée, sur papier non réglé, et sans que le candidat puisse en corriger l'orthographe au moyen d'aucun livre ou secours étranger ;

2° La même page recopiée à main posée ;

3° Établissement d'un état ou tableau d'après les indications fournies ;

4° Solution d'un problème d'arithmétique pouvant comprendre le calcul des fractions et des proportions ;

5° Solution d'un problème de géométrie élémentaire pouvant comprendre la mesure des surfaces et des volumes ;

6° Rédaction d'une lettre ou d'une note sur un sujet donné se rattachant aux notions élémentaires d'économie politique ou de finances. (Le sujet de la composition écrite peut également être choisi parmi les matières de l'examen oral.)

EXAMEN DU DEUXIÈME DEGRÉ (partie orale).

INDICATION DES SOMMAIRES.

1° Organisation et attributions des pouvoirs de l'État. — Pouvoir exécutif. — Pouvoir législatif. — Pouvoir judiciaire. — Sénat. — Corps législatif. — Conseils généraux. — Conseils d'arrondissement. — Conseils municipaux.

2° Du Conseil d'État et des conseils de préfecture.

3° De l'impôt en général, des différentes contributions : directes, indirectes. — Impôts de répartition, de quotité.

4° Notions générales sur les règles et sur les formes de la comptabilité publique. — Budgets de l'État, des départements, des communes. — Crédits. — Exercices. — Cour des comptes.

timbre.

titre Ier. Des successions. — Titre VI. De la vente — Titre VIII. Du louage.

10° Arithmétique et géométrie élémentaires.

Art. 2. La veille du jour fixé pour la tenue des examens, les candidats doivent se rendre au chef-lieu du comité devant lequel ils sont appelés à subir les épreuves, et remettront au directeur la lettre de convocation sur laquelle ils apposeront leur signature.

Art. 3. Les compositions écrites chaque journée est divisée en deux séances : la première commence de huit à neuf heures du matin, et la séconde de deux heures de l'après-midi.

Art. 4. Les compositions écrites... par l'Administration centrale, sous développées cachetées aux directeurs. Ces enveloppes sont ouvertes en présence des membres et des candidats, et seulement au fur et à mesure des compositions.

Art. 5. Les compositions sont faites en présence des membres du comité, sur des feuilles à têtes imprimées, fournies par l'Administration et délivrées aux candidats au commencement de chaque séance.

Dès qu'il reçoit une feuille, chaque candidat doit y apposer son nom et sa signature aux endroits indiqués. La feuille est ensuite pliée et cachetée de manière que le nom et la signature ne soient pas apparents. Les cachets ne seront rompus qu'en présence du comité et lorsque le résultat des appréciations aura été fixé pour chaque épreuve.

Le temps accordé à chaque opération écrite est déterminé à l'avance et annoncé aux candidats. A l'expiration du temps...

Art. 6. Les membres du comité se divisent entre eux les compo-

sitions pour les examiner isolément : ils tiennent note de leur appréciation.

Ces appréciations sont communiquées au comité qui statue immédiatement et d'après les bases arrêtées à l'avance par le Directeur
général, sur l'admissibilité du candidat à l'examen du deuxième
degré. Les résultats définitifs sont consignés au procès-verbal.

Les fautes graves d'orthographe ou de langue française, *une
très-mauvaise écriture* peuvent motiver l'exclusion du concours.

Cette exclusion peut être prononcée contre les candidats qui
n'auraient pas fait l'une des compositions écrites, comprises aux
nombres 4, 5 et 6, du paragraphe relatif à l'examen du premier
degré : elle est applicable de droit à ceux qui auraient commis une
fraude quelconque.

Art. 7. Les jeunes gens admis à l'examen oral sont désignés en
présence de tous les concurrents. Cet examen est subi immédiatement. L'ordre dans lequel les candidats doivent être interrogés est
déterminé par le sort au commencement de chaque séance.

La durée de cette épreuve ne doit pas dépasser quarante-cinq
minutes.

Art. 8. Les candidats sont examinés sur chacun des paragraphes
du programme. Chaque examinateur tient note de son appréciation. L'opinion du comité est exprimée séparément pour chaque
paragraphe.

Art. 9. Afin d'arriver à une appréciation exacte et comparative
des candidats, il est attribué à chacune des épreuves de l'examen
écrit, et à chaque paragraphe de l'examen oral, une valeur numérique exprimée par des chiffres qui ont respectivement la signification ci-après :

0, Néant ;
1, Très-mal ;
2, Mal ;
3, 4, Médiocrement ;
5, 6, 7, Assez bien ;
8, 9, Bien ;
10, Très-bien.

Il faut, avant tout, se bien pénétrer de la question posée, en poser
tous les termes, l'envisager sous toutes ses faces, en traiter le
sujet d'une manière complète et à son vrai point de vue. Une question bien comprise est à moitié résolue. On doit, dans la rédaction,
suivre l'ordre naturel et logique, c'est-à-dire exposer les faits, discuter et conclure.

Le style doit être correct, grave, clair, concis, approprié à la recherche
et à l'affectation. La correspondance administrative traite d'affaires
nombreuses et importantes.

La valeur relative des épreuves et des paragraphes, pour les deux
examens est déterminée par un coefficient indiqué sur le procès-
verbal, et qui doit être multiplié par le nombre de points accordés.

Art. 10. Les comités se prononceront sur l'éducation, l'intelligence et la tenue des candidats, la position et l'honorabilité de leur
famille.

Ils exprimeront leur avis au moyen de chiffres et d'après les
bases d'appréciation prévues par l'article 9.

Art. 11. Le classement par ordre de mérite des candidats est préparé à Paris par les soins d'une commission spéciale.

Le Directeur général, après avoir pris l'avis de cette commission, prépare et soumet à l'approbation du Ministre le classement définitif de la liste des surnuméraires.

CHAPITRE SECOND.

EXAMEN DU PREMIER DEGRÉ.

PARTIE ÉCRITE.

§ 1. — *Conseils à propos des opérations écrites.*

Les numéros 1, 2 et 3 du programme n'offrent aucune difficulté, et il est inutile de s'en préoccuper ici ; nous recommandons seulement aux candidats *de soigner leur écriture* et d'apporter beaucoup de précision et de netteté dans la rédaction de l'état.

Les numéros 4 et 5 exigent plus de développements. On trouvera ci-après des *définitions*, les *problèmes* les plus usuels, et quelques *applications pratiques* qui feront connaître aux candidats la nature des questions à résoudre et serviront à diriger leurs exercices.

Quant à la *rédaction d'une note* sur un sujet donné, c'est l'épreuve capitale du concours, celle qui permet d'apprécier avec le plus de justesse l'intelligence, le jugement et les connaissances acquises du candidat.

Il faut, avant tout, se bien pénétrer de la question posée, en peser tous les termes, l'envisager sous toutes ses faces, afin de traiter le sujet d'une manière complète et à son vrai point de vue. *Une question bien comprise est à moitié résolue.* On doit, dans la rédaction, suivre l'ordre naturel et logique, c'est-à-dire exposer les faits, discuter et conclure.

Le style doit être correct, grave, clair, concis, exempt de recherche et d'affectation. La correspondance administrative traite d'affaires positives et sérieuses; le style doit en être sobre et sans prétention, disant tout en peu de mots.

§ 2. — *Solution de problèmes relatifs aux calculs des fractions et des proportions.*

1. — On achète 15 mètres, plus $\frac{7}{12}$ d'étoffe pour 280 fr., plus $\frac{1}{4}$; quel est le prix du mètre d'étoffe ?

Diviser la somme payée par la quantité d'étoffe achetée.

$(280 + \frac{1}{2}) : (15 + \frac{7}{12}) = (280 + \frac{1}{2}) : \frac{187}{12} = \frac{561}{2} \times \frac{12}{187} = \frac{3366}{187} = 18$ fr.

2. — Quelle quantité d'étoffe à 18 fr. le mètre peut-on acheter avec 280 fr., plus $\frac{1}{2}$?

Diviser la somme totale par le prix du mètre. Résultat : $15 + \frac{7}{12}$.

3. — Il faut 10 quintaux de foin (*le quintal métrique vaut* 100 *kilos.*) pour nourrir 8 chevaux pendant 15 jours. Combien de foin faudra-t-il pour nourrir 13 chevaux pendant 20 jours ?

8 chevaux en 15 jours mangent 1000 kilos de foin.

$$\begin{array}{ccccc}
1 & — & 15 & — & \frac{1000}{8} \\
1 & — & 1 & — & \frac{1000}{8 \times 15} \\
13 & — & 20 & — & \frac{1000 \times 13 \times 20}{8 \times 15} = 2167 \text{ kilos.}
\end{array}$$

Définitions. — En économie politique, le *capital* représente du *travail accumulé.* En finances, le capital c'est de l'argent. Lorsque le propriétaire d'un capital en cède la jouissance, il exige en échange un bénéfice, un loyer, qui s'appelle *intérêt.* Le *taux de l'intérêt* est la somme que rapporte par an le capital *cent francs.*

Pour combattre l'usure, c'est-à-dire l'exploitation par les détenteurs d'argent de ceux qui ne possèdent d'autre capital que leur travail, la loi en France, a fixé un maximum au taux de l'intérêt ; ce maximum est de 5 fr. pour 100 fr. par an dans les transactions ordinaires, et de 6 fr. pour 100 fr. en matière commerciale.

4. — Quel est l'intérêt annuel (ou la rente) produit par un capital de 12,648 fr. à 5 °/₀ par an ? Résultat : 632 fr. 40.

Pour calculer l'intérêt annuel d'un capital donné, multiplier le capital par le taux et diviser par 100.

5 — A quel taux faut-il placer un capital de 5,680 fr. pour qu'il produise une rente de 261 fr. 28 c. ? Résultat : 4 fr. 60.

Pour calculer le taux de l'intérêt, multiplier la rente par 100 *et diviser par le capital.*

Définitions. — La dette publique représente les prêts faits à l'État par les particuliers et en échange desquels l'État leur paie une rente annuelle, l'intérêt de l'argent prêté. La *dette publique* se divise en autant de sortes qu'il y a de taux différents d'intérêt. Ainsi la rente *quatre et demi pour cent* est un titre portant un capital nominal de 100 fr. et produisant 4 fr. 50 de rente. Le *trois pour cent* est un titre portant un capital nominal de 100 fr. et produisant 3 fr. de rente. Le capital réel varie suivant le cours de la Bourse, qui n'est autre chose que le marché des valeurs industrielles dont le prix, comme celui de toute chose, s'élève en raison des demandes et s'abaisse en raison des offres. De telle sorte qu'un capital nominal de 100 fr. produisant 3 fr. de rente invariablement, peut se vendre 68 fr. aujourd'hui, et 70 fr. demain.

6. — A quel taux place-t-on son argent en achetant de la rente quatre et demi pour cent, au cours de 95 fr. ?

7. —

8. — Une locomotive, marchant uniformément, parcourt 3,000 m. en 5 minutes; quelle distance parcourt-elle...

Formule générale qui fournit la solution de toutes les questions relatives aux calculs d'intérêts simples.

Soit A le capital, R l'intérêt de 1 fr. par an, c'est-à-dire le taux de l'intérêt divisé par 100, M la durée du placement et B l'intérêt produit...

§ B. — Questions et problèmes de géométrie élémentaire.

MESURE DES SURFACES

Définitions — L'unité fondamentale de longueur est le *mètre*. L'unité fondamentale de surface est le carré construit sur l'unité de longueur, c'est-à-dire le *mètre carré*; viennent ensuite les multiples et les sous-multiples, c'est-à-dire le décamètre carré (carré qui a un décamètre de côté), le kilomètre carré (carré qui a un kilomètre de côté); et, en sens inverse, le décimètre carré, etc.

Mesurer une surface, c'est chercher son rapport à l'unité de surface, c'est-à-dire combien elle contient de mètres carrés et de parties du mètre carré.

SURFACE DES POLYGONES.

La surface d'un rectangle est égale au produit de sa base par sa hauteur.

La surface d'un parallélogramme est égale au produit de sa base par sa hauteur.

La surface d'un triangle est égale au produit de sa base par la moitié de sa hauteur.

La surface d'un trapèze a pour mesure le produit de la somme de ses bases parallèles par sa hauteur.

V. — La surface d'un polygone régulier a pour mesure le produit de son périmètre par la moitié de son apothème (ou rayon du cercle inscrit).

SURFACE DU CERCLE.

— La surface d'un cercle a pour mesure le produit de sa circonférence par la moitié de son rayon.

Problèmes et applications pratiques.

1. — Un champ rectangulaire a 125 mètres de longueur sur 47 de largeur. Quelle est sa surface?

2. — L'aire (ou surface) d'un champ rectangulaire est de 58 ares 75 centiares; sa longueur est de 125 mètres. Quelle est sa largeur?

3. — Un carré a cinq mètres, 47 de côté. Quelle est sa surface?

4. — L'aire d'un carré est de 29 92 mètres carrés. Quel est son côté?

5. — Trouver le côté d'un carré égal à 2 mètres carrés.

6. — La base d'un triangle est de 54m80, sa hauteur est de 39m50. Trouver sa surface.

7. — La surface d'un triangle est de 10 ares 82 centiares; sa base de 54m80. Quelle est sa hauteur?

8. — Trouver la surface (ou aire) d'un cercle dont le rayon est de 4m435 à moins d'un millimètre près.

9. — La surface d'un cercle est de 6, 47 mètres carrés. Trouver le rayon.

10. — Trouver la surface d'un cercle dont le rayon est égal à 1 mètre.

11. — Calculer le rayon d'un cercle qui a pour surface 1 mètre carré.

(*Il faut se rappeler, pour la solution des calculs relatifs à la mesure du cercle, que π représente le rapport du rayon à la circonférence et s'exprime, dans tous les cas, par le nombre 3,1416*).

12. — Trouver la surface du secteur de 60 degrés dans le cercle dont le rayon est égal à 1 mètre. (*Le secteur est la portion de cercle comprise entre un arc et les deux rayons qui tombent à ses extrémités*).

13. — Trouver l'aire d'un segment de cercle. (*Le segment est la portion de cercle comprise entre un arc et la corde qui le sous-tend*).

terminé par des faces planes ou *plans*. Ainsi le *prisme* est un solide compris sous plusieurs plans parallélogrammes et terminé de part et d'autre par deux polygones plans égaux et parallèles, qui sont les bases du prisme. Le *cube* est un solide compris sous six carrés égaux.

On a pris pour unité de volume les cubes construits sur les unités de longueur.

L'unité fondamentale de volume est le *mètre cube ;* c'est un cube dont chaque arête a un mètre de longueur. De même que les unités de surface ont des multiples de cent en cent fois plus grands et des sous-multiples de cent en cent fois plus petits, *les unités de volume sont de mille en mille fois plus grandes ou plus petites.*

Mesurer un volume, c'est chercher combien il contient de mètres cubes et de fractions du mètre cube.

MESURE DES PRISMES DROITS ET OBLIQUES.

I. — Le volume d'un prisme droit quelconque a pour mesure le produit de sa base par sa hauteur.

II. — Le volume du cube a pour mesure le cube de son côté (car, les trois dimensions étant égales entre elles, leur produit est le cube de l'une d'elles.)

III. — Tout prisme oblique est équivalent au prisme droit qui a pour base la section droite du prisme oblique et pour hauteur l'arête latérale.

IV. — D'où la conséquence que le volume d'un prisme oblique quelconque a pour mesure le produit de sa base par sa hauteur.

MESURE DES PYRAMIDES.

V. — Le volume d'une pyramide quelconque a pour mesure le tiers du produit de sa base par sa hauteur (*car une pyramide triangulaire est le tiers du prisme qui a même base et même hauteur.*)

MESURE DES CORPS RONDS.

Définitions. — Le *cylindre* droit est le solide engendré par la révolution d'un rectangle tournant autour d'un de ses côtés.

Le *cône* est le solide engendré par la révolution d'un triangle.

La *sphère* est le solide engendré par la révolution d'un demi cercle tournant autour d'un diamètre qui lui sert d'axe.

VI. — La surface latérale d'un prisme ou d'un cylindre a pour mesure le périmètre de sa base multiplié par sa hauteur.

VII. — Le volume d'un cylindre quelconque a pour mesure le produit de sa base par sa hauteur.

VIII. — La surface latérale du tronc de cône a pour mesure son côté multiplié par la circonférence moyenne (*c'est-à-dire par la circonférence menée à égale distance des deux bases.*)

IX. — Le volume d'un cône quelconque a pour mesure le tiers du produit de sa base par sa hauteur.

X. — La surface de la sphère est égale à quatre grands cercles.

XI. — L'aire d'une zône (*portion de la surface de la sphère comprise entre deux plans parallèles*) a pour mesure la circonférence d'un grand cercle multipliée par sa hauteur.

XII. — Le volume d'une sphère a pour mesure sa surface multipliée par le tiers du rayon.

§ 6. — *Problèmes et applications pratiques*

14. — Quelle est la capacité d'un bassin rectangulaire ayant 10^m80 de longueur, 6^m70 de largeur et 1^m60 de profondeur ?

15. — On veut creuser une fosse carrée ayant 3^m50 de côté ; quelle profondeur faut-il lui donner pour que sa capacité soit de 100 mètres cubes ?

16. — On veut élever une digue ayant 1254 mètres de longueur, 5 mètres de hauteur, sur une épaisseur de 12 mètres à sa base et de 2 au sommet ; quelle est la quantité de déblais nécessaire pour la construction de cette digue ?

17. — Trouver la capacité d'un bassin carré creusé en talus (les remblais sur les routes et les chemins de fer ont cette forme, en la renversant). Le carré supérieur a 18 mètres de côté ; le fond du bassin 10 mètres de côté ; la profondeur est de 3^m70.

18. — Cuber un tronc d'arbre dont la circonférence moyenne serait 1^m87, et la longueur 6^m40.

19. — Calculer la surface d'un ballon sphérique de 4^m30 de diamètre.

20. — Quel est le rayon d'une sphère ayant 1 mètre carré de surface ?

21. — Trouver le volume de gaz contenu dans un ballon sphérique de 4^m30 de diamètre.

22. — Calculer la capacité d'une chaudière ayant la forme d'un segment de sphère. Le diamètre de la base est de 1^m75 ; la profondeur de 0^m68.

§ 7. — *Solution des problèmes et applications pratiques.*

MESURE DES SURFACES.

1. — La surface cherchée est égale à 125 multiplié par 47, ou

il n'y a qu'à multiplier ...

mètres carrés. Diviser 5,875 par 125 ...
mètres carrés. Diviser 5,875 par 125 ...

est de 5m47 (à un centimètre près).

5. — Extraire la racine carrée de 2; soit pour le côté cherché 1m414 (à un millimètre près).

6. — Multiplier la base par la hauteur; prendre la moitié du produit. Résultat 1,082 mètres carrés.

7. — Diviser la surface (1,082 mètres carrés) par la moitié de la base 27,4. Résultat 39 mètres 50 ...

$$R = V \frac{s}{0,47}$$

$$M = R = V \frac{1}{0,8642}$$

12. — L'arc de 60 degrés étant le sixième de la circonférence ... sixième de 3,1416, aire du cercle dont le rayon est 1 mètre ... 0,5236.

L'aire d'un secteur a donc pour mesure ...

22. — Lorsque le segment est plus petit que le ...
aire est la différence entre l'aire du secteur correspond ... celle du triangle isocèle formé par les deux rayons et la corde. On calcule donc l'aire du secteur et celle du triangle; puis, on retranche la seconde de la première.

Lorsque le segment est plus grand que le demi cercle, sa surface est égale à celle du secteur, augmentée de celle du triangle.

MESURE DES SOLIDES.

14. — En faisant le produit des 3 dimensions, on trouve 115,776 mètres cubes pour le volume cherché; soit 115,776 litres.

15. — La surface de la base est de 12,25 mètres carrés. En divisant le volume 100 par la surface de la base, on obtient la profondeur cherchée, 8 mètres 16.

16. — Supposons la digue terminée à ses deux extrémités par des murs verticaux, on aura un prisme ayant pour hauteur la longueur de la digue et pour base la section transversale de la digue, c'est-à-dire un trapèze dont la hauteur a 5 mètres, et les côtés parallèles, l'un 12 mètres, l'autre 2 mètres. La surface de ce trapèze étant égale à $\frac{(12 + 2) \times 5}{2} = 35$ mètres carrés, le volume du prisme est 35 $\times$ 1254 = 43,890 mètres cubes.

17. — Ce bassin est un tronc de pyramide à base carrée. L'aire de la grande base est de 324 mètres carrés, celle de la petite 100, la moyenne proportionnelle entre les deux bases $\sqrt{18^2 \times 10^2}$ ou 180. On aura donc

$$X = \frac{(324 + 100 + 180) \times 3,70}{3} = 744,933 \text{ mètres cubes.}$$

18. — Le rayon de la section moyenne est $\frac{1,87}{2\,\pi}$; la surface de cette section $\frac{1,87^2}{4\,\pi}$, et le volume de $\frac{1,87^2 \times 6,40}{4\,\pi}$. Résultat, 1 mètre cube 781.

19. — Si l'on appelle D le diamètre de la sphère, la surface d'un grand cercle sera $\frac{\pi\,D^2}{4}$, celle de la sphère $\pi\,D^2$. En appliquant cette formule, on trouve 58 mètres carrés 09.

20. De la formule $S = 4\,\pi\,R^2$, on déduit :

$$R = \sqrt{\frac{5}{4\,\pi}} = \sqrt{\frac{1}{4\,\pi}} = 0^m,2821.$$

21. A l'aide de la formule V (volume) $= \frac{\pi\,D^3}{6}$, on trouve que le volume de gaz contenu dans le ballon est de 41 mètres cubes 63.

22. — Le volume du cylindre ayant même base et même hauteur que le segment est $\pi\,\overline{0,875}^2\,0,68 = 1,6356$. A la moitié, il faut ajouter la sphère $\frac{1}{6}\,\pi\,\overline{0,68}^3 = 0,1646$, ce qui donne 982 litres pour la capacité de la chaudière.

(Voir le Questionnaire des mathématiques, au § unique du chapitre quatrième).

2

CHAPITRE TROISIÈME.

EXAMEN DU SECOND DEGRÉ.

PARTIE ORALE.

§ 1. — *Organisation et attributions des pouvoirs de l'Etat. — Pouvoir exécutif. — Ministres.*

L'Etat c'est moi, disait Louis XIV ; aujourd'hui, *l'Etat c'est tout le monde.* C'est un être collectif qui représente les intérêts, les besoins, et aussi les devoirs de la nation. Sa puissance est en raison directe de la prospérité des particuliers ; il prélève, sous le nom d'impôts, une parcelle de la fortune de chaque citoyen et, en échange, donne à tous l'ordre, la paix, la justice.

La division des pouvoirs est la base de l'ordre public en France.

Il y a trois pouvoirs dans l'Etat : *exécutif* (l'Empereur, les ministres) ; — *législatif* (Conseil d'Etat, Corps législatif, Sénat) ; — *judiciaire* (tribunaux à tous les degrés).

Ces trois pouvoirs émanent directement du chef de l'État à qui le suffrage universel a délégué toute initiative.

L'Empereur règne et gouverne. Il nomme à tous les emplois, directement ou par délégation ; commande les forces de terre et de mer ; dirige seul les relations internationales. Il a, seul, l'initiative des lois, promulgue celles qu'ont votées le Corps législatif et le Sénat et décrète les règlements nécessaires à leur exécution. La justice se rend en son nom.

L'administration active et supérieure de la France est aux mains de dix ministres, sous la direction immédiate de l'Empereur.

Les *Ministres*, nommés par l'Empereur et révocables à sa volonté, sont chargés de l'exécution des lois, décrets et actes du Gouvernement. Ils sont ordonnateurs des dépenses de leur département respectif, dirigent les fonctionnaires et agents sous leurs ordres, décident de toutes les questions de leur ressort. Réunis en conseil, ils siégent sous la présidence de l'Empereur pour discuter les affaires d'Etat. Il ne sont point solidaires, et chacun d'eux n'est responsable que de ses propres actes. Leur nombre, qui a beaucoup varié, est aujourd'hui fixé à dix ; ce sont :

Le Ministre d'Etat (*ministre orateur, chargé spécialement de représenter la pensée du Gouvernement devant les grands corps de l'Etat*) ;

Le Ministre de la Maison de l'Empereur ;

Le Garde des Sceaux, Ministre de la Justice ;

Le Ministre des Affaires étrangères ;

Le Ministre de l'Intérieur ;

Le Ministre des Finances ;

Le Ministre de la Guerre ;

Le Ministre de la Marine et des colonies;

Le Ministre de l'Instruction publique et des Cultes ;

Le Ministre de l'Agriculture, du Commerce et des Travaux publics (*ces neuf derniers ont des attributions plutôt administratives que politiques.*)

Le décret du 24 novembre 1860 avait créé des *Ministres sans portefeuille*, chargés de soutenir devant les chambres les projets de lois présentés par le Gouvernement ; le décret du 23 juin 1863 les a remplacés par le *Ministre d'Etat* assisté de *Commissaires du Gouvernement* pris dans le sein du conseil d'Etat.

§ 2. — *Pouvoir législatif. — Conseil d'Etat. — Corps législatif. — Sénat .*

Le conseil d'Etat élabore et rédige les projets de lois qui lui sont communiqués sur l'initiative de l'Empereur ; il soutient devant le Corps législatif et le Sénat la discussion de ces projets ; donne son avis sur les décrets portant réglement d'administration publique ; et statue sur le contentieux administratif. (Voir § 5.)

Le conseil d'Etat (créé en l'an VIII) est donc à la fois un corps politique et un tribunal administratif. Il se compose aujourd'hui : 1° des princes français âgés de plus de 18 ans; 2° d'un président et d'un vice-président choisis par l'Empereur ; 3° de 40 conseillers d'Etat en service ordinaire ; 4° de 15 conseillers d'Etat en service ordinaire hors sections; 5° de 20 conseillers d'Etat en service extraordinaire ; 6° de 40 maîtres des requêtes ; 7° de 80 auditeurs ; 8° d'un secrétaire-général ayant rang de conseiller.

L'Empereur nomme et révoque les membres du conseil d'Etat ; il préside cette assemblée quand il le juge à propos.

Le conseil d'Etat est divisé en six sections: législation, justice et affaires étrangères ; — contentieux ; — intérieur, instruction publique et cultes ; — travaux publics et commerce ; — guerre et marine; — finances.

Le *Corps législatif* se compose des députés élus pour une période de six ans par le suffrage direct et universel. L'élection a lieu à raison d'un député pour trente-cinq mille électeurs ; il y a 290 députés. Le président et les vice-présidents, choisis parmi les députés, sont nommés chaque année par l'Empereur. Le Corps législatif est convoqué, ajourné, prorogé et dissous, par décret. Les séances sont publiques.

Le Corps législatif *discute et vote les projets de loi et l'impôt*. Lorsqu'un amendement (ou modification à un projet de loi) est adopté par la commission spéciale chargée de l'examen de ce projet de loi, il est renvoyé sans discussion au conseil d'Etat qui l'examine et le discute. Si le conseil d'Etat repousse l'amendement, il n'est pas soumis à la délibération de la Chambre. Les débats du Corps législatif, reproduits *in extenso* par la sténographie, sont insérés au *Moniteur*.

Le Sénat est le gardien de la Constitution. Quand une loi, élaborée par le conseil d'Etat, a été votée par le Corps législatif, elle lui est soumise et le Sénat *déclare*, après examen, *s'il s'oppose ou non à la promulgation*.

Le *Sénat* doit s'opposer à la promulgation des lois contraires à la sûreté de l'Etat ou aux libertés publiques ; il interprète la Constitution ; règle tout ce qui n'a pas été prévu par la loi organique; détermine le régime des colonies; maintient ou annule les actes qui lui sont déférés comme inconstitutionnels; peut proposer à l'Empereur des lois d'intérêt national; admet et discute les pétitions des citoyens.

Les sénateurs sont inamovibles et à vie.

Le Sénat se compose : 1° des princes français âgés de plus de dix-huit ans (on appelle ainsi les membres de la famille impériale appelés éventuellement à l'hérédité) ; 2° des cardinaux, des maréchaux et des amiraux ; 3° des citoyens que l'Empereur élève à cette dignité (cent cinquante au maximum).

§ 3. — *Pouvoir judiciaire. — Tribunaux à tous les degrés. — Cour de cassation.*

L'organisation judiciaire de la France est aussi simple que complète. Elle a été inaugurée par les lois de l'Assemblée constituante et fortifiée par la Constitution de l'an VIII, celle de l'an X, et la Charte de 1814.

La justice civile est rendue par les juges de paix, les tribunaux de première instance et les cours d'appel.

La justice commerciale est rendue par les conseils de prudhommes, les tribunaux de commerce et les cours d'appel.

La justice répressive est rendue par les tribunaux de simple police, les tribunaux correctionnels, les cours d'appel, les cours d'assises et certains tribunaux d'exception (conseils de guerre, haute cour de justice).

Au-dessus de ces différentes juridictions est placée la cour de cassation qui contrôle l'application de la loi et maintient l'uniformité de la jurisprudence (1).

Chaque canton a sa justice de paix, comprenant un *juge de paix*, deux suppléants et un greffier, tous amovibles et nommés par le chef de l'Etat.

Les juges de paix sont surtout *arbitres* et *conciliateurs*, et chargés de certaines procédures dans l'intérêt des mineurs et des absents (scellés, etc.); au civil, ils jugent dans les limites prévues par la loi, sans appel jusqu'à 100 fr. et à la charge d'appel au-delà ; au criminel, ils sont officiers de police judiciaire. Lorsque le tribunal de paix se constitue en *tribunal de simple police*, le juge de paix juge avec l'assistance du maire ou du commissaire de police (remplissant les fonctions de ministère public), et statue sur les contraventions de police.

Il y a, dans chaque arrondissement, un *tribunal civil de première instance*, statuant sur toutes les matières que des lois spéciales ne réservent pas à des juges d'exception, et prononçant, par voie d'appel, sur les matières que les juges de paix n'apprécient pas en dernier ressort.

Ces tribunaux se composent d'un président, d'un ou plusieurs vice-présidents, de juges (*tous inamovibles*) ; d'un procureur impérial et de substituts, d'un greffier (*amovibles*), nommés par l'Empereur. Ils se divisent en plusieurs chambres, suivant leur importance. Un des juges remplit, au criminel, les fonctions de juge d'instruction.

Quand ces tribunaux jugent les délits, ils prennent le nom de *tribunaux correctionnels*, et ne prononcent qu'en premier ressort. Dans les villes où il n'y a pas de tribunaux de commerce, les tribunaux civils jugent commercialement.

Les *tribunaux de commerce* connaissent de toutes contestations relatives aux actes de commerce, des faillites, et des appels contre les décisions des prud'hommes. Ils jugent sans l'assistance du ministère public. Les juges de commerce sont élus par les commerçants notables, pour deux ans, et institués par le chef de l'Etat. Il y a des tribunaux de commerce dans toutes les villes importantes.

Les *conseils de prud'hommes* connaissent des contestations entre

(1) Il y a dans l'Empire une Cour de cassation, 29 cours d'appel, 371 tribunaux civils de première instance, 219 tribunaux de commerce, 2931 justices de paix et un certain nombre de conseils de prud'hommes ; en Algérie, 1 cour d'appel, 7 tribunaux civils, 3 de commerce, 32 justices de paix ; aux colonies, 6 cours d'appel, 15 tribunaux civils, 32 justices de paix.

patrons et ouvriers. Il n'en existe que dans les centres industriels, les villes de fabriques.

Les *cours d'appel* se divisent en une ou plusieurs chambres civiles (jugeant les appels des tribunaux civils et de commerce), une chambre correctionnelle (jugeant les appels des tribunaux correctionnels), une chambre de mise en accusation (statuant sur le renvoi devant la cour d'assises des individus accusés de crimes). La chambre des vacations juge, pendant les vacances judiciaires, les affaires urgentes.

Les cours se composent d'un premier président, d'autant de présidents qu'il y a de chambres, de conseillers, greffier en chef et greffiers. Les fonctions du ministère public sont remplies par un procureur général et ses substituts, assistés d'avocats généraux. Les présidents et conseillers sont inamovibles; les magistrats du parquet sont révocables.

La *cour d'assises* se réunit tous les trois mois au chef-lieu de chaque département et statue sur les crimes, avec l'assistance d'un jury composé de douze citoyens notables tirés au sort. Elle se compose d'un conseiller à la Cour d'appel, délégué par le ministre de la justice, assisté de deux assesseurs.

Les tribunaux d'exception sont les *conseils de guerre*, institués pour juger les délits et les crimes des soldats de terre et de mer; les *conseils de révision*, remplissant à leur égard l'office des cours d'appel; et la *haute cour de justice*, chargée de juger, sans appel ni recours en cassation, les individus renvoyés devant elle comme accusés de crimes, attentats ou complots contre l'Empereur ou la sûreté de l'État.

Auprès de chaque juridiction, au civil et au criminel, sont institués des fonctionnaires spécialement chargés, sous le nom de *ministère public*, de représenter la société et de sauvegarder l'ordre public et les bonnes mœurs. Les magistrats du ministère public (procureurs généraux, procureurs impériaux et leurs substituts) veillent, de plus, au maintien de l'ordre dans les tribunaux, exercent l'action de la justice criminelle dans l'étendue de leur ressort, surveillent les officiers publics et ministériels. Ils sont révocables.

En dehors du corps judiciaire proprement dit, mais en constituant un des rouages essentiels, des fonctionnaires particuliers désignés sous le nom d'officiers ministériels, concourent à l'administration de la justice; ce sont les *greffiers des cours et tribunaux*, chargés d'écrire les arrêts et jugements, d'en garder les minutes, d'en délivrer les expéditions, etc.; puis les *avoués* et les *huissiers* établis, les premiers, pour les détails de la procédure en matière civile; les seconds, pour l'exécution des décisions judiciaires.

La *Cour de cassation* est la juridiction suprême chargée d'assurer l'exacte application des lois, la régularité des procédures, la discipline des tribunaux.

Son organisation est celle des cours d'appel, sauf qu'elle est divisée en trois chambres : chambre des requêtes, chambre civile, chambre criminelle.

Les ouvertures les plus ordinaires de cassation sont le vice de forme, la violation expresse de la loi, l'incompétence, l'excès de pouvoir, l'erreur de fait constatée.

Le ministère public et les parties peuvent se pourvoir en cassation; la chambre des requêtes a pour office l'admission ou le rejet des pourvois; les autres chambres statuent.

La Cour ne connaît pas de l'affaire au fond; elle casse les arrêts ou jugements, et renvoie la cause devant la juridiction compétente, mais pas devant les mêmes juges. S'il y a lieu à second pourvoi, les trois chambres réunies statuent, et le troisième tribunal, devant lequel **est** renvoyée de nouveau la cause, est tenu d'adopter l'avis de la Cour.

Soixante avocats, appelés *avocats au Conseil d'État et à la Cour de cassation*, peuvent seuls plaider et faire les actes de procédure devant la Cour.

§ 4. — *Organisation administrative de la France.* — *Conseils municipaux.* — *Conseils d'arrondissement.* — *Conseils généraux.* — *Maires.* — *Sous-préfets.* — *Préfets.* — *Centralisation financière.*

La hiérarchie constitue la centralisation. *On peut gouverner de loin, mais on n'administre bien que de près.*

L'administration intérieure, l'exécution, sont confiées à des agents (maires, sous-préfets, préfets) qui possèdent l'unité d'action; la décision des affaires générales, le vote et la répartition des impôts sont soumis à des conseils (conseils municipaux, conseils d'arrondissement, conseil général).

La *commune* représente, dans la division du territoire, l'unité élémentaire dont l'arrondissement et le département ne sont que des multiples, le canton n'étant plus guère considéré que comme le ressort de la justice de paix.

Le *maire*, placé à la tête de la commune, réunit en lui deux ordres de fonctions essentiellement distincts; il est à la fois l'administrateur de la commune et le délégué du Gouvernement.

Dans les chefs-lieux de canton et dans les communes de plus de 3,000 habitants, les maires sont nommés par l'Empereur; par le préfet dans les autres communes. Leurs fonctions sont gratuites.

Comme officiers de l'état-civil, ils ont mission de constater les naissances, les décès, et de célébrer les mariages. Le maire est secondé par un ou plusieurs *adjoints*.

A côté du maire, le *conseil municipal*, élu par le suffrage universel, délibère sur le budget de la commune, l'administration des revenus communaux, la perception des taxes locales; donne son avis sur les questions qui lui sont soumises, émet des vœux sur tous les objets d'intérêt local.

Un *receveur municipal* perçoit les revenus et acquitte les dépenses de la commune.

L'arrondissement n'est pas, comme la commune, une personne civile, un être moral; c'est une simple division administrative.

Le *sous-préfet* le représente, en même temps qu'il est le délégué du Gouvernement; ce n'est, à proprement parler, qu'un agent de transmission et de surveillance, assurant, sous les ordres directs du préfet, l'exécution des lois et règlements, et préparant l'instruction des affaires administratives.

Le *conseil d'arrondissement*, composé de représentants élus par les cantons (pour six ans, et renouvelés par moitié tous les trois ans), délibère sur la fixation du contingent de l'arrondissement dans l'impôt direct, sur les demandes en réduction formées par les communes, sur les changements de circonscription, le classement et la direction des chemins de grande vicinalité, etc.

Dans chaque chef-lieu d'arrondissement, un *receveur particulier des finances* centralise la recette des revenus et impôts publics effectuée par les agents des divers services financiers distribués dans les centres de population et assure le payement des dépenses de l'État.

Depuis la loi du 10 mai 1838, le département est devenu une personne civile. A sa tête est un *préfet*, dont les attributions sont fort étendues et très-variées. D'après le principe qu'il faut maintenir dans toute sa force l'unité gouvernementale, mais décentraliser l'action administrative, le décret du 25 mars 1852 concentre les pouvoirs dans la main du préfet, sous le contrôle du ministre de l'intérieur. Il décentralise toutes les affaires départementales et municipales qui n'affectent pas directement l'intérêt général de l'État, en réservant toutefois celles de ces affaires qui nécessitent l'intervention du législateur.

Le préfet est à la fois le représentant direct du Gouvernement et le délégué de l'Empereur, l'administrateur des intérêts du département, le tuteur légal des communes et des établissements publics et de bienfaisance.

Sous la présidence du préfet est un conseil permanent, le *conseil de préfecture* (voir § 5).

Un *conseil général*, composé d'autant de membres qu'il y a de cantons dans le département (élus pour neuf ans, et se renouvelant par tiers tous les trois ans), a des sessions périodiques comme les conseils municipaux et les conseils d'arrondissement. Il représente directement les intérêts du département et les discute. (*Vote du budget départemental ; des centimes additionnels autorisés ; examen du compte présenté par le Préfet ; contributions et emprunts à établir ou à contracter ; classement et direction des routes departementales,* etc.) Il aide, par délégation, à la répartition des impôts directs (*entre les arrondissements*) ; il émet des vœux et donne son avis sur diverses questions d'intérêt général.

Dans chaque chef-lieu de département, des *Directeurs* des administrations spéciales (enregistrement, douanes, postes, etc.), ou *Chefs de service*, dirigent, chacun en ce qui le concerne, les opérations dont ils sont chargés.

Un *Receveur général des finances* centralise la recette des revenus publics, surveille les percepteurs de l'impôt direct et correspond avec la caisse centrale du Trésor.

Un *Payeur du trésor public* acquitte les dépenses de l'État.

Et tous les actes, toutes les opérations des divers agents administratifs et financiers, — sans parler des autres services, *cultes , instruction publique, ponts et chaussées, télégraphie, force publique,* etc., — vont se centraliser, chacun selon la hiérarchie et le mode prévu par les règlements, à Paris, le cœur de l'Empire.

Là, tout se concentre entre les mains de dix ministres, comme tout en était parti ; et c'est sous ce réseau d'échanges incessants, dans cette circulation non interrompue de besoins satisfaits, d'intérêts légitimes, de devoirs accomplis, dans ce grand courant d'idées et de faits, que se révèle dans toute sa splendeur cette organisation simple et puissante que l'Europe envie à la France.

§ 5. — *Droit administratif.* — *Distinction entre le gracieux et le contentieux administratif.* — *Hiérarchie des fonctionnaires de l'ordre administratif.* — *Tribunaux administratifs.* — *Ministres.* —*Préfets.* — *Conseils de préfecture.* — *Conseil d'État.* — *Conflits.*

Il y a trois pouvoirs dans l'État : *législatif* (Conseil d'État, qui élabore les projets de loi ; — Corps législatif, qui le vote ; — Sénat, qui les sanctionne ; — l'Empereur qui les promulgue) ; — *exécutif* (les ministres), — et *judiciaire* (les tribunaux à tous les degrés).

Ces trois pouvoirs émanent directement du chef de l'État, à qui le suffrage universel a délégué toute initiative. (Voir § 1 et 2).

Le pouvoir exécutif se distingue en pouvoir exécutif pur et administration active.

Le pouvoir exécutif pur représente l'État dans les relations internationales, exécute les lois, nomme et révoque ses agents. Il n'administre pas, — il gouverne.

L'*administration* proprement dite est l'autorité qui pourvoit aux besoins publics et décide toutes *les questions d'intérêt général en contact avec des intérêts privés et quelquefois des droits.*

On distingue le pouvoir gracieux du contentieux. Il y a contentieux toutes les fois que l'on trouve *un intérêt spécial émanant de l'intérêt général discuté en contact avec un droit privé.* (Définition de M. Chauveau-Adolphe).

Une hiérarchie parallèle de fonctionnaires et de conseils transmet, dans les diverses circonscriptions de l'Empire (départements, arrondissements, cantons), l'action du pouvoir central jusque dans la commune, élément simple de l'organisation.

Les *préfets*, les *conseils de préfecture* et les *ministres* constituent le premier degré de la juridiction administrative ; le *Conseil d'État* et la *Cour des comptes* sont le second.

Les *ministres*, administrateurs de l'ordre le plus élevé, chacun dans son département, sont les *juges ordinaires* en matière administrative ; réformant les actes de leurs subordonnés, et prononçant, au contentieux, toutes les fois que les lois ou règlements n'ont pas attribué la matière à des juges inférieurs. C'est par la voie gracieuse des pétitions qu'on s'adresse aux ministres ; il n'y a pas de règles de procédure. On se pourvoit contre leurs décisions, au gracieux, devant le ministre mieux informé ; au contentieux, devant le Conseil d'Etat.

Les *préfets* sont administrateurs subordonnés, agents du département, et juges administratifs d'*exception*. Ils ne prononcent, au contentieux, que sur les matières et dans les cas prescrits par les lois et règlements. Ils jugent *seuls*, ou *en conseil de préfecture*. C'est par la voie de pétitions qu'on saisit les préfets.

Il convient, à qui veut traiter ces matières avec plus de détails, de consulter la loi du 28 pluviôse an VIII, le décret sur la décentralisation administrative du 25 mars 1852, et celui du 9 janvier 1863.

Les *conseils de préfecture* sont, en matière administrative, des tribunaux d'exception. En effet, leur juridiction n'embrasse que des matières distraites du droit ordinaire par des lois spéciales. Ils ont des attributions consultatives et des attributions contentieuses. Ils sont à la fois — conseils du préfet, — comités consultatifs, — tribunaux d'exception.

Comme *conseils du préfet*, ils délibèrent à deux titres différents : eur avis est obligatoire, ou il ne l'est pas. Dans les deux cas, leur opinion n'engage pas celle du préfet.

Comme *comités consultatifs*, ils exercent sur les communes, les établissements publics et hospitaliers, une partie de la haute tutelle confiée à l'administration sur ces personnes morales.

Comme *tribunaux*, ils rendent de véritables jugements emportant exécution par toutes les voies de contrainte. Leur juridiction s'étend à tout le département. Leurs décisions sont attaquables devant le Conseil d'Etat. Les matières sur lesquelles les conseils de préfecture sont appelés à prononcer au contentieux peuvent être rangées sous les sept titres suivants : — Contributions directes, — Travaux publics, — Domaine de l'Etat, — Contestations communales, — Grande voirie, — Elections, — Comptabilité communale.

On défère les causes au conseil par voie de simple pétition, adressée au préfet, son président. L'instruction se fait par mémoires. Un décret du 9 janvier 1863 a rendu publiques les séances du conseil de préfecture *jugeant au contentieux* et a autorisé les parties à s'expliquer verbalement ou à se faire représenter par des mandataires.

Du principe qu'il y a toujours urgence en matière administrative, il découle que le recours au Conseil d'Etat n'est pas suspensif. Les arrêtés des juges administratifs sont, suivant les cas, signifiés ou simplement notifiés. Le délai de l'appel est de trois mois à compter de la signification s'ils sont contradictoires, de l'exécution s'ils sont par défaut.

Le *Conseil d'Etat* est chargé de rédiger les projets de lois et les règlements d'administration publique, et de résoudre les difficultés qui s'élèvent en matière administrative. Il soutient, au nom du Gouvernement, la discussion des projets de loi devant le Corps législatif et le Sénat.

Le Conseil d'Etat est divisé en six sections : — Législation, justice et affaires étrangères, — Contentieux, — Intérieur, — Instruction publique et Cultes, — Travaux publics, Commerce, — Guerre et Marine, — Finances. (Voir § 2).

Toutes les affaires portées devant le conseil sont inscrites au secrétariat général. Dans chaque section il est tenu deux rôles : l'un pour les affaires urgentes, l'autre pour les affaires ordinaires. Le président de la section nomme un rapporteur pour chaque affaire.

Le rapport des affaires contentieuses se fait en séance publique du Conseil d'État délibérant au contentieux. Les avocats des parties sont entendus.

Le Conseil d'Etat a des attributions multiples et considérables. Il est à la fois *conseil du Gouvernement* (élaboration des projets de loi), *juge suprême au contentieux* (appels comme d'abus, prises maritimes, etc.), *juge d'appel* (des préfets, des conseils de préfecture, des ministres, etc.), *tribunal de cassation* (à l'égard de la Cour des comptes, des décisions des conseils de révision, des arrêtés des préfets et des jugements des tribunaux administratifs inférieurs qui lui sont déférés par les ministres dans l'intérêt de la loi). Mais il faut remarquer que le Conseil d'Etat n'a point, par lui-même, le caractère et l'indépendance du juge. Ses délibérations ne prennent le nom, la force et l'exécution d'arrêts que par la signature de l'Empereur.

Les décrets sur l'organisation actuelle du Conseil sont ceux des 25 et 30 janvier, 22 mars et 31 décembre 1852 ; — 25 novembre 1853.

Le *conflit* est un moyen d'ordre public pour maintenir la division et l'indépendance des pouvoirs administratif et judiciaire.

Il y a *conflit de juridiction* lorsque plusieurs tribunaux se déclarent compétents ou incompétents sur la même affaire.

Il y a *conflit d'attribution* lorsque l'autorité judiciaire et l'autorité administrative déclarent à la fois leur compétence ou leur incompétence dans une même affaire.

Et, parmi les conflits d'attribution, il y a le *conflit positif* et le *conflit négatif.*

Le conflit positif est l'acte par lequel l'administration revendique la décision d'une affaire qui lui appartient et dont les tribunaux sont néanmoins saisis : c'est le conflit proprement dit. — Les préfets ont seuls le droit d'élever le conflit. Le règlement des conflits d'attribution appartient à l'Empereur, en Conseil d'Etat.

Le conflit négatif est une déclaration d'incompétence respectivement faite par les autorités administrative et judiciaire.

(Consulter l'ordonnance sur les conflits du 1ᵉʳ juin 1828).

§ 6. — *De l'impôt en général. — Dette publique. — Dette inscrite et dette flottante. — Ministère des finances. — Diverses administrations chargées du recouvrement des impôts. — Impôts directs et indirects. — Impôts de répartition et de quotité.*

L'État a deux moyens de suffire à ses besoins : par son revenu et par l'impôt, ou, à défaut de ces ressources naturelles, par le crédit et les emprunts. Les emprunts sont définitifs ou provisoires : — les premiers donnent lieu à la dette inscrite, les seconds à la dette flottante.

La *dette publique* est la dette de l'État. Elle se partage en deux grandes divisions : la dette flottante et la dette inscrite.

La *dette flottante* se compose d'emprunts momentanés dont l'administration s'engage à effectuer le remboursement à des termes rapprochés, au moyen de bons du Trésor, à échéances fixes, portant un intérêt dont le taux varie suivant les offres, et dont le chiffre en circulation est plus ou moins élevé en raison des besoins du service.

Les causes de la dette flottante se résument en : — découverts et avances sur le service des budgets : car, bien que, d'après les prévisions des lois de finances, les recettes présumées doivent couvrir les dépenses, il arrive parfois que les recouvrements ne se font pas exactement au fur et à mesure des payements, dans la proportion nécessaire pour éviter un découvert, et alors l'administration émet, pour se couvrir, des bons du Trésor.

La dette flottante comprend aussi les sommes dont l'État a le dépôt, ou qui lui sont avancées : ainsi les fonds des communes et établissements publics, de la Caisse des invalides de la marine, les avances des receveurs généraux, les comptes-courants du Trésor avec la Banque, la Caisse des dépôts et consignations, les Caisses d'épargnes, etc., etc.

La *dette inscrite* se subdivise en dette consolidée et dette viagère.

La dette consolidée se compose des emprunts faits avec la clause expresse de n'acquitter que la rente annuelle des capitaux empruntés et de ne pas se lier pour l'époque de leur remboursement. Elle comprend les rentes 4 1/2 0/0, 4 0/0 et 3 0/0.

Aucune inscription pour création de rente ne peut avoir lieu qu'en vertu d'une loi. Le grand-livre de la dette publique est le titre fondamental de toutes les rentes inscrites au profit des créanciers de l'État.

Toutes les rentes inscrites au grand-livre y sont divisées par noms de créanciers. On distingue les inscriptions directes et les inscriptions départementales, les rentes nominatives et les rentes au porteur.

Il est délivré à chaque créancier de l'État un extrait d'inscription au grand-livre. Les négociations de ce titre de rente se font par l'intermédiaire d'officiers publics spéciaux, les agents de change.

La dette consolidée ne devant pas, comme la dette viagère, trouver son amortissement naturel dans l'extinction des titulaires, ou, comme la dette flottante, dans le remboursement à l'échéance, il a fallu y pourvoir d'une manière spéciale par la création d'une caisse d'amortissement. (Loi du 28 avril 1816. — Décret du 2 mars 1858.)

La dette viagère se compose de rentes et de pensions qui doivent s'éteindre avec la vie du prêteur ou du titulaire. Elle comprend les rentes viagères, les pensions civiles, militaires, à titre de récompense nationale, etc., et le service des intérêts de cautionnements.

L'administration des finances gère la fortune nationale. Elle repose sur ce principe, que les recettes et les dépenses de toute nature doivent avoir lieu sous la surveillance et la direction du ministre des finances.

Le *ministère des finances* est donc chargé de l'emploi détaillé du budget, c'est-à-dire de la perception et de la gestion des revenus publics, de la répartition de ces revenus pour assurer les divers services publics.

Des administrations spéciales sont établies pour la perception et la gestion des revenus publics : ce sont les directions générales de l'enregistrement et des domaines, des douanes et des contributions indirectes, des postes, etc., etc.

Le recouvrement par ces administrations s'opère, dans les départements, par des agents de recette auxquels les receveurs généraux des finances servent d'intermédiaire avec le Trésor.

Ainsi, le recouvrement de l'impôt direct se fait par les *percepteurs* placés au centre d'une réunion de communes, par un *receveur particulier des finances* au chef-lieu d'arrondissement, par un *receveur général* qui centralise les recettes du département et correspond directement avec la caisse centrale du Trésor.

Le recouvrement des impôts indirects s'effectue par divers comptables, qui, après avoir prélevé les frais d'administration, versent le montant de leurs recettes chez les receveurs généraux ou à la caisse centrale du Trésor.

La dette publique, qui est à la fois un revenu et une dépense, constitue un service particulier du ministère, *la direction de la dette inscrite.*

Les produits des impôts et revenus publics se centralisent, nous le répétons, dans la *caisse centrale du Trésor.*

La *direction de la comptabilité générale des finances* centralise dans ses écritures toutes les opérations des comptables, de telle sorte que la balance des comptes de son grand-livre donne la situation exacte du passif et de l'actif de la fortune publique, sous le rapport des deniers.

Au fait des besoins et des ressources de l'État par ce résumé fidèle de la situation financière, le ministre applique les ressources à ces besoins par le travail de la *direction du mouvement général des fonds.*

Les payements de toute nature, centralisés au ministère parallèlement aux revenus, sont effectués à Paris par le *payeur central,* dans les départements par les *payeurs du Trésor.*

Chaque ministère a de plus, dans son administration intérieure, une comptabilité spéciale qui établit sa situation journalière. Chaque ministre fait les dépenses de son département, et, pour les payer, délivre des ordonnances sur les caisses du Trésor.

Le ministère renferme encore certains contrôles spéciaux : le *contrôle central* du Trésor public, le *contrôle des régies financières,* la *direction du contentieux* des finances.

Les administrations financières ressortissant au ministère des finances, sont les suivantes :

1° *L'administration de l'enregistrement, des domaines et du timbre.*

2° *L'administration des contributions directes,* chargée de l'assiette et de la répartition de l'impôt direct.

Les impôts directs sont ceux qui sont perçus directement sur les contribuables, *en vertu d'un rôle nominatif.*

On distingue les impôts de répartition et ceux de quotité.

Les *impôts de répartition* sont ceux pour lesquels la somme qu'ils doivent produire est fixée d'avance, puis répartie entre les contribuables. Les *impôts de quotité,* au contraire, sont ceux pour lesquels la part de chaque redevable est seule fixée, tandis que le produit total de l'impôt n'est pas déterminé.

Dans les impôts de répartition, la loi, après avoir déterminé le chiffre total à répartir, fixe elle-même la part contributive de chaque département. Les bases générales doivent être renouvelées tous les cinq ans ; de là la nécessité du recensement quinquennal. Les conseils généraux font le répartement des contributions entre les arrondissements ; les conseils d'arrondissement effectuent le sous-répartement entre les communes, et les répartiteurs font la répartition du contingent de chaque commune entre les contribuables.

Quant aux impôts de quotité, les agents du fisc sont chargés de rechercher les contribuables et de leur appliquer le tarif.

De ce double mode d'imposition il résulte, pour les contribuables, des conséquences diverses. Dans l'impôt de quotité, toute cote est personnelle, sans solidarité possible entre les contribuables. Les cotes mal imposées tombent simplement en non-valeur pour le Trésor public. Dans l'impôt de répartition, au contraire, la commune est obligée tout entière à l'acquittement intégral de la portion mise à sa charge. Aussi le montant des décharges et réductions est-il réimposé sur tous, afin que le chiffre du contingent soit toujours atteint.

Les contributions directes sont de quatre natures : *foncière,* — *personnelle et mobilière,* — des *portes et fenêtres,* — des *patentes.* Il convient d'y ajouter la *taxe* municipale *des chiens,* et l'impôt sur les *voitures de luxe.*

Des *centimes additionnels*, sortes d'impositions variables et provisoires, sont ajoutés au principal des contributions par des lois spéciales pour subvenir à des dépenses considérables ou imprévues concernant les départements et les communes.

Les agents qui concourent au recouvrement de l'impôt direct se divisent en deux catégories bien distinctes :

Les *agents de répartition*, dépendant de la direction générale des contributions directes (contrôleurs, inspecteurs et directeurs, administration centrale) Le *cadastre* sert de base à l'assiette et à la répartition de l'impôt par la rédaction de la matrice cadastrale. Le travail annuel des mutations tient sans cesse les matrices des rôles au courant des changements de propriétés et des modifications dans la nature des biens. Des rôles nominatifs par commune servent de titre de recouvrement. Le préfet, à la fin de chaque année, les rend exécutoires pour le 1er janvier de l'année suivante, et en ordonne la publication.

Les *agents de recouvrement* sont les percepteurs, sous la surveillance spéciale des receveurs des finances. Les contributions directes sont payables par douzièmes, et d'avance. Les réclamations ne sont admises que pendant les trois mois à partir de l'émission des rôles. Les demandes en remise et modération sont jugées par le préfet ; celles en décharge et réduction, par les conseils de préfecture.

3°. — *Administration des douanes et des contributions indirectes.* — Ces deux administrations, autrefois distinctes, ont été réunies par un décret du 27 déc. 1851.

L'administration des douanes a pour mission de percevoir, à la frontière, les taxes établies à l'entrée et à la sortie des marchandises.

Le régime des douanes françaises a pour principe la protection de l'industrie nationale par le double système des tarifs et des prohibitions, et il se résout en un impôt de consommation.

On appelle *importation* l'action d'apporter en France des marchandises du dehors ; *exportation*, l'action de transporter hors de France des marchandises produites ou fabriquées en France. Souvent les produits importés ne sont pas en rapport avec la consommation ; la revente de ces produits au dehors s'appelle *réexportation*.

Mettre en *entrepôt*, c'est déposer provisoirement, dans un lieu de l'intérieur, des marchandises étrangères, jusqu'à ce qu'elles aient reçu une destination définitive. L'entrepôt est un terrain neutre.

Le *transit* est la faculté de transporter certaines marchandises de l'étranger à l'étranger, en empruntant le territoire français ; il donne passage à travers une ligne de douanes.

Les côtes et les frontières sont partagées en un certain nombre de directions. Dans chaque direction un directeur centralise le service et correspond avec l'administration centrale. Le service est sédentaire ou actif; il comprend les bureaux et les brigades:

Les *bureaux*, où s'effectuent toutes les opérations qui se rapportent à la perception des droits; — les *brigades*, destinées à empêcher, par une surveillance active, les introductions faites en fraude des droits ou au mépris des prohibitions par la contrebande.

L'administration des contributions indirectes est chargée d'assurer à l'intérieur la perception des droits sur les boissons, les sucres indigènes, les sels, et sur certains autres produits, tels que les cartes, les voitures publiques, le contrôle des matières d'or et d'argent, etc., etc.

Ses attributions comprennent en outre le recouvrement de divers péages; du droit de licence; la vente exclusive des tabacs et des poudres; la surveillance des octrois.

Les droits à percevoir se divisent en deux grandes classes: ceux que les contribuables viennent payer eux-mêmes, ou *droits au comptant*; ceux qui doivent être constatés à domicile par les exercices des commis, ou *droits constatés* et *droits par abonnement*.

Le service central, à Paris, est réuni pour les deux administrations; dans les départements, il y a des directions spéciales à chacun des deux services, et un certain nombre de directions mixtes.

Il est utile de donner ici quelques détails sur les *impôts indirects*. La distinction entre l'impôt direct et l'impôt indirect, c'est que l'un s'adresse au propriétaire et l'impose nominativement, tandis que l'autre saisit la matière imposée au moment où elle se produit (contribution foncière, — impôt des boissons). Les impôts indirects sont ou des taxes de consommation (tabacs, poudres, boissons), ou le prix d'un service rendu (enregistrement, postes), et rarement un impôt purement fiscal (timbre). La préférence donnée aux impôts indirects s'explique par ce fait que les taxes, ne frappant que la consommation des objets ou le service rendu, n'atteignent pas directement le consommateur et se répartissent proportionnellement à ses achats. Le meilleur impôt est celui qui frappe des objets superflus, comme les tabacs.

4°. — *Direction générale des postes.* Les postes sont un service public auquel les lois attribuent: le transport *exclusif* des lettres et des journaux; la conduite des voyageurs en poste, le transport (non exclusif) des livres imprimés, et la remise des articles d'argent.

Les établissements de postes sont de six espèces: bureaux simples ou composés, — distributions, — entrepôts, — boîtes, — relais, — bureaux ambulants sur les lignes de chemins de fer.

Chaque bureau est régi par un directeur: celui du chef-lieu du dé-

3

partement centralise la comptabilité et s'appelle directeur comptable.
Un inspecteur est chef du service et correspond avec l'administration centrale.

5°. — *Direction générale des forêts.* — Elle faisait autrefois partie de celle de l'enregistrement et des domaines.

Elle est spécialement chargée de l'administration et de la surveillance des bois soumis au régime forestier.

Elle comprend une administration centrale à Paris et le service des départements. Le service départemental est partagé entre trente-quatre divisions territoriales nommées conservations, lesquelles se subdivisent en inspections et sous-inspections.

Les employés de divers grades se distinguent en agents et préposés.

Sont *agents* les conservateurs, inspecteurs, sous-inspecteurs et gardes généraux. Les arpenteurs, les gardes à cheval, les brigadiers et les gardes à pied ne sont que des *préposés.* Cette distinction est essentielle pour la rédaction des procès-verbaux.

Il y a une école forestière à Nancy.

6°. — L'*Administration de la monnaie* se centralise à Paris dans une commission supérieure, un bureau d'essai, un graveur; il existe dans certaines villes des hôtels des monnaies, ateliers officiels où l'on fabrique les pièces en circulation, d'un poids légal et d'un type réglementaire, sous la garantie du Gouvernement.

7°. — L'*inspection générale des finances,* corps spécial placé sous les ordres immédiats du ministre, exerce sur toutes les parties de l'administration financière un contrôle incessant, et sa surveillance assure le maintien uniforme des réglements.

Les rapports des employés de l'administration avec l'inspection générale ont été prévus et déterminés par les Instructions nos 930, 1040, 1130, 1790, et la Circulaire du 22 avril 1850.

Dès qu'un inspecteur des finances a fait acte de présence dans une localité, il est de haute convenance que les receveurs aillent s'inscrire chez lui. Ce devoir de politesse ne peut que rendre plus faciles les rapports de service.

Les employés de tout grade sont tenus de déférer immédiatement aux demandes de renseignements qui peuvent leur être faites par les inspecteurs des finances sur toutes les parties du service, sans exception. Les agents dont le service aura été vérifié doivent remettre sans retard les explications et observations qui leur seront demandées sur les rapports, et il leur importe essentiellement de toujours rédiger ces observations avec mesure et convenance, et de ne rien affirmer sans apporter la preuve à l'appui. — Les employés de tout grade doivent immédiatement prévenir le directeur de la présence des inspecteurs des finances dans leurs bureaux, puis lui envoyer copie des rapports communiqués et des observations faites, ainsi que le relevé des états ou renseignements fournis.

Pendant toute la durée des opérations de l'inspection générale des finances dans un département, le directeur doit suspendre l'effet de tous les congés obtenus par les employés de sa direction, ou ne permettre d'en faire usage qu'avec l'assentiment de l'inspecteur général.

La correspondance des directeurs avec l'inspection générale, pour la suite des rapports, doit avoir lieu par l'intermédiaire de l'Administration.

§ 7. — *Comptabilité publique.* — *Budgets.* — *Exercices.* — *Crédits.* — *Leur spécialité par exercice et par chapitre.* — *Ordonnancement des dépenses.* — *Budgets de l'État, des Départements, des Communes.*

La *comptabilité* est, comme son nom l'indique, l'art de compter et surtout de *rendre compte.* Son objet principal est de constater, au moment où elles s'accomplissent, toutes les opérations qui aboutissent à un maniement de deniers, de manière à ce que la situation du comptable puisse s'établir à chaque instant, et de suite, par la seule comparaison des recettes et des dépenses.

La comptabilité n'enregistre pas seulement les mouvements de fonds en numéraire; elle prend note des créances actives et passives dès leur origine, et les suit jusqu'à parfait épuisement.

Le *comptable* est celui qui manie les fonds, qui reçoit et qui paie. On le nomme, suivant les cas, receveur, payeur ou caissier. Il est responsable, non-seulement des fonds qui passent par ses mains, mais encore de ceux qui auraient dû y passer. Tout comptable est tenu de faire apurer ses comptes chaque année.

Il est d'usage que le *revenu* s'établisse par année, comme les récoltes des fruits de la terre. Chaque année a son revenu et sa dépense propre; c'est ce qu'on appelle la gestion annuelle. Il faut dès lors que le revenu d'une année suffise aux dépenses de cette année; on ne doit engager l'avenir qu'avec prudence, et tout doit être prévu pour maintenir l'équilibre entre les dépenses et les recettes. Cette obligation a nécessité la création des *budgets* ou tableaux de situation qui s'établissent chaque année, d'avance et par approximation, des ressources de toute nature à recouvrer et des dépenses diverses à payer dans le cours de l'année suivante.

Le *budget de l'État* se divise en deux parties : le budget des dépenses et le budget des recettes.

On classe les dépenses publiques en trois catégories :

1° Les *dépenses ordinaires*, qui ont pour objet de pourvoir aux services obligatoires et permanents, d'assurer l'exécution des lois, l'administration de la justice, la perception des impôts et revenus, la défense du territoire ;

2° Les *dépenses par ordre*, c'est-à-dire celles qui, soldées au moyen des impositions que votent les conseils locaux (budgets des départements et des communes ; centimes additionnels, taxes des octrois, etc.), ne sont inscrites au budget général que pour satisfaire aux règles de la comptabilité ; portées à la fois en recette et en dépense, elles ne constituent pas en réalité des charges de l'Etat ;

3° Enfin les *dépenses extraordinaires*, qui ont un caractère d'utilité publique, mais qu'on ne pouvait rigoureusement prévoir, et qui ne sont pas obligatoires.

.. Le budget des recettes comprend : 1° les *recettes ordinaires* provenant des impôts existants et des revenus assurés ; 2° les *recettes extraordinaires* et imprévues.

Le *budget* est donc l'ensemble des recettes et des dépenses présumées de l'Etat pour chaque exercice.

L'*exercice* est l'espace de temps pendant lequel doivent s'accomplir les faits auxquels donnent lieu la perception et l'emploi du revenu d'une année. Sont seuls considérés comme appartenant à un exercice les services faits et les droits acquis à l'Etat et à ses créanciers pendant l'année qui donne son nom à l'exercice.

La durée de la période pendant laquelle doivent se consommer tous les faits de recette et de dépense de chaque exercice se prolonge jusqu'au 1ᵉʳ février de la seconde année, pour achever, dans la limite des crédits ouverts, les services du matériel qui n'auraient pas été terminés avant le 31 décembre ; jusqu'au 30 juin de cette seconde année, pour compléter les opérations relatives au recouvrement des produits, et jusqu'au 31 août pour la liquidation, l'ordonnancement et le payement des dépenses. (Ord. 31 mai 1838 ; Décr. 11 août 1850).

Ainsi, tous les services faits, tous les droits acquis du 1ᵉʳ janvier au 31 décembre 1864, appartiennent à l'exercice 1864. L'exercice 1864 se prolonge jusqu'au 30 juin 1865 pour les recettes qui n'ont pu encore être effectuées sur les droits constatés pendant l'année 1864, et jusqu'au 31 août 1865 pour les payements de dépenses faites pendant l'année 1864 et dont la liquidation n'a pu être opérée pour telle ou telle cause que ce soit.

Les *crédits* sont les allocations de sommes attribuées par les budgets à tel ou tel service pour subvenir aux dépenses. Les dépenses auxquelles les crédits ont pour objet de pourvoir sont fixes ou indéterminées. Dans le premier cas, s'il s'agit, par exemple, de traitements de fonctionnaires, la somme nécessaire étant connue d'avance, le crédit ouvert est d'une somme égale au montant de la dépense. Si, au contraire, il s'agit de pourvoir à un service nouveau ou de solder des travaux publics, on ne peut que donner à la dépense un chiffre approximatif, ou lui assigner une limite provisoire, un *maximum*. Qu'il s'agisse de la construction d'un pont, le devis s'élève à 30,000 fr.; on ouvre un crédit de 30,000 fr., lequel autorise à dépenser 30,000 fr., mais rien au-delà, sauf l'ouverture de crédits supplémentaires.

Les *crédits ordinaires* sont ceux alloués par la loi annuelle de finances pour les services habituels prévus au budget, d'après les prévisions de chaque exercice.

Les *crédits supplémentaires* sont les suppléments de crédits demandés par les ministres pour subvenir à l'insuffisance des fonds affectés à un service par le budget, insuffisance causée par des dépenses plus considérables que celles que l'on avait prévues.

Les *crédits extraordinaires* sont ceux demandés pour couvrir des dépenses imprévues.

Les *crédits complémentaires* sont ceux reconnus nécessaires pour couvrir les insuffisances constatées lors du règlement définitif d'un exercice.

La loi de finances qui règle les budgets est votée par le Corps législatif, et ce vote est approuvé par le Sénat. Les décrets de l'Empereur, qui, dans l'intervalle d'une session à l'autre, ont ouvert des crédits nouveaux à quelque titre que ce soit, sont réunis en un seul projet de loi et présentés, pour leur régularisation, au vote des mêmes chambres législatives.

La *spécialité des crédits par exercice et par ministère* est l'une des bases du système de comptabilité de la France.

Les crédits ouverts par la loi de finances pour les dépenses d'un exercice ne peuvent être employés aux dépenses d'un autre exercice.

Le budget des dépenses est présenté au Corps législatif avec ses subdivisions administratives, par chapitres et par articles; mais il est voté par ministère, et le crédit total de chaque ministère ne peut être modifié pour en attribuer une part quelconque à un ministère étranger. Des décrets, rendus en conseil d'Etat, règlent la répartition par chapitres du crédit accordé à chaque ministère. Des décrets spéciaux, rendus dans la même forme, peuvent autoriser des virements d'un chapitre à l'autre, mais toujours dans le cercle d'un même ministère. Il était nécessaire de laisser cette latitude au Gouvernement et de ne pas le lier par des prévisions faites dix-huit mois à l'avance et que les nécessités du moment peuvent démentir.

L'*ordonnateur* est celui qui prescrit un payement et délivre un mandat écrit sur une caisse publique.

Aucune dépense pour le compte de l'État ne peut être acquittée si le montant n'en a été ordonnancé au préalable, soit par un *ministre*, soit par un *ordonnateur secondaire*, en vertu de la délégation d'un ministre.

Toute ordonnance, pour être admise par le ministre des finances, doit porter sur un crédit régulièrement ouvert, et se renfermer dans les limites des distributions mensuelles de fonds, afin de ne point autoriser des dépenses dont le total dépasserait les recettes prévues.

Les ordonnances des ministres se divisent en *ordonnances de payement*, délivrées directement par eux au profit ou au nom d'un ou de plusieurs créanciers de l'État, et en *ordonnances de délégation*, par lesquelles ils autorisent certains chefs de service, ordonnateurs secondaires, à disposer d'une partie des crédits ouverts en délivrant des mandats de payement au profit des créanciers de l'État.

Les directeurs des domaines sont ordonnateurs secondaires pour tout ce qui concerne les dépenses du service dans leur département.

Le *mandat* ou ordre écrit de payer tiré sur la caisse d'un comptable du Trésor, doit exprimer le nom du créancier, l'objet de la dépense, l'année où le service a été fait, le montant de la dette, le crédit de l'exercice sur lequel il est imputé : on lui annexe les pièces justificatives. Le mandat est d'habitude transmis directement au comptable chargé de le payer.

Les mandats sont directs ou par délégation. Le *mandat direct* est celui délivré de suite au nom du créancier. Le *mandat par délégation* a pour objet de mettre à la disposition d'un ordonnateur secondaire une somme sur laquelle il aura à son tour à délivrer au créancier le mandat de payement.

Le mandat est appuyé des pièces justificatives et transmis au comptable chargé de le payer. Le créancier reçoit en même temps l'avis de l'expédition du mandat. Si toutes les pièces exigées par les réglements sont régulières, le comptable paye le mandat, retire la quittance du créancier, qui libère l'État, et conserve à l'appui de sa comptabilité les pièces justificatives du payement.

Le payement des ordonnances et mandats délivrés sur les caisses publiques est effectué, à Paris, par le *payeur central du Trésor*; dans chaque département, par le *payeur* qui réside au chef-lieu; aux armées, par des payeurs spéciaux. Les fonds nécessaires aux payeurs pour suffire au service de leur caisse leur sont remis, sur leur demande, par le caissier central du Trésor et les receveurs généraux des finances, qui en retirent récépissé.

Les receveurs des finances et les percepteurs sous leurs ordres doivent faire, sur les fonds de leurs recettes, tous les payements pour lesquels leur concours est jugé nécessaire. Les autres receveurs des revenus publics peuvent être appelés, de la même manière, à concourir aux dépenses pour le compte du payeur. Ces payements ne sont réguliers que lorsque le mandat ou la pièce comptable porte le *Vu bon à payer* du payeur. Les mandats acquittés constatant les payements faits par d'autres comptables pour le compte du payeur doivent être compris comme argent comptant dans leur plus prochain versement. Le receveur général effectue la remise de tous ces acquits au payeur, qui en donne récépissé. Ces payements équivalent à autant de virements de fonds. La régularité générale des dépenses est assurée, comme pour les recettes, par un triple système de livres, d'écritures et de contrôle.

Nous avons dit que l'époque de la clôture de l'exercice pour les recettes était fixée au 30 juin *de la seconde année*, soit le 30 juin 1866 pour l'exercice 1865.

La clôture de l'ordonnancement des dépenses est fixée au 31 juillet, et celle du payement des ordonnances ministérielles au 31 août *de la seconde année*. Faute par les créanciers de réclamer leur payement avant cette date, les mandats délivrés à leur profit seront annulés, sans préjudice de leurs droits et sauf réordonnancement jusqu'au terme de déchéance.

A la fin de chaque année, une commission spéciale est chargée de l'examen des comptes rendus par les Ministres. Les comptes particuliers annuels de chaque comptable, en matières et en deniers, et le compte général de l'administration des finances, sont soumis de plus à la vérification et au jugement de la Cour des comptes, qui, par une déclaration générale, constate la conformité des résultats du compte d'exercice rendu par les ministres avec les comptes de gestion rendus par les divers agents du Trésor.

Les règles générales de comptabilité publique établies pour le budget de l'Etat sont applicables aux budgets spéciaux des départements, des communes et des établissements de bienfaisance.

Les conseils généraux et municipaux, et les commissions administratives des hospices et bureaux de bienfaisance discutent et arrêtent le budget qui leur est spécial, et vérifient les comptes, sauf approbation de l'autorité supérieure.

Les receveurs des communes ou hospices dont le revenu est inférieur à trente mille francs sont justiciables des conseils de préfecture ; ceux des établissements dont le revenu dépasse ce chiffre sont justiciables de la Cour des comptes.

§ 8. — *Clôture des exercices.* — *Mode de payement des exercices clos et des exercices périmés.* — *Prescriptions et déchéances.*

Les ordonnances et mandats non acquittés aux époques fixées pour la clôture des payements (31 *août de la seconde année de l'exercice*) sont annulés, sans préjudice des droits des créanciers, et sauf réordonnancement, jusqu'au terme de déchéance, en suivant les règles tracées pour l'apurement des exercices clos et des exercices périmés. (Ordonnance royale du 31 mai 1838, art. 92 et suiv. — Décret du 11 août 1850.)

Toute créance qui n'a pas été acquittée sur les crédits de l'exercice auquel elle se rapporte ne peut plus être ordonnancée qu'à titre de *rappel sur exercice clos* et d'après des règles spéciales.

Les dépenses qui, bien que liquidées en temps utile, n'ont pu être ordonnancées ou payées avant la clôture d'un exercice (31 *juillet pour la clôture de l'ordonnancement,* 31 *août pour la clôture des payements*), et qui font partie des restes à payer constatés par le règlement de cet exercice, sont ordonnancées sur l'exercice courant, avec imputation sur le chapitre spécial ouvert sous le titre de *Dépenses des exercices clos.*

Les créances qui, n'ayant pu être liquidées avant le 31 juillet de la seconde année de l'exercice, n'auraient pas fait partie des restes à payer, ne sont susceptibles d'être acquittées qu'au moyen de crédits supplémentaires.

Au 31 août de chaque année, tout liquidateur de dépenses dresse un état nominatif des sommes dues à des titulaires de créances dont les droits se rapportent à l'exercice expiré, soit qu'il s'agisse de créances non liquidées avant la clôture de la comptabilité de l'exercice ou de créances liquidées qui, à la même époque, n'avaient pas été l'objet d'ordonnances ou de mandats de payement, soit enfin de créances liquidées et ordonnancées ou mandatées qui n'auraient pas été payées. (Inst. gén. n° 1921). Ces états sont transmis au secrétariat général des finances (*sous-direction de l'ordonnancement et de la comptabilité des dépenses du ministère*).

Aussitôt que le compte définitif d'un exercice est établi, le secrétariat général forme, d'après les états partiels, l'état général et nominatif des créances non payées à la clôture de cet exercice.

Les dépenses restant à payer à la clôture de l'exercice, et qui n'excèdent pas la limite des crédits ouverts, peuvent être ordonnancées sur les fonds des budgets courants; les créances qui excèdent la limite des crédits ouverts ne peuvent être ordonnancées qu'après le vote de la loi des comptes.

Les créances reconnues postérieurement à la clôture, si elles concernent des services prévus et votés, peuvent être ordonnancées par décrets, sauf régularisation à la plus prochaine session ; dans le cas contraire, elles ne sont ordonnancées qu'après l'ouverture, par la loi, des suppléments de crédits nécessaires.

Les ordonnances de délégation ou de payement relatives à des dépenses d'exercices clos, ainsi que les mandats, doivent relater le numéro d'ordre donné à chaque créance sur les états nominatifs des restes à payer, et indiquer l'année à laquelle se rapporte cette créance.

Les rappels de dépenses des exercices clos imputables sur les budgets courants sont ordonnancés nominativement, sauf en ce qui concerne les arrérages des rentes non viagères et les intérêts de cautionnement pour lesquels il n'est établi que des bordereaux sommaires. Les ordonnances ne sont valables que jusqu'à la fin de l'année pendant laquelle elles ont été émises. L'annulation a lieu d'office, à cette époque, par les agents du Trésor, et le réordonnancement des rappels n'est effectué que sur une nouvelle réclamation des créanciers.

Les crédits de délégation non consommés au 31 décembre de chaque année sont annulés dans la comptabilité des ordonnateurs secondaires, et les mandats délivrés sur ces crédits cessent d'être payables à la même époque.

Les ordonnances ministérielles de rappel ne sont mises en payement qu'après vérification au moyen des états nominatifs.

Sont *prescrites* et définitivement éteintes au profit de l'État, sans préjudice des déchéances spéciales, toutes créances qui, n'ayant pas été acquittées avant la clôture des crédits de l'exercice auquel elles appartiennent, n'auraient pu, à défaut de justifications suffisantes, être liquidées, ordonnancées et payées dans un délai de *cinq années* à partir de l'ouverture de l'exercice, pour les créanciers domiciliés en Europe, et de *six années* pour les créanciers résidant hors du territoire européen. Cette prescription n'est pas applicable aux créances dont l'ordonnancement et le payement n'auraient pu avoir lieu dans les délais prescrits, par le fait de l'administration, ou par suite de pourvois formés devant le Conseil d'État.

A l'expiration de la période de cinq ans fixée pour l'entier apurement des exercices clos, les crédits applicables aux créances restant encore à solder demeurent annulés, et l'exercice arrivé au terme de *déchéance* cesse de figurer dans la comptabilité du ministère.

L'exercice est dit alors *périmé*.

Les dépenses d'exercices clos à solder postérieurement à cette époque, et provenant soit de créances d'individus résidant hors d'Europe, et pour lesquelles il est accordé une année de plus, soit de créances non passibles de la déchéance dans les cas prévus plus haut, ou qui sont soumises à des prescriptions spéciales, ne sont ordonnancées qu'après l'ouverture de crédits extraordinaires. Ces créances sont imputables sur l'exercice courant, au chapitre spécial des *dépenses des exercices périmés*. Si elles n'ont pas été payées à l'époque de la clôture de l'exercice sur lequel le crédit spécial a été ouvert, ce crédit est annulé, et le réordonnancement ne peut avoir lieu qu'en vertu d'un nouveau crédit. Ces crédits ne sont ouverts que par la loi.

Les états élémentaires des restes à payer sont conservés pour servir au compte annuel d'apurement des exercices clos.

Toutes les dépenses des exercices clos et des exercices périmés sont soumises aux formalités de la liquidation et de la révision comme celles des exercices courants ; les liquidations sont faites par exercices, et établissent les causes qui ont motivé les retards.

Les arrérages des rentes et les intérêts de cautionnement se prescrivent par *cinq ans,* à partir de l'échéance du dernier terme payé aux titulaires.

La prescription des arrérages de pensions non réclamés est de *trois ans,* à compter du dernier payement.

Les héritiers de pensionnaires qui ne fournissent pas l'extrait mortuaire de leur auteur dans le délai de *six mois* sont déchus de tous droits aux arrérages dus.

La prescription des articles d'argent remis en échange de mandats sur la poste est de *huit ans,* à partir du versement.

Voir, pour toutes les autres questions se rattachant aux règles générales de la comptabilité publique, § 6.

§ 9. — *Cour des comptes.*

La *Cour des comptes* est la juridiction spéciale et souveraine chargée de la vérification et du jugement de la comptabilité publique.

Elle juge les comptes des recettes et des dépenses qui lui sont présentées chaque année par les comptables de l'État, et les recettes et dépenses des communes et établissements hospitaliers dont les revenus excèdent 30,000 fr. Elle statue sur les appels contre les règlements de comptes prononcés par les conseils de préfecture, et sur toutes les questions d'hypothèque relatives aux comptables dont les comptes ne sont pas apurés.

La Cour des comptes, instituée par la loi du 16 septembre 1807, se divise en trois chambres. Les membres en sont inamovibles. Elle se compose d'un premier président, de 3 présidents de chambre, de 18 conseillers maîtres des comptes, de 80 conseillers référendaires, de 20 auditeurs, d'un procureur général et d'un greffier en chef.

Chacune des chambres est composée d'un président et de six maîtres des comptes qui jugent. Les référendaires sont chargés des rapports; les auditeurs les préparent.

Le greffier en chef tient la plume aux assemblées générales ; il est responsable de la garde des papiers du greffe, de *l'enregistrement des comptes à leur arrivée* et de *l'expédition des arrêts*.

Le procureur général remplit les fonctions de ministère public ; il exerce par voie de réquisition. Il dresse l'état des comptables justiciables de la Cour, surveille l'exactitude dans l'envoi et le jugement des comptes.

Trois espèces de comptes sont soumis à la Cour : les comptes individuels des comptables, les comptes spéciaux de chaque ministère, le compte général du ministère des finances. Ces comptes, composés des mêmes éléments diversement groupés, se contrôlent **entre eux.**

La Cour règle et apure les comptes qui lui sont présentés, et établit par son arrêt définitif si les comptables sont *quittes, en avance* ou *en débet*.

La Cour n'a pas d'action sur les ordonnateurs, car elle est juge non du fait de l'administration, mais du fait du comptable.

Les arrêts de la Cour sont notifiés par le greffier en chef ; les charges et injonctions qu'ils imposent doivent être exécutées dans le délai de deux mois à partir de la notification. Les arrêts ont le mandement exécutoire ; l'exécution en est poursuivie contre les comptables par l'agent judiciaire du Trésor. On se pourvoit contre les arrêts, suivant le cas, par une *demande en révision* devant la Cour, ou par un *recours en cassation* devant le Conseil d'État.

La Cour constate, par l'examen des comptes individuels et leur comparaison avec les comptes généraux, la régularité des opérations de chaque ministre ordonnateur, et rend pour chaque ministère des *déclarations de conformité*. Elle rend ensuite, pour le compte récapitulatif et d'ensemble du ministère des finances, une *déclaration générale de conformité*, en audience solennelle.

En ce qui concerne spécialement les receveurs de l'enregistrement, *ils sont justiciables de la Cour des comptes*, et lui fournissent les comptes annuels et par exercice de toutes leurs opérations. Les arrêts de la Cour leur sont transmis par l'intermédiaire de la direction, et ils en accusent immédiatement la réception sur une formule jointe à l'extrait de l'arrêt. Si l'arrêt contient des injonctions, ils sont tenus de s'y conformer aussitôt et de renvoyer les pièces communiquées, après rectification, s'il y a lieu.

§ 10. — *Des lois en général.* — *Vote.* — *Promulgation.* — *Exécution.*

La *loi* est une convention sociale adoptée et promulguée dans certaines formes pour servir à l'avenir de règle commune à tous les citoyens et déterminer l'étendue de leurs devoirs et de leurs droits. On distingue la *loi personnelle* qui s'applique aux individus, la *loi réelle* qui s'occupe des choses; la *loi politique, civile, commerciale, pénale, fiscale.*

La loi ne dispose que pour l'avenir; elle n'a point d'effet rétroactif (Code Napoléon, art. 2).

Nul n'est censé ignorer la loi, qui est réputée connue par tous dès que la promulgation en a été faite dans la forme prescrite.

Les lois de police et de sûreté obligent tous ceux qui habitent le territoire; les immeubles, même ceux possédés par des étrangers, sont régis par la loi française. Les lois concernant l'état et la capacité des personnes régissent les Français, même résidant en pays étranger.

Le juge ne peut refuser de juger sous prétexte du silence, de l'obscurité ou de l'insuffisance de la loi, sous peine d'être coupable de déni de justice. Le juge ne peut prononcer par voie de disposition générale sur les causes qui lui sont soumises; il ne doit décider la question que pour le cas particulier dont il est saisi.

On ne peut déroger, par des conventions particulières, aux lois qui intéressent l'ordre public et les bonnes mœurs (Code Napoléon, art. 3 et suivants).

D'après la constitution de 1852, la puissance législative s'exerce en France collectivement par l'Empereur, le Sénat et le Corps législatif. Le Corps législatif discute et *vote* les projets de loi, dont l'Empereur a seul l'initiative, et les lois ainsi votées sont soumises à l'approbation du Sénat. (Voir § 2.)

Mais, votée par le Corps législatif, approuvée par le Sénat, la loi n'est pas encore complète, elle n'est pas obligatoire; il faut qu'avant d'être mise à exécution elle soit sanctionnée et promulguée par l'Empereur, puis enfin publiée.

La *sanction* est le vote définitif par l'Empereur du projet de loi; c'est un acte du pouvoir législatif.

La *promulgation* est l'attestation donnée par l'Empereur, au corps social, de l'existence de la loi, et l'ordre intimé par lui aux citoyens et aux autorités constituées de l'observer et de la faire observer; c'est un acte du pouvoir exécutif.

La promulgation consiste, en réalité, dans l'apposition au bas du texte de la loi, de la formule qui ordonne l'exécution. (*Nous*....

avons sanctionné et sanctionnons, promulgué et promulgons ce qui suit....) Elle résulte de l'insertion de la loi au *Bulletin des Lois*, et elle est réputée connue un jour après que la réception du bulletin a été constatée sur un registre tenu au Ministère de la Justice.

La promulgation complète le caractère de la loi; la publication est la conséquence de la promulgation et a pour objet de faire connaître la loi. Ainsi la publication fait que la loi, *devenue exécutoire par la promulgation*, puisse être exécutée et devienne *obligatoire*. La publication qui se fit d'abord à l'aide des moyens matériels et directs, *à son de trompe, de tambour, par proclamation, par affiches*, résulte aujourd'hui d'un délai successif et gradué, selon les distances. Ainsi la loi est *réputée connue* dans le département de la résidence du Gouvernement un jour après celui de la promulgation, et dans chacun des autres départements, après l'expiration du même délai augmenté d'autant de jours qu'il y aura de fois dix myriamètres (vingt-cinq lieues) de la ville où la promulgation en aura été faite et le chef-lieu de chaque département (Code Napoléon, art. 1er).

Les ordonnances des 27 novembre 1816 et 18 janvier 1817 ont déterminé un autre mode de publication, quand le Gouvernement, pour des motifs d'intérêt public, a jugé nécessaire de hâter l'exécution de la loi. Dans ce cas, la loi est réputée connue et devient exécutoire pour chaque département, *dès qu'elle est parvenue au Préfet* qui doit prendre incontinent un arrêté par lequel il ordonne l'impression et l'affiche partout où besoin sera.

La loi devient donc exécutoire, dans toute l'étendue du département, le lendemain du jour où elle a été affichée au chef-lieu.

Ces formalités remplies, les infractions à la loi deviennent du ressort des tribunaux.

§ 11. — *Organisation de l'Administration de l'enregistrement.* — *Classification hiérarchique et attributions de ses agents.*

Voir à la seconde partie : Surnuméraires. — (*Voir aussi* Questionnaire, chapitre IV.)

§ 12. — *Indication sommaire des principales lois concernant l'enregistrement et le timbre.*

La loi organique de l'enregistrement est la loi du 22 frimaire an 7. (*Voir seconde partie :* Surnuméraires.)

La loi organique du timbre est celle du 13 brumaire an 7. (*Voir aussi :* Questionnaire, du n° 266 au n° 312.)

§ 13. — *Notions élémentaires sur certaines parties du code Napoléon.*
— *De la distinction des biens.* — *De la propriété.* — *Des successions.*
— *De la vente.* — *Du contrat de louage.*

Étudier le Questionnaire du n° 313 au n° 632.

La lecture attentive d'un simple code annoté suffira pour se pénétrer de l'esprit de la loi et résoudre ces 319 questions, qui, *bien comprises par les candidats,* sont combinées de façon à leur permettre de répondre aux questions quelconques qui pourront leur être posées par le comité d'examen.

§ 14. — *Système métrique.*

Avant 1789, les poids et mesures en usage en France n'avaient aucune uniformité. Le 8 mai 1790, un décret de l'Assemblée constituante chargea l'Académie des sciences d'organiser un meilleur système. Les savants les plus illustres, réunis en commission, convinrent de donner aux nouvelles mesures une base commune, l'unité de longueur, et de prendre cette base dans la nature même, afin qu'elle fût éternelle comme elle. On choisit le *méridien terrestre,* c'est-à-dire l'un de ces grands cercles de la sphère qui, passant par les deux pôles, sont coupés en deux parties égales par l'équateur.

L'arc compris entre le pôle et l'équateur forme donc un quart du grand cercle. Ce quart fut trouvé égal à 5,130,740 toises, et on en prit la dix millionième partie pour en faire le *mètre,* unité typique du nouveau système, à laquelle on donna, de dix en dix, des multiples et des sous-multiples. Toutes les unités de mesure, même le franc, unité monétaire, dérivent du mètre et ont avec ce type une corrélation nette et précise.

La loi du 18 germinal an III (7 avril 1795) adopta les travaux de Delambre, Méchain, etc. Le 2 novembre 1801, le système métrique devint le seul système légal, et la loi du 4 juillet 1837 le rendit obligatoire, à partir du 1er janvier 1840 (1).

La plupart des États européens ont aujourd'hui adopté l'emploi du système métrique décimal.

(1) Des agents spéciaux, nommés *Vérificateurs des poids et mesures,* sont chargés de vérifier l'exactitude de tous les instruments de pesage et de mesurage, de les poinçonner, et d'assurer l'application rigoureuse du système métrique décimal.

TABLEAU DES MESURES MÉTRIQUES DÉCIMALES.

UNITÉ DE LONGUEUR.	UNITÉ DE SUPERFICIE	UNITÉ DE CAPACITÉ	UNITÉ DE POIDS	UNITÉ MONÉTAIRE
MÈTRE (1)	**MÈTRE CARRÉ (4)**	**MÈTRE CUBE (5)**	**GRAMME (7)**	**FRANC (9)**
Multiples :	*Multiples :*	*Multiples :*	*Multiples :*	*Sous-Multiples :*
Décamètre..........10ᵐ	Are (3)...............100ᵐ·ᑫ·	Décastère....10 mètres cubes	Décagramme..........10	Décime................0,1
Hectomètre........100	Hectare............10,000	*Sous-Multiples :*	Hectogramme.........100	Centime.............0,01
Kilomètre.........1000 (2)	Kilomètre carré.1,000,000	Hectolitre.........100 litres	Kilogramme.......1,000(8)	
Myriamètre......10000	Myriam. carré 100,000,000.	Décalitre...........10	Myriagramme.....10,000	
Sous-Multiples :	*Sous-Multiples :*	LITRE.............1 (6)	*Sous-Multiples :*	
Décimètre........0ᵐ,1	Décimètre carré...0,001	Décilitre............0,1	Décigramme..........0,1	
Centimètre.....0ᵐ,01	Centimètre carré..0,00001	Centilitre...........0,01	Centigramme........0,01	
Millimètre.......0ᵐ,001	Millimètre carré..0,0000001	Millilitre...........0,001	Milligramme.........0,001	

(1) Ou 3 pieds 11 lignes 296 millièmes (ancienne mesure de Paris). — *La dixmillionième partie du quart duméridien terrestre.*

(2) *Quatre kilomètres forment la lieue commune de France,* de 25 au degré. La lieue marine est de 20 au degré.

(3) Ou *décamètre carré,* 100 ᵐ ᑫ· *c'est la mesure agraire.* L'hectare est l'hectomètre carré.

(4) Ou *centiare,* ou 100 décimètres carrés.

(5) Ou *stère,* c'est la *mesure des corps solides,* bois, sable, etc. Il équivaut à 1000 litres.

(6) *Mesure pour les liquides et les grains ;* c'est la contenance d'un décimètre cube.

(7) Poids d'un centimètre cube d'eau distillée, à son maximum de densité.

(8) Ou deux livres anciennes. *Le quintal métrique* vaut 100 kilos. Le millier métrique, ou *tonneau de mer,* vaut 1000 kilos ; et comme 1 litre pèse 1 kilo, la capacité du tonneau est celle du mètre cube ; on l'emploie en terme de marine à la fois comme mesure de capacité et comme mesure de poids.

(9) 1 fr. pèse 5 grammes. Il n'y a pas de multiples bien définis ; en bronze, pièces de 0ᶠ01, 0ᶠ02, 0ᶠ05, 0ᶠ10 ; en argent, de 0ᶠ20, 0ᶠ50, 1 fr., 2 fr. 5 fr. ; en or, de 5 fr., 10 fr., 20 fr., de 40 fr. et 100 fr.

§ 15. — *Arithmétique et géométrie élémentaires.*

Voir les problèmes et définitions des §§ 2 et suivants du chapitre second, et la série de questions spéciales posées au chapitre IVe du n° 632 au n° 730.

CHAPITRE QUATRIÈME.

§ UNIQUE. — QUESTIONNAIRE (*rédigé d'après les programmes officiels et les précédents examens*).

Économie politique et législation générale.

1. Qu'est-ce que le capital ?
2. Qu'est-ce que l'intérêt de l'argent ?
3. *Quid* du taux de l'intérêt ?
4. *Quid* de la rente ?
5. *Quid* du cours de la bourse ?
6. Qu'est-ce que la rente sur l'Etat ?
7. Qu'appelle-t-on valeurs industrielles ?
8. Quelle différence y a-t-il entre les actions et les obligations de chemin de fer ?
9. Qu'est-ce que la prohibition en matière commerciale ?
10. *Quid* de la protection ?
11. *Quid* du libre échange ?
12. Quelle est la base de la fortune publique ? (La propriété territoriale.)
13. Quel est l'agent le plus direct de la fortune publique ? (Le crédit.)
14. Qu'est-ce qu'une banque de circulation ?
15. Une banque de crédit ?
16. Qu'appelle-t-on établissement de crédit ?
17. Qu'est-ce que la banque de France ?
18. Qu'est-ce que le crédit foncier ?
19. Qu'est-ce que l'Etat ?
20. Quelles sont les obligations de l'Etat ?
21. Qu'entend-on par division des pouvoirs ?
22. Combien de pouvoirs dans l'Etat ?
23. *Quid* de l'exécutif ?
24. *Quid* du législatif ?
25. *Quid* du judiciaire ?
26. De qui émanent ces trois pouvoirs ?
27. Quelle est la base de la constitution politique actuelle de la France ?
28. *Quid* du suffrage universel ?
29. Quels sont les pouvoirs du chef de l'Etat ?
30. De qui les tient-il ?
31. Peut-il les déléguer ?
32. Que sont les ministres ?
33. Quelles sont leurs attributions ?
34. Combien y a-t-il de ministères ?
35. Leurs attributions ?
36. *Quid* du conseil des ministres ?
37. Qu'est-ce que la responsabilité ministérielle ?
38. De quels pouvoirs indépendants se compose l'autorité législative ?
39. *Quid* du conseil d'État ?
40. Comment se recrute-t-il ?
41. Son organisation.
42. Ses attributions principales.
43. *Quid* du corps législatif ?
44. Son organisation.
45. Ses attributions.
46. Qu'est-ce que le droit d'amendement ?
47. *Quid* du sénat ?
48. Son organisation.
49. Ses attributions.
50. Qu'est-ce que le droit de pétition ?
51. Quelle est la part respective de l'Empereur et des grands corps de l'Etat dans la confection des lois ?

52. Qui est chargé de rendre la justice civile ?
53. Qui est chargé de rendre la justice commerciale ?
54. Qui est chargé de rendre la justice militaire ?
55. Organisation sommaire de la justice en France.
56. Quel est le juge de conciliation ?
57. Qu'est-ce qu'un juge de paix !
58. Où réside-t-il ?
59. Dans quelle étendue de territoire exerce-t-il ses fonctions ?
60. Quid de ses attributions de juge ?
61. Quid comme officier de police judiciaire ?
62. Quid du tribunal de simple police ?
63. Quelle est la compétence des tribunaux de 1re instance ?
64. Quid des tribunaux correctionnels ?
65. Leur organisation ?
66. Quid des cours d'appel ?
67. Quelles sont les attributions des chambres civiles ?
68. De la chambre correctionnelle ?
69. De la chambre des mises en accusation ?
70. Quid des tribunaux de commerce ?
71. Quid des prudhommes ?
72. Qui nomme les juges des tribunaux ?
73. Qui nomme les membres des cours ?
74. Qui élit les juges consulaires ?
75. Qui les institue ?
76. Qu'entend - on par inamovibilité de la magistrature ?
77. Qu'est-ce que la cour d'assises ?
78. Quid du jury ?
79. Quid des tribunaux d'exception ?
80. Quid des conseils de guerre ?
81. Quid de la haute cour de justice ?
82. Qu'est-ce que le ministère public ?
83. Son organisation ?
84. Ses attributions ?
85. Qui appelle-t-on officiers ministériels ?
86. Quel est le rôle des greffiers dans l'organisation judiciaire ?
87. Quid des avoués ?
88. Quid des huissiers ?
89. Qu'est-ce que la cour de cassation ?
90. Son organisation.

91. Ses attributions.
92. La cour juge-t-elle au fond ?
93. Quel est le mode de renvoi des arrêts ou jugements cassés ?
94. Qui fait les actes de procédure devant la cour ?
95. Quelle est la hiérarchie administrative de la France ?
96. Quel est le principe régulateur de la centralisation ?
97. Quel est le rôle de la commune dans l'organisation de l'Empire ?
98. A côté de chaque administrateur local trouve-t-on un corps délibérant ? .
99. Attributions du maire.
100. Expliquer sa triple qualité d'administrateur de la commune, de représentant du Gouvernement, et d'officier de l'état civil.
101. Attributions du conseil municipal.
102. Sa composition.
103. Qu'est-ce que l'arrondissement ?
104. Attributions du sous-préfet.
105. Quid du conseil d'arrondissement ?
106. Quid de sa composition ?
107. Le département est-il, comme la commune, un être moral ?
108. Attributions du préfet comme délégué direct du Gouvernement.
109. Quid comme administrateur du département ?
110. Quid comme tuteur des communes et établissements de bienfaisance ?
111. Quid du conseil de préfecture ?
112. Quelle est l'organisation du conseil général ?
113. Quelles sont ses attributions ?
114. Quels sont les chefs de service dans chaque département ?

Droit administratif.

115. Quelle est la division des pouvoirs dans l'État ?
116. Qui a l'initiative des lois ?
117. Qui les promulgue ?
118. Au nom de qui se rend la justice ?
119. Qu'est-ce que le pouvoir exécutif ?
120. Qu'est-ce que l'administration proprement dite ?

121. Quelle distinction y a-t-il entre le gracieux et le contentieux ?
122. Combien de degrés dans la juridiction administrative ?
123. Quels sont les juges ordinaires ?
124. Quels sont les juges d'exception ?
125. Quel est le rôle des conseils de préfecture en matière contentieuse ?
126. *Quid* comme conseils du préfet ?
127. *Quid* comme comités consultatifs ?
128. *Quid* comme tribunaux ?
129. Comment se fait l'instruction des affaires ?
130. Les audiences sont-elles publiques ?
131. Qu'est-ce que la décentralisation administrative ?
132. Quelle est son influence au point de vue de l'intérêt public ?
133. Qu'est-ce que le conseil d'Etat
134. Comment se recrute-t-il ?
135. Son organisation au contentieux
136. Ses attributions au contentieux.
137. Comment se fait l'instruction des affaires devant le conseil ?
138. Les décisions du conseil d'Etat sont-elles par elles-mêmes exécutoires ?
139. Qu'est ce que le conflit ?
140. *Quid* du conflit de juridiction ?
141. *Quid* du conflit d'attribution ?
142. *Quid* du conflit négatif ?
143. Qui élève le conflit ?
144. Quel est le juge des conflits ?

Finances.

145. Quelles sont les ressources de l'Etat ?
146. Qu'est ce que la dette publique ?
147. *Quid* de la dette inscrite ?
148. *Quid* de la dette flottante ?
149. *Quid* de la dette consolidée ?
150. *Quid* de la dette viagère ?
151. *Quid* du grand-livre ?
152. Qu'est ce que le système des emprunts ?
153. *Quid* de la rente ?
154. Qu'est ce que le 3 p. 100 ?
155. Qu'est-ce que le 4 1|2 p. 100 ?
156. Quelles sont les attributions du ministère des finances ?

157. Quels sont les principaux services du ministère ?
158. *Quid* de la caisse centrale du Trésor ?
159. *Quid* de la direction générale de la comptabilité publique ?
160. *Quid* de la direction du mouvement général des fonds ?
161. *Quid* du contentieux des finances ?
162. De quelle manière a lieu le recouvrement de l'impôt direct ?
163. *Quid* du recouvrement des impôts indirects ?
164. Quelles sont les administrations spéciales qui dépendent du ministère des finances ?
165. Quelle différence y a-t-il entre l'impôt direct et les impôts indirects ?
166. Qu'est-ce qu'un impôt de répartition ?
167. *Quid* d'un impôt de quotité ?
168. Attributions de l'administration des contributions directes.
169. Combien d'impôts directs ?
170. Qu'est-ce que l'impôt foncier ?
171. *Quid* de la personnelle ?
172. *Quid* de la mobilière ?
173. *Quid* de l'impôt des patentes ?
174. *Quid* de la contribution des portes et fenêtres ?
175. *Quid* des centimes additionnels ?
176. *Quid* de la taxe des chiens ?
177. *Quid* du cadastre ?
178. Quels sont les agents de répartition ?
179. Quels sont les agents de recouvrement ?
180. Qui centralise la perception des impôts dans les chefs-lieux ?
181. Quel est le délai pour réclamer contre l'impôt direct ?
182. Devant quelle autorité se pourvoit-on ?
183. Attributions de l'administration des douanes.
184. Attributions de l'administration des contributions indirectes.
185. Qu'est-ce que l'exportation ?
186. *Quid* de l'importation ?
187. *Quid* de l'entrepôt ?
188. Qu'est ce qu'une ligne de douanes ?

189. Qu'entend-on par droits au comptant ?

190. *Quid* de l'exercice ?

191. *Quid* de l'abonnement ?

192. Qui a le monopole des tabacs ?

193. Quelle est la valeur économique des impôts de consommation ?

194. Attributions de la direction générale des postes.

195. A qui est réservé le transport exclusif des lettres ?

196. Attributions de l'administration des forêts.

197. Quelle distinction faut-il établir entre les agents des forêts et les préposés ?

198. Qui a le monopole de la fabrication des monnaies ?

199. Qu'est-ce que l'inspection générale des finances ?

200. Ses attributions.

201. Qu'est-ce que le budget de l'Etat ?

202. Quelles sont ses divisions ?

203. Y a-t-il plusieurs catégories de dépenses ?

204. A quoi sert le budget ?

205. Qu'entend-t-on par exercice ?

206. Quelle est la durée de l'exercice ?

207. Qu'est ce qu'un crédit ?

208. *Quid* de la spécialité des crédits ?

209. *Quid* des crédits ordinaires ?

210. *Quid* des crédits supplémentaires ?

211. Qu'est-ce qu'un ordonnateur ?

212. Qu'est-ce qu'un mandat de payement ?

213. Quelle est l'époque de la clôture de l'exercice ?

214. Cette époque est-elle la même pour les recettes que pour les dépenses ?

215. Est-elle la même pour l'ordonnancement des dépenses et pour leur payement ?

216. Les règles du budget de l'Etat sont elles applicables aux budgets des départements et à ceux des communes ?

217. Qu'appelle t-on exercice clos ?

218. *Quid* de l'exercice périmé ?

219. Quels sont les modes de prescription des créances contre l'Etat ?

220. Qu'est-ce que la déchéance ?

221. Qu'est-ce que la cour des comptes ?

222. Son organisation.

223. Ses attributions.

224. Les receveurs de l'enregistrement sont-ils justiciables de la cour des comptes ?

225. Comment se jugent les comptes ?

226. Qu'est ce que la loi ?

227. Combien distingue-t-on de lois particulières, au point de vue générique ?

228. *Quid* de la loi naturelle ?

229. *Quid* de la loi personnelle ?

230. *Quid* de la loi réelle ?

231. *Quid* de la loi politique ?

232. *Quid* de la loi civile ?

233. *Quid* de la loi pénale ?

234. *Quid* de la loi fiscale ?

235. *Quid* de la loi morale ?

236. *Quid* de la loi religieuse ?

237. La loi dispose-t-elle pour le passé ou pour l'avenir ?

238. Qu'est-ce que la non-rétroactivité des lois ?

239. Que sont les lois de police ?

240. Quelle loi régit les immeubles ?

241. Quelle loi régit les personnes ?

242. *Quid* des régnicoles ?

243. *Quid* des étrangers ?

244. Peut-on refuser de juger ?

245. Peut-on juger au général ?

246. Peut-on déroger aux lois par des accords privés ?

247. Qui propose les lois ?

248. Qui les élabore ?

249. Qui les discute ?

250. Qui les vote ou les rejette ?

251. Qui les approuve ?

252. Qui les sanctionne ?

253. Qui les promulgue ?

254. Qu'est-ce que la sanction d'une loi ?

255. *Quid* de la promulgation ?

256. *Quid* de la publication ?

257. *Quid* de l'exécution ?

258. Comment a lieu la promulgation ?

259. Quand la loi est-elle exécutoire ?

260. Quand est-elle obligatoire ?

261. Comment a lieu la publication d'une loi par voie d'urgence ?

262. Quand la loi est-elle réputée connue ?

263. Peut-on ignorer la loi ?
264. Qui applique la loi ?
265. Qui punit les infractions à la loi ?
266. Quelle est l'importance de l'administration de l'enregistrement et des domaines ?
267. Quelles sont ses attributions ?
268. Quelle est son organisation à Paris et dans les départements ?
269. Administration centrale ; division du travail.
270. Service départemental; hiérarchie.
271. Service de la perception.
272. Service du contrôle.
273. Service de la direction.
274. Obligation des surnuméraires.
275. Quelles sont les attributions des receveurs ?
276. *Quid* des conservateurs des hypothèques ?
277. *Quid* des vérificateurs ?
278. *Quid* des inspecteurs ?
279. *Quid* des directeurs ?
2 0. Dans quelles limites les employés de l'administration sont-ils chargés de la surveillance des officiers publics ?
281. Comment a lieu la perception des droits d'enregistrement sur les actes ?
282. *Quid* de la recette des droits de succession ?
283. *Quid* de la débite des papiers timbrés ?
284. *Quid* de la vente des timbres mobiles ?
285. Quelle est l'importance de l'enregistrement d'un acte sous seing privé ?
286. Celle de l'enregistrement d'un acte notarié ?
287. Qu'appelle-t-on date certaine ?
288. Les registres des receveurs font-ils foi en justice ?
289. Peuvent-ils suppléer à la perte d'un titre ?
290. Quelle est l'importance de l'arrêté journalier des registres de formalité ?
291. Quel est l'emploi des recettes ?
292. Qu'appelle-t-on versements ?
293. *Quid* des payements de dépenses ?

294. Les receveurs sont-ils responsab de leurs recettes ?
295. Quelles garanties matérielles sont-ils obligés de fournir à l'Etat ?
296. Pourquoi doivent-ils prêter serment avant d'entrer en fonctions ?
297. Qu'est-ce que le domaine de l'Etat ?
298. En quoi diffère-t-il du domaine public ?
299. Qu'appelle-t-on frais de justice ?
300. Qui est chargé de les recouvrer sur les débiteurs ?

(*Voir pour des questions d'un ordre plus pratique :* Surnuméraires. — Examen de première année; *Questionnaire*).

301. Quelles sont les lois principales ayant trait à l'enregistrement et au timbre ?
302. Quelle est la loi organique de l'enregistrement ?
303. Celle du timbre ?
304. Quels sont les principes établis par la loi du 22 frimaire an VII?
305. *Quid* de celle du 13 brumaire an VII ?
306. Quelle est la loi qui a fixé le tarif des droits d'enregistrement ?
307. A quelles époques ce tarif a-t-il été modifié?
308. Quelle a été la cause de ces modifications ?
309. De quelle époque date la création des timbres mobiles ?
310. Quelle différence fait-on entre le timbre de dimension et le timbre proportionnel ?
311. *Quid* du timbre extraordinaire?
312. *Quid* du visa pour timbre ?

Code Napoléon.

313. Qu'est-ce que le Code Napoléon ?
314. Qui l'a rédigé ?
315. Qu'a-t-il remplacé ?
316. Qu'appelle-t-on distinction des biens ?
317. *Quid* des immeubles ?
318. *Quid* des meubles ?
319. Combien y a-t-il de sortes d'immeubles ?

320. Qui est immeuble par nature ?

321. Qui est immeuble par destination ?

322. Qui est immeuble par l'objet auquel s'applique le droit ou la chose ?

323. Les bœufs de labour sont-ils immeubles ?

324. Les animaux reproducteurs sont-ils immeubles ?

325. Comment les coupes de bois deviennent-elles meubles ?

326. Une charrue est-elle meuble ?

327. Une batteuse mécanique ?

328. Une locomobile ?

329. La turbine d'une usine à vapeur ?

330. Des blés sur pied sont ils meubles ?

331. Des meules de foin ?

332. Les pigeons des colombiers sont-ils meubles ?

333. Les glaces des appartements ?

334. Les statues dans les parcs ?

335. Quelle est la conséquence du fait, par le propriétaire, d'attacher des effets mobiliers au fonds à perpétuelle demeure ?

336. De quelle manière ce fait a t il lieu ?

337. Pourquoi l'usufruit immobilier est-il immeuble ?

338. *Quid* des servitudes ?

339. *Quid* de certaines actions en revendication ?

340. Combien d'espèces de meubles ?

341. Quels sont les meubles par nature ?

342. Quels sont les meubles par la détermination de la loi ?

343. Que sont les actions des sociétés ?

344. Les rentes sur l'Etat ?

345. Les actions de la banque ?

346. Peut-on immobiliser des meubles ?

347. Peut-on racheter une rente ?

348. Quelle est la corrélation de ce principe avec celui que nul ne peut être contraint à rester dans l'indivision ?

349. Quelles sont les usines considérées comme meubles ?

350. Quelle est l'acception légale du mot meubles ?

351. Celle du mot meubles meublants ?

352. Celle du mot mobilier ?

353. Celle des mots biens meubles ?

354. Celle des mots effets mobiliers ?

355. Que comprend légalement la vente d'une maison meublée ?

356. Que comprend le don d'une maison avec tout ce qui s'y trouve ?

357. Quel est le principe qui régit les biens dans leur rapport avec ceux qui les possèdent ?

358. Qu'est ce que le domaine d'un particulier ?

359. Qu'est ce que le domaine public ?

360. *Quid* des biens vacants ?

361. *Quid* des routes, rivières, océans ?

362. *Quid* des biens communaux ?

363. A quels divers titres peut-on posséder le même objet ?

364. Qu'est-ce que la propriété ?

365. Le droit de propriété comprend-il sans réserve le droit d'abuser et de détruire ?

366. Un citoyen peut-il être dépossédé ?

367. Pour quel motif ?

368. Moyennant quelle compensation ?

369. Qu'est ce que le droit d'accession ?

370. A qui profite-t-il ?

371. A quel titre est-on propriétaire des fruits de la terre ?

372. Des fruits civils ?

373. Du croît des animaux ?

374. Qu'est-ce que les fruits civils ?

375. Si un tiers a labouré et semé un champ, à qui appartient la récolte ?

376. Qu'est-ce que la possession de bonne foi ?

377. Quelles sont les conséquences, pour le tiers détenteur et pour le propriétaire légitime, de la possession de bonne foi ?

378. Combien y a-t-il de droits d'accession ?

379. Possède-t-on au même titre et dans les mêmes conditions ce qui est produit par la chose et ce qui s'unit ou s'incorpore à la chose ?

380. Le propriétaire du sol est-il à la fois propriétaire du dessus et du dessous ?

381. Quelles sont les limites légales du droit de propriété sur la superficie ?

382. Qu'appelle t on servitudes ?
383. Quelles sont les limites du droit de propriété au-dessous du sol ?
384. Qu'appelle t on concessions de mines ?
385. Un tiers peut-il avoir la concession d'une mine sous le terrain de propriétaires étrangers?
386. Pourquoi cette dérogation au droit de propriété?
387. Qu'arrive-t il si un tiers plante ou construit sur le terrain d'autrui ?
388. Qu'est-ce que l'alluvion?
389. *Quid* de l'attérissement ?
390. *Quid* des lais et relais des fleuves ou de la mer?
391. A qui profite l'alluvion?
392. Quelle distinction faut-il faire pour les lacs et étangs ?
393. Pour les relais de la mer ?
394. Quel est le droit du propriétaire dont une crue subite déplace le fonds ?
395. Qui est propriétaire des ilots formés dans le lit des fleuves et rivières ?
396. Quelle différence légale y a-t-il entre les rivières navigables ou flottables et celles qui ne le sont pas ?
397. A qui appartient l'ancien lit d'une rivière qui se forme un nouveau cours ?
398. Dans quel cas les pigeons et lapins qui passent d'une garenne ou d'un colombier dans un autre deviennent-ils la propriété d'un tiers ?
399. Comment se détermine le droit d'accession des choses mobilières ?
400. A qui appartient un piano dont la caisse a été fabriquée avec du bois appartenant à un tiers ?
401. A qui appartient la statue fondue avec du bronze volé à un tiers ?
402. A qui appartient la maison construite, sans droit, sur le terrain d'autrui avec des matériaux dont la majeure partie appartenait à une troisième personne ?

403. A qui appartient le mélange de plusieurs matières qui ne peuvent être séparées, et qui proviennent de plusieurs propriétaires ?
404. Quelle est la condition essentielle à défaut de laquelle le propriétaire légitime est déchu de tout droit de revendication ? (Il faut que la chose ait été employée *à son insu*.)
405. Quels sont les droits du propriétaire, suivant que la chose lui appartenant est devenue ou non une chose d'une autre espèce, est devenue l'accessoire ou le principal d'une autre chose, etc.?
406. Qu'est-ce que l'usufruit ?
407. Qu'est-ce que la nue-propriété ?
408. Quelle différence y a-t-il entre l'usufruit et le droit d'usage ?
409. Entre l'usufruit et l'habitation ?
410. Quelles sont les différentes manières d'acquérir ou de transmettre la propriété ?
411. Qu'est-ce que succéder ?
412. Comment s'ouvrent les successions ?
413. La mort civile existe-t-elle toujours ?
414. Dans quel ordre la loi règle t-elle les successions ?
415. Quel est l'ordre légal entre plusieurs décès simultanés ?
416. Quelle différence essentielle y a-t-il entre les héritiers du sang et les autres ?
417. Qu'appelle-t-on saisine des successions ?
418. Quelles sont les qualités requises pour succéder?
419. Qui est incapable de succéder ?
420. Qui est indigne de succéder ?
421. Quelles sont les conséquences de l'indignité par rapport aux revenus de la succession ?
422. Quelles sont ces conséquences vis-à-vis des enfants de l'indigne exclu de la succession ?
423. La loi considère-t-elle la nature et l'origine des biens pour en déterminer l'ordre successif ?

424. Quel est l'ordre légal de succession ?

425. Comment se divise une succession échue à des ascendants et à des collatéraux ?

426. Après la division entre la ligne paternelle et la ligne maternelle, comment se partage la succession ?

427. De quelle manière s'établit la proximité de parenté ?

428. Qu'est-ce qu'un degré de parenté ?

429. Qu'est-ce qu'une génération ?

430. Qu'est-ce qu'une ligne ?

431. *Quid* de la ligne directe ?

432. *Quid* de la ligne collatérale ?

433. *Quid* de la ligne ascendante ou descendante ?

434. Comment se comptent les degrés en ligne directe ?

435. *Quid* en ligne collatérale ?

436. A quel degré sont les cousins germains ?

437. Qu'est-ce que le septième degré ?

438. Qu'appelle-t-on représentation ?

439. Qui représente-t-on ?

440. Comment se produit cette fiction de la loi ?

441. Comment la succession se divise-t-elle entre les enfants ?

442. Comment entre les ascendants ?

443. Comment entre les collatéraux ?

444. Comment en cas de concours des ascendants et des collatéraux ?

445. Quels sont les héritiers à réserve ?

446. Jusqu'à quel degré succède-t-on ?

447. A défaut de parents successibles dans une ligne, qu'arrive-t-il ?

448. Qu'appelle-t-on héritiers du sang ?

449. Qu'est-ce que les successions irrégulières ?

450. Les enfants naturels sont-ils héritiers ?

451. Quelle est la condition qui leur donne le droit de succéder ?

452. Dans quelle proportion héritent-ils ?

453. A quels enfants la loi n'accorde-t-elle que des aliments ?

454. Comment se règle la succession de l'enfant naturel reconnu ?

455. Quels sont les droits de l'époux survivant ?

456. Dans quel cas la succession est-elle dévolue à l'État ?

457. Qu'est-ce que l'envoi en possession ?

458. Est-on forcé d'accepter une succession qui vous échoit ?

459. Combien y a-t-il de manières d'accepter une succession ?

460. Quels sont les effets de l'acceptation pure et simple ?

461. *Quid* de l'acceptation sous bénéfice d'inventaire ?

462. L'acceptation est-elle tacite ?

463. Qu'est-ce qu'un acte d'héritier ?

464. Peut-on revenir contre l'acceptation qu'on a faite ?

465. Dans quels cas et à quelles conditions ?

466. La renonciation à une succession se présume-t-elle ?

467. Peut-elle être tacite ?

468. Dans quelle forme a-t-elle lieu ?

469. A qui profite la renonciation ?

470. Quels sont les effets de la renonciation à l'égard du renonçant ?

471. Peut-on disposer de la succession d'une personne vivante ?

472. Peut-on aliéner ses droits éventuels à une succession ?

473. Quels sont les délais pour faire inventaire ?

474. *Quid* pour délibérer ?

475. Dans quelle forme a lieu l'acceptation sous bénéfice d'inventaire ?

476. Quels sont les droits de l'héritier pendant les délais ?

477. Qui est déchu du bénéfice d'inventaire ?

478. Quels sont les avantages que donne à l'héritier le bénéfice d'inventaire ?

479. Qui administre la succession ?

480. L'héritier pur et simple est-il tenu des dettes de la succession sur ses biens personnels ?

481. Jusqu'à quelle limite est tenu l'héritier bénéficiaire ?

482. Comment se règlent les dettes ?

483. Quand une succession est-elle réputée vacante ?

484. Qui nomme le curateur ?

485. Quelles sont les obligations du curateur ?

486. Est-on forcé de rester dans l'indivision ?

487. Qui exerce l'action en partage ?

488. Qu'est-ce qu'une expertise ?

489. Comment a lieu l'estimation des immeubles indivis ?

490. *Quid* de celle des meubles ?

491. *Quid* de la licitation judiciaire ?

492. Quelles sont les fonctions du juge commissaire ?

493. Qu'est-ce que la masse ?

494. *Quid* de l'actif ?

495. *Quid* du passif ?

496. *Quid* du rapport à la masse ?

497. *Quid* du prélèvement ?

498. Quel est le mode de formation des lots ?

499. Comment se compense l'inégalité des lots ?

500. Qu'est-ce qu'une soulte ?

501. Comment les lots s'attribuent-ils à chaque co-partageant ?

502. Dans quel cas les parties sont-elles renvoyées devant un notaire commis ?

503. Quel est le mode de partage des biens des mineurs ?

504. Quels sont les sommes et objets sujets à rapport ?

505. Qu'entend-on par dispense de rapport ?

506. Qu'est-ce qu'un préciput ?

507. A qui est dû le rapport ?

508. Qu'est-ce que le rapport en nature ?

509. *Quid* du rapport en moins prenant ?

510. Dans quelle proportion les cohéritiers sont-ils tenus des dettes de la succession ?

511. Qu'est-ce qu'un légataire ?

512. Jusqu'à quelle limite est-il tenu des dettes ?

513. Quelle différence y a-t-il entre le légataire universel et le légataire à titre particulier ?

514. Qu'est-ce que la séparation du patrimoine ?

515. Qui peut la réclamer ?

516. Quels sont les droits des créanciers sur les biens de la succession ?

517. Quels sont les effets du partage vis-à-vis des co-partageants ?

518. *Quid* vis-à-vis des tiers ?

519. Qu'est-ce que la garantie des lots ?

520. Quels sont les cas de rescision des partages ?

521. *Quid* de la violence ?

522. *Quid* du dol ?

523. *Quid* de la lésion ?

524. Comment peut-on disposer de ses biens à titre gratuit ?

525. Qu'est-ce qu'une donation ?

526. La donation entre-vifs est-elle soumise à certaines formes ?

527. Qu'est-ce qu'un testament ?

528. Qui peut tester ?

529. Au profit de qui peut-on tester ?

530. Combien y a-t-il d'espèces de testaments ?

531. *Quid* du testament public ?

532. *Quid* de l'olographe ?

533. *Quid* du mystique ?

534. Qu'est-ce que la quotité disponible ?

535. Qu'est-ce qu'un contrat ?

536. Qu'est-ce que la vente ?

537. Dans quelle forme a-t-elle lieu ?

538. Quelles sont les trois conditions qui constituent la vente ?

539. *Quid* de la condition suspensive ?

540. *Quid* de la condition résolutoire ?

541. Quels sont les effets de la promesse de vente ?

542. *Quid* des arrhes ?

543. Qui peut acheter ?

544. Qui peut vendre ?

545. A quels cas est limitée la vente entre époux ?

546. Quelles sont les restrictions au droit d'acheter ?

547. Suivant la qualité des personnes ?

548. Quelles sont les choses qu'on peut vendre ?

549. Y a-t-il des choses qu'on ne puisse pas vendre ?

550. Quelles sont-elles ?

551. Quelles sont les obligations du vendeur ?

552. *Quid* de la délivrance ?

553. *Quid* de la garantie ?

554. Quels sont les effets de la garantie en cas d'éviction ?

555. *Quid* de la garantie des défauts cachés ?

556. Qu'appelle-t-on vices rédhibitoires ?

557. Quelles sont les obligations de l'acheteur ?

558. Dans quels cas doit-on l'intérêt du prix ?

559. Dans quel cas peut-on suspendre le payement du prix ?

560. Le défaut de payement est-il une cause de résolution de la vente ?

561. Pour quelles causes le contrat de vente peut-il être résolu ?

562. *Quid* de la nullité ?

563. *Quid* du non-payement ?

564. *Quid* de la faculté de rachat ?

565. *Quid* de la vilité du prix ?

566. Quel est le délai de la faculté de rachat ?

567. Quels sont ses effets ?

568. Qu'est-ce que la lésion des 7/12 ?

569. Quel est le délai accordé au vendeur pour réclamer la rescision pour cause de lésion ?

570. Qu'est-ce que la licitation ?

571. Quel est le mode de vente ?

572. Qu'est-ce qui constate le transport d'une créance ou d'un droit ?

573. *Quid* de la cession de créance ?

574. *Quid* du transport d'un droit litigieux ?

575. Qu'est-ce que l'échange ?

576. Qu'est-ce que le contrat de louage ?

577. *Quid* de celui des choses ?

578. *Quid* de celui d'ouvrage ?

579. *Quid* du bail à loyer ?

580. *Quid* du bail à ferme ?

581. *Quid* du bail à cheptel ?

582. *Quid* des marchés ?

583. *Quid* des baux des biens de l'Etat ?

584. Quelles sont les choses qu'on peut louer ?

585. Comment peut-on louer ?

586. *Quid* du bail verbal ?

587. *Quid* du bail écrit ?

588. *Quid* du droit de sous-louer ?

589. Quelles sont les obligations du bailleur ?

590. *Quid* de celles du locataire ?

591. Qui est tenu des grosses réparations ?

592. *Quid* de l'état des lieux ?

593. *Quid* des réparations locatives ?

594. *Quid* du congé ?

595. *Quid* de la tacite reconduction ?

596. Le contrat de louage est-il résolu par la mort du bailleur ou celle du preneur ?

597. Que devient le bail en cas de vente de l'immeuble à un tiers ?

598. Dans quel cas le locataire peut-il être expulsé ?

599. Quel est son recours contre le bailleur ?

600. Quelles garanties le locataire d'une maison doit-il donner au propriétaire ?

601. Quelles sont les obligations du sous-locataire ?

602. Quelles sont les obligations respectives du propriétaire et du locataire pour les réparations d'une maison ?

603. Qu'est-ce que l'usage des lieux ?

604. Comment se loue un appartement meublé ?

605. Quelles sont les indemnités réciproques en cas de résiliation du bail ?

606. Quelles sont les règles particulières aux baux à ferme ?

607. Le fermier peut-il sous-louer ?

608. Qu'est-ce que le bail à moitié fruits ?

609. Qu'est-ce que le colonage ?

610. Qu'arrive-t-il en cas de perte de la récolte par cas fortuit ?

611. Quelles sont les obligations du fermier pendant le bail ?

612. *Quid* à sa sortie ?

613. Pour quel temps est supposé fait le bail verbal d'un bien rural ?

614. Quelles sont les trois sortes de louage d'ouvrage et d'industrie ?

615. Peut-on engager ses services à vie ?

616. Dans quels cas le maître est-il cru, à l'égard de ses domestiques et ouvriers, sur sa simple affirmation ?

617. Quelle est la responsabilité des voituriers ?

618. Quelle est la responsabilité des chemins de fer pour les colis qu'on leur confie ?

619. Qu'est-ce qu'une lettre de voiture ?

620. Qu'est-ce qu'un devis ou marché ?

621. Comment peut se résilier le marché à forfait ?

622. Comment se dissout le contrat de louage d'ouvrage ou d'industrie ?

623. Quelle est la responsabilité de l'entrepreneur ?

624. Qu'est-ce que le bail à cheptel ?

625. Quelles sont les conditions du cheptel simple ?

626. *Quid* du cheptel à moitié ?

627. *Quid* du cheptel donné par le propriétaire à son fermier ?

628. *Quid* du cheptel donné au colon partiaire ?

629. *Quid* du contrat improprement appelé cheptel ?

630. Dans quel cas la perte est-elle pour le fermier, dans quel cas est-elle pour le propriétaire ?

631. Qu'est-ce que le contrat de société ?

Système métrique.

632. Qu'est-ce que le système métrique ?

633. Quelle est son origine ?

634. Quelle est sa base ?

635. Quand a-t-il été imaginé ?

636. A partir de quelle époque est-il devenu obligatoire ?

637. Quelle est l'unité typique ?

638. Quelle est sa valeur ?

639. Qu'entend-on par multiples et sous-multiples ?

640. Quelle est l'unité de longueur ?

641. *Quid* de l'unité de superficie ?

642. *Quid* de l'unité de capacité ?

643. *Quid* de l'unité de poids ?

644. *Quid* de l'unité monétaire ?

645. Quelles sont les mesures agraires ?

646. *Quid* des mesures des solides ?

647. *Quid* du quintal métrique ?

648. *Quid* de la lieue kilométrique ?

649. Quelle est la corrélation de ces diverses unités entre elles ?

650. Quels sont les avantages directs du système métrique ?

Mathématiques.

651. Qu'est-ce qu'une fraction ?

652. De combien de termes se compose-t-elle ?

653. Quels sont leurs noms ?

654. Que représentent-ils ?

655. *Quid* des fractions décimales ?

656. Quel est l'avantage que présente le calcul des fractions décimales ?

657. Peut-on convertir une fraction ordinaire en fraction décimale ?

658. Comment s'opère cette conversion ?

659. Qu'est-ce que la réduction des fractions ordinaires au même dénominateur ?

660. Que devient l'utilité de ces opérations en présence des fractions décimales ?

661. Qu'est-ce qu'un rapport ?

662. Combien y a-t-il de termes dans un rapport ?

663. Qu'est-ce qu'un rapport direct ?

664. *Quid* du rapport inverse ?

665. Qu'est-ce qu'une proportion arithmétique ?

666. Qu'est-ce qu'une proportion géométrique ?

667. Qu'est-ce que la comparaison de deux rapports ?

668. Connaissant les trois termes d'une proportion, peut-on déterminer le quatrième ?

669. Quels sont les avantages du calcul des proportions ?

670. Quel est l'emploi le plus habituel des proportions ?

671. Quel genre de problème résout-on avec leur concours ?

672. Qu'est-ce que la notation algébrique ?

673. Comment s'emploie-t-elle ?

674. Quels sont ses précieux avantages en mathématique ?

675. Qu'est-ce que la géométrie ?

676. Qu'est-ce que mesurer une surface ?

677. Quelle est l'unité de surface ?

678. Qu'est-ce qu'un polygone ?

679. *Quid* d'un rectangle ?

680. *Quid* d'un triangle ?

681. *Quid* d'un trapéze ?

682. *Quid* d'un polygone régulier ?

683. Quelle est la mesure de la surface d'un rectangle ?

684 *Quid* de celle d'un parallélogramme ?

685. *Quid* de celle d'un triangle ?

686. *Quid* de celle d'un trapdze ?

687. *Quid* de celle d'un polygone régulier ?·

688. Qu'est-ce que l'apothême ?

689. Qu'est-ce que la décomposition d'un polygone irrégulier ?

690. Qu'est-ce qu'un cercle ?

691. Quelle est la mesure du cercle?

692 Comment trouve-t-on la surface d'un cercle dont on connaît le rayon?

693. Comment s'exprime, en algèbre, le rapport du rayon à la circonférence ?

694. Qu'est-ce qu'un secteur ?

695. *Quid* d'un segment de cercle ?

696. Qu'est-ce qu'un volume ?

697. Qu'est-ce qu'un solide ?

698. Qu'est-ce que la surface d'un corps par rapport à son volume ?

699. Qu'est-ce qu'un polyèdre ?

700. *Quid* du prisme ?

701. *Quid* du cube ?

702. Quelle est l'unité de volume ?

703. Dans quelles proportions sont les multiples et les sous multiples de l'unité de volume avec ceux de l'unité de surface ?

704. Qu'est-ce que mesurer un volume ?

705. Quelle est la mesure du volume d'un prisme droit ?

706. *Quid* de celui d'un prisme oblique?

707. *Quid* de celui du cube?

708. *Quid* de celui de la pyramide ?

709. Qu'est ce qu'un corps rond ?

710. Qu'appelle-t-on un solide de révolution ?

711. Qu'est-ce qu'un cylindre ?

712. Quelle est la génération du cône ?

713. Qu'est ce qu'une sphère ?

714. Comment s'engendre-t-elle ?

715. Qu'est-ce qu'un axe ?

716. Quelle est la mesure de la surface latérale d'un prisme ?

717. *Quid* de celle d'un cylindre ?

718. Quel est le volume d'un cylindre ?

719. Quelle est la mesure de la surface latérale du tronc de cône ?

720. Quel est le volume du cône ?

721. Quelle est la surface de la sphère ?

722. Qu'est-ce qu'une zone ?

723. Quelle est la surface d'une zone ?

724. Quel est le volume de la sphère ?

725. Comment se calcule la capacité d'une chaudière sphéroïdale ?

726. Qu'est-ce qu'une formule algébrique ?

727. Quelle est l'utilité des formules algébriques ?

728. Qu'est-ce que les tables de logarithmes ?

729. Quel est leur emploi ?

730 Quelle simplification permettent-elles d'apporter dans les calculs compliqués ?

DEUXIÈME PARTIE

SURNUMÉRAIRES.

EXAMENS DES SURNUMÉRAIRES.

CHAPITRE PRÉLIMINAIRE.

§ 1. — *Travaux et durée du surnumérariat.* — *Obligations des surnuméraires.* — *Surveillance.* — *Intérim.*

L'exercice des fonctions publiques exige des connaissances spéciales qu'il faut acquérir par des études préliminaires. Ce temps de stage ou d'étude constitue ce que dans les administrations financières on nomme le surnumérariat.

Nul ne peut parvenir aux emplois de l'administration de l'enregistrement et des domaines sans avoir été surnuméraire. (Loi du 27 mai 1791, art. 181.) Les surnuméraires ne sont pas employés de l'administration ; ils sont seulement admis officiellement dans les bureaux, pour y acquérir les connaissances nécessaires à un receveur. C'est parmi eux que se recrutent les employés.

On ne peut être nommé surnuméraire après l'âge de vingt-cinq ans. (Inst. n° 2264.)

Les surnuméraires sont nommés par le directeur général sur la liste des candidats réunissant les conditions voulues. Le titre qui constate cette nomination se nomme *Brevet de surnuméraire.*

Les conditions de stage et d'examens imposées aux surnuméraires sont tracées dans l'instruction organique du 15 novembre 1834, n° 1470, dans les instructions générales n°ˢ 1534, 1744, 1827, 1998 et 2038, ainsi que dans les circulaires de l'administration.

La durée du surnumérariat n'est pas et ne peut pas être fixée d'une manière certaine; elle dépend des besoins du service. On peut néanmoins assigner aujourd'hui au surnumérariat une durée moyenne de trois à quatre ans. Le rang du candidat sur la liste des surnuméraires de chaque promotion, et le résultat annuel des trois examens ou concours des surnuméraires entre eux, influent nécessairement, aussi bien que les notes semestrielles et la gestion des *intérim*, sur la nomination plus ou moins prompte à un bureau.

La première obligation des surnuméraires est l'assiduité; ils doivent faire acte de présence au bureau aux jours et heures fixés par la loi pour les receveurs. Il est défendu aux surnuméraires de se livrer à des occupations étrangères aux travaux dont ils sont chargés; ceux qui exerceraient en même temps une autre profession doivent opter, ou sont rayés du tableau. Ils ne doivent pas s'immiscer dans les relations du receveur avec le public; ils ne peuvent signer aucune relation ou quittance que dans le cas d'*intérim*. Ils ne peuvent s'absenter sans autorisation. Le directeur peut leur accorder des permissions de quinze jours pour une absence dans le département; pour une absence plus longue, ou, si elle doit avoir lieu hors du département, le congé est demandé au directeur général.

Les travaux du surnumérariat sont de deux natures : — travaux préparatoires dans les bureaux, sous la surveillance et la responsabilité des receveurs, afin d'acquérir l'instruction nécessaire à la régie d'un bureau; — *intérim*, ou mise en pratique des connaissances acquises, par le surnuméraire livré à lui-même et responsable de ses actes, dans un bureau dont le titulaire est absent.

Les surnuméraires sont placés sous la surveillance et les ordres immédiats du receveur au bureau duquel ils sont attachés. Ils sont employés successivement à toutes les opérations du bureau. Dans l'ordre du travail que le receveur prescrira au surnuméraire, il suivra, autant toutefois que les besoins du service le permettront, la division progressive des matières indiquées à l'art. 5 de l'instruction n° 1470. Dans le courant de la troisième année, les surnuméraires seront attachés temporairement à un bureau d'hypothèques et à un bureau des domaines de chef-lieu d'arrondissement. Chaque trimestre, les surnuméraires rédigeront une note détaillée des études auxquelles ils se seront livrés, du travail et des opérations du bureau auxquels ils auront été employés. Cette note sera remise au receveur, qui la joindra au tableau trimestriel de la situation des sommiers; celui-ci s'expliquera, à l'article de ce tableau relatif aux surnuméraires, sur l'exactitude de la note de travail, sur l'assiduité et le degré d'instruction du surnuméraire. Un double de cette note de travail sera conservé au bureau et représenté aux employés supérieurs qui y viendront en opérations. Les employés supérieurs feront travailler sous leurs yeux les surnuméraires aux enregistrements d'actes et aux opérations dont ils se seront occupés suivant leur dernière note de travail; ils feront connaître leur opinion sur l'instruction des surnuméraires dans des notes.

Ces dispositions ont été rappelées par l'instruction n° 2038, laquelle dispose que, pour placer sous le contrôle de l'administration l'exécution des règlements, les directeurs doivent rendre compte par des rapports particuliers adressés au bureau du personnel, des mouvements qu'auront nécessités l'instruction des surnuméraires et les besoins du service.

En dehors de la pratique des bureaux, les surnuméraires doivent étudier les instructions et circulaires de l'administration, relatives à la comptabilité, à la manutention et à la perception.

Les régies par *intérim* sont pour les surnuméraires le plus complet et le plus sûr moyen d'instruction, en même temps qu'elles servent d'épreuve sérieuse pour constater leur capacité.

L'*intérim* est la gestion provisoire d'un bureau en cas de vacance d'emploi ou d'interruption de service du titulaire pour cause de congé ou de maladie. Les surnuméraires peuvent être appelés à exercer pour un laps de temps plus ou moins long les fonctions de receveur, de garde-magasin, et même de conservateur des hypothèques dans le cas où la présence d'un vérificateur n'est pas nécessaire.

Le surnuméraire, pour qu'un *intérim* puisse lui être confié, doit avoir vingt et un ans accomplis. C'est l'âge fixé par l'art. 388 du Code civil pour la majorité; à cet âge seulement on a la capacité légale pour contracter ou s'engager valablement, et cette capacité est nécessaire pour les emplois publics, notamment pour ceux dont les titulaires ont droit de dresser des procès-verbaux ayant foi en justice.

Il doit de plus être en état de régir un bureau, et avoir subi, à moins d'urgence dans les besoins du service, l'examen de première année.

Avant d'entrer en fonctions, le surnuméraire que le directeur a désigné pour faire l'*intérim* d'un bureau prête serment devant le juge de paix du canton où il doit exercer. Il n'est pas nécessaire de réitérer cette formalité à chaque nouvel *intérim*. La remise du service par le titulaire à l'intérimaire et la rédaction des comptes de clerc à maître se font dans les formes prescrites pour les installations ordinaires. Aux termes de l'instruction générale n° 2081, la présence d'un employé supérieur n'est nécessaire que dans des cas spéciaux. Le surnuméraire qui gère un emploi par *intérim* remplit toutes les fonctions du titulaire, jouit des mêmes droits et remplit les mêmes devoirs. Cependant ce temps d'exercice ne lui est pas compté comme service effectif pour la pension de retraite. Les surnuméraires chargés d'un *intérim* se trouvent non-seulement assujettis à une responsabilité personnelle, mais encore ont à supporter diverses dépenses, et notamment des frais de déplacement. Aussi, le ministre des finances a-t-il décidé (inst. gén. n° 2023) qu'il serait alloué aux surnuméraires, à titre de frais d'*intérim*, une indemnité de *un à deux francs par jour*, sur la proposition du directeur. Ces frais sont prélevés sur la retenue affectée au service des pensions, et, en cas d'insuffisance, sur les remises du receveur remplacé. Ce prélèvement est justifié par la quittance du surnuméraire, visée par le directeur et annexée au bordereau de liquidation de la remise. Les frais de bureau restent, dans tous les cas, à la charge des titulaires. En cas de vacance d'emploi, le surnuméraire a droit à la totalité des remises ou salaires, et dès lors il n'y a pas lieu de lui allouer l'indemnité de frais d'*intérim*. (Voir pour les hypothèques l'inst. générale n° 2235.)

§ 2. — *Époque et forme des trois examens. — Suite à donner aux examens.*

L'administration, pour fortifier l'instruction des surnuméraires autant que pour s'assurer de leur capacité, a jugé nécessaire de les astreindre à des examens périodiques.

Ces examens consistent en interrogations et réponses verbales sur les diverses matières qui constituent le service d'un bureau, et en opérations écrites sous les yeux des examinateurs. Nous donnons plus loin le programme actuel des divers examens.

Le comité d'examen se compose du directeur du département, de l'inspecteur ou d'un vérificateur et d'un receveur du chef-lieu. Ces deux membres sont désignés par le directeur président.

Le comité se réunit tous les ans, dans la première quinzaine de mai, au jour fixé par le directeur, pour procéder aux examens de première et de deuxième année.

Les jeunes gens qui ont six mois de surnumérariat peuvent se présenter à l'examen de première année ; l'examen de deuxième année a lieu un an après ; quant à l'examen de troisième année, les surnuméraires n'y sont appelés que sur l'ordre spécial du directeur général ; et cet appel n'a lieu que quelques mois avant l'époque où, d'après leur rang d'ancienneté, ils peuvent être nommés rece-veurs.

Le rang assigné aux surnuméraires dans la liste d'admission pou-vant être modifié par suite des comptes périodiques que les direc-teurs sont appelés à rendre du travail et de la conduite de ces jeunes gens, et d'après le résultat des trois examens, il a paru nécessaire que les surnuméraires d'une même promotion subissent leurs exa-mens aux mêmes époques, et que, surtout, le mode d'appréciation de leurs opérations fût uniforme.

La circulaire du 19 mars 1850 a donc fixé l'époque annuelle des examens. De plus, elle indique le mode uniforme d'appréciation. L'opinion du comité sera exprimée par des points, représentés eux-mêmes par des chiffres qui seront d'autant plus favorables qu'ils seront plus élevés. Afin que le point de départ soit identique pour tous les comités, chacun des articles du programme a été affecté d'un coefficient indiquant le maximum des points que le comité d'examen peut accorder au candidat pour les réponses aux matières que renferme l'article. Outre cette appréciation à l'aide de points, le comité fait connaître son opinion sur l'ensemble de l'examen ; l'expression de cette opinion a une grande influence sur le classe-ment. Il résulte de cette mesure excellente que les examens annuels sont de véritables concours des surnuméraires de chaque promotion entre eux.

L'examen oral est d'une grande importance ; il est assez long pour permettre au comité de s'assurer, sans surprise, de l'intelli-gence et de l'instruction du surnuméraire. L'espace d'une heure ou deux pour l'examen de première année, de deux ou trois pour celui de deuxième année, et de trois ou quatre heures pour l'examen de troisième année, paraît être à la fois suffisant et nécessaire pour éclairer l'opinion des membres du comité, sans fatiguer l'esprit des surnuméraires. (Circ. 27 novembre 1835.)

Il faut que les questions soient posées avec clarté et précision, mais sans rappeler le texte des dispositions qui contiennent la ré-ponse. Une interrogation sèche, dans un ordre toujours uniforme, n'atteindrait en aucune façon le but des examens. On pourrait tout au plus s'assurer ainsi de la mémoire plus ou moins heureuse du jeune homme.

De leur côté, les surnuméraires doivent prêter une grande atten-tion aux questions qui leur sont faites, et s'attacher à les bien com-prendre, afin d'y répondre d'une manière satisfaisante.

Les examens des deux dernières années ne doivent pas être stric-tement renfermés dans les matières qui leur sont spécialement assignées par l'arrêté. A l'examen de la deuxième année, les surnuméraires pourront être interrogés sur les matières de la première année ; ils devront surtout être interrogés sur les parties du premier examen qui n'auraient pas été parfaitement satisfaisantes.

Enfin les surnuméraires de la troisième année répondront aux questions sur toutes les matières énoncées au programme des trois années.

En déterminant les parties du Code civil sur lesquelles doivent spécialement porter les examens, l'administration n'a pas entendu restreindre à ces matières les études des surnuméraires : son intention est, au contraire, que ces études s'étendent à toutes les parties du Code ; elle a seulement indiqué les notions les plus générales ou qu'il importe le plus aux employés de connaître. (Inst. 1534.)

Les opérations écrites des surnuméraires sont faites d'après des copies d'actes ou des indications qui sont posées par écrit. Les examinateurs doivent s'abstenir de leur présenter des difficultés trop grandes ; il faut qu'elles soient proportionnées au degré d'instruction que le surnuméraire a dû acquérir. En ce qui concerne notamment le rapport sur une perception critiquée, ou le mémoire sur un droit contesté, à rédiger par les surnuméraires de troisième année, il faut éviter de leur poser ou des questions qui ne présenteraient rien de contentieux, ou celles dont la solution ne résulterait ni de la jurisprudence ni des instructions de l'administration. (Circ. 14 mai 1835.)

Dans les observations en marge des formules d'examen, le comité fait connaître si le surnuméraire est ou non en état de faire des *intérim* ; et, en ce qui concerne spécialement l'examen de troisième année, s'il est apte à régir un bureau. Dans le cas où, après avoir subi le troisième examen, un surnuméraire serait déclaré incapable de régir un bureau, le comité propose le renvoi à un nouvel examen, ou la radiation du tableau.

Les délibérations sont prises à la majorité des voix.

Les membres du comité ne doivent point perdre de vue que, revêtus d'une mission de confiance, ils ont à remplir un devoir d'impartialité et de justice ; ils s'écarteraient du but proposé si le degré d'instruction des surnuméraires n'était pas apprécié par eux avec l'équité et la fermeté désirables. Il importe notamment que les opérations écrites des surnuméraires n'infirment pas l'opinion émise par le comité et justifient complètement le jugement porté dans la délibération sur l'aptitude du surnuméraire. (Inst. 1470. — Circ. 14 mai et 27 novembre 1835.)

Chaque examen est suivi d'un nouveau classement des surnuméraires sur le tableau du personnel ; l'administration envoie à chaque surnuméraire un bulletin d'avis lui indiquant, le cas échéant, son nouveau numéro sur la liste, et la cause du mouvement.

§ 3. — *Nomination du Surnuméraire à un bureau.* — *Pièces à produire.*
Cautionnement. — *Serment.* — *Règles de l'installation.*

Les bureaux d'enregistrement sont divisés en sept classes, établies
d'après l'importance des produits. Les surnuméraires sont nommés
à des bureaux de 7ᵉ classe dont les remises varient de 1200 à 1500 fr.
(Inst. gén. nᵒˢ 1490 et 2127).

(Voir *Examen de* 1ʳᵉ *année,* art. II, § 5, nᵒ 6).

Aucun surnuméraire ne peut être nommé à un emploi avant d'a-
voir atteint l'âge de vingt-et-un ans. (Loi du 27 mai 1791, art. 19).
La raison de cette condition est celle que nous avons dite à propos
des *interim.*

On suit pour le placement des surnuméraires l'ordre d'ancienneté,
pour les sujets du moins dont la conduite et le travail n'ont donné
lieu à aucun reproche.

Lorsque les surnuméraires sont appelés à un premier emploi, ils
font connaître immédiatement au directeur général s'ils acceptent,
en indiquant le jour de leur départ. Ils ont soin également d'en prévenir le directeur du département auquel ils sont attachés.

Ils reçoivent avis de leur nomination par une lettre du directeur
général indiquant les fonctions et la résidence qui leur sont assignées,
le délai pour se rendre à leur poste, et les justifications à faire. La
commission est le titre en vertu duquel chaque employé exerce les
fonctions qui lui sont confiées ; elle est remise par le directeur au
titulaire lorsqu'il se présente pour obtenir l'ordre d'installation.
Cette pièce doit être immédiatement timbrée à l'extraordinaire, au
droit de 1 fr. 50.

Outre les conditions d'aptitude dont nous avons parlé, tout surnuméraire nommé receveur est tenu à d'autres garanties envers le
Trésor et le public : le cautionnement et le serment.

Tous les préposés de l'administration qui ont un maniement de
deniers, une responsabilité pécuniaire quelconque, sont obligés de
fournir un cautionnement, qui est affecté par premier privilège à
la sûreté de leur gestion (Lois des 7 ventôse an VIII, — 25 nivôse et
6 ventôse an XIII).

La lettre d'avis de la nomination indique le montant du cautionnement à fournir. Le cautionnement des receveurs se compose du
double d'une année commune, que l'on forme en retranchant du
produit des cinq années antérieures à la nomination à l'emploi le
produit de la plus forte année et le produit de la plus faible, et en
prenant le tiers du produit des trois autres. Le montant du cautionnement d'un premier bureau peut varier de 2,000 à 2,800 fr.

Le montant en est versé à la caisse centrale du Trésor, ou à celles des receveurs des finances, en échange d'un récépissé visé par le sous-préfet. L'État paye l'intérêt annuel à 3 % des cautionnements, à partir de la date du versement. Ces intérêts échoient au 1er janvier et sont acquittés par les payeurs du Trésor sur la représentation des certificats d'inscription. Ce certificat d'inscription, délivré par le directeur de la dette inscrite, en échange du récépissé de versement, est le titre du préposé contre le Trésor, il est transmis plus tard par l'intermédiaire de la direction.

Le surnuméraire nommé se présente au directeur du département auquel il est attaché et lui remet sa lettre d'avis et le récépissé constatant le versement de son cautionnement. Le directeur, après que la commission a été timbrée, en fait la remise au titulaire et lui donne l'ordre d'installation.

Avant d'y procéder, le surnuméraire prête serment devant le tribunal, et à défaut devant *le juge de paix du canton*, et fait enregistrer au greffe du tribunal civil l'extrait de l'acte pour justifier de la formalité auprès du directeur. Le serment déjà prêté pour des fonctions par *interim* ne suffit pas. L'acte de prestation de serment est assujetti à un droit d'enregistrement de 15 fr.

Soit que l'installation ait lieu avec ou sans l'assistance d'un employé supérieur (inst. gén. n° 2081), la remise de service consiste dans la rédaction des comptes de clerc à maître établissant la situation du comptable sortant et constatant le chiffre des recettes et des dépenses, et les valeurs en caisse ou en magasin en formant le solde. Le récolement de l'inventaire du bureau est une des opérations importantes et trop souvent négligées de l'installation. Les comptes et inventaires sont transmis à la direction, où on les vérifie avant de les adresser à la comptabilité générale.

Enfin, le nouveau titulaire, une fois installé dans ses fonctions, doit se présenter aux différentes autorités du lieu de sa résidence.

CHAPITRE PREMIER.

EXAMEN DE PREMIÈRE ANNÉE.

ARTICLE Ier. — PROGRAMME DE L'EXAMEN DE PREMIÈRE ANNÉE

	Maximum des points à accorder par le comité.
1° *Partie écrite.*	
Art. 1er. — Enregistrement d'un acte contenant une seule disposition d'une nature simple et nettement déterminée	4

ARTICLE II. — PARTIE ORALE.

§ 1. — *Organisation de l'administration.* — *Impôts et produits dont la perception lui est confiée.* — *Attributions, devoirs et obligations des différentes classes d'employés.*

ATTRIBUTIONS DE L'ADMINISTRATION.

L'administration de l'enregistrement, des domaines et du timbre est chargée :

1° *De percevoir les droits d'enregistrement des actes* et de *mutations de biens par décès,* ainsi que ceux de *timbre,* de *greffe* et d'*hypothèques.*

2° De *surveiller et vérifier les dépôts publics* (études de notaires et d'huissiers, — greffes des cours et tribunaux, — secrétariats des autorités administratives et des établissements publics).

3° D'*administrer le domaine de l'Etat,* — et, par suite, de faire recette : des revenus des domaines de l'État, des prix de ventes de mobilier, des épaves, déshérences et biens vacants, — des prix de baux pour la pêche ou des fermages de chasse, du produit de certains établissements spéciaux.

4° De *faire recette* des *amendes* de consignation, des amendes de contravention et de condamnation attribuées ou non ; des *frais de justice*, passe-ports, permis de port d'armes, dommages-intérêts attribués aux communes ; — *frais de poursuites et d'instances* recouvrés, tant pour l'administration de l'enregistrement que pour celle des forêts.

Des *retenues* sur les traitements et remises ; — des *recettes accidentelles*, etc.

5° Du *recouvrement de différents produits* pour le compte de l'administration des douanes, de celle des postes, de la caisse des dépôts et consignations, des communes et établissements publics, etc.

D'autres parties des contributions et revenus publics, réunies à certaines époques aux attributions de l'administration, en ont été distraites pour se joindre à celles de l'administration des contributions indirectes : — ainsi les droits sur les patentes, les bacs et canaux, les sels et tabacs, les voitures publiques, les cartes à jouer, les taxes de barrières, les droits de garantie.

Une ordonnance royale de 1820 a séparé le service des eaux et forêts de l'enregistrement pour en former une administration spéciale. Cependant la recette des produits *accessoires* des forêts a été réservée à l'enregistrement, le prix des ventes de bois et des coupes étant versé à la caisse des receveurs des finances (Inst. n° 2246).

Ces attributions sont immenses. Ajoutons que la loi civile influe si directement et d'une manière si multiple sur les lois d'impôt, dont l'application est confiée à l'administration, que les préposés doivent toujours se tenir au courant de la jurisprudence des tribunaux. A eux seuls est confiée la défense des nombreux et divers intérêts de l'administration et du domaine de l'État ; dans la majeure partie des instances, les préposés remplissent les fonctions d'avoués, d'avocats ; ils discutent sans cesse avec les notaires ; ils doivent joindre à leurs capacités administratives les connaissances spéciales des gens d'affaires. Aussi peut-on dire, sans exagération, qu'*il n'est pas de carrière publique plus laborieuse, et dont les exigences de savoir et de convenance soient plus grandes* (Voir 1re partie, § 2).

ORGANISATION DE L'ADMINISTRATION.

L'administration de l'enregistrement et des domaines se compose du *service des départements* et de l'*administration centrale* à Paris.

Dans les départements, le service est confié à deux classes de fonctionnaires, qui constituent le service de perception et le service de contrôle, lesquels se centralisent en la personne du directeur.

1° *Perception.* Dans presque tous les chefs-lieux de canton, d'après l'importance du lieu et les besoins du service, un *receveur* est chargé de donner aux actes la formalité de l'enregistrement et d'opérer les divers recouvrements confiés à l'administration.

Près de chaque tribunal civil d'arrondissement un *conservateur des hypothèques* est chargé de l'exécution des formalités civiles prescrites pour la conservation des hypothèques et la consolidation des mutations de biens-immeubles, et de la perception des droits établis au profit du Trésor pour salaire de ces formalités. Suivant l'importance des lieux, les conservations sont ou non réunies aux bureaux de recette.

Dans les chefs-lieux de département, des *receveurs du timbre extraordinaire* sont chargés de percevoir le prix de la marque des papiers soumis à la formalité, — et des *gardes-magasin*, de la garde de l'entrepôt des papiers timbrés et du contrôle de la recette du timbre extraordinaire.

Des *surnuméraires* sont attachés aux bureaux où le service l'exige, pour y faire les études spéciales qui les rendront aptes aux fonctions de receveur.

2° *Contrôle.* Des *vérificateurs*, en nombre suffisant, attachés à chaque département, sous les ordres immédiats du directeur, sont préposés pour vérifier, dans toutes ses parties, la gestion des comptables et les dépôts publics, — reconnaître si les lois relatives à la perception des droits et amendes ont été exécutées, — et constater le résultat de ces vérifications.

Un *inspecteur* contrôle, dans chaque département, les travaux des receveurs et les opérations des vérificateurs, d'après les instructions qu'il a reçues du directeur.

3° *Direction.* Dans chaque chef-lieu de département, un *directeur* est chargé du maintien des règles administratives et de l'exécution des lois. Il a dans ses attributions le personnel, la correspondance, le contentieux et la comptabilité. Il correspond directement avec l'administration centrale. Il est ordonnateur secondaire des dépenses ; il suit les instances, décerne les contraintes domaniales, etc., etc.

Sous ses ordres immédiats, un *premier commis de direction* prépare le travail de la correspondance et du contentieux.

Les directions départementales sont divisées ainsi qu'il suit :

12 de première classe, au traitement de 12,000 fr. ;

46 de seconde classe, au traitement de 10,000 fr. ;

34 de troisième, au traitement de 8,000 fr.

Des frais de bureau, dont le chiffre varie en raison de l'importance du département, sont alloués à chaque directeur.

Il y a 96 inspecteurs de première et de seconde classe.

Il y a 389 vérificateurs, divisés en trois classes. Les classes sont attachées à la personne et non à la résidence.

Les bureaux d'enregistrement (au nombre de 2,529) et les conservations des hypothèques sont divisés en sept classes, d'après l'importance du cautionnement.

Les services de l'Algérie et des colonies sont organisés sur des bases spéciales.

Le service des départements se centralise à Paris, dans une administration centrale faisant partie du Ministère des finances, et qui se divise en *trois bureaux* et *quatre divisions*, composées chacune d'un certain nombre de bureaux ; — de chefs, sous-chefs, rédacteurs et commis. (Décret du 17 mai 1854. — Inst. 2009.)

Le *directeur général* a sous ses ordres immédiats les bureaux du *personnel* et du *contentieux*, et le *bureau central*.

Toute la correspondance émane du directeur général, soit directement, soit par délégation ; de leur côté, les directeurs correspondent avec le directeur général seul. (Inst. n° 2256.)

La *comptabilité* rentre dans les attributions générales du Ministère des finances, et une correspondance spéciale est suivie à ce sujet entre les directeurs de départements et le directeur de la comptabilité générale des finances.

Un *administrateur* est à la tête de chacune des quatre divisions.

La *première division* a dans ses attributions : surveillance et suite du travail des employés ; — comptes-rendus et rapports ; — congés et pensions ; — cautionnements ; — organisation des bureaux ; — atelier général du timbre.

La *deuxième :* actes civils et sous seing privé ; — notariat ; — hypothèques.

La *troisième :* timbre ; — actes judiciaires ; — amendes et frais de justice ; — mutations par décès ; — greffes.

La *quatrième :* domaines de l'État. (Inst. n° 2169.)

Un *conseil d'administration*, composé des quatre administrateurs et du directeur général, délibère sur le budget de l'administration, sur le contentieux administratif et judiciaire, sur le personnel.

De même que le directeur de la comptabilité générale des finances centralise la comptabilité des receveurs de l'enregistrement, ainsi le *directeur de la dette inscrite* centralise au Ministère des finances les cautionnements en numéraire des employés de l'administration, et l'*agent judiciaire du Trésor* est chargé de la poursuite des débets des comptables.

Le directeur général, les administrateurs et les directeurs sont nommés par l'Empereur, sur la présentation du ministre. Les inspecteurs et les conservateurs des hypothèques sont nommés par le ministre des finances, sur la présentation du directeur général. Les vérificateurs, les premiers commis de direction, les receveurs et les surnuméraires sont nommés par le directeur général.

OBLIGATIONS DES DIVERS EMPLOYÉS.

Nous avons dit plus haut quels étaient les devoirs et les attributions des *candidats au surnumérariat* et des *surnuméraires.*

Les *receveurs* sont les employés chargés spécialement d'opérer les divers recouvrements confiés à l'administration des domaines.

Le receveur doit, avant d'entrer en fonctions, prêter serment et justifier du versement prescrit. Il doit résider au chef-lieu de l'arrondissement de son bureau.

Le receveur en activité de service doit continuer ses fonctions jusqu'à ce qu'il ait été relevé, sous peine d'être responsable, envers l'administration et les particuliers, du préjudice causé (loi du 9 vent. an VII). Les receveurs ne peuvent s'absenter sans congé.

Ils doivent tenir leurs bureaux ouverts au public tous les jours, dimanches et fêtes exceptés, quatre heures le matin et quatre heures le soir ; les heures d'ouverture doivent être affichées à la porte extérieure. Dans l'usage (Inst. 1586), les bureaux doivent être ouverts de huit heures du matin à quatre heures du soir, et aucune formalité ne peut être donnée par le receveur après l'heure fixée pour la clôture. En outre, l'administration a prescrit aux receveurs qui ont dans leurs attributions la *vente des papiers timbrés* de charger, sous leur responsabilité, des personnes de leur famille ou à leurs gages de débiter, le matin une heure avant l'ouverture, et le soir deux heures après la clôture du bureau, les papiers proportionnels de 25 centimes et au-dessous, et de dimension de 0,50. Cette mesure ne doit s'exécuter qu'au domicile du receveur, et avoir lieu, les dimanches et jours de fête, jusqu'à deux heures après midi (Inst. n° 1637).

Enfin, les bureaux doivent être ouverts, pour le *payement des taxes à témoins,* tous les jours sans exception, depuis une heure avant le lever jusqu'à une heure après le coucher du soleil (Inst. n° 1586).

Les jours fériés reconnus par la loi sont: le dimanche, le 1er janvier, les fêtes de l'Ascension, de l'Assomption, de la Toussaint et de Noël.

A la clôture de la séance de chaque jour, les receveurs sont tenus d'*arrêter* les registres de recette et de formalité. L'arrêté est conçu en ces termes : *Arrêté le* (la date en toutes lettres). Il doit être de la main du receveur et signé. Ils ont pour but d'assurer une date certaine aux actes soumis à la formalité, et d'empêcher que les enregistrements ne soient faits en dehors des heures légales d'ouverture, au gré de quelques parties et au préjudice des autres (loi du 27 mai 1791).

Les receveurs doivent éviter avec la plus scrupuleuse attention toute négligence au sujet des arrêtés. Les omissions, les doubles emplois, et surtout les grattages, surcharges, ratures, intercalations, sont interdits, et toute contravention de ce genre est rigoureusement punie.

Voir, pour les obligations spéciales en matière de comptabilité et de manutention, les développements du programme de l'examen de 2e année (§ 1 et 2).

Les receveurs ne peuvent refuser de donner la formalité aux actes qui leur sont présentés que dans les cas prévus par la loi ; ainsi : — lorsque l'acte est présenté en dehors des heures de bureau, lorsque l'acte doit être enregistré dans un autre bureau, lorsque l'acte ne co ient pas les éléments indispensables pour asseoir la perception, et que la partie se refuse à y suppléer par une déclaration.

La liquidation et la perception des droits forment l'une des parties les plus essentielles des devoirs des receveurs. La première règle de toute perception est d'être conforme aux dispositions de la loi, qu'il ne faut ni restreindre ni excéder.

Les receveurs sont tenus de lire les actes en entier, avec la plus grande attention, avant de les enregistrer, sans permettre, dans aucun cas, que les notaires, greffiers, huissiers ou autres, leur en dictent les dispositions (Ord. gén. 17).

Les receveurs ne peuvent, sous aucun prétexte, différer l'enregistrement des actes et mutations dont les droits auront été payés selon la loi ; ils ne peuvent non plus arrêter ou suspendre le cours des procédures en retenant des actes ou exploits ; ils peuvent seulement en prendre copie certifiée, et, en cas de refus, réserver l'acte pendant vingt-quatre heures pour s'en procurer une collation en forme, sauf répétition des frais.

Les receveurs ne peuvent juger de la validité ou de la nullité des actes, ni se refuser à les enregistrer. Ils ne peuvent donner leur avis sur une perception à faire. Ils ne peuvent accorder la remise des droits, et sont responsables des perceptions notoirement insuffisantes qu'ils ont faites. Ils ne peuvent donner communication du contenu de leurs registres aux particuliers que sur une ordonnance du juge de paix, lorsque ces extraits ne seront pas demandés par quelqu'une des parties contractantes ou leurs ayant-cause.

Les receveurs doivent faire fructifier les revenus du Trésor sur toutes les perceptions qui leur sont confiées, rechercher soigneusement toutes les atteintes qui seraient portées aux produits ou aux formes dont l'infraction est l'objet de peines pécuniaires, activer les recouvrements et s'occuper avec zèle de la répression de la fraude et des abus (Circ. 1280 ; — Inst. gén. 263).

Les receveurs sont subordonnés aux employés supérieurs *exerçant leurs fonctions dans le département où leur bureau est établi*, et ils doivent s'attacher à mériter la confiance de leurs concitoyens par une gestion irréprochable et par leur soumission aux autorités constituées. (Ord. de rég. 16.)

Il leur est défendu de se livrer à des occupations étrangères à leurs fonctions, et ceux qui conserveraient un intérêt ou une occupation quelconque dans des agences ou cabinets d'affaires seront censés avoir donné leur démission et seront immédiatement remplacés (Inst. gén. 964.). Ils ne peuvent se rendre adjudicataires, soit par eux-mêmes, soit par des personnes interposées, sous peine de destitution, des biens de l'État et de ceux des communes. (Inst. gén. 635.)

Quant aux *receveurs de canton*, l'emploi habituel et permanent d'un *commis* dans un bureau où le travail ordinaire n'excède pas les forces d'une seule personne ne pourrait qu'accuser leur zèle et leur diligence ; et il a été prescrit par l'instruction 1495 aux inspecteurs et aux vérificateurs de s'expliquer *positivement*, dans leurs comptes et précis d'opérations, sur les circonstances suivantes, savoir : Si le receveur s'occupe *exclusivement* du travail de son bureau ; s'il se fait seconder habituellement ou accidentellement par un commis, et de quel genre d'occupation ce commis est spécialement chargé ; enfin, si les enregistrements sont généralement écrits de la main du recevenr.

Les *conservateurs des hypothèques* sont les employés chargés : 1° de l'exécution des formalités civiles prescrites pour la conservation des hypothèques et la consolidation des mutations de propriétés immobilières ; 2° de la perception des droits établis au profit du Trésor public pour chacune de ces formalités.

Les fonctions de conservateurs sont remplies par les employés de l'administration des domaines, et par eux seulement ; ils exercent au nom de l'administration, qui conserve la principale direction de cette partie, et opèrent d'après ses instructions.

Indépendamment des puissants motifs d'ordre public qui ont déterminé cette surveillance exercée par l'administration, concurremment avec les tribunaux, il convient d'y ajouter d'autres raisons d'un ordre secondaire. Ainsi, les bases de perception étant les mêmes pour les hypothèques que pour l'enregistrement, l'on doit attendre que le conservateur relève les erreurs dans l'enregistrement des contrats présentés à la transcription, et qu'il en adresse une note détaillée au directeur, pour en être fait tel usage que de raison ; ils doivent en outre, ainsi que les autres employés de l'administration, veiller à l'exécution des diverses lois sur le timbre.

Les conservateurs des hypothèques sont nommés par le ministre des finances, sur la proposition du directeur général. (Ord. 1er janvier 1821, art, 8 ; — Inst. 970.)

Ils fournissent un cautionnement en immeubles ou en rentes sur l'État déterminé d'après l'importance des conservations. Ce cautionnement est reçu par le tribunal civil de la situation des biens, contradictoirement avec le procureur impérial près le même tribunal.

Le cautionnement demeure affecté à la responsabilité des conservateurs pour les erreurs et omissions dont la loi les rend responsables envers les particuliers. Cette affectation subsiste pendant toute la durée des fonctions et dix ans après, passé lequel délai les biens servant de cautionnement sont affranchis de plein droit de toutes actions de recours qui n'auraient pas été intentées dans cet intervalle.

Les conservateurs ont leur domicile dans le bureau où ils remplissent leurs fonctions, pour les actions auxquelles leur responsabilité pourrait donner lieu. Ce domicile est de droit, il dure aussi longtemps que la responsabilité des préposés. (Loi du 21 vent. an 7. Voir pour le surplus, l'examen de 3e année.)

La sûreté des transactions civiles repose sur la conservation des hypothèques, et son importance est si grande, qu'elle ne doit être confiée qu'à des préposés capables de justifier le choix qu'on aura fait d'eux. En rendant les conservateurs immédiatement responsables de leurs faits, la loi a voulu que l'intérêt personnel les obligeât d'apporter à leur travail la même vigilance que pour leurs propres affaires, et que le Trésor public fût affranchi de toute garantie qui pourrait résulter de l'inexactitude ou de l'erreur.

Les registres des formalités hypothécaires, seules pièces que les intéressés soient appelés à consulter, doivent être tenus avec le plus grand soin ; les conservateurs ne sauraient ni altérer ces registres, ni se permettre de faire un changement dans le contexte des inscriptions et des transcriptions, sans renverser les bases sur lesquelles repose le système hypothécaire.

Les conservateurs doivent avoir le nombre de bons commis nécessaire pour que toutes les parties du service soient tenues dans le plus grand ordre et toujours au courant. Il est de leur intérêt de

n'attacher à leurs opérations que des personnes instruites et dont
l'écriture soit correcte.

Les conservateurs doivent refuser la communication de leurs registres, et s'abstenir de délivrer des notes aux personnes qui demandent des renseignements. En effet, la publicité des registres des
formalités hypothécaires, prescrite par la loi, doit réunir deux conditions : 1° *Faculté pour tous d'avoir connaissance des renseignements
contenus dans les registres ; 2° Garantie légale de l'exactitude de ces renseignements.* Or, ce double but se trouve atteint par les états et certificats que les conservateurs délivrent sous leur responsabilité
personnelle, et il ne pourrait l'être au moyen de notes prises sur les
registres, et qui n'auraient aucun caractère d'authenticité. Il convient
aussi d'ajouter que la délivance de ces notes aurait pour résultat de
soustraire à toute espèce de contrôle la perception des salaires du
conservateur, et d'être nuisible aux intérêts du Trésor, en ce qui
concerne le débit du papier timbré employé pour les états et certificats. Enfin, il est expressément défendu aux conservateurs, par
des motifs d'ordre et de délicatesse faciles à saisir, de rédiger ou de
laisser rédiger par leurs commis des bordereaux d'inscriptions pour
le compte des parties.

Les *receveurs du timbre extraordinaire* sont employés aux chefs-
lieux de départements, et sont chargés de percevoir le droit de la
marque des papiers présentés à la formalité du timbre extraordinaire. Dans les chefs-lieux où il y a un receveur spécial du timbre
extraordinaire, ce préposé est contrôleur du magasin, et il tient à
cet effet des registres dans la forme de ceux du garde-magasin
(circ. 21 juillet 1827). Les receveurs du timbre extraordinaire, étant
justiciables directs de la Cour des comptes, comme les receveurs de
l'enregistrement et des domaines, sont sujets aux mêmes règles de
comptabilité que ces derniers. Dans les chefs-lieux de départements
où il y a un receveur spécial du timbre extraordinaire, son bureau
est établi dans la maison du directeur et dans une pièce attenant au
magasin du timbre. Les timbres et la griffe doivent être renfermés
dans un coffre à trois serrures différentes. Une des clefs est dans les
mains du directeur, une autre dans les mains du receveur, et la
troisième est remise au garde-magasin. Dans les directions où il n'y
a pas de receveur spécial du timbre extraordinaire, l'un des autres
receveurs est chargé d'en remplir les fonctions. La griffe est remise
à ce préposé ; les timbres sont tenus dans un coffre à deux serrures
seulement : l'une des clefs est remise au directeur, et l'autre au
garde-magasin.

Les receveurs du timbre à l'extraordinaire ne doivent admettre à
cette formalité que les papiers ou actes que les lois et règlements

permettent, de timbrer de cette manière ; ils doivent compter les feuilles que les parties veulent faire timbrer, et vérifier leur dimension ; ils liquident ensuite les droits et les portent immédiatement en recette. Chaque enregistrement doit mentionner le nom de la personne pour laquelle la formalité est requise, et énoncer en toutes lettres les quantité et dimension des papiers. Lorsqu'il y a payement d'amende, l'enregistrement doit indiquer le nom du contrevenant, la nature de la contravention, et exprimer en toutes lettres le montant de l'amende. La quittance est donnée sur l'acte même. Le receveur doit exiger que les parties qui lui remettent, pour être timbrés, des papiers destinés aux journaux, avis ou affiches, lui présentent leur registre portatif, pour y inscrire les papiers timbrés et les droits perçus. Le receveur délivre à la partie un bulletin portant permis de timbrer à l'extraordinaire. Ce bulletin, signé par le receveur, doit indiquer le nom de la personne pour laquelle la formalité a été requise, l'espèce et la quantité des papiers, la quotité des droits reçus, la date et le numéro de l'enregistrement. Le receveur applique ensuite sur chaque feuille de papier soumis au timbre une griffe portant ces mots : *A timbrer à l'extraordinaire.*

Les directeurs, dans les chefs-lieux où il y a un receveur spécial du timbre extraordinaire, doivent viser, à l'expiration de chaque semaine, les registres tant de la recette que du contrôle du timbre extraordinaire, et tenir la main à ce que le receveur verse exactement les fonds de la recette. Les receveurs doivent, à la fin de chaque mois, établir, après le total des recettes, une récapitulation qui donne la preuve de l'exactitude de la liquidation des droits.

Les *gardes-magasin* sont employés dans les chefs-lieux de départements, et sont chargés, sous la surveillance immédiate du directeur : 1º De recevoir du magasin général établi à Paris les papiers timbrés destinés à l'approvisionnement des bureaux des départements ; 2º d'expédier aux receveurs préposés au débit les envois qui sont demandés ; 3º de contrôler, jour par jour, les opérations du receveur du timbre extraordinaire. Le magasin du timbre est placé dans la maison du directeur ; il est tenu à l'abri de l'humidité et autres accidents. Ce magasin est fermé par trois serrures différentes. (Voir ci-dessus : *Receveur du timbre.*)

Le garde-magasin reçoit, en présence du directeur et du receveur du timbre, les papiers qui sont envoyés du magasin général de Paris, et les fait ranger immédiatement dans les cases du magasin. Ces cases doivent être distinctes et séparées pour chaque espèce de papiers, lesquels doivent y être classés avec ordre, et de manière qu'il soit facile en tout temps d'en faire la vérification et de connaître les quantités existantes de chaque espèce. Aussitôt que les papiers sont déposés au magasin, il en est pris charge sur le registre de recette tenu par le garde-magasin et sur le registre de contrôle tenu par le receveur du timbre. Le directeur, présent à la réception et à la vérification des papiers, met un *vu bon*, daté et signé en marge de l'enregistrement, tant sur le registre des recettes que sur celui du contrôle.

Le garde-magasin est tenu d'expédier avec exactitude et célérité les envois des différentes espèces de papiers timbrés aussitôt que le directeur en a fixé la quantité en tête de la lettre de demande du receveur chargé de la débite. Chaque envoi est accompagné : 1° d'une lettre de voiture dans laquelle le garde-magasin indique le nom du voiturier et les quantités envoyées; 2° d'une formule de reconnaissance qui est renvoyée au garde-magasin après avoir été remplie et signée par le distributeur. Les envois forment la dépense du magasin; ils sont enregistrés sur le registre de dépense et sur celui du contrôle de la dépense, aussitôt qu'ils sont expédiés. Il est fait mention sur ces registres de la date des envois, du nom des bureaux qu'ils concernent, et des quantités envoyées. Chaque article est ensuite apostillé de la date de la reconnaissance des receveurs.

Les comptes des gardes-magasin sont arrêtés comme ceux des receveurs. Les gardes-magasin sont contrôleurs de la recette du timbre extraordinaire, et tiennent à cet effet des registres dans la forme de ceux des receveurs. Le bulletin et le papier à timbrer leur sont remis, et ils comparent les papiers avec le bulletin ; ils vérifient la liquidation du receveur, visent et signent le bulletin, et enregistrent les papiers sur le registre de contrôle. S'il y a erreur ou omission dans le bulletin, ils la font reconnaître et rectifier par le receveur. Ils remettent au timbreur les bulletins visés et émargés du numéro de registre du contrôle. Celui-ci les conserve pour être produits au soutien de la comptabilité du receveur. Dans les directions où il n'y a pas de timbreur, le garde-magasin applique lui-même le timbre extraordinaire et reste dépositaire des bulletins. Il est défendu de timbrer à l'extraordinaire des papiers qui ne seraient pas déjà revêtus de l'empreinte de la griffe. (Circ. 6 août 1827.)

Le *premier commis* est établi auprès de chaque direction pour préparer, sous les ordres du directeur, le travail de la correspondance et du contentieux. L'emploi de premier commis est un de ceux qui exigent les connaissances les plus générales. Le premier commis est appelé, par la nature de ses obligations, à traiter indistinctement toutes les questions qui s'agitent soit devant l'administration, soit devant les tribunaux. La manutention des bureaux, celle d'une di-

rection, doivent lui être familières ; en un mot, pour remplir avec
avantage le but de sa création, il doit posséder tout l'ensemble des
attributions de l'administration. En cas de congé ou d'empêchement,
les premiers commis ne sont remplacés qu'avec l'autorisation de
l'administration par un vérificateur, si les besoins du service ne s'y
opposent pas ; à moins que le directeur ne fasse connaître qu'il suffira seul au travail.

Le *vérificateur* est placé sous les ordres et sous la surveillance immédiate du directeur. (O. G., art. 101.)

Il est préposé pour vérifier dans toutes ses parties la gestion des
comptables de l'administration de l'enregistrement et des domaines,
et s'assurer qu'ils se sont conformés aux ordres et instructions qui
les concernent ; pour vérifier les registres, minutes et répertoires
des notaires, greffiers, huissiers, et tous autres officiers ou administrations publics ; reconnaître si les lois relatives à la perception des
droits et amendes ont été exécutées ; enfin, pour constater, par des
procès-verbaux ou des contraintes, selon les cas, les résultats de ces
différentes vérifications. (Instr. 1351.) Obligé, par la nature de ses
fonctions, de se transporter successivement dans les bureaux où sa
présence est jugée nécessaire, il ne peut avoir de résidence fixe. Il
ne peut suspendre de ses fonctions aucun préposé sans un ordre
écrit de l'administration ou du directeur ; mais il peut fermer provisoirement la main à un comptable en déficit, sauf à en rendre
compte sur-le-champ à l'administration et au directeur. (O. G.,
art. 103, 108 ; — Instr. 1351.) Ses fonctions sont indépendantes de
celles de l'inspecteur, qui n'a qu'une mission de surveillance à
exercer sur les opérations du vérificateur. Il observe, vis-à-vis des
officiers publics et des redevables, les ménagements et les égards
convenables. Il ne peut, sous quelque prétexte que ce soit, quitter,
sans l'autorisation du directeur, l'arrondissement du bureau dans
lequel il aura été envoyé, à moins que l'objet de sa mission n'ait
été rempli. (Instr. 1351.) Dans ce cas, et avant de passer à un autre
bureau, il en prévient le directeur. Il fait, concurremment avec l'inspecteur, des vérifications à l'improviste et des installations. (Instr.
gén. 1652, 1980, 1985, 1493, 1688 et 2081.) Il concourt à la rédaction
des comptes annuels. (Instr. 1383.) Il vérifie le magasin du timbre.
(Instr. 1396.) Il est responsable, en cas d'insolvabilité des receveurs,
des erreurs de calcul et omissions de recette qu'il n'aurait point découvertes, ainsi que des articles de recouvrement consignés sur les
sommiers, et à l'égard desquels il aurait négligé de donner les
ordres nécessaires pour prévenir la prescription. (Instr. 1351.) Quant
aux vices matériels de perception qu'il n'aurait point relevés et qui
seraient atteints par la prescription, la moitié des sommes dont

le Trésor aura été privé peut être mise à sa charge par l'administration.

Le vérificateur se rend successivement dans les bureaux qui lui ont été désignés par le directeur, soit pour y travailler à la vérification des régies, soit pour y procéder à d'autres opérations ordonnées par l'administration. En arrivant dans un bureau, et en le quittant, il inscrit et signe son *vu* sur le registre de l'enregistrement des actes civils publics, dans la case en blanc qui suit immédiatement ou le dernier enregistrement ou le dernier arrêté du receveur ; dans les bureaux autres que ceux des actes civils, le *vu* est mis de la même manière sur le principal registre de recette. (Instr. 1351.) Le vérificateur qui serait convaincu de s'être fait conserver des cases en blanc par les receveurs, pour y mettre son *vu*, serait immédiatement révoqué. Après l'apposition de son *vu*, son premier soin, en arrivant dans un bureau, est de constater, par procès-verbal, la situation des arrêtés.

Il ne peut, sous aucun prétexte, déplacer les registres et documents des bureaux, ainsi que les minutes existant dans les dépôts publics, ni permettre qu'ils lui soient envoyés. Il lui est expressément défendu de loger ou de manger chez les receveurs ou de leur faire des emprunts d'argent. Il profite de sa présence dans les bureaux pour faire porter au courant les parties de service arriérées, et faire cesser ou réparer les abus, irrégularités ou négligences susceptibles de rectification.

Le service de la vérification a été réglementé par plusieurs instructions, et notamment par celles des 15 mars 1831 et 9 novembre 1853 (n°s 1351 et 1979).

Les vérifications de comptables en exercice doivent être terminées le 30 novembre de l'année suivante. Celles de comptables n'étant plus en exercice, dont la gestion a pris fin pour une cause quelconque dans le cours de l'année, doivent être terminées avant le 15 février de l'année suivante. (Instr. 1564 et 1652.) Par conséquent, les opérations du vérificateur dans un bureau doivent porter exclusivement sur les régies de l'année précédente, et sur celles de l'année courante qui, pour quelque cause que ce soit, ont pris fin pendant cette année.

Le vérificateur fournit, à l'arrivée dans un bureau, un bordereau de situation de caisse, et, au départ, pour chaque vérification de régie, un procès-verbal, un rapport de gestion, et un précis d'opérations. (Instr. 1979.) Il consigne sur les divers sommiers les articles de forcement ou de découvertes dus à ses recherches.

La plus rigoureuse exactitude est recommandée aux vérificateurs dans leurs opérations et dans les comptes qu'ils sont appelés à en rendre. Revêtus d'une mission de confiance et chargés d'approfondir le service des bureaux dans les plus petits détails, ils ne doivent point perdre de vue que l'administration est déterminée à renvoyer dans les bureaux, ou tout au moins à faire descendre de classe, les vérificateurs qui n'auraient point exactement vérifié les gestions des receveurs, ou auraient ensuite dissimulé tout ou partie de la vérité. Du reste, ces mesures de rigueur nécessaires ne sont point nouvelles ; et déjà, aux termes de la circulaire du 22 mars 1808, tout vérificateur qui, par un état qu'il aurait fourni de la situation des sommiers, comptes ouverts et tables alphabétiques d'un bureau, en aurait imposé à l'administration sur la vérité de cette situation, perdra son grade.

L'*inspecteur* exerce ses fonctions sous les ordres et sous la surveillance immédiate du directeur. (Instr. 1351.)

Il est préposé pour reconnaître dans chaque bureau la situation du service, exercer une surveillance approfondie sur les opérations des receveurs et des vérificateurs, s'assurer de leur assiduité, concourir par ses conseils à l'instruction des receveurs, prévenir et aplanir les difficultés entre les préposés, les officiers publics et les redevables, enfin accélérer la conclusion des instances. Il ne peut suspendre de ses fonctions aucun préposé sans un ordre écrit de l'administration ou du directeur, si ce n'est en cas de déficit de caisse ou autre cas urgent, et à la charge d'en informer sur-le-champ le directeur. S'il y a lieu de fermer les mains à un receveur, il peut charger l'employé supérieur qui serait attaché au bureau, ou un surnuméraire présent, d'en prendre l'*interim*. En cas d'absence ou d'empêchement du directeur, il fait l'*interim* de la direction. (Instr. 1360.) Il ne peut être chargé de la contre-vérification d'une régie que dans des circonstances extraordinaires et avec l'autorisation spéciale de l'administration. (Instr. 1794.) Il fait, concurremment avec les vérificateurs, des vérifications à l'improviste et des installations. Il peut, s'il y a lieu, mais à la charge de rendre compte immédiatement des motifs, convertir sa vérification sommaire en opérations d'inspection et, dans des circonstances graves, il est autorisé à se transporter d'office dans un bureau voisin. Il est dispensé de faire, dans les bureaux des préfectures, la vérification des pièces de la comptabilité des communes et des établissements publics. Il concourt à la rédaction des comptes annuels, mais seulement dans les bureaux de sa résidence. (Instr. 1383 et 1794.)

Il vérifie deux fois par an le magasin du timbre. (Instr. 1396.) Il correspond avec les receveurs pour toutes les questions de perception ou de recouvrement qu'il s'est réservé d'éclaircir. (Instr.

6

1794.) Enfin, il traite, dans les rapports spéciaux, les affaires contentieuses sur lesquelles il est consulté par le directeur. (Instr. 1708 et 1794.) L'inspecteur se rend, au jour fixé, dans les bureaux que le directeur lui désigne. En arrivant dans chaque bureau, et en le quittant, il inscrit et signe son *vu* sur le registre de l'enregistrement des actes civils publics, dans la case en blanc qui suit immédiatement ou le dernier enregistrement, ou le dernier arrêté du receveur; dans les bureaux autres que ceux des actes civils, le *vu* est mis de la même manière sur le principal registre de recette. (*Art.* 37 *du règlement annexé à l'instruction* 1351.)

Il est défendu à l'inspecteur : 1° de déplacer les registres et documents des bureaux, ainsi que les minutes existant dans les dépôts publics; 2° de loger ou de manger chez les receveurs, ou de leur faire des emprunts d'argent.

L'inspection des bureaux comprend deux espèces d'opérations, savoir : *L'examen de la situation du service au jour de l'arrivée; le contrôle des parties de régie qui ont été vérifiées.*

L'inspecteur doit donner l'exemple du travail et de l'émulation pour la répression de la fraude, et notamment des insuffisances de prix ou d'évaluations d'immeubles. Il expose le résultat de ses opérations dans des comptes-rendus. (Instr. 1979.)

« Les agents supérieurs de l'administration des domaines (disait M. Calmon, député du Lot, à la séance du 7 juillet 1829, en parlant des vérificateurs et inspecteurs) ne sont pas seulement chargés de surveiller les comptables, et de régulariser leurs opérations; ils remplissent, dans l'intérêt de l'ordre public, d'autres fonctions non moins importantes; et en même temps qu'ils vérifient si les lois sur l'enregistrement et le timbre ont reçu leur exécution, ils ont à examiner si les officiers publics se conforment à tout ce qui leur est prescrit pour assurer la régularité et la conservation des actes dont ils sont dépositaires. *Le concours des préposés de l'enregistrement dispense le Gouvernement de créer des agents spéciaux pour la surveillance et la vérification des dépôts publics.*

Le *directeur* est le chef du service. Il est tenu de demeurer au chef-lieu de son département. Ses fonctions se divisent en six parties principales : le maintien des règles administratives et des principes de la perception; la correspondance; le contentieux; la comptabilité; les envois périodiques; la surveillance du personnel. Il donne les ordres d'installation, distribue entre les employés supérieurs, après approbation de l'administration, le travail des vérifications et inspections de régies, instruit les demandes en réclamation, en remise, et les instances, autorise les poursuites, centralise dans des états d'ensemble les opérations de comptabilité des receveurs, transmet à l'administration les états périodiques, et entretient avec elle une correspondance active et suivie sur toutes les affaires de son département.

En dehors de sa correspondance d'affaires avec les directions, l'administration fait connaitre à tous les employés les modifications apportées au service, les mesures nouvelles, la jurisprudence des tribunaux, etc., etc., par l'envoi de *Circulaires* et d'*Instructions générales* imprimées, distribuées par l'intermédiaire du directeur, et dont le but est d'assurer l'uniforme application de la loi, et de compléter l'instruction des préposés au moyen de ces décisions officielles.

§ 2. — *Enregistrement.* — *Nature et origine de cet impôt.* — *Lois qui le régissent actuellement.* — *Principes généraux sur son application.* — *Distinction des droits fixes et proportionnels.* — *Dispositions des neuf premiers titres de la loi du 22 frimaire an VII.* — *Tarif des droits.*

NATURE ET ORIGINE DE L'IMPÔT DE L'ENREGISTREMENT.

Le droit d'enregistrement, ce prix direct de la formalité qui fixe la date des actes et assure aux transactions la force de la loi, se trouve intimement lié avec chaque disposition du Code civil.

Considéré dans ses rapports avec notre législation financière, il est de tous les éléments de produit celui qui peut, avec le moins de désavantage et le plus de latitude, fournir aux besoins publics.

Considéré dans ses rapports avec la législation civile, le droit d'enregistrement devient un moyen d'amener insensiblement à contracter plus ordinairement les actes qui peuvent concourir à améliorer la prospérité publique, et pour cela il n'a fallu qu'examiner :

1º Quels sont les actes qu'il faut favoriser, afin d'y ramener plus souvent les volontés particulières des citoyens ;

2º Quels sont ceux qu'il faut traiter sévèrement, pour en détourner l'égoïsme qui les préfère.

Dépouillé de sa partie fiscale, le droit d'enregistrement est essentiellement une formalité légale, une véritable fonction de magistrature qui imprime aux actes une espèce de sceau, une existence authentique, un caractère d'inviolabilité.

L'origine de l'enregistrement, autrefois *contrôle*, remonte à plusieurs siècles. On lit dans Merlin, vº *Contrôle :*

« Par un édit du mois de juillet 1581, Henri III créa dans chaque siége royal du royaume un contrôleur des titres, à l'effet d'enregistrer les contrats qui excéderaient cinq écus de principal, ou trente sous de rente foncière, les testaments, décrets, et les autres expéditions entre-vifs et de dernière volonté.

« Louis XIII créa, par édit du mois de juin 1627, un contrôleur de tous les actes que recevraient ou expédieraient les notaires du Châtelet de Paris; mais, par un second édit du mois de décembre 1635, il érigea vingt-sept nouveaux offices de notaires, et il unit et incorpora à ces vingt-sept offices les qualités et les fonctions des contrôleurs, qui furent supprimés. Il fut attribué à ces notaires un tiers des salaires qui devaient être payés pour les actes.

« Les choses restèrent en cet état jusqu'en 1693, époque où Louis XIV, pour prévenir les inconvénients et les discussions qui résultaient du défaut de contrôle de la plupart des actes, donna, au mois de mars, un édit qui organisa le système et l'impôt du contrôle d'une manière régulière ; les dispositions essentielles de cet édit ont été reproduites dans les lois actuelles.

« Depuis cette époque (1693 jusqu'en 1698), le roi créa des offices de contrôleurs des actes, même des alternatifs et des triennaux ; mais, par un édit du mois de janvier 1698, tous ces offices furent supprimés, et les droits de contrôle furent perçus au profit du roi.

« En 1694, les notaires de Paris ayant fait un prêt considérable au trésor royal, ils furent, en représentation, affranchis du contrôle ; ce même arrangement se forma avec quelques provinces et villes, moyennant des finances qu'elles payèrent ; il fut fait avec d'autres des abonnements annuels. » Mais ces diverses mesures furent révoquées par une déclaration du 20 septembre 1722. En résumé, la véritable époque de l'établissement du contrôle est dans l'édit du mois de mars 1693, dans la déclaration du 20 mars 1708 et dans celle du 20 septembre 1722.

On distinguait le *contrôle* et l'*insinuation*.

Le *contrôle* indiquait la mention sommaire d'un acte faite dans un registre par une personne autre que celle qui avait fait ou reçu l'acte. Le but de cette formalité était de prévenir la fraude et d'assurer l'existence des actes.

L'*insinuation* était une formalité qui consistait à faire au greffe d'une juridiction, pour les rendre publics et les faire parvenir à la connaissance de ceux qui pouvaient y avoir intérêt, l'enregistrement des testaments et de plusieurs autres actes.

La loi des 5 et 19 décembre 1790 a aboli le droit de contrôle des actes et de centième denier; cette loi constitua le *droit d'enregistrement*, dans lequel elle comprit les droits d'actes et les droits de mutation. Elle divisa les actes et titres soumis à la formalité en trois classes : Le droit de la première était *proportionnel* à la *valeur* des objets stipulés. Celui de la seconde était payé à raison du *revenu présumé* des contractants. Enfin, le droit de la troisième classe consistait en une somme fixe, suivant le *degré d'utilité* de l'acte soumis à la formalité.

Les dispositions fiscales de cette loi ont été abrogées, avec toutes celles qui s'y rattachent par celle du 22 frimaire an 7, qui a fixé sur un plan nouveau les principes et les tarifs des droits d'enregistrement.

LOIS QUI RÉGISSENT L'IMPÔT DE L'ENREGISTREMENT.

Loi du 22 frimaire an 7 (Circ. 1450). — *Loi organique de l'enregistrement.* Elle détermine la nature des droits et leur application ; les délais pour les formalités ; le mode de payement ; les peines et amendes ; les obligations des officiers publics ; les prescriptions, poursuites et instances ; le tarif.

Loi du 6 prairial an 7. — Décime de guerre.

Loi du 27 ventôse an 9. — Modifications au tarif ; perception des droits de 20 fr. en 20 fr., minimum de 0 fr. 25 c. — Déclarations estimatives. — Instances.

Loi du 15 novembre 1808. — Demandes en expertise.

Loi du 28 avril 1816. — Modifications du tarif ; droit de transcription. La disposition de l'article 38 est essentielle, en ce qu'elle assujettit tous les actes judiciaires à l'enregistrement sur la minute.

Loi du 25 mars 1817. — Modifications du tarif.

Loi du 15 mai 1818. — Assujettit à l'enregistrement les actes administratifs.

Loi du 16 juin 1824. — Réduction des amendes. — Répertoires. — Actes annexés.

Loi du 8 septembre 1830. — Prêt sur dépôt de marchandises.

Loi du 21 avril 1832. — Droits de succession.

Loi du 24 mai 1834. — Faillites et concordats. — Protêts.

Loi du 18 juillet 1836. — Rentes sur l'Etat.

Loi du 20 juillet 1837. — Lettres de naturalisation.

Loi du 3 mai 1841. — Expropriation pour cause d'utilité publique.

Loi du 25 juin 1841. — Transmissions d'offices.

Loi du 19 juillet 1845. — Actes des justices de paix. — Tarif.

Loi du 3 juillet 1846. — Actes pour les indigents.

Loi du 15 novembre 1848. — Associations ouvrières.

Loi du 18 mai 1850. — Tarif des donations et mutations par décès. — Dons manuels. — Délais de prescription.

Loi du 5 juin 1850. — Droits de timbre et d'enregistrement des titres et actions dans les sociétés industrielles.

Loi du 7 août 1850. — Droits d'obligation et de quittance.

Loi du 7 août 1850. — Conseils des prud'hommes; droits en *débet*.

Loi du 10 décembre 1850. — Mariage et légitimation des indigents; enregistrement *gratis*.

Loi du 22 janvier 1851. — Assistance judiciaire. — Droits en *débet*.

Loi du 22 février 1851. — Contrats d'apprentissage.

Loi du 31 mai 1851. — Police du roulage.

Loi du 24 juin 1851. — Monts-de-piété.

Décret du 21 décembre 1851. — Télégraphie électrique.

Décret du 9 janvier 1852. — Pêche côtière.

Décret du 28 février 1852. — Crédit foncier.

Décret du 26 mars 1852. — Sociétés de secours mutuels.

Loi du 8 juillet 1852. — Rentes sur l'État. — Droits de mutations par décès.

Loi du 5 mai 1855. — Les anciens droits d'obligation et de libération à 1 p. 100 et 1|2 p. 100 sont rétablis.

Loi du 15 juillet 1855. — Second décime de guerre.

Loi du 17 juillet 1856. — Concordat par abandon. — Droit fixe.

Loi du 6 juin 1857. — Travail dans les prisons. — Droit fixe.

Loi du 23 juin 1857. — Suppression du second décime. — Droit de transmission sur les titres et actions de sociétés et compagnies.

Loi du 28 mai 1858. — Ventes publiques et volontaires de marchandises en gros.

Loi du 11 juin 1859. — Marchés et traités réputés actes de commerce. — Perception provisoire du droit fixe. — Droits proportionnels en suspens, soumis au prononcé d'un jugement ou à la rédaction d'un acte public.

Loi du 2 juillet 1862. — Second décime rétabli.

PRINCIPES GÉNÉRAUX DE L'ENREGISTREMENT.

La multiplicité des impôts sur les actes occasionnait des difficultés sans nombre, quand la loi de 1790, en réunissant une foule de droits divers en un seul, prépara les voies à la loi du 22 frim. an 7.

« Cette taxe, disait l'Adresse de l'Assemblée nationale, n'exige pas que le percepteur aille troubler la paix du citoyen; elle lui donne, au contraire, motif et intérêt d'aller chercher le percepteur dont il reçoit un service public. Elle unit à une imposition une fonction de magistrature que l'on paye seulement un peu plus qu'elle ne vaudrait par elle-même, afin d'établir sur l'excédant des frais de régie une recette nationale, laquelle ne frappe pas les citoyens indigents, puisqu'elle n'est établie que sur des valeurs. »

Il est utile de consulter, au sujet des anciennes taxes qu'a remplacées l'impôt de l'enregistrement, l'excellent article du *Dictionnaire des Rédacteurs* (1er volume, page 829, édition de 1823).

Nul acte n'est réellement authentique relativement à la loi de l'impôt, et ne peut servir de base à un autre acte, s'il n'a été revêtu de la formalité de l'enregistrement.

Le droit est ouvert au moment de la confection des actes, et il est exigible dans les délais fixés par la loi, sans que l'action du Trésor puisse être modifiée par convention des parties contractantes.

Dans le cas où un article de loi aurait prorogé le délai de l'acquittement du droit pour une espèce particulière de contrat, le droit devrait être perçu d'après la date de l'acte, lors même qu'une autre loi aurait, depuis, et avant l'enregistrement, changé le taux du droit.

Les actes sous seing privé n'acquérant de date précise que par l'enregistrement, c'est, en règle générale, aux lois observées à l'époque où ils sont présentés à la formalité, et non à celles existantes lors de leur rédaction, qu'ils doivent être soumis.

On ne peut scinder la perception des droits d'un acte, c'est-à-dire percevoir ceux d'une disposition et laisser en suspens ceux des autres.

Le droit d'enregistrement est le salaire de la formalité; sa quotité est déterminée par la nature des conventions exprimées dans les actes.

En général, pour apprécier les effets des stipulations insérées dans les actes, l'on doit rechercher quelle a été la commune intention des parties contractantes plutôt que de s'arrêter au sens littéral des termes, conformément à cet axiôme de droit : *Non quod scriptum, sed quod gestum, inspicitur*, et aux règles tracées par les articles 1156 et 1157 du Code Napoléon. Le *scriptum* consiste dans le nom ou la qualification qu'on a voulu donner ostensiblement à l'acte par l'écriture. Le *gestum*, au contraire, c'est ce qu'on a voulu obtenir en exécution : c'est ce qui se rapporte à l'action exécutive du contrat, et qui caractérise cette action. Ainsi c'est toujours le *gestum* qui détermine la nature du contrat et du droit à percevoir, et, en d'autres termes, c'est par l'ensemble des dispositions d'un acte que sa nature doit se déterminer, et non point dépendre de la dénomination que lui attribuent les parties.

Toutefois, les préposés de l'enregistrement n'ont point à examiner la validité des stipulations; ils n'ont à s'assurer, pour établir la perception, que de la forme extérieure des actes, du consentement des parties et de la nature de leurs conventions, sans s'occuper des moyens de nullité. Ces moyens, en effet, ne peuvent pas arrêter l'exécution des conventions, s'ils ne sont pas proposés ou reconnus en justice.

Toutes les dispositions donnant ouverture à des droits proportionnels contenues dans les transactions sont passibles de ces droits, sans que l'on puisse établir une différence entre celles qui sont relatives à un objet en litige, quelle qu'en soit la cause, et celles qui y sont étrangères.

Les droits dus sur un acte parfait en lui-même sont indépendants des événements ultérieurs, qui ne peuvent avoir pour effet de rendre restituables les droits régulièrement perçus, sauf les exceptions prévues.

Et si un supplément de droit est dû sur un acte, on ne peut pas plus opposer à la demande qui en est faite l'annulation de cet acte par une cause quelconque qu'on ne peut se prévaloir de cette annulation pour réclamer les droits perçus.

Les droits d'enregistrement sont des impôts; comme tels, ils ne peuvent éprouver d'augmentation ou de diminution qu'en vertu d'une loi expresse. Le tribunal qui ordonnerait la perception d'un droit non légalement établi, ou refuserait celle d'un droit légalement exigible, usurperait le pouvoir législatif.

Il est de principe général, en matière d'impôts, qu'on ne peut, par voie d'induction ou d'analogie, étendre d'un cas à un autre les dispositions de la loi ; elles doivent être exécutées à la lettre, sans chercher à en interpréter l'esprit.

Les droits de mutation sont acquis au Trésor, et se trouvent, par conséquent, irrévocablement fixés à l'instant où, d'après les principes de la loi civile, la transmission s'est opérée. Ainsi les délais accordés pour le payement des droits de mutation (art. 22 et 24 de la loi de frimaire) ne sont autre chose qu'un terme, c'est-à-dire qu'ils ne suspendent pas l'obligation, mais en retardent seulement l'exécution. Enfin, ainsi que l'a dit l'honorable M. Calmon, *la première règle de toute perception est d'être conforme aux dispositions expresses de la loi, qu'il ne faut ni restreindre ni excéder.*

Les employés ne doivent point s'expliquer sur la liquidation des droits d'enregistrement des actes avant qu'on les leur remette pour les revêtir de la formalité : il pourrait en résulter des inconvénients de plusieurs natures, tant pour les parties que pour le Trésor public.

Toutefois, lorsqu'un acte sous seing privé *ne portant pas translation* de propriété ou de jouissance d'immeubles aura été présenté au receveur, et que la personne qui l'aura présenté voudra le retirer sans le faire enregistrer, le receveur devra le rendre.

Tout acte sous seing privé translatif de propriété ou de jouissance d'immeubles ne pourra, après avoir été remis pour recevoir la formalité, être rendu avant l'enregistrement et le payement des droits, sans qu'il en soit conservé copie que la partie est tenue de certifier.

Les droits ne sont dus à titres différents que sur les dispositions d'un même acte indépendantes les unes des autres. Pour qu'une disposition dérive nécessairement de la disposition principale, et ne soit point passible d'un droit particulier, il faut qu'elle tienne essentiellement à sa nature et à sa validité, en sorte qu'elle en soit une conséquence nécessaire et indispensable ; qu'on ne puisse, en un mot, scinder les deux dispositions sans détruire la contexture même de l'acte.

Les employés supérieurs sont chargés de relever les vices de perception *soit en trop, soit en moins, lorsqu'une perception est évidemment contraire à la loi, ou qu'il y a eu erreur de fait dans la liquidation d'un droit non prescrit* (Inst. n° 1351, § 12). Les receveurs doivent suivre avec activité le recouvrement des *forcements*, suppléments de droits et articles de découvertes consignés par les employés supérieurs (Inst. n° 2207).

Les *restitutions* ne peuvent être effectuées qu'en vertu d'un mandat délivré par le directeur, dans la forme et d'après les conditions prévues par la comptabilité générale des finances (Inst. n°ˢ 1328, 2191, Réglement général, § 944).

DISTINCTION DU DROIT FIXE ET DU DROIT PROPORTIONNEL.

Les droits d'enregistrement se divisent en deux grandes classes : les uns sont *fixes,* et par conséquent n'augmentent ni ne diminuent de quotité ; les autres sont *proportionnels,* c'est-à-dire qu'ils sont en proportion des valeurs sur lesquelles ils sont assis.

Le droit fixe s'applique aux actes, soit civils, soit judiciaires ou extrajudiciaires, qui ne sont que de simples formalités, et qui n'ont point immédiatement pour objet des valeurs ou la transmission des biens meubles ou immeubles.

Le droit proportionnel est établi pour les obligations, libérations, condamnations, collocations ou liquidations de sommes et valeurs, et pour toute transmission de propriété, d'usufruit ou de jouissance de biens meubles ou immeubles, soit entre vifs, soit par décès.

Cette division se trouvait déjà dans la loi de 1790 ; mais elle a été établie en principe, et d'une manière précise, dans celle du 22 frimaire an 7.

Cette base ainsi sagement posée, les actes ou les dispositions des actes qui ne sont sujets qu'au droit fixe ne peuvent jamais être pas-

sibles du droit proportionnel, *et vise versa;* il ne faut plus que s'attacher à faire une application exacte de ce principe, auquel l'on sent
chaque jour davantage l'impérieuse nécessité de revenir d'une manière rigoureuse et absolue (*voir l'exception admise par la loi
du 11 juin 1859,* Inst. n° 2153).

La loi n'a pu frapper d'un droit particulier toutes les stipulations
que sont susceptibles de présenter les transactions commerciales ou
civiles ; mais elle a voulu que, hors les cas d'exception déterminés,
aucun acte ne pût jouir des avantages de l'enregistrement sans payer
un salaire pour la formalité.

L'exigibilité du droit proportionnel n'a qu'une cause possible :
c'est la dénomination précise de l'acte ou de la mutation ; tandis que
le droit fixe est dû, soit que l'acte soit expressément tarifé, soit
qu'il ne le soit pas. Seulement, dans le premier cas, la quotité varie
suivant la nature de l'acte dénommé ; dans le second, c'est invariablement le droit de 2 fr. qui doit être perçu.

DISPOSITIONS DES NEUF PREMIERS TITRES DE LA LOI
DU 22 FRIMAIRE AN 7.

*Les changements apportés par des lois ultérieures ont été insérés à la suite de
chaque article, et sont placés entre parenthèses.*

TITRE Ier. — De l'Enregistrement, des droits et de leur application.

Art. 1er. Les droits d'enregistrement seront perçus d'après les
bases et suivant les règles déterminées par la présente.

Art. 2. Les droits d'enregistrement sont *fixes* ou *proportionnels,*
suivant la nature des actes ou mutations qui y sont assujettis.

Art. 3. Le droit fixe s'applique aux actes soit civils, soit judiciaires
ou extrajudiciaires, qui ne contiennent ni obligation, ni libération,
ni condamnation, ni collocation ou liquidation de sommes et valeurs,
ni transmission de propriété, d'usufruit ou de jouissance de biens
meubles ou immeubles. Il est perçu aux taux réglés par l'art. 68.

Art. 4. Le droit proportionnel est établi pour les obligations, libérations, condamnations, collocations ou liquidations de sommes et
valeurs, et pour toute transmission de propriété, d'usufruit ou de
jouissance de biens meubles ou immeubles, soit entre vifs, soit par
décès. — Ses quotités sont fixées par l'art. 69. — Il est assis sur
les valeurs.

Art. 5. Il n'y a point de fraction de centime dans la liquidation du
droit proportionnel. Lorsqu'une fraction de somme ne produit pas
un centime de droit, ce centime est perçu au profit de l'État.

(Loi du 27 ventôse an 9. — Art. 2. *La perception du droit proportionnel suivra
les sommes et valeurs, de vingt francs en vingt francs, inclusivement et sans frac-*

tion. — Art.. 3. *Il ne pourra être perçu moins de vingt-cinq centimes dans tous les cas où le droit proportionnel n'atteindrait pas ce chiffre).*

Art. 6. Cependant, le moindre droit à percevoir sur un acte donnant lieu au droit proportionnel et sur une mutation de bien par décès sera, sauf les exceptions, du montant de la quotité sous laquelle chaque acte se trouve classé (*Art. 3 de la loi du 27 ventôse*).

Art. 7. Les actes civils et extrajudiciaires sont enregistrés sur les minutes, brevets ou originaux. — Les actes judiciaires reçoivent cette formalité soit sur les minutes, soit sur les expéditions, suivant les distinctions ci-après : etc., etc. — Ceux des actes de l'état-civil qui sont assujettis à l'enregistrement par la présente ne seront également enregistrés que sur les expéditions. Les jugements de la police ordinaire, des tribunaux de police correctionnelle et des tribunaux criminels, ne sont de même soumis à l'enregistrement que sur les expéditions, lorsqu'il y a partie civile, et seulement sur les expéditions requises par elle ou autres intéressés.

(Loi du 28 avril 1816. — Art. 38. *Tous actes judiciaires en matière civile, tous jugements en matière criminelle, correctionnelle ou de police, seront, sans exception, soumis à l'enregistrement sur les minutes ou originaux).*

(Loi du 15 mai 1818. — Art. 78. *Sont assujettis au timbre et à l'enregistrement sur la minute, dans le délai de vingt jours :* 1o *les actes des autorités administratives et des établissements publics portant transmission de propriété, d'usufruit et de jouissance, les adjudications de toute nature ;* 2o *les cautionnements relatifs à ces actes).*

Art. 8. Il n'est dû aucun droit d'enregistrement pour les extraits, copies ou expéditions des actes qui doivent être enregistrés sur les minutes ou originaux. — Quant à ceux des actes judiciaires qui ne sont assujettis à l'enregistrement que sur les expéditions, chaque expédition doit être enregistrée, savoir : la première, pour le droit proportionnel s'il y a lieu, ou pour le droit fixe si le jugement n'est pas passible du droit proportionnel ; et chacune des autres pour le droit fixe.

Art. 9. Lorsqu'un acte translatif de propriété ou d'usufruit comprend des meubles et immeubles, le droit d'enregistrement est perçu sur la totalité du prix, au taux réglé pour les immeubles, à moins qu'il ne soit stipulé un prix particulier pour les objets mobiliers, et qu'ils ne soient désignés et estimés article par article dans le contrat.

Art. 10. Dans le cas de transmission de biens, la quittance donnée ou l'obligation consentie par le même acte, pour tout ou partie du prix, entre les contractants, ne peut être sujette à un droit particulier d'enregistrement.

Art. 11. Mais, lorsque dans un acte quelconque, soit civil, soit judiciaire ou extrajudiciaire, il y a plusieurs dispositions indépendantes ou ne dérivant pas nécessairement les unes des autres, il est dû, pour chacune d'elles et selon son espèce, un droit particulier. La quotité en est déterminée par l'article de la présente dans lequel la disposition se trouve classée, ou auquel elle se rapporte.

Art. 12. La mutation d'un immeuble en propriété ou usufruit sera suffisamment établie, pour la demande du droit d'enregistrement et la poursuite du payement contre le nouveau possesseur, soit par l'inscription de son nom au rôle de la contribution foncière et les payements par lui faits d'après ce rôle, soit par des baux par lui passés, ou enfin par des transactions ou autres actes constatant sa propriété ou son usufruit.

(Loi du 27 ventose an 9. — Art. 4. *Sont soumises aux dispositions des article 22 et 38 de la loi du 22 frimaire les mutations entre vifs de propriété ou d'usufruit d'immeubles, lors. même que les nouveaux possesseurs prétendraient qu'il n'existe pas de conventions écrites. — A défaut d'actes, il y sera suppléé par des déclarations détaillées et estimatives, dans les trois mois de l'entrée en possession, à peine d'un droit en sus*).

Art. 13. La jouissance, à titre de ferme, ou de location, ou d'engagement, d'un immeuble, sera aussi suffisamment établie, pour la demande et la poursuite du payement des droits des baux et engagements non enregistrés, par les actes qui la feront connaître, ou par des payements de contributions imposés aux fermiers, locataires et détenteurs temporaires.

TITRE II. — Des valeurs sur lesquelles le droit proportionnel est assis et de l'expertise.

Art. 14. La valeur de la propriété, de l'usufruit et de la jouissance des *biens meubles*, est déterminée, pour la liquidation et le payement du droit proportionnel, ainsi qu'il suit, savoir :

1º Pour les baux et locations, *par le prix annuel exprimé, en y ajoutant les charges imposées au preneur.*

2º Pour les créances à terme, leur cession et transport, et autres actes obligatoires, *par le capital exprimé dans l'acte, et qui en fait l'objet.*

3º Pour les quittances et pour tous autres actes de libération, *par le total des sommes ou capitaux dont le débiteur se trouve libéré.*

4º Pour les marchés et traités, *par le prix exprimé ou l'évaluation qui sera faite des objets qui en seront susceptibles.*

5º Pour les ventes et autres transmissions à titre onéreux, *par le prix exprimé et le capital des charges qui peuvent ajouter au prix.*

6º Pour les créations de rentes, soit perpétuelles, soit viagères, ou de pensions, aussi à titre onéreux, *par le capital constitué et aliéné.*

7º Pour les cessions ou transports desdites rentes ou pensions, et pour leur amortissement ou rachat, *par le capital constitué quel que soit le prix stipulé pour le transport ou l'amortissement.*

8° Pour les transmissions entre vifs, à titre gratuit, et celles qui s'opèrent par décès, *par la déclaration estimative des parties, sans distraction des charges.*

9° Pour les rentes et pensions créées sans expression de capital, leurs transports et amortissements, *à raison d'un capital formé de vingt fois la rente perpétuelle, et de dix fois la rente viagère ou la pension, et quel que soit le prix stipulé pour le transport ou l'amortissement.* — Il ne sera fait aucune distinction entre les rentes viagères et pensions créées sur une tête et celles créées sur plusieurs têtes, quant à l'évaluation. — Les rentes et pensions stipulées payables en nature seront évaluées aux mêmes capitaux, estimation préalablement faite des objets, d'après les dernières mercuriales du canton de la situation des biens, à la date de l'acte, s'il s'agit d'une rente créée pour l'aliénation d'immeubles, ou, dans tout autre cas, d'après les dernières mercuriales du canton où l'acte aura été passé. — Il sera rapporté à l'appui de l'acte un extrait certifié des mercuriales. — S'il est question d'objets dont les prix ne puissent être réglés par les mercuriales, les parties en feront une déclaration estimative.

10° Pour les actes et jugements portant condamnation, collocation, liquidation ou transmission, *par le capital des sommes, et les intérêts et dépens liquidés.*

L'usufruit transmis à titre gratuit s'évalue à la moitié de la valeur entière de l'objet.

Art. 15. La valeur de la propriété, de l'usufruit et de la jouissance *des immeubles*, est déterminée, pour la liquidation et le payement du droit proportionnel, ainsi qu'il suit, savoir :

1° Pour les baux à ferme ou à loyer, les sous-baux, cessions et subrogations de baux, *par le prix annuel exprimé, en ajoutant les charges imposées au preneur.* — Si le bail est stipulé payable en nature, il en sera fait une évaluation d'après les dernières mercuriales du canton de la situation des biens, à la date de l'acte, à l'appui duquel il sera rapporté un extrait certifié des mercuriales. — Il en sera de même des baux à portion de fruits, pour la part revenant au bailleur, dont la quotité sera préalablement déclarée, et sur la valeur de laquelle le droit d'enregistrement sera perçu. S'il s'agit d'objets dont la valeur ne puisse être constatée par les mercuriales, les parties en feront une déclaration estimative.

2° Pour les baux à rentes perpétuelles, et ceux dont la durée est illimitée, *par un capital formé de vingt fois la rente ou le prix annuel, et les charges, aussi annuelles, en y ajoutant également les autres charges en capital et les deniers d'entrée, s'il en est stipulé. — Les objets en nature s'évaluent comme ci-dessus.*

3° Pour les baux à vie, sans distinction de ceux faits sur une ou plusieurs têtes, *par un capital formé de dix fois le prix et les charges annuelles, en y ajoutant de même le montant des deniers d'entrée et des autres charges, s'il s'en trouve d'exprimées. Les objets en nature s'évaluent pareillement comme il est prescrit ci-dessus.*

4° Pour les échanges, *par une évaluation qui doit être faite en capital, d'après le revenu annuel multiplié par vingt, sans distraction des charges.*

5° Pour les engagements, *par les prix et sommes pour lesquels ils sont faits.*

6° Pour les ventes, adjudications, cessions, rétrocessions, licitations, et tous autres actes civils ou judiciaires portant translation de propriété ou d'usufruit, à titre onéreux, *par le prix exprimé, en y ajoutant toutes les charges en capital, ou par une estimation d'experts, dans le cas autorisé par la présente.* — Si l'usufruit est réservé par le vendeur, il sera évalué à la moitié de tout ce qui forme le prix du contrat, et le droit sera perçu sur le total; mais il ne sera dû aucun autre droit pour la réunion de l'usufruit à la propriété. Cependant, si elle s'opère par un acte de cession, et que le prix soit supérieur à l'évaluation qui en aura été faite pour régler le droit de la translation de propriété, il est dû un droit, par supplément, sur ce qui se trouve excéder cette évaluation. Dans le cas contraire, l'acte de cession est enregistré pour le droit fixe.

7° Pour les transmissions de propriété entre vifs à titre gratuit, et celles qui s'effectuent par décès, *par l'évaluation qui sera faite et portée à vingt fois le produit des biens, ou le prix des baux courants, sans distraction des charges.*

Il ne sera rien dû pour la réunion de l'usufruit à la propriété, lorsque le droit d'enregistrement aura été acquitté sur la valeur entière de la propriété.

8° Pour les transmissions d'usufruit seulement, soit entre vifs, à titre gratuit, soit par décès, *par l'évaluation qui en sera portée à dix fois le produit des biens, ou le prix des baux courants, aussi sans distraction des charges.*

Lorsque l'usufruitier qui aura acquitté le droit d'enregistrement pour son usufruit acquerra la nue propriété, il payera le droit d'enregistrement sur sa valeur, sans qu'il y ait lieu de joindre celle de l'usufruit.

Art. 16. Si les sommes et valeurs ne sont pas déterminées dans un acte ou un jugement donnant lieu au droit proportionnel, les parties seront tenues d'y suppléer, avant l'enregistrement, par une déclaration estimative certifiée et signée au pied de l'acte.

Art. 17. Si le prix énoncé dans un acte translatif de propriété ou d'usufruit de biens immeubles, à titre onéreux, paraît inférieur à leur valeur vénale à l'époque de l'aliénation, par comparaison avec les fonds voisins de même nature, la régie pourra requérir une expertise, pourvu qu'elle en fasse la demande dans l'année à compter du jour de l'enregistrement du contrat.

Art. 18. La demande en expertise sera faite au tribunal civil du département (1) dans l'étendue duquel les biens sont situés, par une pétition portant nomination de l'expert de la nation. — L'expertise sera ordonnée dans la décade (les dix jours) de la demande. — En cas de refus par la partie de nommer son expert, sur la sommation qui lui aura été faite d'y satisfaire dans les trois jours, il lui en sera nommé un d'office par le tribunal. — Les experts, en cas de partage, appelleront un tiers expert. S'ils ne peuvent en convenir, le juge de paix du canton de la situation des biens y pourvoira. — Le procès-verbal d'expertise sera rapporté au plus tard dans le mois qui suivra la remise qui aura été faite aux experts de l'ordonnance du tribunal, ou dans le mois après l'appel du tiers expert. — Les frais de l'expertise seront à la charge de l'acquéreur, mais seulement lorsque l'estimation excédera d'un huitième au moins le prix énoncé au contrat. — L'acquéreur sera tenu, dans tous les cas, d'acquitter le droit sur le supplément d'estimation, s'il y a une plus-value constatée par le rapport d'experts.

Art. 19. Il y aura également lieu à requérir l'expertise des *revenus des immeubles* transmis en propriété ou usufruit à tout autre titre qu'à titre onéreux, lorsque l'insuffisance dans l'évaluation ne pourra être établie par actes qui puissent faire connaître le véritable revenu des biens (*dans le délai de deux ans.* — Voir art. 61 ci-après).

(Loi du 27 ventôse an 9 — Art. 5. *Dans tous les cas où les frais de l'expertise autorisée par les articles 17 et 19 de la loi de frimaire tomberont à la charge du redevable, il y aura lieu au double droit sur le supplément d'estimation*).

(Loi du 15 novembre 1808. — Art. 1er. *Quand il y a lieu à expertise d'immeubles situés dans le ressort de plusieurs tribunaux, la demande en sera portée au tribunal dans le ressort duquel se trouve le chef-lieu d'exploitation, ou, à défaut, la partie des biens qui présente le plus grand revenu cadastral. Les experts prêteront serment devant le juge de paix du canton où les biens sont situés.*)

TITRE III. — Des délais pour l'enregistrement des actes et déclarations.

Art. 20. Les délais pour faire enregistrer les actes publics sont, savoir : *de quatre jours* pour ceux des huissiers et autres ayant pouvoir de faire des exploits et procès-verbaux ; — *de dix jours* pour les actes des notaires qui résident dans la commune où le bureau d'enregistrement est établi ; — *de quinze jours* pour ceux des no-

(1) *De l'arrondissement*, depuis la loi du 27 ventôse an 8, qui a établi un tribunal par arrondissement.

taires qui n'y résident pas ; — *de vingt jours* pour les actes judiciaires soumis à l'enregistrement sur les minutes, et pour ceux dont il ne reste pas de minutes au greffe, ou qui se délivrent en brevets ; — *de vingt jours aussi* pour les actes des administrations centrales et municipales assujettis à la formalité de l'enregistrement (préfets, sous-préfets et maires).

(Loi du 27 ventôse an 9. — Art. 15. *Les actes de signification d'avoué à avoué, dans le cours des procédures, seront enregistrés dans les quatre jours de leur date, à peine de cinq francs d'amende.*

Loi du 24 mai 1834. — Art. 23. *Les actes de protêts faits par les notaires doivent être enregistrés dans les quatre jours de leur date.*

Loi du 15 mai 1818. — Art. 78. *Délai de vingt jours pour les actes administratifs*).

Art. 21. Les testaments déposés chez les notaires, ou par eux reçus, seront enregistrés *dans les trois mois* du décès des testateurs, à la diligence des héritiers, donataires, légataires ou exécuteurs testamentaires.

(Loi du 27 ventôse an 9. — Art. 4. *Délai de trois mois pour les mutations verbales.*)

Art. 22. Les actes qui, à l'avenir, seront faits sous signature privée, et qui porteront transmission de propriété ou d'usufruit *de biens immeubles,* et les baux à ferme ou à loyer, sous-baux, cessions ou subrogations de baux, et les engagements, aussi sous signature privée, de *biens de même nature,* seront enregistrés *dans les trois mois de leur date.* — Pour ceux des actes de ces espèces qui seront passés en pays étranger, ou dans les îles ou colonies françaises où l'enregistrement n'aurait pas encore été établi, le délai sera *de six mois* s'ils sont faits en Europe, *d'une année* si c'est en Amérique, et de *deux années* si c'est en Asie ou en Afrique.

Art. 23. Il n'y a point de délai de rigueur pour l'enregistrement de tous autres actes que ceux mentionnés dans l'article précédent, qui seront faits sous signature privée, ou passés en pays étranger, et dans les îles ou colonies françaises où l'enregistrement n'aurait pas encore été établi; mais il ne pourra en être fait aucun usage, soit par acte public, soit en justice, ou devant toute autorité constituée, qu'ils n'aient été préalablement enregistrés.

(Loi du 23 avril 1816. — Art. 58. *Il ne pourra être fait usage, en justice, d'aucun acte passé en pays étranger ou dans les colonies, s'il n'a acquitté les mêmes droits que s'il avait été souscrit en France ; il en sera de même pour les mentions de ces actes dans les actes publics.*

Loi du 16 juin 1824. — Art. 4. *Les actes de mutation d'immeubles, soit à l'étranger, soit dans les colonies où le droit d'enregistrement n'est pas établi, seront soumis à un droit fixe de dix francs, qui ne pourra excéder le droit proportionnel qui serait dû en France.*)

Art. 24. Les délais pour l'enregistrement des déclarations que les héritiers, donataires ou légataires auront à passer des biens par eux échus ou transmis par décès, sont, savoir :

De six mois à compter du jour du décès, lorsque celui dont on recueille la succession est décédé en France ; de huit mois, s'il est décédé dans toute autre partie de l'Europe ; d'une année s'il est mort en Amérique ; et de deux années, si c'est en Afrique ou en Asie.

Le délai de six mois ne courra que du jour de la mise en possession pour la succession d'un absent, celle d'un condamné si ses biens sont séquestrés, celle qui aurait été séquestrée pour toute autre cause ; celle d'un défenseur de la patrie s'il est en activité de service hors de son département, ou enfin celle qui serait recueillie par indivis avec la nation. — Si, avant les derniers six mois des délais fixés pour les déclarations de successions de personnes décédées hors de France, les héritiers prennent possession des biens, il ne restera d'autre délai à courir, pour passer déclaration, que celui de six mois à compter du jour de la prise de possession.

[Loi du 28 avril 1816. — Art. 40. *Les héritiers d'un individu dont l'absence est déclarée sont tenus de faire, dans les six mois du jour de l'envoi en possession provisoire, la déclaration de succession. En cas de retour de l'absent, les droits payés seront restitués*).

Art. 25. Dans les délais fixés par les articles précédents pour l'enregistrement des actes et des déclarations, le jour de la date de l'acte, ou celui de l'ouverture de la succession, ne sera point compté. — Si le dernier jour du délai se trouve être un décadi (dimanche) ou un jour de fête nationale, ou s'il tombe dans les jours complémentaires (supprimés), ces jours-là ne seront point comptés non plus.

TITRE IV. — Des bureaux où les actes et mutations doivent être enregistrés.

Art. 26. Les notaires ne pourront faire enregistrer leurs actes qu'aux bureaux dans l'arrondissement desquels ils résident. — Les huissiers et tous autres ayant pouvoir de faire des exploits, procès-verbaux et rapports, feront enregistrer leurs actes, soit au bureau de leur résidence, soit au bureau du lieu où ils les auront faits. — Les greffiers et les secrétaires administratifs feront enregistrer les actes qu'ils sont tenus de soumettre à cette formalité aux bureaux dans l'arrondissement desquels ils exercent leurs fonctions. — Les actes sous signature privée, et ceux passés en pays étrangers, pourront être enregistrés dans tous les bureaux indistinctement.

Art. 27. Les mutations de propriété ou d'usufruit par décès seront enregistrées au bureau de la situation des biens. — Les héritiers, donataires ou légataires, leurs tuteurs ou curateurs, seront

7

tenus d'en passer déclaration détaillée, et de la signer sur le registre. — S'il s'agit d'une mutation, au même titre, de biens meubles, la déclaration en sera faite au bureau dans l'arrondissement duquel ils se seront trouvés au décès de l'auteur de la succession. — Les rentes et les autres biens meubles sans assiette déterminée lors du décès seront déclarés au bureau du domicile du décédé. — Les héritiers, légataires ou donataires, rapporteront, à l'appui de leurs déclarations *de biens meubles*, un inventaire ou état estimatif, article par article, par eux certifié, s'il n'a pas été fait par un officier public; cet inventaire sera déposé et annexé à la déclaration, qui sera reçue et signée sur le registre du receveur.

TITRE V. — Du payement des droits, et de ceux qui doivent les acquitter.

Art. 28. Les droits des actes et ceux de mutation par décès seront payés avant l'enregistrement, aux taux et quotités réglés par la présente. — Nul ne pourra en atténuer ni différer le payement sous le prétexte de contestation sur la quotité, ni pour quelque autre motif que ce soit, sauf à se pourvoir en restitution, s'il y a lieu.

Art. 29. Les droits des actes à enregistrer seront acquittés, savoir :

- Par les notaires, *pour les actes passés devant eux ;* — Par les huissiers et autres ayant le pouvoir de faire des exploits et procès-verbaux, *pour ceux de leur ministère;* — Par les greffiers, *pour les actes et jugements (sauf le cas prévu par l'art. 37, ci-après) qui doivent être enregistrés sur les minutes, aux termes de l'art. 7 de la présente, et ceux passés et reçus aux greffes, et pour les extraits qu'ils délivrent des jugements qui ne sont pas soumis à l'enregistrement sur les minutes;* — Par les secrétaires des administrations centrales et municipales, *pour les actes de ces administrations qui sont soumis à la formalité de l'enregistrement, sauf aussi le cas prévu par l'art. 37 ;* — Par les parties, *pour les actes sous signature privée, et ceux passés en pays étranger, qu'elles auront à faire enregistrer; pour les ordonnances sur requêtes ou mémoires, et les certificats qui leur sont immédiatement délivrés par les juges ; et pour les actes et décisions qu'elles obtiennent des arbitres, si ceux-ci ne les ont pas fait enregistrer ;* — Et par les héritiers, légataires ou donataires, leurs tuteurs ou curateurs, et exécuteurs testamentaires, *pour les testaments et autres actes de libéralité à cause de mort.*

Art. 30. Les officiers publics qui, aux termes des dispositions précédentes, auraient fait, pour les parties, l'avance des droits d'enregistrement, pourront prendre exécutoire du juge de paix de leur canton pour leur remboursement. — L'opposition qui serait formée

contre cet exécutoire, ainsi que toutes les contestations qui s'élè-
veraient à cet égard, seront jugées conformément aux dispositions
portées par l'article 65 de la présente, relatif aux instances poursuivies au nom de la nation.

Art. 31. Les droits des actes civils et judiciaires emportant obligation, libération ou translation de propriété, ou d'usufruit de
meubles ou immeubles, seront supportés par les débiteurs et nouveaux possesseurs ; et ceux de tous les actes le seront par les parties auxquelles les actes profiteront, lorsque, dans ces divers cas, il
n'aura pas été stipulé de dispositions contraires dans les actes.

Art. 32. Les droits des déclarations des mutations par décès seront payés par les héritiers, donataires ou légataires. — Les cohéritiers seront solidaires. — La nation aura action sur les revenus
des biens à déclarer, en quelques mains qu'ils se trouvent, pour le
payement des droits dont il faudrait poursuivre le recouvrement.

TITRE VI. — Des peines pour défaut d'enregistrement des actes et déclarations
dans les délais et de celles portées relativement aux omissions, aux fausses
estimations et aux contre lettres.

Art. 33. Les notaires qui n'auront pas fait enregistrer leurs actes
dans les délais prescrits payeront personnellement, à titre d'amende
et pour chaque contravention, une somme de cinquante francs s'il
s'agit d'un acte sujet au droit fixe, ou une somme égale au montant
du droit, s'il s'agit d'un acte sujet au droit proportionnel, sans que,
dans ce dernier cas, la peine puisse être au-dessous de cinquante
francs. — Ils seront tenus, en outre, du payement des droits, sauf
recours contre les parties pour ces droits seulement.

(Loi du 16 juin 1824. — Art. 10. *L'amende de cinquante francs a été réduite à
dix francs.*)

Art. 34. La peine contre un huissier ou autre ayant pouvoir de faire
des exploits ou procès-verbaux est, pour un exploit ou procès-
verbal non présenté à l'enregistrement dans le délai, d'une somme
de vingt-cinq francs, et, de plus, une somme équivalente au montant du droit de l'acte non enregistré. L'exploit ou procès-verbal non
enregistré est déclaré nul, et le contrevenant responsable de cette
nullité envers la partie. — Ces dispositions relativement aux exploits et procès-verbaux ne s'étendent pas aux procès-verbaux de
vente de meubles et autres objets mobiliers, ni à tout autre acte du
ministère des huissiers sujet au droit proportionnel. La peine pour
ceux-ci sera d'une somme égale au montant du droit, sans qu'elle
puisse être au-dessous de cinquante francs. Le contrevenant payera
en outre le droit dû pour l'acte, sauf son recours contre la partie
pour ce droit seulement.

(*Loi du 16 juin 1824. — Art. 10. Les amendes de cinquante francs sont réduites à dix francs ; et toutes celles au-dessous de cinquante francs, à cinq francs*).

Art. 35. Les greffiers qui auraient négligé de soumettre à l'enregistrement, dans le délai fixé, les actes qu'ils sont tenus de présenter à cette formalité, payeront personnellement, à titre d'amende et pour chaque contravention, une somme égale au montant du droit. — Ils acquitteront en même temps le droit, sauf leur recours, pour ce droit seulement, contre la partie.

Art. 36. Les dispositions de l'article précédent s'appliquent également aux secrétaires des administrations centrales et municipales, pour chacun des actes qu'il leur est prescrit de faire enregistrer, s'ils ne les ont pas soumis à l'enregistrement dans le délai.

Art. 37. Il est néanmoins fait exception aux dispositions des deux articles précédents quant aux jugements rendus *à l'audience*, qui doivent être enregistrés sur les minutes, et aux actes d'adjudications passés en séance *publique* des administrations, lorsque les parties n'auront pas consigné aux mains des greffiers et des secrétaires, dans le délai prescrit pour l'enregistrement, le montant des droits fixés par la loi. Dans ce cas le recouvrement en sera poursuivi contre les parties par les receveurs ; elles supporteront en outre la peine du droit en sus. Pour cet effet les greffiers et les secrétaires fourniront aux receveurs de l'enregistrement, dans la décade qui suivra l'expiration du délai, des extraits par eux certifiés des actes et jugements dont les droits ne leur auront pas été remis par les parties, à peine d'une amende de *dix francs* pour chaque décade de retard et pour chaque acte et jugement, et d'être, en outre, personnellement contraints au paiement des doubles droits.

(*Loi du 28 avril 1816. — Art. 38. Les actes judiciaires et jugements seront, sans exception, enregistrés sur la minute.*
Lois des 27 ventose an 9 (art. 16 et 7) et 15 mai 1818 (art. 79) pour les délais.
Loi du 16 juin 1824. — Art. 10. Les amendes progressives sont réduites à une seule amende de dix francs, quelle que soit la durée du retard.)

Art. 38. Les actes sous signature privée et ceux passés en pays étrangers dénommés dans l'art. 22 qui n'auront pas été enregistrés dans les délais déterminés seront soumis au double droit d'enregistrement. Il en sera de même pour les testaments non enregistrés dans les délais.

(*Loi du 27 ventose an 9. — Art. 4. Même pénalité pour les mutations verbales.*)

Art. 39. Les héritiers, légataires ou donataires qui n'auront pas fait dans les délais prescrits les déclarations des biens à eux transmis par décès, payeront, à titre d'amende, un demi-droit en sus du droit qui sera dû pour la mutation. — La peine pour les omissions qui seront reconnues avoir été faites dans les déclarations sera d'un droit en sus de celui qui se trouvera dû pour les objets omis ; il en sera de même pour les insuffisances constatées dans les estimations des biens déclarés. — Si l'insuffisance est établie par rapport d'experts, les contrevenants payeront en outre les frais de l'expertise.

Les tuteurs et curateurs supporteront personnellement les peines ci-dessus lorsqu'ils auront négligé de passer les déclarations dans les délais, ou qu'ils auront fait des omissions ou des estimations insuffisantes.

Art. 40. Toute contre-lettre faite sous signature privée, qui aurait pour objet une augmentation du prix stipulé dans un acte public ou dans un acte sous signature privée précédemment enregistré, est déclarée nulle et de nul effet. — Néanmoins, lorsque l'existence en sera constatée, il y aura lieu d'exiger, à titre d'amende, une somme triple du droit qui aurait eu lieu, sur les sommes et valeurs ainsi stipulées.

TITRE VII. —Des obligations des notaires, huissiers, greffiers, secrétaires, juges, arbitres, administrateurs et autres officiers ou fonctionnaires publics, des parties et des receveurs, indépendamment de celles imposées sous les titres précédents.

Art. 41. Les notaires, huissiers, greffiers, et les secrétaires des administrations centrales et municipales, ne pourront délivrer en brevet, copie ou expédition, aucun acte soumis à l'enregistrement sur la minute ou l'original, ni faire aucun acte en conséquence, avant qu'il ait été enregistré, quand même le délai pour l'enregistrement ne serait pas encore expiré, à peine de cinquante francs d'amende, outre le payement du droit. — Sont exceptés les exploits et autres actes de cette nature qui se signifient à parties ou par affiches et proclamations, et les effets négociables compris sous l'article 69, paragraphe 2, nombre 6 de la présente. — A l'égard des jugements qui ne sont assujettis à l'enregistrement que sur les expéditions, il est défendu aux greffiers, sous les mêmes peines, d'en délivrer aucune, même par simple note ou extrait, aux parties ou aux intéressés, sans l'avoir fait enregistrer.

(Loi du 28 avril 1816. — Art. 56. *A l'égard des actes que le même officier aurait reçus, et dont le délai ne serait pas expiré, il pourra en énoncer la date, avec la mention que ledit acte sera présenté à l'enregistrement en même temps que celui qui en contient la mention.*)

Loi du 16 juin 1824. — Art. 10. *L'amende a été réduite à dix francs.*)

Art. 42. Aucun notaire, huissier, greffier, secrétaire ou autre officier public ne pourra faire ou rédiger un acte en vertu d'un acte sous signature privée, ou passé en pays étranger, l'annexer à ses minutes; ni le recevoir en dépôt, ni en délivrer extrait, copie ou expédition, s'il n'a été préalablement enregistré, à peine de cinquante francs d'amende, et de répondre personnellement du droit, sauf l'exception mentionnée dans l'article précédent.

(Loi du 16 juin 1824. — Art. 10, 11 et 13. *L'amende a été réduite à dix francs. Les notaires pourront faire des actes en vertu d'actes sous seing privé non enregistrés, et les énoncer, mais à condition de les annexer et de les soumettre à la formalité avant l'acte principal.*)

Art. 43. Il est également défendu, sous la même peine de cinquante francs d'amende, à tout notaire ou greffier, de recevoir aucun acte en dépôt sans dresser acte du dépôt. — Sont exceptés les testaments déposés chez les notaires par les testateurs.

(Loi du 16 juin 1824. — Art. 10. *L'amende a été réduite à dix francs.*)

Art. 44. Il sera fait mention, dans toutes les expéditions des actes publics, civils ou judiciaires, qui doivent être enregistrés, de la quittance des droits, par une transcription littérale et entière de cette quittance. — Pareille mention sera faite dans les minutes des actes publics, civils, judiciaires ou extrajudiciaires, qui se feront en vertu d'actes sous signature privée, ou passés en pays étranger, et qui seront soumis à l'enregistrement par la présente. Chaque contravention sera punie par une amende de dix francs.

(Loi du 16 juin 1824. — Art. 10. *L'amende est réduite à cinq francs.*)

Art. 45. Les greffiers qui délivreront des secondes et subséquentes expéditions des actes et jugements assujettis au droit proportionnel, mais qui ne sont pas dans le cas d'être enregistrés sur les minutes, seront tenus de faire mention, dans chacune de ces expéditions, de la quittance du droit payé pour la première expédition, par une transcription littérale de cette quittance. — Ils feront également mention, sur la minute de chaque expédition délivrée, de la date de l'enregistrement et du droit payé. — Toute contravention à ces dispositions sera punie par une amende de dix francs.

(*L'amende n'est plus que de cinq francs.* — Même loi.)

Art. 46. Dans le cas de fausse mention d'enregistrement, soit dans une minute, soit dans une expédition, le délinquant sera poursuivi par la partie publique, sur la dénonciation du préposé de la régie, et condamné aux peines prononcées pour le faux.

Art. 47. Il est défendu aux juges et arbitres de rendre aucun jugement et aux administrations centrales et municipales de prendre aucun arrêté en faveur de particuliers sur des actes non enregistrés, à peine d'être personnellement responsables des droits.

Art. 48. Toutes les fois qu'une condamnation sera rendue ou

qu'un arrêté sera pris sur un acte enregistré, le jugement, la sentence arbitrale ou l'arrêté en fera mention, et énoncera le montant du droit payé, la date du payement et le nom du bureau où il aura été acquitté; en cas d'omission, le receveur exigera le droit, si l'acte n'a pas été enregistré dans son bureau, sauf restitution dans le délai prescrit, s'il est ensuite justifié de l'enregistrement de l'acte sur lequel le jugement aura été prononcé ou l'arrêté pris.

Art. 49. Les notaires, huissiers, greffiers, et les secrétaires des administrations centrales et municipales, tiendront des répertoires à colonnes, sur lesquels ils inscriront, jour par jour, sans blanc ni interligne, et par ordre de numéros, savoir :

1º Les notaires, tous les actes et contrats qu'ils recevront, même ceux qui seront passés en brevet, à peine de dix francs d'amende pour chaque omission;

2º Les huissiers, tous les actes et exploits de leur ministère, sous peine d'une amende de cinq francs par chaque omission;

3º Les greffiers, tous les actes et jugements qui, aux termes de la présente, doivent être enregistrés sur les minutes, à peine d'une amende de dix francs pour chaque omission;

4º Et les secrétaires, tous les actes des administrations qui doivent aussi être enregistrés sur les minutes, à peine d'une amende de dix francs pour chaque omission.

(Loi du 15 mai 1818. — Art. 82. *Les seuls actes dont il devra être tenu répertoire sur papier timbré dans les préfectures, sous-préfectures et mairies, sont les transmissions de propriété, d'usufruit ou de jouissance, et les adjudications et marchés.*)

Loi du 16 juin 1824. — Art. 10. *Les amendes de dix francs sont réduites à cinq francs.*)

Art. 50. Chaque article du répertoire contiendra : 1º son numéro; 2º la date de l'acte; 3º sa nature; 4º les noms et prénoms des parties et leurs domiciles; 5º l'indication des biens, leur situation et le prix, lorsqu'il s'agira d'actes qui auront pour objet la propriété, l'usufruit ou la jouissance de biens-fonds; 6º la relation de l'enregistrement.

Art. 51. Les notaires, huissiers, greffiers, et les secrétaires administratifs, présenteront, tous les trois mois, leurs répertoires aux receveurs de l'enregistrement de leur résidence, qui les visiteront, et qui énonceront dans leur visa le nombre d'actes inscrits. Cette présentation aura lieu chaque année dans les dix premiers jours de chacun des mois de janvier, avril, juillet et octobre, à peine d'une amende de dix francs pour chaque dix jours de retard.

(Loi du 16 juin 1824. — Art. 10 et 11. *L'amende progressive est réduite à dix francs. Les dispositions de la loi de frimaire sont applicables aux répertoires de ventes des commissaires priseurs et courtiers de commerce.*)

Art. 52. Indépendamment de la représentation ordonnée par l'article précédent, les notaires, huissiers, greffiers et secrétaires, seront tenus de communiquer leurs répertoires, à toute réquisition, aux préposés de l'enregistrement qui se présenteront chez eux pour les vérifier, à peine d'une amende de cinquante francs en cas de refus. — Le préposé, dans ce cas, requerra l'assistance d'un officier municipal, ou de l'agent (du maire), ou de l'adjoint de la commune du lieu, pour dresser, en sa présence, procès-verbal du refus qui lui aura été fait.

(L'amende est réduite à dix francs. — Même loi.)

Art. 53. Les répertoires seront cotés et paraphés, savoir : ceux des notaires, huissiers et greffiers de la justice de paix, par le juge de paix de leur domicile ; ceux des greffiers des tribunaux, par le président ; et ceux des secrétaires des administrations, par le président de l'administration (le préfet et le sous-préfet).

(Loi du 25 ventose an 11. — Art. 38. Décret du 14 juin 1813. — Art. 46.)

Art. 54. Les dépositaires des registres de l'état-civil, ceux des rôles des contributions, et tous autres chargés des archives et dépôts de titres publics, seront tenus de les communiquer, sans déplacer, aux préposés de l'enregistrement, à toute réquisition, et de leur laisser prendre, sans frais, les renseignements, extraits et copies qui leur seront nécessaires, à peine de cinquante francs d'amende pour refus constaté par procès-verbal du préposé, qui se fera accompagner, ainsi qu'il est prescrit par l'article 52 ci-dessus, chez les détenteurs et dépositaires qui auront fait refus. — Ces dispositions s'appliquent aussi aux notaires, huissiers, greffiers et secrétaires d'administrations centrales et municipales, pour les actes dont ils sont dépositaires. — Sont exceptés les testaments et autres actes de libéralité à cause de mort, du vivant des testateurs. — Les communications ci-dessus ne pourront être exigées les jours de repos; et les séances, dans chaque autre jour, ne pourront durer plus de quatre heures, de la part des préposés, dans les bureaux où ils feront leurs recherches.

(Loi du 16 juin 1824. — Art. 10. *L'amende est réduite à dix francs.*)

Art. 55. Les secrétaires des administrations municipales (les maires des communes) fourniront par trimestre, aux receveurs de l'enregistrement de leur canton, les notices des actes de décès. Ces relevés seront délivrés sur papier non timbré, et remis dans les mois de nivôse, germinal, messidor et vendémiaire, à peine d'une amende de trente francs pour chaque mois de retard. Ils en retireront récépissé, sur papier aussi non timbré.

(Les mois cités correspondent aux mois de janvier, avril, juillet et octobre. La loi de 1824 a réduit l'amende à dix francs).

Art. 56. Les receveurs de l'enregistrement ne pourront, sous aucun prétexte, lors même qu'il y aurait lieu à l'expertise, différer l'enregistrement des actes et mutations dont les droits auront été payés aux taux réglés par la présente. — Ils ne pourront non plus suspendre ou arrêter le cours des procédures en retenant des actes ou exploits. Cependant, si un acte dont il n'y a pas de minute, ou un exploit, contient des renseignements dont la trace puisse être utile pour la découverte des droits dus, le receveur aura la faculté d'en tirer copie, et de la faire certifier conforme à l'original par l'officier qui l'aura présenté. En cas de refus, il pourra réserver l'acte pendant vingt-quatre heures seulement, pour s'en procurer une collation en forme, à ses frais, sauf répétition, s'il y a lieu. Cette disposition est applicable aux actes sous signature privée qui seront présentés à l'enregistrement.

Art. 57. La quittance de l'enregistrement sera mise sur l'acte enregistré ou sur l'extrait de la déclaration du nouveau possesseur. — Le receveur y exprimera en toutes lettres la date de l'enregistrement, le folio du registre, le numéro et la somme des droits perçus. — Lorsque l'acte renfermera plusieurs dispositions opérant chacune un droit particulier, le receveur les indiquera sommairement dans sa quittance, et y énoncera distinctement la quotité de chaque droit perçu, à peine d'une amende de dix francs pour chaque omission.

(Loi du 16 juin 1824. — Art. 10. *L'amende n'est plus que de cinq francs.*)

Art. 58. Les receveurs de l'enregistrement ne pourront délivrer d'extraits de leurs registres que sur une ordonnance du juge de paix, lorsque ces extraits ne seront pas demandés par quelqu'une des parties contractantes ou leurs ayant-cause. — Il leur sera payé un franc pour recherche de chaque année indiquée, et cinquante centimes pour chaque extrait, outre le papier timbré ; ils ne pourront rien exiger au-delà.

Art. 59. Aucune autorité publique, ni la régie, ni ses préposés, ne peuvent accorder de remise ou modération des droits établis par la présente et des peines encourues, ni en suspendre ou faire suspendre le recouvrement, sans en devenir personnellement responsables.

TITRE VIII. — Des droits acquis et des prescriptions.

Art. 60. Tout droit d'enregistrement perçu régulièrement en conformité de la présente ne pourra être restitué, quels que soient les événements ultérieurs, sauf les cas prévus par la présente.

Art. 61. Il y a prescription pour la demande des droits, savoir :

1° Après deux années, à compter du jour de l'enregistrement, s'il s'agit d'un droit non perçu sur une disposition particulière dans un acte, ou d'un supplément de perception insuffisamment faite, ou d'une fausse évaluation dans une déclaration, et pour la constater par voie d'expertise.

(Loi du 16 juin 1824. — Art. 14. *La prescription de deux ans s'appliquera aux amendes de contravention, à la loi du 22 frimaire et aux lois sur le timbre et les ventes de meubles. Elle courra du jour où les préposés auront été mis à portée de constater les contraventions, au vu de l'acte, ou du jour de la présentation des répertoires au visa.*)

Les parties seront également non recevables, après le même délai, pour toute demande en restitution de droits perçus.

2° Après trois années, aussi à compter du jour de l'enregistrement, s'il s'agit d'une omission de biens dans une déclaration après décès.

3° Après cinq années, à compter du jour du décès, pour les successions non déclarées.

Les prescriptions ci-dessus seront suspendues par des demandes signifiées et enregistrées avant l'expiration des délais; mais elles seront acquises irrévocablement, si les poursuites commencées sont interrompues pendant une année, sans qu'il y ait d'instance devant les juges compétents, quand même le premier délai pour la prescription ne serait pas expiré.

(Loi du 18 mai 1850. — Art. 11. *Les prescriptions de trois et de cinq années établies par les §§ 2 et 3 de l'art. 61 de la loi du 22 frimaire an 7, pour la demande des droits concernant les omissions de biens dans les déclarations après décès et les successions non déclarées, sont étendues à cinq années pour la première prescription, et à dix années pour la seconde.*)

(*L'art. 26 de la loi du 8 juillet 1852 a porté à trente ans le délai de la prescription tant des droits de mutation par décès des inscriptions de rentes sur l'État que des peines encourues en cas de retard ou d'omission.* — Inst. n₀ 1933.)

Art. 62. La date des actes sous signature privée ne pourra cependant être opposée à l'empire pour prescription des droits et peines encourues, à moins que ces actes n'aient acquis une date certaine par le décès de l'une des parties ou autrement.

TITRE IX. — Des poursuites et instances.

Art. 63. La solution des difficultés qui pourront s'élever, relativement à la perception des droits d'enregistrement, avant l'introduction des instances, appartient à l'administration.

(L'instr. génér. du 5 juin 1837, n° 1537, *relative aux instances concernant la perception des droits, est un véritable Code sur la matière, et renferme, dans trois sections, les dispositions législatives, judiciaires, administratives, avec l'ensemble des règles spéciales de procédure pour tous les cas prévus.* — Voir aussi l'Instr. n° 2191.)

Art. 64. Le premier acte de poursuite pour le recouvrement des droits d'enregistrement et le payement des peines et amendes prononcées par la présente sera une contrainte : elle sera décernée par le receveur; visée et déclarée exécutoire par le juge de paix du canton où le bureau est établi, et signifiée. — L'exécution de la contrainte ne pourra être interrompue que par une opposition formée par le redevable et motivée, avec assignation à jour fixe devant le tribunal civil de l'arrondissement. L'opposant sera tenu d'élire domicile dans la commune où siége le tribunal.

Art. 65. L'introduction et l'instruction des instances auront lieu devant les tribunaux civils : la connaissance et la décision en sont interdites à toutes autres autorités constituées et administratives. L'instruction se fera par simples mémoires respectivement signifiés. — Il n'y aura d'autres frais à supporter pour la partie qui succombera que ceux du papier timbré, des significations et du droit d'enregistrement des jugements. — Les tribunaux accorderont, soit aux parties, soit aux préposés de la régie qui suivront les instances, le délai qu'ils demanderont pour produire leurs défenses : il ne pourra être néanmoins de plus d'un mois. — Les jugements seront rendus dans les trois mois, au plus tard, à compter de l'introduction des instances, sur le rapport d'un juge, fait en audience publique, et sur les conclusions du ministère public : ils seront sans appel, et ne pourront être attaqués que par voie de cassation.

(Loi du 27 ventôse an 9. — Art. 17. *L'instruction des instances que la régie aura à suivre pour toutes les perceptions qui lui sont confiées se fera par simples mémoires respectivement signifiés, sans plaidoieries. Les parties ne seront point obligées d'employer le ministère des avoués.*)

Art. 66. Les frais de poursuite payés par les préposés de l'enregistrement, pour les articles tombés en non-valeur pour cause d'insolvabilité reconnue des parties condamnées, leur seront remboursés sur l'état qu'ils en rapporteront à l'appui de leurs comptes. L'état sera taxé sans frais par le tribunal civil, et appuyé de pièces justificatives.

TITRE X. — De la fixation des droits.

Le tarif établi par le titre X de la loi du 22 frimaire a dû être nécessairement modifié, dans divers sens, et à plusieurs époques, suivant les exigences du moment. Les principales lois portant modification de ce tarif sont rappelées ci-après.

Le titre XI de la loi de frimaire a trait à des *dispositions transitoires.*

(Lois des 6 prairial an 7, 27 ventose an 9, 28 avril 1816. 25 mars 1817, 16 juin 1824, 21 avril 1832, 25 juin 1851, 19 juillet 1845, 18 mai et 7 août 1850, 8 juillet 1852, 5 mai et 14 juillet 1855, 23 juin 1857, etc., etc.).

TARIF DES DROITS ET AMENDES.

Voir ci-après le tarif, par ordre alphabétique, des actes mis au courant de la législation la plus récente et annoté de chaque article de la loi fiscale.

§ 3. — *Timbre.* — *Diverses espèces de timbre.* — *Timbre des actes civils et judiciaires, proportionnel ou de dimesion.* — *Des avis, annonces, affiches, etc.* — *Visa pour valoir timbre.* — *Timbres mobiles.* — *Diverses lois qui régissent l'impôt du timbre.*

DIVERSES ESPÈCES DE TIMBRE.

L'origine du timbre remonte à Justinien, qui, considérant le grand nombre d'actes que recevaient chaque jour les tabellions de Constantinople, et voulant prévenir les faux qui trop souvent s'y glissaient, ordonna, par sa Novelle 44, *De tabellionibus et ut protocola demittant in chartis,* que les officiers ne pourraient recevoir les originaux des actes de leur ministère que sur du papier en tête duquel seraient placés le nom de l'intendant des finances, le temps de la fabrication du papier, et autres mentions que l'on avait coutume de mettre en tête des originaux des actes qu'ils étaient appelés à rédiger.

L'impôt du timbre fut introduit en Espagne et en Hollande en 1555; il le fut ensuite dans l'Allemagne et dans les Pays-Bas; il passa successivement en Angleterre, en Sardaigne et dans les États Romains. Toutefois il est à observer que, dans ces diverses contrées, et notamment en Angleterre, l'impôt du timbre n'a pas été établi sur les mêmes bases. Ce ne fut qu'en 1665 que le timbre a été introduit en France.

Les dispositions de l'ancienne législation du timbre ont été modifiées par la loi du 13 brumaire an 7, loi organique sur la matière.

Il existe cette différence entre les droits de *timbre* et ceux d'*enregistrement,* que ces derniers sont tout à la fois le *salaire* de la formalité, perçu en échange d'un service public, et un *impôt* pur et simple qui doit être supporté par tous. L'*enregistrement,* en outre, est, dans de nombreuses circonstances, facultatif, et la formalité est donnée sans augmentation du droit; le *timbre,* au contraire, est toujours *forcé* dès que la pièce peut faire titre, et l'on n'y supplée qu'avec aggravation de droits.

La contribution du timbre est établie sur tous les papiers destinés aux actes civils et judiciaires, et aux écritures qui peuvent être produites en justice et y faire foi.

Cette contribution est de deux sortes : — La première est le droit du timbre imposé et tarifé en raison de la dimension du papier dont il est fait usage ; — la seconde est le droit du timbre créé pour les effets négociables ou de commerce, et gradué en raison des sommes à y exprimer, sans égard à la dimension du papier (Lois des 13 brumaire an 7, 28 avril 1816, 5 juin 1850).

Il y a encore le timbre des journaux (Décrets des 4 mars 1848 et 17 février 1852, lois des 16 juillet 1850 et 25 juin 1856) ; celui des affiches (Lois des 9 vendémaire an 6, 28 avril 1816 et 8 juillet 1852) ; et celui des passeports et permis de chasse (Décret du 11 juillet 1810).

La recette des produits du timbre se fait de trois manières : 1° Par la *débite* ou vente aux officiers publics et aux particuliers des *papiers timbrés* destinés à la rédaction des actes ; et des *timbres mobiles* destinés à remplacer la formalité du visa dans les cas prévus ;

2° Par le *visa pour valoir timbre* que les receveurs sont chargés d'apposer, dans les cas déterminés, sur les papiers ou actes ;

3° Par l'apposition du *timbre extraordinaire* sur les papiers auxquels ce timbre spécial est réservé.

Les papiers timbrés débités par l'administration sont fournis par l'État et fabriqués à ses frais. Un atelier général du timbre, établi à Paris, expédie dans toutes les directions de l'enregistrement les quantités de papiers nécessaires au service des départements. Les papiers sont frappés de deux empreintes : l'une appliquée *en noir*, c'est-à-dire à l'encre d'imprimerie ; l'autre frappée *à sec* de manière à faire relief. Les empreintes des timbres varient selon les espèces de papiers et indiquent le prix déterminé par la loi pour chacune d'elles.

Nous avons dit que les papiers timbrés se divisaient en deux catégories : le timbre de dimension et le timbre proportionnel.

Sont assujettis au *timbre de dimension :*

Tous les actes, extraits, copies et expéditions, soit publics, soit privés, devant ou pouvant faire titre, ou être produits pour obligation, décharge, justification, demande ou défense, de même que tous les livres, registres ou minutes de lettres qui sont de nature à être produits en justice et dans le cas d'y faire foi, ainsi que les extraits, copies et expéditions qui en sont délivrés.

Sont également assujettis au *timbre de dimension*, avant l'impression : les papiers pour affiches autres que celles émanées de l'autorité publique ; la loi du 8 juillet 1852 contient une disposition spéciale pour les affiches peintes ; les journaux ou écrits périodiques et les recueils périodiques de gravures ou lithographies politiques, les écrits non périodiques traitant de matières politiques ou d'économie sociale, non tombés dans le domaine public, s'ils sont publiés en une ou deux livraisons ayant moins de 3 feuilles-d'impression de 25 à 32 décimètres carrés ; et les écrits non périodiques publiés à l'étranger importés en France (Loi du 16 juillet 1850, art. 12, 13 et 14 ; décret du 17 février 1852 et loi du 25 juin 1856).

Sont *exceptés* du droit et de la formalité du timbre :

1° Les actes du Corps législatif et ceux du Gouvernement ; les minutes de tous les actes, arrêtés, décisions et délibérations de l'administration publique en général, de tous les établissements publics, dans tous les cas où aucun de ces cas n'est sujet à l'enregistrement, et les extraits, copies et expéditions qui se délivrent par une administration ou un fonctionnaire public à une autre administration ou un fonctionnaire public, lorsqu'il y est fait mention de cette destination ;

2° Les quittances au-dessous de 10 fr. ; les registres de toutes les administrations publiques et des établissements publics, pour ordre et administration générale ; ceux des tribunaux où il ne se transcrit aucun acte soumis à l'enregistrement, ainsi que tous les actes de police générale ou de vindicte publique, etc.

L'art. 12 de la loi du 23 juin 1857 (Inst. 2100) a supprimé l'impôt du timbre sur les avis, annonces, catalogues et prospectus.

Il existe cinq espèces principales de papier de dimension : la *demi-feuille* ou feuille simple à 50 centimes ; la feuille de *petit papier*, double de la précédente, à 1 fr. (ces deux sortes de papiers servant d'habitude pour les *minutes* des actes) ; la feuille de 1 fr. 50 (ou *papier d'expédition*) ; la feuille de *grand papier*, à 2 fr. (pour les actes de l'état civil, etc.) ; et la feuille de *grand registre*, à 3 fr. (pour les registres des hypothèques). Les formules spéciales pour *contraintes* et *certificats de vie* (à 50 centimes), *passeports* (2 fr. à l'intérieur, 10 fr. à l'étranger, et gratis pour les indigents), *permis de chasse* (à 15 fr.), rentrent également dans cette catégorie (loi du 2 juillet 1862. Inst. 2225, 2226, *augmentation des droits de timbre* pour les papiers de dimension et les abonnements).

Sont assujettis au droit de timbre, en raison des sommes et valeurs (*timbre proportionnel*) : 1° les billets à ordre ou au porteur, les rescriptions, mandements, ordonnances, et tous autres effets négociables ou de commerce, et ceux faits en France et payables à l'étranger (Loi du 13 brum. an 7, art. 14 ; loi du 5 juin 1850, art. 1er) ;

Celui qui reçoit du souscripteur un effet non timbré est tenu de le faire viser pour timbre dans les 15 jours de sa date, ou avant l'échéance si cet effet a moins de 15 jours de date, et, dans tous les cas, avant toute négociation (L. 5 juin 1850, art. 2) ;

Les effets négociables venant de l'étranger ou des îles et colonies françaises où le *timbre* n'aurait pas encore été établi et payables en France, avant qu'ils puissent être négociés, acceptés ou acquittés en France (L. 13 brum. an 7, art. 15 ; L. 5 juin 1850, art. 3) ;

2° Les billets et obligations non négociables, et les mandats à terme ou de place en place (L. 6 prair. an 7, art 6) ;

3° Les titres ou certificats d'actions dans une société, compagnie ou entreprise quelconque, financière, commerciale, industrielle ou civile, que l'action soit d'une somme fixe ou d'une quotité, qu'elle soit libérée ou non libérée (L. 5 juin 1850, art. 14) ;

4° Les titres d'obligations souscrits par les départements, communes, établissements publics et compagnies, sous quelque dénomination que ce soit, dont la cession, pour être parfaite à l'égard des tiers, n'est pas soumise aux dispositions de l'art. 1690 C. Nap. (L. 5 juin 1850, art. 27).

Le droit peut être payé par abonnement pour les actes énoncés sous ces deux derniers numéros. Ils doivent être extraits d'un registre à souche.

Le papier au *timbre proportionnel*, étant particulièrement destiné aux *effets de commerce*, est d'une pâte plus fine, de la nature des papiers à lettres ; il forme la moitié de la demi-feuille du petit papier coupée en long. Ces papiers présentent une série de vingt-deux coupures, savoir : depuis cinq centimes, jusqu'à vingt cinq centimes pour les sommes de 100 fr. à 500 fr. ; soit 5 c. par 100 fr. ; et de cinquante centimes jusqu'à dix francs, pour les sommes de 1000 fr. à 20,000 fr., soit 0 fr. 50 par 1000 fr. Au-dessus de 20,000 fr. les effets sont visés pour timbre en suivant la même progression.

Les titres ou certificats d'actions dans une société, compagnie ou entreprise, ont été soumis par l'article 14 de la loi du 5 juin 1850 au timbre proportionnel de 50 centimes par cent francs du capital nominal, pour les sociétés dont la durée ne doit pas excéder dix années, et à un franc par cent pour celles dont la durée doit dépasser dix années.

L'article 27 de la même loi a établi un droit d'un pour cent sur les titres d'obligations souscrits tant par les départements, communes, établissements publics, que par les compagnies, et dont la cession, pour être parfaite à l'égard des tiers, n'est pas soumise aux dispositions de l'article 1690 du Code Napoléon. Ces droits peuvent être convertis en un *abonnement* annuel remplaçant le droit sur chaque titre ; la quotité est alors de cinq centimes par 100 francs sur le capital des titres (Inst. gén. n°s 2102 et 2104).

Le *visa pour valoir timbre* a été créé pour suppléer dans certains cas à l'impossibilité d'apposer le timbre sur des actes ; cette formalité doit être rigoureusement restreinte aux seuls cas prévus par la loi et les instructions ; ainsi : 1° lorsqu'on veut créer des effets de commerce au delà de 20,000 fr. ; 2° pour les actes qui ont pu, sans contravention, être rédigés sur papier libre, tels que lettres missives, etc., mais dont il ne peut être fait emploi public avant le payement du droit de timbre ; 3° les effets de commerce venant de l'étranger, présentés au visa avant la négociation ou l'échéance (L. 5 juin 1850 — 15 centimes par 100 fr. ou fraction de 100 fr.) ; 4° les actes et écrits de toute nature rédigés en contravention aux lois sur le timbre (on les régularise par le *visa* moyennant le payement des droits et amendes) ; 5° tous les actes et papiers qui doivent être soumis *gratis* ou en *débet* à la formalité du timbre ; enfin pour les formules nécessaires au service de diverses administrations ou des communes et établissements publics.

La mention du *visa* est inscrite sur les papiers avec le numéro du registre spécial de recette, la date, la quotité du droit, et la signature du receveur.

La loi du 11 juin 1859 a créé des *timbres mobiles* qui suivent, quant au prix et quant aux sommes, la même progression que les coupons de timbre proportionnel. Leur apposition sur les *effets de commerce* venant, soit de l'étranger soit des colonies dans lesquelles le timbre n'est pas établi, tient lieu de la formalité du visa pour timbre. Le visa est maintenu pour les effets au-dessus de 20,000 fr.

L'emploi de ces timbres, gommés comme les timbres-poste, et qui sont appelés à la même popularité, a lieu par leur apposition sur les billets. La personne qui en fait usage les annule immédiatement en y inscrivant la date de l'apposition et sa signature. Toutes les dispositions pénales et autres relatives au timbre ordinaire leur sont applicables. Les parties ont d'ailleurs le choix entre l'emploi de ces timbres ou celui du visa; il faut remarquer que le timbre mobile n'est régulièrement employé, que si la personne qui l'applique donne *deux signatures*, l'une pour l'oblitération du timbre, l'autre pour l'acte (endossement, aval, acquit), à raison duquel le timbre est apposé (Inst. 2178 et 2214. — Circulaire du 17 juin 1861).

L'article 24 de la loi de Finances du 2 juillet 1862 étendant l'application de cette mesure, autorise les receveurs à suppléer à la formalité du visa pour timbre, *pour toute espèce de papier de dimension*, au moyen de l'apposition de timbres mobiles (Inst. 2225).

Le décret du 29 octobre 1863 a statué que ces timbres seront apposés et annulés immédiatement *au moyen d'une griffe*, soit par les receveurs, soit par les fonctionnaires autorisés à cet effet par le ministre des Finances. Le mode d'emploi de ces nouveaux timbres a été réglementé par l'instruction générale, n° 2260. Il faut remarquer que la faculté de faire usage des timbres mobiles de dimension est restreinte pour les agents étrangers à l'administration au timbrage des quittances qu'ils délivrent ou des acquits à eux donnés. Les receveurs de l'enregistrement ont seuls le droit d'apposer les timbres mobiles sur toutes les espèces de papiers de dimension pour lesquels la formalité du visa est autorisée.

Le *timbre extraordinaire* s'applique, dans tous les chefs-lieux de département, sur les papiers présentés par les particuliers eux-mêmes ou sur les actes venant des colonies et de l'étranger. Les effets de commerce et lettres de voitures ne sont timbrés qu'à l'atelier général du timbre, à Paris ; les frais de transport sont à la charge de l'État. Le timbre extraordinaire n'est donné qu'au comptant.

Nul ne peut vendre ou distribuer des papiers timbrés qu'en vertu d'une commission de l'administration (Lois 18 février 1791 et 13 brumaire an 7). Les receveurs de l'enregistrement sont seuls chargés de la débite du timbre dans les départements ; par exception, les percepteurs ont été autorisés, dans quelques communes, à vendre, au prix du tarif, les papiers les plus usuels. Dans les grandes villes, les débitants de tabacs ont reçu la même autorisation. A Paris, il existe des bureaux spéciaux de distribution. Ces mesures ont pour but de mettre le papier timbré à la portée du public. C'est la même pensée qui a fait créer les *timbres mobiles*. Voir pour les *distributions auxiliaires de papiers timbrés*, l'Inst. n° 2144.

Les droits et amendes de timbre ne se prescrivent que par trente ans ; la prescription n'est que de deux ans lorsque les préposés ont été mis à même de découvrir la contravention, au vu de l'acte.

Les contraventions aux lois sur le timbre doivent être constatées par des procès-verbaux, à moins que les contrevenants ne consentent à acquitter, sur-le-champ, l'amende encourue et le droit de timbre (L. 13 brumaire an 7, art. 31). Le recouvrement des droits et amendes est poursuivi par voie de contrainte, et les instances sont instruites et jugées comme en matière d'enregistrement (L. 28 avril 1816). — La loi de brumaire n'ordonne point à peine de nullité de joindre aux procès-verbaux de contravention aux lois sur le timbre les pièces qui en font l'objet ; toutefois, la jonction de ces pièces est utile pour mettre, en cas de contestation, le tribunal à même d'apprécier si elles sont ou non sujettes au timbre. En conséquence, à part le cas de payement immédiat de l'amende de timbre ou celui de signature du procès-verbal par le contrevenant, les préposé doivent retenir les pièces en contravention et les joindre à leur procès-verbal ; il convient, en outre, de les décrire d'une manière exacte

8

et circonstanciée dans le procès-verbal, pour suppléer à leur défaut si elles venaient à s'adirer.

En autorisant les préposés à retenir les actes en contravention à la loi du timbre qui leur sont présentés, la loi n'a point entendu interdire la répression des contraventions découvertes autrement que par la présentation des actes à l'enregistrement, pourvu que la découverte ne résulte d'aucun moyen illicite. Ainsi, notamment, la découverte d'une pièce non timbrée faite par un employé procédant à une vérification faite dans l'étude ou dans les minutes d'un officier public autorise la demande des droits et amende de timbre, quoique cette pièce n'ait point été expressément communiquée par l'officier public à l'employé.

Le procès-verbal constatant une contravention à la loi du timbre doit être rédigé au moment même où la contravention est découverte par les préposés, et notifié au contrevenant dans les délais fixés par l'article 32 de la loi du 18 brumaire an 7, et par la loi du 25 germinal an 11. Le procès-verbal n'est pas sujet à affirmation.

LOIS SUR LE TIMBRE.

Loi du 13 brumaire an 7. (Circul. 1419.) — Loi organique et fondamentale de l'impôt du timbre; elle est divisée en cinq titres:

Elle détermine et fixe les droits de timbre; — dimension et proportionnel; — l'application des droits; — les actes et registres exempts du timbre; — les obligations respectives des notaires, huissiers, greffiers, des secrétaires des administrations, des préposés, des citoyens, etc.; enfin, elle indique les peines prononcées en cas de contraventions. Le titre 5 est consacré aux dispositions transitoires.

Loi du 6 prairial an 7. (Circul. 1580.) — Timbre des avis et annonces.

Loi du 28 avril 1816. (Inst. 715.) — Augmentation du tarif. — Solidarité des contrevenants. — Mode des instances.

Loi du 15 mai 1818. (Inst. 834.) — Timbre des actes administratifs; avis; journaux.

Loi du 1er mai 1822. (Inst. 1039.) — Lettres de change.

Loi du 16 juin 1824. (Inst. 1136.) — Modification du tarif. — Réduction des amendes.

Loi du 14 décembre 1830. — Écrits périodiques.

Loi du 24 mai 1834. (Inst. 1469.) — Effets de commerce.

Loi du 11 juin 1842. (Inst. 1665.) — Lettres de voiture.

Loi du 5 juin 1850. (Inst. 1854.) — Timbre des effets de commerce, des titres et actions des sociétés et compagnies. — Polices d'assurances, etc.

Loi du 16 juillet 1850. (Inst. 1859.) — Écrits périodiques.

Loi du 8 juillet 1852. (Inst. 1937.) — Affiches peintes.

Loi du 23 juin 1857. (Inst. 2100.) — Avis et annonces.

Loi du 4 juin 1858. (Inst. 2126.) — Formules de patentes.

Loi du 11 juin 1859. (Inst. 2176.) — *Timbres mobiles pour les effets de commerce.*

Loi du 2 juillet 1862 (Inst. 2225 et 2260). — Augmentation du tarif des droits et amendes. — *Timbres mobiles pour les papiers de dimension.*

Loi du 13 mai 1863. (Inst. 2250 et 2252.) — Titres de rentes et effets publics des gouvernements étrangers. — Récépissés des chemins de fer.

§ 4. *Code Napoléon.*

(Livre second . Titre I. De la distinction des biens. — Titre II. De la propriété. Titre III. De l'usufruit, de l'usage et de l'habitation.

Il nous a paru inutile de reproduire ici le texte des parties du Code dont la connaissance est exigée par le programme des examens. La majeure partie des surnuméraires suivent les cours de droit, et nous ne pouvons que les encourager de la manière la plus pressante à persévérer dans cette voie. MM. les doyens des Facultés savent concilier avec bienveillance les exigences du surnumérariat avec celles de la présence aux cours, et l'administration prend en sérieuse considération les grades obtenus dans les Facultés. Quant aux jeunes gens qui ne prennent pas ce parti, ils trouveront dans les Codes annotés des notions plus que suffisantes pour satisfaire au programme.

(*Voir la série des questions relatives au Code, au chapitre quatrième de la première partie*).

§ 5. — *Différents objets sur lesquels il est facultatif au Comité d'examen d'interroger le Surnuméraire.*

1° Manutention ; — 2° comptabilité ; — 3° perception ; — 4° législation générale ; — 5° privilége du Trésor sur les biens des débiteurs de l'État ; — 6° notions sommaires sur les dispositions relatives aux traitements, aux congés et aux pensions de retraite.

(*Voir pour les numéros I, II, III et IV, les développements de l'examen de seconde année*).

V. — *Privilége du Trésor sur les biens des débiteurs de l'État.*

Le *privilége* est le droit que la qualité de la créance donne à un créancier d'être préféré même aux créanciers hypothécaires.

Entre les créanciers privilégiés, la préférence se règle par les différentes qualités des priviléges. Les créanciers privilégiés qui sont dans le même rang sont payés par concurrence.

L'art. 2098 du Code Napoléon porte que *le privilége à raison des droits du Trésor*, et l'ordre dans lequel il s'exerce, sont réglés par les lois qui les concernent. Le Trésor ne peut obtenir de privilége au préjudice des droits antérieurement acquis à des tiers.

Les priviléges du Trésor public sont de trois sortes, si l'on considère l'état des personnes, savoir :

1° Droits sur les biens des individus condamnés au payement de frais de justice ;

2° Droits sur les biens des redevables de l'État ;

3° Droits sur les biens des comptables publics.

1o Droits sur les biens des individus condamnés au payement de frais de justice (Loi de 1807).

Le privilége du Trésor public en ce qui concerne le remboursement des frais dont la condamnation est prononcée à son profit, en matières criminelle, correctionnelle et de police, s'exerce sur les meubles et effets mobiliers du condamné, et, en cas d'insuffisance des biens meubles, sur les biens immeubles ; à la charge de prendre inscription dans les deux mois de la date du jugement de condamnation, sinon les droits du Trésor public sont réduits à une simple hypothèque qui ne prend rang qu'à dater de l'inscription.

L'administration de l'enregistrement est chargée de l'avance et du recouvrement des frais de justice.

Quant aux amendes, la loi n'accorde au Trésor public aucun privilége pour leur recouvrement ; mais il résulte du jugement de condamnation une hypothèque judiciaire, laquelle grève non-seulement les biens présents du condamné, mais ceux à venir (art. 2123 du Code). Mais le privilége du Trésor ne s'exercera qu'après les autres priviléges et droits ci-après :

1° Les priviléges désignés à l'art. 2101 du Code Napoléon, dans le cas prévu dans l'art. 2105 ; c'est-à-dire les frais funéraires, les frais de dernière maladie, les salaires des gens de service, les fournitures de subsistance, au cas où, à défaut de mobilier, les créanciers privilégiés à ces causes se présentent pour être payés sur le prix d'un immeuble en concurrence avec les privilégiés sur l'immeuble ;

2° Les priviléges spéciaux sur les meubles (en tant que le privilége s'exerce seulement sur les biens meubles du condamné), énumérés à l'article 2102 du Code comme loyers et fermages, etc. ;

3° Les priviléges désignés en l'article 2103 du Code, c'est-à-dire le vendeur, le bailleur de fonds, les cohéritiers, les entrepreneurs, les prêteurs de deniers, pourvu que les conditions prescrites pour la conservation de ces droits aient été accomplies ;

4° Les hypothéques légales existantes indépendamment de l'inscription (celles des mineurs et interdits, et des femmes mariées), pourvu qu'elles soient antérieures au mandat d'arrêt ou au jugement de condamnation ;

5° Les autres hypothèques, pourvu que les créances aient été inscrites avant le privilége du Trésor public et qu'elles résultent d'actes qui aient une date certaine antérieure au mandat d'arrêt ou au jugement de condamnation ;

6° Les sommes dues pour la défense personnelle du condamné, sauf règlement par le tribunal.

2° Droits du Trésor public sur les biens des redevables de l'État.

La loi de 1808 accorde à l'Etat pour le recouvrement des *contributions directes* un privilége sur les meubles et effets mobiliers du redevable. Ce privilége s'exerce avant tout autre et n'est primé que par les frais de justice faits dans l'intérêt général des créanciers.

Il a lieu, savoir : Pour la contribution foncière de l'année échue et de l'année courante, sur les récoltes, fruits, loyers et revenus des biens immeubles sujets à la contribution ; pour l'année échue et l'année courante des contributions mobilières, des portes et fenêtres, des patentes, et toute autre contribution directe et personnelle, sur tous les meubles et autres effets mobiliers appartenant aux redevables, en quelque lieu qu'ils se trouvent. Le Trésor peut, du reste, user comme tout autre créancier de ses droits sur les autres biens des débiteurs, en se conformant aux règles du droit commun, et il est fait dans la loi réserve expresse de ces droits. Tous fermiers et locataires sont tenus de payer à l'acquit des propriétaires ou usufruitiers la contribution des biens qu'ils tiennent à ferme ou à loyer, et peuvent être poursuivis comme les propriétaires eux-mêmes.

Quant aux *douanes* et aux *contributions indirectes*, le décret de germinal an 13 accorde le privilége à la régie sur les meubles et effets mobiliers des redevables, avec préférence *à tous autres*, sauf les frais de justice (ceux faits dans l'intérêt du créancier : ordre, etc.), les loyers de six mois, et la *revendication* des marchandises en nature par les *propriétaires*.

Le privilége des *droits de timbre* et des amendes y relatives est placé, par la loi du 28 avril 1816, au rang de celui des contributions directes; en cas de concours de ces deux priviléges, ils s'exercent ensemble au prorata du montant de chaque créance. — Quant aux *droits d'enregistrement*, l'État n'a de privilége que pour les droits et amendes dus par des officiers publics ou ministériels, à raison des actes de leur ministère, et seulement sur le montant de leur cautionnement. — Pour les *droits de mutation par décès,* la question de savoir si le Trésor a un privilége sur tous les biens de la succession est controversée; (*l'art.* 32 *de la loi du* 22 *frimaire an VII ne l'accorde que sur les revenus des biens à déclarer*).

3° Droits du Trésor public sur les biens des comptables.

Les droits du Trésor public sur les biens des comptables s'exercent d'abord sur les *cautionnements* et ensuite sur les *autres biens.*

I. Un privilége de premier ordre est constitué sur le *cautionnement* des comptables et agents auxquels l'obligation de le fournir est imposée, à la garantie des condamnations judiciaires ou administratives qui pourraient être prononcées contre eux à raison de l'exercice de leurs fonctions, en faveur de l'Etat, des établissements publics ou des particuliers.

Un privilége de second ordre est accordé au bailleur de fonds qui a fourni le cautionnement.

A défaut de créanciers pour faits de charge ou de bailleurs de fonds, le cautionnement reste le gage commun des créanciers du titulaire, qui peuvent exercer leurs droits par les voies ordinaires, pendant la durée des fonctions sur les intérêts ; et, au moment du remboursement, sur le capital.

II. Le privilége du Trésor public a lieu :

1° Sur *les immeubles* acquis à titre onéreux par les *comptables* postérieurement à leur nomination (les seuls *comptables* publics auxquels s'applique la loi de 1807 sont les *receveurs généraux des finances* et les *payeurs du Trésor*);

2° Sur ceux acquis au même titre et depuis leur nomination par leurs femmes, mêmes séparées de biens, sauf le cas où les acquisitions sont légalement constatées avoir été faites avec leurs deniers propres.

La loi de 1807 établit que ce privilége existe en faveur du Trésor, à la charge d'une inscription qui doit être faite dans les deux mois de l'enregistrement de l'acte translatif de propriété passé au nom du comptable. Aux termes de cette même loi, les receveurs de l'enregistrement et les conservateurs des hypothèques sont tenus, à peine de destitution et de dommages-intérêts, de requérir ou de faire l'inscription au nom du Trésor public pour la conservation de ses droits, et d'envoyer, tant au procureur impérial près le tribunal de première instance de l'arrondissement des biens qu'à l'agent judiciaire du Trésor à Paris, le bordereau prescrit par les articles 2148 et suiv. du Code Napoléon.

A l'égard des immeubles des comptables qui leur appartenaient avant leur nomination, ou qu'ils ont acquis depuis à tout autre titre qu'à titre onéreux, le Trésor public a sur eux une hypothèque légale à la charge de l'inscription, suivant les règles du droit commun.

Le privilège du Trésor ne peut, en aucun cas, préjudicier, d'après ce que nous avons déjà dit :

1° Aux créanciers privilégiés désignés en l'article 2103 du Code lorsqu'ils ont rempli les conditions prescrites pour obtenir privilège ;

2° Aux créanciers désignés aux articles 2101, 2104 et 2105, au cas prévu par l'article 2105 ;

3° Aux créanciers des précédents propriétaires qui auraient sur le bien acquis des hypothèques légales existantes indépendamment de l'inscription, ou toute autre hypothèque valablement inscrite.

VI. — *Notions sommaires sur les dispositions relatives aux* traitements, *aux* congés, *et aux* pensions de retraite.

1° Traitements.

Des *traitements fixes* sont attribués aux employés de l'administration centrale, aux directeurs, inspecteurs, vérificateurs, premiers commis de direction, gardes-magasins et aux receveurs et surnuméraires en Afrique et dans les colonies.

Des *salaires* fixes ou proportionnels sont payés aux conservateurs des hypothèques par les requérants, pour l'accomplissement des formalités hypothécaires. Des *remises* leur sont allouées, au taux fixe de 2 %, sur les sommes revenant au Trésor. (Inst. 1395 et 2170.)

La rémunération des receveurs consiste dans le prélèvement de *remises proportionnelles* aux produits réalisés. La quotité de ces remises était déterminée par un décret du 23 mai 1810. Le temps et les circonstances avaient rendu ce tarif insuffisant. Des allocations provisoires ont amélioré, en 1858 et 1859, la position des agents (inst. 2127, 2161) ; enfin, un décret du 24 mars 1860 est venu modifier le tarif de 1810 sans cependant l'élever à des chiffres sérieusement rémunérateurs ; il faudrait, pour compléter la mesure, que le décime fût compris dans le calcul des remises qui, dans l'état actuel de la législation, se liquident sur les recettes de l'année, *déduction faite du décime, des droits restitués, des frais de poursuites, et de certaines opérations de trésorerie.*

Le tarif du 24 mars 1860 est le suivant :

Sur les premiers 20,000 fr. de la recette de l'année 6 p. °/o

Sur les recettes de	20,001 à	60,000 fr.	4 »
—	60,001 à	130,000	2 »
—	130,001 à	300,000	1 »
—	300,001 à	700,000	» 50
—	700,001 à	2,000,000	» 25
—	2,000,001 et au-dessus.		» 10

Le *minimum des remises* annuelles est fixé à 1,200 fr. (Inst. 2170.) Les *frais de tournée* des employés supérieurs sont portés à 800 fr. pour les inspecteurs, et 600 fr. pour les vérificateurs. (Inst. 2237.)

2ª Congés.

Le décret du 9 novembre 1853, portant règlement d'administration publique, rendu en vertu de la loi du 9 juin précédent sur les pensions civiles, contient, en ce qui concerne les congés, des dispositions qui modifient les règles précédemment prescrites (Inst. nᵒ 2006). Il en résulte que des congés peuvent être accordés : pour maladie constatée ; pour l'accomplissement de devoirs légaux ; pour absences motivées sur d'autres causes.

Les employés forcés d'interrompre leur service pour cause de maladie n'étaient pas tenus de se pourvoir d'un congé lorsqu'ils ne quittaient pas leur résidence. Il n'en sera plus de même à l'avenir : ils devront, dans ce cas comme dans celui où le traitement de leur maladie les obligerait à se déplacer, faire la demande d'un congé en produisant un certificat des médecins qui leur donneront des soins, dans lequel sera énoncé le temps présumé nécessaire pour leur guérison.

Ce congé pourra être accordé sans retenue pendant trois mois : si une prolongation au delà de ce terme est nécessaire, l'employé malade subira, pendant les trois mois suivants, une retenue de la moitié au moins ou des deux tiers au plus de son traitement, qu'il perdra, après ce temps, en totalité. Il n'y a d'exception qu'autant que la maladie a été déterminée par l'un des actes de dévouement spécifiés dans l'article 11 de la loi du 9 juin 1853 (Inst. nᵒ 2000). L'employé peut alors conserver l'intégralité de son traitement jusqu'à son rétablissement ou jusqu'à sa mise à la retraite.

Lorsque la maladie obligera l'employé à quitter le lieu de sa résidence, la nécessité du déplacement devra être constatée par un médecin délégué par l'Administration et assermenté, comme l'explique l'instruction n° 2000, relativement aux retraites exceptionnelles obtenues par suite d'invalidité physique.

Les autorisations d'absence délivrées pour l'accomplissement de devoirs imposés par la loi sont affranchies de toute retenue, comme sous l'empire des règlements précédents (Inst. n° 1280 et 1424), à charge, par les employés qui en profiteront, de justifier de la durée de leur séjour dans le lieu où leur présence était nécessaire. Si le devoir à remplir exigeait un déplacement immédiat, par exemple s'il s'agissait de comparaître comme témoin devant les tribunaux, le directeur autoriserait provisoirement l'absence, sauf à la faire régulariser ultérieurement par un congé.

Les employés pourront obtenir chaque année un congé de quinze jours sans retenue, lorsqu'ils auront mérité cette faveur par un travail sans reproche. Ce congé pourra même être porté à un mois, si l'employé n'a joui d'aucune autorisation d'absence pendant trois années consécutives. (Inst. n° 2139.)

Le ministre des finances statue sur les demandes de congé à l'égard des agents à sa nomination et à celle de l'Empereur. Le directeur général prononce sur les autres demandes.

Les employés obligés de s'absenter qui ne pourront être placés dans aucune des trois catégories ci-dessus devront supporter une retenue variable de la moitié aux deux tiers du traitement, et il ne pourra leur être accordé, sous cette condition, plus de trois mois de congé. Dans ces limites, fixées par le décret du 9 novembre, la durée de l'absence et la quotité de la retenue sont laissées à la décision de l'Administration, qui prendra en considération le plus ou le moins de zèle que le préposé aura apporté dans l'exercice de ses fonctions. Après trois mois de congé consécutifs ou non, dans la même année, l'intégralité du traitement sera retenue, et le temps excédant les trois mois ne sera pas compté, comme service effectif, pour la retraite.

Lorsque la suspension du service n'est pas forcée par les circonstances, la concession d'un congé, gratuit ou non, est facultative; elle constitue dans les mains de l'Administration une récompense pour les employés consciencieux, de même que le refus de congé est un moyen de répression à l'égard de ceux qui négligent leurs devoirs.

L'article 17 du règlement détermine la pénalité administrative à appliquer en cas d'absence ou de prolongation d'absence sans autorisation. Il ne porte pas, comme l'arrêté du 10 avril 1829 (Inst. n° 1280), que l'employé pourra être réputé démissionnaire, mais il maintient la faculté pour l'Administration de le priver de son traitement pendant un temps double de celui de l'absence irrégulière.

La retenue à opérer, en cas de congé, s'exerce sur les rétributions de toute nature formant l'émolument personnel de l'employé. Elle est liquidée sur le traitement net, après le prélèvement de la retenue de 5 p. 100, et, lorsqu'il y a lieu, du quart affecté aux frais de bureau (article 3 de la loi du 9 juin 1853, inst. n° 2000). Ce quart sera remis, dans tous les cas, au comptable titulaire, qui sera tenu de supporter et de faire tous les frais de bureau.

A l'avenir, toutes les demandes de congés et de prolongation de congé, même celles sur lesquelles le ministre doit statuer, seront adressées aux directeurs, qui les transmettront à l'Administration avec leur avis écrit sur des bulletins imprimés. Ces demandes, en ce qui concerne les prolongations, devront, sauf les cas imprévus ou de force majeure régulièrement constatés, être faites assez à temps pour que l'employé puisse, au besoin, recevoir l'ordre de rentrer à son poste à l'époque qui avait été précédemment fixée. Celles faites en dehors de ces conditions ne seront point accueillies. L'acte de concession de congé déterminera le taux de la retenue.

Les directeurs veilleront à ce que les demandes expriment clairement s'il s'agit d'un congé avec ou sans retenue, et à ce qu'elles contiennent le motif de l'absence et le lieu où le réclamant a l'intention de se rendre. L'employé qui vient à Paris, même avec un congé, s'il n'y est pas autorisé nommément, doit être considéré comme absent sans congé et traité comme tel. La proximité des lieux et les facilités que présentent les chemins de fer ne sauraient être admises pour excuse de l'absence.

Quant aux préposés qui auront obtenu l'autorisation de se rendre à Paris, ils devront, dès leur arrivée, faire connaître leur adresse au directeur général.

L'instruction 2023 établit qu'il sera alloué aux surnuméraires chargés de régir provisoirement un bureau, à titre de *frais d'interim*, une indemnité de 1 à 2 francs par jour. S'il s'agit d'un bureau d'hypothèques, l'intérimaire recevra la moitié du montant net des salaires, déduction faite du quart pour frais de bureau (Inst. n° 2235.)

3° Pensions de retraite.

La loi du 9 juin 1853, sur les *pensions civiles*, règle toutes les dispositions sur la matière. Elle a été commentée, en ce qui concerne les préposés de l'enregistrement et des domaines, par l'instruction générale n° 2000.

L'ordonnance du 12 janvier 1825, annexée à l'instruction n° 1158, avait institué une caisse spéciale pour le service des pensions des fonctionnaires et employés des finances. Cette caisse se trouve au nombre de celles supprimées par la loi du 9 juin 1853, et l'actif en est acquis à l'Etat, qui a pris à sa charge le payement de toutes les pensions.

Un décret du 9 novembre 1853 contient le règlement d'administration publique pour la loi du 9 juin.

L'article 3 de la loi du 9 juin prescrit de percevoir au profit du Trésor, sans que les préposés puissent les répéter dans aucun cas, les produits qui étaient attribués par les anciens règlements à la caisse des retraites, savoir : 1° la retenue de 5 p. 100 sur les sommes payées à titre de traitement fixe ou éventuel, de préciput, de supplément de traitement, de remises proportionnelles, de salaires, ou constituant, à tout autre titre, un émolument personnel; 2° la retenue du douzième des mêmes rétributions lors de la première nomination, ou dans le cas de réintégration, et du douzième de toute augmentation ultérieure; 3° les retenues pour congés o absences.

Le paragraphe 3 du même article et l'article 17 du décret du 9 novembre ajoutent à cette nomenclature les sommes payées par suite de mesures disciplinaires.

Suivant l'article 5 de la nouvelle loi, comme sous l'empire de l'ordonnance de 1825, les employés de l'Administration de l'enregistrement, qui sont tous compris dans la classe des agents du service sédentaire, doivent, pour avoir droit à une pension, être âgés de soixante ans, et compter trente années de services.

Cette règle souffre cependant des exceptions.

Ainsi, d'après le dernier alinéa de l'article 5, un employé ayant trente ans de services peut être admis à la retraite, bien qu'il n'ait pas atteint l'âge de soixante ans, si le ministre le reconnaît hors d'état de remplir ses fonctions.

Une pension peut encore être exceptionnellement accordée, en vertu des articles 10 et 11, après quinze années de services rendus hors d'Europe, à l'employé qui n'a pas cinquante-cinq ans d'âge, et, après vingt ans de services à l'employé âgé de cinquante ans, que des infirmités graves résultant de l'exercice de ses fonctions mettent dans l'impossibilité de les continuer, ou dont l'emploi a été supprimé.

Enfin, d'après le même article 11, les employés pourront obtenir une pension, quels que soient leur âge et la durée de leur activité, lorsqu'ils auront été mis hors d'état de continuer leur service, soit par suite d'un acte de dévouement, dans un intérêt public, soit par suite d'une lutte ou combat soutenu dans l'exercice de leurs fonctions, soit par un accident grave résultant notoirement des mêmes fonctions.

La pension est basée sur la moyenne des traitements et émoluments de toute nature soumis à retenue, dont l'ayant-droit a joui pendant les six dernières années d'exercice. Les maximum sont de 3,000 fr. pour les conservateurs et les receveurs de 1re classe, et de 2,000 fr. pour les conservateurs et les receveurs de 2e classe.

La première classe comprend les conservateurs dont les émoluments sont, en moyenne, pour les six dernières années, de 15,000 fr. brut et au-dessus, et les receveurs dont les remises sont aussi en moyenne de 4,500 fr. brut et au-dessus.

Sont rangés dans la seconde classe les conservateurs qui ont moins de 15,000 francs d'émolument, et les receveurs dont les remises ne s'élèvent pas à 4,500 francs.

Pour les pensions exceptionnelles prévues par l'article 11 de la loi du 9 juin, l'article 12 établit différents modes de liquidation.

Aux termes du deuxième alinéa de l'article 23 de la loi du 9 juin 1853, les services civils ne sont comptés que de la date du premier traitement d'activité et à partir de l'âge de vingt ans accomplis. Le temps du surnumérariat n'est admis dans aucun cas. Ces termes absolus comprennent même le temps pendant lequel le surnuméraire a rempli des fonctions par intérim.

Après trois mois de congé, consécutifs ou non, dans la même année, le temps excédant n'est pas compté comme service effectif pour la pension de retraite. Cette règle est applicable au préposé dont l'absence se prolonge après un congé de six mois, obtenu pour cause de maladie.

A droit à la pension la veuve du fonctionnaire qui a obtenu une pension de retraite en vertu de la présente loi, ou qui a accompli la durée des services exigée par l'article 5.

L'article 22 fixe à cinq ans le délai dans lequel les demandes de pension ou de secours doivent, à peine de déchéance, être présentées avec les pièces à l'appui.

Suivant l'article 25, la jouissance de la pension commence du jour de la cessation du traitement ou du lendemain du décès de l'employé, et celle du secours annuel accordé aux orphelins, du lendemain du décès de l'employé ou du décès de la veuve.

L'article 47 du décret du 9 novembre ajoute que, lorsque l'intérêt du service l'exige, l'employé admis à la retraite peut être maintenu momentanément en activité, sans que la prolongation de ses services puisse donner lieu à un supplément de liquidation.

Les pensions et secours annuels sont payés intégralement et sans retenue aux échéances des 1er janvier, 1er avril, 1er juillet et 1er octobre, aux bureaux des payeurs, sur la présentation du certificat d'inscription et la production d'un certificat de vie délivré par un notaire conformément à l'article 46 du règlement du 9 novembre. L'article 30 de la loi du 9 juin dispose que les pensions et secours seront rayés des livres du Trésor après trois ans de non-réclamation, sans que leur rétablissement puisse donner lieu à un rappel d'arrérages antérieurs à la réclamation.

L'article 26 déclare les pensions incessibles, et les rend saisissables, du vivant des pensionnaires, jusqu'à concurrence d'un cinquième, pour débet envers l'État ou pour des créances privilégiées aux termes de l'article 2101 du Code Napoléon, et d'un tiers dans les circonstances prévues par les articles 203, 205, 206, 207 et 214 du même Code. Suivant l'article 28, lorsqu'un pensionnaire est remis en activité dans le même service, le payement de sa pension est suspendu ; mais, s'il entre dans un autre service, la limite pour le cumul de la pension et du traitement sera de 1,500 francs.

ARTICLE III. — PARTIE ÉCRITE.

§ 1. Enregistrement d'un acte contenant une seule disposition d'une nature simple et nettement déterminée.

§ 2. Déclaration d'une succession composée de biens de différentes natures, sans complication de legs particuliers ni de communauté entre époux.

§ 3. Rédaction d'une contrainte.

§ 1er. — *Enregistrement d'un acte contenant une seule disposition d'une nature simple et nettement déterminée.*

RÈGLES GÉNÉRALES.

Les enregistrements doivent être clairs et précis ; ils doivent énoncer toutes les dispositions des actes, par extrait ou par analyse, et dans un même contexte, soit qu'elles donnent ou non ouverture à des droits. On ne doit rien y omettre de ce qui peut servir à remplir les intitulés des différentes colonnes des tables alphabétiques ; la somme des droits pour chaque disposition doit être écrite en toutes lettres et ensuite tirée hors ligne en chiffres.

Chaque enregistrement doit indiquer le nombre des rôles et des renvois. L'écriture doit être soignée, pour faciliter les recherches et le service des tables alphabétiques. On doit écrire en lettres majuscules le premier mot de chaque enregistrement, et en gros caractères la nature de l'acte et le nom des parties contractantes.

Soit donné d'enregistrer l'acte dont la teneur suit :

Par-devant Me FRACHON et son collègue, notaires à Saint-Marcellin, soussignés, a comparu Pierre ADAM, propriétaire-agriculteur, demeurant à Vinay, lequel a VENDU, avec garantie de tous troubles, dettes, hypothèques, éviction, surenchères et autres empêchements généralement quelconques, à Jacques BONNET, forgeron, demeurant audit lieu de Vinay, présent et acceptant, une maison située à Vinay, Grande-Rue, consistant en deux chambres au rez-de-chaussée, un étage au-dessus composé de trois chambres, et grenier dans les combles; ladite maison, confinée au levant par les cohéritiers Mallein, au midi la Grande-Rue, au couchant place publique, au nord François Chorier, est portée à la matrice cadastrale à la section A, n° 4038.

Cette maison appartient audit Adam, par suite d'acquisition qu'il en a faite de Claude DONNEAUD, suivant acte reçu par M° Escoffier, notaire audit Vinay, sous la date du quinze février mil huit cent soixante-quatre, enregistré.

Jacques Bonnet jouira et disposera dès aujourd'hui de ladite maison comme bon lui semblera, et en toute propriété.

Cette vente a été consentie moyennant la somme de *quinze cents francs*, que Bonnet a payée à Adam, en numéraire, à la vue des notaires soussignés, dont quittance.

Elle est faite en outre à la charge par Bonnet de supporter toutes les servitudes passives, apparentes ou occultes, continues ou discontinues, dont cette maison peut être valablement grevée, et d'acquitter, à dater de ce jour, les contributions foncières et autres auxquelles elle pourra être imposée.

Dont acte, etc.

ENREGISTREMENT.

DU *(date en toutes lettres).* Enregistré : VENTE par PIERRE ADAM, propriétaire à Vinay,

A JACQUES BONNET, forgeron audit lieu,

D'une maison située à Vinay, Grande-Rue, n° 4, section A du cadastre, provenant au vendeur de l'acte d'acquisition du 15 février 1864, ESCOFFIER, notaire. — Moyennant le prix de quinze cents francs payés, jouissance immédiate; ci. . . . .   1500 fr. »

Passé devant M° FRACHON, notaire à Saint-Marcellin, le *(date en toutes lettres)*, contenant *(le nombre)* rôles, *(le nombre)* renvois et *(le nombre)* mots nuls.

Reçu à 5 fr. 50 c. p. °/₀, quatre-vingt-deux francs cinquante centimes. —

— L'enregistrement fait, la mention de la formalité est portée sur la minute de l'acte. Cette mention consiste en une *relation* exprimant en toutes lettres la date de l'enregistrement, le folio du registre, le numéro de la case et le montant des droits perçus ; et, lorsque l'acte renferme plusieurs dispositions opérant chacune un droit particulier, le receveur doit les indiquer sommairement dans sa quittance, et y énoncer distinctement la quotité de chaque droit perçu. Cette dernière prescription est d'autant plus essentielle que les notaires sont tenus de transcrire en entier cette relation dans les expéditions qu'ils délivrent, dans le double but d'indiquer aux parties la portion de droits qu'elles ont à supporter respectivement, et de faciliter aux employés la vérification de la perception.

§ 2. *Déclaration d'une succession composée de biens de différentes natures, sans complication de legs particuliers ni de communauté entre époux*

RÈGLES GÉNÉRALES.

Moins la loi a tracé de règles sur la forme des déclarations, plus il est essentiel de ne rien omettre de ce qui peut servir à constater la consistance des biens, et à suivre leur transmission dans les diverses classes ou branches d'héritiers.

Ainsi, on aura soin de désigner tous les héritiers, donataires ou légataires, ainsi que leur profession, leur demeure et leur degré de parenté avec le décédé ; d'énoncer le lieu et la date des décès ; de donner les détails des biens, article par article, leur consistance ; la date et le prix des baux, lorsqu'il en existe, et, à défaut de baux, d'exiger l'évaluation du produit ou revenu, sans distraction des charges, et sans admettre en aucun cas d'estimation en capital pour les immeubles.

S'il existe un inventaire authentique, les héritiers ne sont tenus que d'en faire mention dans leur déclaration, d'indiquer sa date, ainsi que le nom et la résidence de l'officier public devant lequel il a été passé. A défaut d'inventaire public, il est dressé un état estimatif du mobilier, article par article, sur papier timbré, signé par les parties, quand elles savent signer ; dans le cas contraire, la déclaration elle-même doit contenir le détail des meubles, et être signée par le receveur.

La déclaration, écrite sur le registre *ad hoc*, doit être signée par les parties ; à défaut de ce, il est exprimé qu'elles ont expressément déclaré ne savoir signer. Si la déclaration est faite par un mandataire, on énonce la procuration, qui doit être certifiée par le déclarant, et annexée au registre. Le pouvoir sous seing privé donné à cet effet doit être sur papier timbré ; mais il est exempt de la formalité de l'enregistrement. (Instr. n°s 443, 1432, 1351).

Indépendamment du registre des déclarations, les receveurs tiennent un *journal à souche* sur lequel les héritiers, donataires ou légataires inscrivent en toutes lettres le montant des sommes qu'ils versent et duquel sont détachées les quittances de droits de succession. Si la quittance est supérieure à 10 fr. on appose sur la formule un timbre mobile. (Inst. n° 2266.)

DÉCLARATION.

N° 120. — Du 1er mars 1865.

A comparu Pierre BONNARD, propriétaire au Plan-de-Baix, lequel, tant en son nom qu'en celui de ses co-héritiers ci-après nommés, nous a déclaré que Justin BONNARD, son père, propriétaire au Vialaret, susdite commune, y est décédé le neuf novembre 1864.

Les héritiers naturels sont ses trois enfants : Pierre, comparant, Gabrielle femme de Jean Richard, meunier à Langilhac, Justine femme de Joseph Raillon, fermier à Lacombe, tous majeurs.

Par testament du 7 décembre 1830, Achard, notaire à Beaufort, enregistré le 28 décembre 1864, le défunt a légué *l'usufruit de la moitié de ses biens* à sa veuve Jeanne Blache, sans profession, au Vialaret.

La succession comprend les biens et valeurs ci-après :

Meubles.

1° Le mobilier décrit et estimé article par article dans l'état joint à la liasse sous le n° 120 et dont le total est de trois mille cent douze francs. . . . .   3,112 »

2° Une créance sur Lambert, de Crest, suivant billet à ordre du 9 novembre 1859. . . . .   300 »

Intérêts échus . . . .   9 »

Total. . . .   3,421 »

Reçu à 1 p. % (ligne directe) sur 3,440 fr. *trente-quatre francs quarante centimes;* — à 3 p. % sur le legs fait à la veuve — usufruit de 1/2 soit 1/4 des biens 855 fr. 25 c. — (860 fr.) *vingt-cinq francs quatre-vingts centimes.*

Immeubles.

Tous situés sur la commune du Plan-de-Baix, lieu dit le Vialaret, et *non affermés.*

Hectares	Ares	Centiares		Revenu.	
»	02	02	maison et jardin au Vialaret. .	20	»
4	25	36	champ à Joson.	140	»
1	03	39	taillis au Velan.	12	»
»	49	57	landes et bruyères à l'église. .	2	15
»	09	73	pré à la rivière.	4	75
5	90	07	Totaux. . . .	178	90

Cinq hectares quatre-vingt-dix ares sept centiares —
d'un revenu brut déclaré de *cent soixante-dix-huit francs
quatre-vingt-dix-centimes* — au capital (par 20) de. . . 3,578 »

A 1 % sur 3,580 fr. Trente-cinq francs quatre-vingts centimes. —
A 3 p. % (entre époux) sur $\frac{1}{2}$ en usufruit, soit $\frac{1}{4}$ — (894 fr. 50 —
900 f.) vingt-sept francs.

Le comparant, affirmant sa déclaration sincère sous les peines
de droit, a signé après lecture.

§ 3. — *Rédaction d'une contrainte.*

RÈGLES GÉNÉRALES.

La *contrainte* est la demande faite par un exploit portant en même
temps commandement de payer.

Toutes les fois que la loi n'exige point une condamnation préalable ou la rédaction d'un procès-verbal, le payement des droits et
amendes peut être poursuivi par voie de contrainte.

C'est le premier acte de poursuite pour le recouvrement des droits
d'enregistrement, de greffe, d'hypothèque et de timbre. (Voir l'art.
64 de la loi du 22 frimaire an 7.)

La contrainte doit être suffisamment libellée. Ce n'est point assez
d'indiquer la somme due ou demandée ; il faut encore que les causes
de cette demande soit nettement exposées, afin d'éclairer, de con-
vaincre, de ne rien laisser au doute, et de fermer tout accès à la
chicane ou à la suspicion ; enfin le juge de paix serait autorisé à refuser de rendre exécutoire une contrainte qui ne ferait pas connaître
au redevable ce que l'on exige de lui et pourquoi on l'exige.

Il est également essentiel d'indiquer exactement la *qualité* des
parties en même temps que leurs noms et demeures. Le montant de
la somme réclamée doit être déterminé d'une manière aussi précise
que possible. Lorsque la contrainte est décernée pour le payement
de droits dont la liquidation est subordonnée à une déclaration des
parties, notamment dans le cas de mutation par décès ou de mutation secrète entre vifs d'immeubles, le montant de ces droits doit

9

être fixé par approximation dans la contrainte, *sauf à augmenter ou à diminuer, suivant la déclaration que les parties seront tenues de faire;* mais celles-ci ne peuvent se dispenser de faire cette déclaration, en faisant des offres réelles de la somme provisoirement fixée dans la contrainte. La déclaration doit être souscrite sur le registre du receveur, et ne peut être remplacée par un exploit extrajudiciaire contenant le détail et l'évaluation des biens et l'offre réelle des droits, à moins toutefois que l'exploit signé *pour pouvoir*, par les parties, n'autorise l'huissier à passer lui-même la déclaration, qui alors est faite par cet officier ministériel et signée sur le registre. Si la contrainte n'énonçait pas l'obligation imposée aux parties de faire leur déclaration, les offres réelles de la somme réclamée pourraient être déclarées valables et faire cesser les poursuites, sauf au préposé à décerner une autre et plus ample contrainte à défaut de déclaration (Inst. 1537, p. 8).

Il n'y a point de délai fixé pour la signification d'une contrainte rendue exécutoire : ainsi, quoique le visa du juge ait plus d'une année de date, la signification de la contrainte peut avoir lieu valablement. S'il arrivait que le juge de paix du canton où est le chef-lieu du bureau et ses suppléants fussent empêchés, la contrainte sera rendue exécutoire par un juge de paix voisin, qu'il faudrait faire désigner par le tribunal, en s'adressant au procureur impérial (Inst. 1150, § 17, et 1537, § 8).

L'administration fournissant elle-même les formules imprimées destinées à la rédaction des contraintes, il ne s'agit que d'y porter les indications nécessaires, en résumant avec soin les causes de la demande et en écrivant lisiblement les noms, sommes et dates.

ARTICLE IV. — QUESTIONNAIRE.

Organisation de l'Administration.

1. Quelles sont les attributions de l'Administration de l'enregistrement?
2. De quelles différentes natures sont-elles?
3. *Quid* à l'égard des droits d'enregistrement, de timbre, d'hypothèque?
4. *Quid* à l'égard des dépôts publics?
5. *Quid* à l'égard des domaines?
6. *Quid* à l'égard des frais de justice?
7. *Quid* à l'égard des produits forestiers?
8. *Quid* à l'égard de certains recou-

vrements pour le compte d'autres services?

9. Quelle est l'organisation de l'Administration?
10. Quelle est l'organisation de l'Administration dans les départements?
11. Quelle est l'organisation de l'Administration à Paris?
12. Obligations principales des divers employés : receveurs, conservateurs, gardes-magasin, premier commis, vérificateurs, inspecteurs, vérificateurs.

13. Obligations spéciales des receveurs.
14. Quelle est l'importance des arrêtés des registres?
15. Qu'est-ce que les vérifications de régie?
16. A quelles époques doivent-elles être terminées et d'après quelles distinctions?
17. Par quel moyen l'Administration est-elle en relations constantes avec les préposés?

Enregistrement.

18. Qu'est-ce que l'impôt de l'enregistrement?
19. Quelle est son origine?
20. Quelles sont les principales lois sur l'enregistrement?
21. Principes généraux de cet impôt.
22. En combien de catégories se divisent les droits d'enregistrement?
23. Qu'est-ce que le droit fixe?
24. A quels actes s'applique-t-il?
25. Qu'est-ce que le droit proportionnel?
26. A quels actes s'applique-t-il?
27. Quelle est la loi organique de l'enregistrement?
28. Comment se divise-t-elle?
29. Quelles sont les dispositions principales du titre I (Des droits et de leur application)?
30. Quelles sont les dispositions principales du titre II (Valeurs sur lesquelles le droit est assis)?
31. Quelles sont les dispositions principales du titre III (Délais)?
32. Quelles sont les dispositions principales du titre IV (Bureaux)?
33. Quelles sont les dispositions principales du titre V (Payement)?
34. Quelles sont les dispositions principales du titre VI (Des peines)?
35. Quelles sont les dispositions principales du titre VII (Obligations des officiers publics, des parties et des receveurs)?
36. Quelles sont les dispositions principales du titre VIII (Droits acquis et prescriptions)?
37. Quelles sont les dispositions principales du titre IX (Instances)?

38. Quelles sont les dispositions principales du titre X (Tarif)?
39. La loi de frimaire a-t-elle été modifiée par des lois récentes?
40. Qu'est-ce que le décime?

Timbre.

41. Combien y a-t-il d'espèces de timbre? *Quid* des timbres mobiles?
42. Quels sont les actes et papiers assujettis au timbre de dimension?
43. Quels sont les actes et papiers assujettis au timbre proportionnel?
44. Quels sont les actes exempts du timbre?
45. Qu'est-ce que la débite du timbre? Quelle différence y a-t-il entre la débite des papiers timbrés et celle des timbres mobiles proportionnels ou de dimension?
46. Qu'est-ce que le visa pour timbre? Comment se remplace-t-il?
47. Qu'est-ce que le timbre extraordinaire?
48. Qu'entend-on par droits au comptant, en débet, gratis?
49. Quel est le prix des différentes espèces de timbre?
50. Quelles sont les principales lois sur le timbre?

Code Napoléon.

51. Qu'est-ce que le droit de propriété?
52. Qu'est-ce que le droit d'accession?
53. Quels sont les principes du droit d'accession sur ce qui est produit par la chose?
54. *Quid* sur ce qui s'incorpore à la chose?
55. Qu'est-ce que l'alluvion?
56. Quels sont les droits de l'État sur les îlots qui se forment dans le lit des fleuves?
57. *Quid* s'il s'agit d'une rivière non navigable ni flottable?
58. Qu'est-ce que la partie principale d'un tout?
59. Qu'est ce que l'usufruit?
60. Comment et sur quoi s'établit-il?
61. Quels sont les droits de l'usufruitier?

62. Qu'est-ce que les fruits naturels ?

63. Qu'est-ce que les fruits industriels ?

64. Qu'est-ce que les fruits civils ?

65. Comment s'acquièrent les fruits civils ?

66. Quelles sont les obligations de l'usufruitier ?

67. Que doit-il faire avant d'entrer en jouissance ?

68. Qu'est-ce que les réparations d'entretien ?

69. Qu'est-ce que les grosses réparations ?

70. Comment se répartissent les charges entre l'usufruitier et le propriétaire ?

71. *Quid* pour le payement des dettes ?

72. Comment prend fin l'usufruit ?

73. Combien dure l'usufruit ?

74. Qu'est-ce que le droit d'usage ?

75. Qu'est-ce que le droit d'habitation ?

(*Voir aussi, pour ces matières, le chapitre IV de la première partie*).

Matières diverses.

76. Qu'est-ce que le privilége du Trésor public ?

77. En combien de natures se divise-t-il ?

78. Quel est-il sur les biens des condamnés ?

78 *bis*. Quel est-il sur les biens des redevables ?

79. Quel est-il sur les biens des comptables ?

80. Qu'entend-on spécialement par comptables publics ?

81. Comment se conserve le privilége du Trésor ?

82. Qui est chargé de prendre inscription ?

83. Qu'advient-il si l'inscription n'est point prise dans le délai ?

84. Comment sont payés les préposés de l'enregistrement ?

85. Qu'entend-on par remises, par salaires, par traitements fixes ?

86. Quel est le taux des remises ?

87. Quelles sont les dernières décisions sur les traitements ?

88. Pour quelles causes les congés peuvent-ils être accordés ?

89. A quelles conditions ?

90. Comment et par qui ?

91. Quand tout employé a-t-il droit à un congé sans retenue ?

92. Qu'est-ce que les frais d'intérim ?

93. Qu'est-ce qu'une pension de retraite ?

94. Quelle est la loi qui règle les pensions civiles ?

95. Quelles sont les diverses retenues pour les pensions civiles ?

96. Quelles sont les conditions pour avoir droit à une pension ?

97. Quel est le maximum de la pension ?

98. Quel est le délai pour demander la pension de retraite ?

99. Quand et comment se payent les pensions de retraite ?

100. Les pensions sont-elles saisissables ?

ARTICLE V. — TARIF DES DROITS ET AMENDES

Mis au courant de la législation la plus récente et rappelant les numéros des instructions générales et tous les articles des lois actuellement en vigueur.

TARIF DES DROITS D'ENREGISTREMENT.

UN DÉCIME POUR FRANC est perçu en sus de tous les droits d'enregistrement ci-après (L. prair. an 7). Second décime. (L. 13 mai 1863.)

ABANDONNEMENTS de biens, soit volontaires, soit forcés, pour être vendus en direction (L. 22 frim. an 7, art. 68, § 4, n° 1), 5 fr. (*fixe*).

ABANDONNEMENTS pour faits d'assurance ou grosse aventure. — Le droit est perçu sur la valeur des objets abandonnés (L. 28 avril 1816 art. 51, n° 1). *En temps de guerre*, 50 cent. par 100 fr. ; — *en temps de paix*, 1 p. 100.

ACCEPTATIONS DE DONATIONS, V. Donations.

ACCEPTATIONS DE SUCCESSION, legs ou communauté, lorsqu'elles sont pures et simples. — *Pour chaque acceptant et chaque succession* (L. 22 frim. an 7, art. 68, § 1er, n° 2). — Par acte *civil* (L. 18 mai 1850, art. 8), 2 fr. — *Au greffe* (L. 28 av. 1816, art. 44, n° 10 ; D. 13 juin 1823 ; I. 1086), 3 fr.

ACCEPTATIONS DE TRANSPORT ou délégation de créances à terme, par acte séparé, lorsque le droit prop. a été acquitté pour le transport ou la délégation (L. 22 frim. an 7, art. 68, § 1, n° 3). — Par acte *civil* (L. 18 mai 1850, art. 8), 2 fr.

ACCEPTILATIONS ou remises de dette (Loi du 5 mai 1855), 50 cent. par 100 fr.

ACQUIESCEMENTS purs et simples (L. 28 avril 1816, art. 43, n° 1), 2 fr. — En justice, V. Actes aux greffes.

ACQUISITIONS par l'Etat et tous autres actes à ce sujet (L. 22 frim. an 7, art. 70, § 2, n° 1er), *gratis*.

— Par les établissements publics, V. Expropriations pour cause d'utilité publique, Ventes d'immeubles.

ACQUITS de mandats, lettres de change et autres effets *négociables sous seing privé* (L. 22 frim. an 7, art 70, § 3, n° 15), *exempts*.

ACTES ADMINISTRATIFS assujettis à l'enregistrement, autres que ceux portant transmission de propriété d'usufruit ou de jouissance, adjudications, marchés et cautionnements y relatifs, ou spécialement tarifés (L. 18 mai 1850, art. 8), 2 fr.

ACTES D'ADMINISTRATION PUBLIQUE autres que ceux portant transmission de propriété, d'usufruit et de jouissance, ou adjudications; marchés et cautionnements y relatifs (L. 22 frim. an 7, art. 70, § 3, n° 2, et 15 mai 1818, art. 80), *exempts*.

ACTES ANCIENS passés en forme authentique avant l'établissement de l'enregist. dans l'ancien territoire de la France, et ceux également en forme authentique ou sous seing privé, dans les pays réunis, et qui ont acquis une date certaine, d'après les lois de ces pays, ainsi que les mutations opérées par décès avant la réunion desdits pays (L. 22 frim. an 7, art. 70, § 3, n° 16), *exempts*.

ACTES DE COMPLÉMENT d'actes antérieurs enregistrés (L. 22 frim. an 7, art. 68, § 1, n° 6). — Par acte *civil* ou *administratif* (L. 18 mai 1850, art. 8), 2 fr.

ACTES D'ÉMANCIPATION, V. Émancipations.

ACTES DE L'ÉTAT CIVIL. Actes de naissance, sépulture et mariage, reçus par les officiers de l'état civil, et les extraits qui en sont délivrés (sauf ceux portant reconnaissance d'enfants naturels) (L. 22 frim. an 7, art. 70, § 3, n° 8), *exempts*.

— Actes de procédure et jugements à la requête du ministère public ayant pour objet la rectification des actes de célébration de mariage qui ne font pas connaître s'il a été fait un contrat (L. 10 juill. 1850, art. 76, C. civ.; I. 1872), *en débet*.

— Les actes et jugements de même nature ayant pour objet : 1° de réparer les omissions et faire les rectifications, sur les registres de l'état civil, d'*actes* qui intéressent les individus notoirement indigents ; 2° de remplacer les registres de l'état civil perdus ou incendiés par les événements de la guerre et de suppléer aux registres qui n'auraient pas été tenus (L. 25 mars 1817, art. 75) ; 3° de rectifier les actes de célébration de mariage des indigents, qui n'indiquent pas s'il existe un contrat (L. 10 juill. 1850, C. civ. 76; I. 1872), *gratis.*

ACTES DU GOUVERNEMENT et des chambres législatives (L. 22 frim. an 7, art. 70, § 3, no 1er), *exempts.*

ACTES AUX GREFFES des tribunaux de 1re *instance*, de *commerce* et des *arbitres*, portant acquiescement, dépôt, décharge, désaveu, exclusion de tribunaux, affirmation de voyage, opposition à remise de pièces, enchères, surenchères, renonciation à communauté, succession ou legs, reprise d'instance, communication de pièces sans déplacement, affirmation et vérification de créances, opposition à délivrance de jugement, dépôt de bilan et registres, opposition à publication de séparation, dépôt de sommes et pièces, et tous autres actes conservatoires ou de formalité (L. 28 avril 1816, art. 44, no 10), 3 fr.

— Des *cours d'appel*, non susceptibles d'un droit plus élevé (*id.*, art. 45, no 6), 5 fr.

— Des *tribunaux de police*, les actes de dépôt ou décharge, lorsqu'il y a partie civile (L. 22 frim. an 7, art. 68, § 1er, no 48), 1 fr.

— V. Actes judiciaires, affirmations de créances, indigents, etc.

ACTES des huissiers, gendarmes, préposés, gardes-champêtres ou forestiers (autres que ceux des particuliers), et généralement tous actes et procès-verbaux concernant la *police ordinaire*, et qui ont pour objet la poursuite et la répression des *délits et contraventions* aux réglements généraux de police et d'impositions, lorsqu'il n'y a pas de partie civile (L. 22 frim. an 7, art. 70, § 1, no 1, et 25 mars 1817, art. 74), *en débet.*

— V. Exploits, Procès-verbaux.

— Actes des huissiers et gendarmes, concernant la *police générale* et la vindicte publique (L. 22 frim. an 7, art. 70, § 2, no 3), *gratis.*

— Ceux concernant les procédures devant les conseils de discipline de la garde nationale (L. 22 mars 1831, art. 121), *gratis.*

ACTES INNOMMÉS, généralement tous les actes (autres que les actes civils ou administratifs) non tarifés et qui ne peuvent donner lieu au droit prop. (L. 22 frim. an 7, art. 68, § 1, no 51), 2 fr.

— Actes *civils* ou *administratifs* (L. 18 mai 1850, art. 8), 2 fr.

ACTES JUDICIAIRES. JUSTICES DE PAIX. Les actes (les cédules exceptées) et jugements préparatoires, interlocutoires ou d'instruction des juges de paix, en matière civile, certificats d'individualité, *visa* de pièces et poursuites préalables à l'exercice de la contrainte par corps, oppositions à la levée des scellés par comparution personnelle dans le procès-verbal, tous autres actes des juges de paix non classés particulièrement, et leurs jugements définitifs portant condamnation de sommes dont le droit prop. ne s'élèverait pas à 1 f. (L. 22 frim. an 7, art. 68, § 1, no 46), 1 fr.

— Les jugements des juges de paix en matière civile portant renvoi ou décharge de demande, débouté d'opposition, validité de congé, expulsion, condamnation à réparation d'injures personnelles, et généralement tous ceux qui, contenant des dispositions définitives, ne donnent pas ouverture au droit prop. (*id.*, art. 68, § 2, n° 5), 2 fr.

— Les jugements définitifs des juges de paix *rendus en dernier ressort*, d'après la volonté expresse des parties, au delà des limites de la compétence ordinaire, lorsqu'ils ne contiennent pas de dispositions donnant ouverture à un droit prop. supérieur (L. 28 avril 1816, art 44, n° 9), 3 fr.

— V. Actes de l'état civil, avis de parents, bureaux de paix, émancipations, indigents, ordonnances, scellés, tutelles.

— PRUD'HOMMES. Les actes et jugements des prud'hommes, et les arrêts rendus sur appel ou pourvoi, lorsque l'objet de la contestation n'excède pas en total la somme de 25 fr. (D 20 juin 1809 et 30 août 1847 ; I. 437 et 1796, § 11), *gratis.* — Si l'objet est indéterminé ou dépasse 25 fr., lorsqu'il n'y a pas lieu à un droit prop. supérieur (*id.*), 1 fr. — Dans les contestations entre patrons et ouvriers et entre ouvriers (L. 7 août 1850, art 1er), *en débet.* Le recouvrement aura lieu sur les parties condamnées (art. 4).

— TRIBUNAUX DE 1re INSTANCE, civils, de commerce ou d'arbitrage. Actes et jugements *préparatoires* ou *d'instruction* (L. 28 avril 1816, art. 44, n° 10), 3 fr.

— Les jugements des tribunaux civils prononçant sur l'appel des juges de paix, ceux desdits tribunaux et des tribunaux de commerce ou d'arbitres, rendus en premier ressort, contenant des *dispositions définitives* qui ne donnent pas lieu à un droit plus élevé ; ce qui comprend les jugements portant acquiescement, opposition, débouté d'opposition, péremption d'instance, déclinatoire, entérinement de procès-verbaux et rapports, licitation, partage ou vente ; main-levée d'opposition ou de saisie, nullité de procédure, maintenue en possession, résolution de contrat pour cause de nullité radicale, reconnaissance d'écriture, etc., etc. (*id.*, art. 45, n° 5), 5 fr.

— Les jugements en dernier ressort par les tribunaux de première instance ou les arbitres, d'après le consentement des parties, lorsque la matière ne comportait pas ce dernier ressort, sauf la perception du droit prop., s'il s'élève au delà de 10 fr. (L. 28 avril 1816, art. 46, n° 1), 10 fr.

— Les jugements de première instance portant interdiction, et ceux de séparation de biens entre mari et femme, lorsqu'ils ne portent point condamnation à des sommes et valeurs, ou lorsque le droit prop. ne s'élève pas à 15 fr. (L. 22 frim. an 7, art. 68, § 6, n° 2), 15 fr.

— V. Actes aux greffes, actes de l'état civil, élections, indemnités, indigents, jury, résolutions.

— COURS D'APPEL. Les arrêts *interlocutoires* ou *préparatoires* non susceptibles d'un droit plus élevé, et ordonnances ou actes devant les mêmes cours (L. 28 avril 1816, art. 45, n° 6), 5 fr.

— Les arrêts définitifs des cours d'appel, qui ne donnent pas ouverture au droit prop. ou à un droit fixe plus élevé (*id.*, art 46, n° 2), 10 fr.

— Ceux qui portent interdiction et séparation de corps entre époux (*id.*, art. 47, n° 2), 25 fr.

— Les arrêts confirmant une adoption (*id.*, art. 49), 100 fr.

— V. Actes aux greffes, actes de l'état civil, élections, indemnité, indigents, jury, ordonnances.

— Cour de cassation et Conseil d'État. Les arrêts *interlocutoires* ou *préparatoires* (L. 28 avril 1816, art. 46, n° 3), 10 fr.

— Les arrêts *définitifs* qui ne donnent pas ouverture à un droit prop. plus élevé (*id.*, art. 47, n° 3), 25 fr.

Tribunaux de police, correctionnels et criminels. Les actes et jugements de la police ordinaire, des tribunaux de police correctionnelle et des cours d'assises, soit entre particuliers, soit sur la poursuite du ministère public avec partie civile, sans condamnation de sommes et valeurs, ou dont le droit prop. ne s'élèverait pas à un franc, et les dépôts et décharges aux greffes desdits tribunaux, s'il y a partie civile (L. 22 frim. an 7, art. 68, § 1, n° 48), 1 fr.

— Les actes et jugements qui interviennent sur les actes et procès-verbaux des huissiers, gendarmes, préposés, gardes-champêtres ou forestiers (autres que ceux des particuliers, et généralement tous actes et procès-verbaux concernant la *police ordinaire*, et qui ont pour objet la poursuite et la répression des *délits et contraventions* aux réglements généraux de police et d'impositions, lorsqu'il n'y a pas de partie civile (L. 22 frim. an 7, art. 70, § 1, n. 1, et 25 mars 1817, art. 74), *en débet*.

—Tous actes et procès-verbaux (exceptés ceux des huissiers et gendarmes, qui doivent être enregistrés en *débet* ou *gratis*), et les jugements concernant la *police générale* et de sûreté, et la *vindicte publique* (L. 22 frim. an 7, art. 70, § 3, n° 9), *exempts*.

— Les actes de poursuites devant les conseils de discipline de la *garde nationale*, les jugements, arrêts et actes de recours en cette matière (L. 22 mars 1831, art. 124), *gratis*.

— Les jugements et actes de procédure relatifs à la navigation du Rhin (L. 21 avril 1832, art. 2), *gratis*.

— Ceux relatifs au réglement sur les pêcheries entre la France et l'Angleterre (D. 15 janv. 1847, I. 1776), *gratis*.

— Cours et tribunaux de tous degrés. Les jugements et arrêts contradictoires, ou par défaut, des juges de paix, des tribunaux civils, de commerce et d'arbitrage, de la police ordinaire, de la police correctionnelle, des cours d'assises et des *cours supérieures*, portant condamnation, collocation ou liquidation de sommes et valeurs mobilières, intérêts et dépens entre particuliers, excepté les dommages-intérêts (L. 22 frim. an 7, art. 69, § 2, n° 9), 50 cent. par 100 fr.

— Ceux qui portent condamnation à des dommages-intérêts (*id.*, art. 69, § 5, n. 8, et 27 vent. an 9, art. 11), 2 p. 100.

Dans aucun cas, et pour aucun de ces jugements, le droit proportionnel ne peut être au-dessous du droit fixe, tel qu'il est réglé pour les jugements des divers tribunaux.

— Les actes de procédure faits à la requête des indigents admis à l'assistance judiciaire, et les actes et titres produits par eux pour justifier de leurs droits et qualités (L. 22 janv. 1851, art. 14), *en débet*.

— Les jugements de tous les tribunaux et les arrêts des Cours, ordonnant purement et simplement la *remise* ou la *radiation* de la *cause* (I. 758, n. 3, 1012, 1026, 1080), *exempts*.

— Pour les jugements et arrêts contenant *adjudication* ou *résolution* de vente, etc., V. Résolutions, ventes.

— V. Actes aux greffes, actes de l'état civil, élections, indemnités, indigents, jury.

ACTES de notoriété (L. 28 avril 1816, art. 43, n. 2), 2 fr.

— Nécessaires pour la célébration du mariage des indigents, la légitimation de leurs enfants et le retrait de ceux déposés dans les hospices (L. 10 déc. 1850, art. 4), *gratis*.

— Les actes de notoriété et procès-verbaux relatifs à la disparition des militaires et à l'indigence des veuves et orphelins (D. 25 janv. 1824; I. 1124), *exempts*.

— V. Actes de l'état civil, caisse d'épargnes, caisse de retraite.

ACTES passés dans les colonies. Les actes translatifs d'immeubles situés en France doivent y être enregistrés dans les délais aux droits ordinaires. — Il ne peut être fait usage en justice ou par acte public, d'aucun acte passé dans les colonies, avant qu'il ait été enregistré en France. — Ceux qui contiennent transmission de biens dans les colonies sont passibles du droit fixe (*actes innommés*); — Les actes passibles du droit fixe et du droit prop. doivent payer le complément d'après le tarif de la métropole (I. 1703, 2077)

— V. Affranchissement des esclaves, Algérie, indemnités, indigents.

ACTES passés en pays étranger. Les règles ci-dessus concernant les actes passés dans les colonies, s'appliquent à ceux passés en pays étranger et dans les colonies françaises où l'enregistrement n'est pas établi, avec cette différence que : — Les actes translatifs de propriété, d'usufruit ou de jouissance de biens immeubles, situés soit en pays étranger, soit dans les colonies françaises où le droit d'enregistrement n'est pas établi, sont passibles du droit fixe de 10 fr., sans que, dans aucun cas, le droit fixe puisse excéder le droit proportionnel qui serait dû s'il s'agissait de biens situés en France (L. 16 juin 1824, art. 4) ; — Et que le même droit (10 fr.) s'applique aux actes translatifs de biens meubles dans les mêmes colonies ou dans les pays étrangers (I. 1256, § 3, 1513, § 9, 1703).

ACTES de produit, V. Productions.

ACTES produits en Cours d'instance, émanés du défendeur, et non enregistrés avant l'exploit de demande (L. 28 avril 1816, art. 57), *droit et double droit*.

ACTES de recours, V. Pourvois.

ACTES refaits pour nullité ou autre motif, sans aucun changement qui ajoute aux objets des conventions ou à leur valeur (L. 28 avril 1816, art. 43, n. 3), 2 fr.

ACTES respectueux (L. 22 frim. an 7, art. 68, § 1er, n. 51 ; L. 18 mai 1850, art. 8), 2 fr.

ACTES de société, V. Sociétés.

ACTES sous seing privé tendant uniquement à la liquidation de la dette publique, et pour les seules opérations de cette liquidation (D. 2 vend. et 9 frim. an 11 ; I. 290, n. 6), *exempts*.

ACTES translatifs de biens en *pays étranger* ou dans les *colonies*, V. Actes passés dans les colonies, actes passés en pays étranger, Algérie.

ACTES de tutelle et curatelle, V. Tutelles.

ACTES de voyage, V. Actes judiciaires.

ACTIONS, V. Cessions d'actions.

ADJUDICATIONS de biens meubles ou immeubles, créances et rentes, V. Ventes de meubles, ventes d'immeubles, licitations, cessions de créances, cessions de rentes.

ADJUDICATIONS à la folle-enchère, lorsque le prix n'est pas supérieur à celui de la précédente adjudication, si elle a été enregistrée (L. 28 avril 1816, art. 44, n. 1), 3 fr.

— Sur ce qui excède le prix de la précédente adjudication, si le droit a été acquitté : — Meubles (L. 22 frim. an 7, art. 69, § 5, n. 1er), 2 p. 100; — Immeubles (id., art. 69, § 7, n. 1er; L. 28 avril 1816, art. 52; I. 1425, § 2), 5 fr. 50 cent. par 100 fr.

— APRÈS SURENCHÈRE (id., I. 233, 1303, § 4, 1844, § 3), *mêmes droits.*

ADJUDICATIONS au rabais, V. Marchés.

ADOPTIONS, autres que par jugement (L. 22 frim. an 7, art. 68, § 1, n. 9; 18 mai 1850, art. 8), 2 fr.

— Confirmées par arrêt d'appel (L. 28 avril 1816, art. 49), 100 fr.

AFFECTATIONS d'hypothèque, V. Actes de complément.

AFFIRMATIONS de créances, après faillite (L. 28 avril 1816, art. 44, n. 10), 3 fr.

Il n'est dû qu'un seul droit sur le procès-verbal, quel que soit le nombre des déclarations affirmatives (L. 24 mai 1834, art. 13).

AFFIRMATIONS de procès-verbaux des employés, gardes, etc. (L. 22 frim. an 7, art. 70, § 3, n. 12), *exemptes.*

AFFRANCHISSEMENT des esclaves. Tous actes relatifs à l'affranchissement des esclaves (D. 18 sept. 1847; I. 1796, § 1), 1 fr. — Actes *civils* ou *administratifs* (L. 18 mai 1850, art. 8), 2 fr.

— Actes relatifs à l'indemnité accordée aux colons (L. 30 avril 1849, art. 11), *gratis.*

ALGÉRIE. Actes et mutations. Il ne sera perçu que la *moitié* des droits, soit fixes, soit proportionnels, décime non compris, qui sont perçus en France, sans que, néanmoins, dans aucun cas, le minimum du droit perçu pour un même acte puisse être au-dessous de 25 centimes. Les mutations opérées par décès ne sont assujetties à aucun droit (Ord. 19 oct. 1841).

Lorsqu'il est fait usage en France d'actes passés et enregistrés en Algérie, le complément du droit et le décime sont exigibles sur les actes présentés à l'enregistrement en France ; mais il n'est dû que le droit fixe sur les actes translatifs de meubles et immeubles situés en Algérie (I. 1703).

ALIÉNATIONS de biens de l'État, V. Ventes d'immeubles.

ANTICHRÈSES, V. Engagements d'immeubles.

APPELS. Les déclarations et significations d'appel des jugements des juges de paix aux tribunaux civils (L. 22 frim. an 7, art. 68, § 4, n. 3), 5 fr.

— Celles des jugements des tribunaux civils, de commerce et d'arbitrage (id., art. 68, § 5), 10 fr.

— Les déclarations d'appel des jugements rendus en matière de police correctionnelle, lorsque l'appelant est emprisonné (L. 25 mars 1817, art. 74), *en débet*.

— V. Pourvois.

APPOSITIONS et levées de scellés, V. Scellés.

ARRÊTÉS de comptes (L. 22 frim. an 7, art. 69, § 3, n. 3 (Inst. 2030 ; L. 5 mai 1855), 1 fr. par 100.

ARRÊTS, V. Actes judiciaires.

ASSIGNATIONS, V. Exploits.

ASSOCIATIONS ouvrières. Les actes de constitution des associations d'ouvriers, encouragées par le décret du 5 juill. 1848, et les actes de prêts faits par l'État à ces associations (L. 15 novembre 1848), *gratis*.

ASSURANCES. Les contrats d'assurance, autres que les assurances maritimes. — *Le droit est perçu sur la valeur de la prime* (L. 28 avril 1816, art. 51, n. 2) : *En temps de paix*, 1 p. 100 ; — *En temps de guerre*, 50 cent. par 100 fr.

— MARITIMES (L. 16 juin 1824, art. 5, et 18 mai 1850, art. 8), 2 fr., sauf la perception du droit prop. de 1 fr. ou de 50 cent. par 100 fr., lors de la production en justice.

— MUTUELLES (*Sociétés*), 5 fr. — Les actes d'adhésion ou polices d'assurances mutuelles (*Actes de complément*) (Sol. 3 avril 1849), 2 fr.

ATERMOIEMENTS entre débiteurs et créanciers. — *Le droit est perçu sur les sommes que le débiteur s'oblige de payer* (L. 22 frim. an 7, art. 69, § 2, n° 4), 50 cent. par 100 fr.

— APRÈS FAILLITE, en exécution des art. 519 et suiv. C. com., *quelle que soit la somme que le débiteur s'oblige de payer* (L. 24 mai 1834, art. 14), 3 fr.

— V. Concordats.

ATTESTATIONS pures et simples (L. 22 frim. an 7, art. 68, § 1, n° 10) ; — Par acte *civil* ou *administratif* (L. 18 mai 1850, art. 8), 2 fr.

— V. Actes de notoriété, certificats.

AUTORISATIONS pures et simples (L. 28 avril 1816, art. 43), 2 fr.

AVALS de lettres de change, par acte séparé (D. 7 août 1810 ; l. 488), 25 cent. par 100 fr. ; — Sur la lettre de change (*id.*), *exempts*.

AVIS de parents (L. 19 juill. 1845, art. 5), 4 fr.

— Ceux autorisant l'engagement volontaire des mineurs (D. 6 nov. 1832 ; l. 1422, § 3), *gratis*.

— Les délibérations de conseils de famille nécessaires pour la célébration du mariage des indigents, la légitimation de leurs enfants et le retrait de ceux déposés dans les hospices (L. 10 déc. 1850, art. 4), *gratis*.

— V. Émancipations, tutelles.

BAUX à ferme ou à loyer des biens meubles et immeubles, même ceux de l'État, d'industrie, de pâturage et nourriture d'animaux, à cheptel, ou reconnaissance de bestiaux ; conventions pour nourriture de personnes, lorsque la durée est limitée, sur le prix cumulé de toutes les années (L. 16 juin 1824, art. 1), 20 cent. par 100 fr.

· Pour la liquidation du droit il faut ajouter, au prix annuel exprimé, les charges imposées au preneur. — Si le bail est stipulé en nature, il est fait une évaluation d'après les mercuriales. — S'il s'agit d'objets dont la valeur ne puisse être constatée par les mercuriales, les parties en feront une déclaration estimative.

Le droit pour les sous-baux, subrogations et cessions de baux, est liquidé sur les années restant à courir. — Les baux de trois, six ou neuf ans sont considérés comme baux de neuf ans (L. 22 frim. an 7, art. 69, § 3, n° 2).

Pour les baux à *cheptel*, à défaut de prix exprimé, le droit se perçoit sur l'évaluation du bétail (*id.*, art. 69, § 1, n° 2).

— Les baux d'immeubles dans lesquels l'Etat est preneur (D. 24 juin 1814, 5 déc. 1821 et 13 août 1819; I. 1425, § 3), *gratis.*

BAUX à rentes perpétuelles, ceux à vie et ceux dont la durée est illimitée. — *Meubles* (L. 22 frim. an 7, art. 69, § 5, n° 2), 2 p. 100. — *Immeubles.* Lorsque le contrat reste dans les termes d'un simple louage (*id.*, art. 69, § 7, n° 2; Circ. Compt. 17 déc. 1832; — Et les concessions à perpétuité de terrains dans les cimetières (D. 12 mai 1846; I. 1757), 4 p. 100.

— Lorsque l'acte emporte transmission de propriété de nature à être transcrite (L. 28 avril 1816, art. 52 et 54), 5 fr. 50 cent. p. 100 fr.

Le droit est liquidé sur un capital formé de 10 ou de 20 fois la rente ou le prix annuel, et les charges aussi annuelles, en y ajoutant les autres charges en capital et les deniers d'entrée (L. 22 frim. an 7, art. 15, n. 2 et 3).

BAUX emphytéotiques de biens immeubles (Cass. 1er avril 1840 et 18 mai 1847), 5 fr. 50 cent. par 100 fr.

BILANS (L. 22 frim. an 7, art. 68, § 1, n° 13), 1 fr. — Par acte *civil* (L. 18 mai 1850, art. 8), 2 fr.

BILLETS à ordre, et tous autres effets négociables de particuliers ou de compagnies (à l'exception des lettres de change tirées de place en place). — *Les effets négociables de cette nature pur ont n'être présentés à l'enreg. qu'avec les protêts qui en auront été faits.* — Nota. Cette dernière disposition ne s'applique pas aux actes *notariés* soumis à l'enreg. dans le délai ordinaire (I. 1458, § 3, 1490, § 5, 1498, § 4) (L. 22 frim. an 7, art. 69, § 2, n° 6), 50 cent. par 100 fr.

— Au porteur (D. 10 mai 1808; I. 386, n° 8), 50 cent. p. 100 fr.

— Simples et obligations (L. 5 mai 1855), 1 fr. par 100 fr.

BORDEREAUX de collocation, V. Ordres.

BREVETS d'apprentissage. Le droit est réduit à 1 fr., qu'il y ait ou non obligation ou quittance (L. 22 févr. 1851, art. 2).

BUREAUX de paix. Actes et procès-verbaux desquels il ne résulte aucune disposition donnant lieu à un droit prop. supérieur à 1 fr. (L. 22 frim. an 7, art. 68, § 1er, n° 47), 1 fr.

— Mentions de non-comparution (D. 7 juin 1808; I. 390, § 9), *exemptes.*

CAHIER des charges, par acte *judiciaire* séparé de l'adjudication (*Actes innommés*) (D. 16 août 1808; I. 400, n° 4; 436, n° 74), 1 fr.; — Par acte *civil*, (L. 18 mai 1850, art. 8), 2 fr.; — *administratif* (L. 15 mai 1818 art. 80; D. 30 septembre 1831 et 28 janvier 1832; I. 1388, § 10, et 1401 § 10), *exempts.*

CAISSE des consignations. Quittances et décharges des parties prenantes au profit de la caisse (D. 4 août 1836 et 14 août 1843; I. 1519 et 1712), *gratis.*

— D'ÉPARGNES. Les procurations et autres pièces telles que certificats de propriété, etc., produites pour vendre les inscriptions provenant de la conversion des livrets en rentes sur l'État (L. 21 nov. 1848), *exemptes*.

— DES RETRAITES pour la vieillesse. Les certificats, actes de notoriété et autres pièces relatives à l'exécution de la loi qui établit sous la garantie de l'État, une caisse des retraites pour la vieillesse (L. 18 juin 1850, art. 11), *exempts*.

CAUTIONNEMENTS de sommes et objets mobiliers, garanties mobilières et indemnités de même nature. — *Le droit se perçoit indépendamment de celui de la disposition que le cautonnement, la garantie ou l'indemnité a pour objet, mais sans pouvoir l'excéder* (L. 22 frim. an 7, art. 69, § 2, n° 8), 50 cent. par 100 fr.

— Les cautionnements de se représenter ou de représenter un tiers, en cas de mise en liberté provisoire (L. 28 avril 1816, art. 50), 50 cent. par 100 fr.

— Ceux relatifs aux saisies des douanes ou des contributions indirectes (D. 25 nov. 1806, Sol. 25 sept. 1840; I. 323, 1643, § 5; D. 16 sept. 1850), 2 fr.

CAUTIONNEMENTS des baux de toute nature, à durée limitée (L. 16 juin 1824, art. 1er), 10 cent. p. 100 fr.

CAUTIONNEMENTS des adjudications et marchés dont le prix doit être payé par le Trésor public (L. 15 mai 1818, art. 73, et 18 mai 1850, art. 8), 2 fr.

CAUTIONNEMENTS des comptables envers l'État (L. 22 frim. an 7, art. 69, § 2, n° 8), 25 cent. par 100 fr. — Ceux des receveurs de la navigation intérieure (L. 7 germ. an 8; Arr. gouv. 8 prair. an 11 et L. 18 mai 1850, art. 8), 2 fr.

— Les récépissés des cautionnements en numéraire versés dans les caisses du Trésor, exempts de l'enregistrement (L. 22 frim. an 7, art. 70, § 3, n° 7), *exempts*.

— Cautionnements en immeubles des conservateurs des hypothèques (L. 21 vent. an 7, art 5, et 18 mai 1850, art. 8), 2 fr.

— Cautionnements relatifs aux armements en course (I. 172 et L. 18 mai 1850, art. 8), 2 fr.

— Pour la pêche du hareng (D. 14 mai 1844; I. 1713, § 1er), *exempts*.

CÉDULES des juges de paix pour citation devant eux (L. 22 frim. an 7, art. 70, § 3, n° 10, et 18 therm. an 7), *exemptes*.

CERTIFICATS purs et simples. Par acte *judiciaire* (L. 22 frim. an 7, art. 68, § 1er, n° 17, 1 fr. — Par acte *civil* ou *administratif* (L. 18 mai 1850, art. 8), 2 fr.

CERTIFICATS de cautions et de cautionnements (L. 28 avril 1816, art. 43, n° 6), 2 fr.

CERTIFICATS de propriété des cautionnements et sommes dues par l'État autres que les pensions, rémunérations et secours (D. 18 sept. 1806; D. 13 nov. 1847, 30 mars 1848; I. 1814, § 5), 2 fr. — Par acte *civil* ou *administratif* (L. 18 mai 1850, art. 8), 2 fr.

— Relatifs aux pensions, secours ou rémunérations dues par l'État (D. 21 août 1806, D. 20 août 1842; I. 1679), *exempts*.

CERTIFICATS de vie et de résidence, par chaque individu (L. 22 frim. an 7, art. 68, § 1er, no 17; L. 18 mai 1850, art. 8), 1 fr. (Inst. 1903).

— Pour recevoir des rentes ou pensions sur l'Etat : *exempts*.

CERTIFICATS d'imprimeurs. — (Inst. 1903), 1 fr. ou 2 fr. suivant les cas prévus.

CESSIONS d'actions et coupons d'actions mobilières des compagnies et sociétés d'actionnaires, *émises avant le* 1er *janv.* 1851 (L. 22 frim. an 7, art. 69, § 2, no 6), 50 cent. par 100 fr.

— Lorsque les titres *émis postérieurement au* 1er *janv.* 1851, ont acquitté le droit de timbre de 50 cent. ou de 1 fr. par 100 fr. (L. 5 juin 1850, art. 15), *exemptes*.

CESSIONS de baux, V. Baux.

CESSIONS de créances à terme (L. 22 frim. an 7, art. 69, § 3, no 3, et 5 mai 1855), 1 fr. par 100 fr.

La liquidation du droit prop. est déterminée par le capital exprimé dans l'acte et qui en fait l'objet. — Il y a exception pour les adjudications en justice ou devant un notaire commis, dont le droit se perçoit sur le prix (I. 1307, § 1er).

CESSIONS de droits successifs, V. Licitations, ventes.

CESSIONS d'intérêts ou de parts dans les compagnies ou sociétés *dont le capital n'est pas divisé en actions* ((L. 22 frim. an 7, art 69, § 5, no 1er ; I. 1643, 1633, 1693, § 1er, 1697, § 6, 1755, § 3), 2 p. 100.

CESSIONS de marchés pour entreprises (*ventes d'objets mobiliers*) (L. 22 frim. an 7, art. 69, § 5, no 1er ; I. 1661, § 8 et 1844, § 4), 2 p. 100.

CESSIONS d'offices, V. Offices.

CESSIONS de rentes. Les transports et délégations de rentes de toute nature (*sauf des rentes foncières créées avant la loi du* 11 *brum. an* 7) L. 22 frim. an 7, art. 69, § 5, no 2), 2 p. 100 ; — Lorsque le titre est *antérieur à la loi du* 11 brum. an 7, *y compris le droit de transcription* (L. 22 frim. an 7, art 69, § 5, no 2, 28 avril 1816, art. 54 (3 fr. 50 cent. par 100 fr.

La liquidation du droit prop. est déterminée par le capital constitué, quel que soit le prix stipulé pour le transport, excepté pour les adjudications (I. 1307, § 1er).

CHAMBRES de discipline. Délibérations et actes d'administration, d'ordre et de discipline intérieure, savoir: *Avoués* (Arr. du gouv. 15 frim. an 9). — *Commissaires-priseurs* (D. 29 germ. an 9). — *Notaires* (Arr. 2 niv. an 12 ; Ord. 4 janvier 1843. — *Huissiers* (Décr. 14 juin 1813, art. 89), *exempts*.

CHEMINS de fer. Les actes passés en vertu des lois autorisant des emprunts faits par les compagnies concessionnaires (L. du 15 juillet 1840), 1 fr.

— V. Expropriation pour cause d'utilité publique ; procès-verbaux.

CHEMINS vicinaux. Les plans, procès-verbaux, certificats, significations, jugements, contrats, quittances et autres actes, ayant pour objet exclusif leur construction, entretien et réparation (L. 21 mai 1836, art. 20 et 3 mai 1841, art. 58 ; I. 1764), *gratis* (Inst. 1929),

— Les marchés, adjudications de travaux et autres actes y relatifs (L. 21 mai 1836, art. 20, I. 1768), 1 fr.

CODICILES (*Testaments*) (Délib. 11 juin 1823), 5 fr.

COLLATIONS d'actes et pièces ou des extraits d'iceux. — *Le droit est payé par chaque acte, pièce ou extrait collationné.* — Par acte *judiciaire ou extrajudiciaire* (L. 22 frim. an 7, art. 68, § 1er, n° 18), 1 fr. ; — Par acte *civil* ou *administratif* (L. 18 mai 1850, art. 8), 2 fr.

COLLOCATIONS de sommes Les *jugements* portant collocation (L. 22 frim. an 7, art. 69, § 2, n° 9), 50 cent. p. 100 fr. ; — *à l'amiable* (C. 17 mars 1830 ; I. 1520, § 2 ; L. 18 mai 1850, art. 8), 2 fr.

COLONIES, V. Actes passés dans les colonies, affranchissement des esclaves, Algérie, indemnité.

COMMAND, V. Déclarations de command.

COMPROMIS ou nominations d'arbitres qui ne contiennent aucune obligation de sommes et valeurs donnant lieu au droit prop. (L. 28 avril 1816, art. 44, n° 2), 3 fr.

COMPTES (arrêtés de) (L. 22 frim. an 7, art. 69, § 3, n° 3, 5 mai 1855 (Inst. 2030), 1 fr. par 100 fr.

COMPTES de recettes ou gestions publiques (L. 22 frim. an 7, art. 70, § 3, n° 7), *exempts*.

COMPTES de tutelle. Projets et arrêtés de compte dont le reliquat est payé (*actes innommés*) (L. 18 mai 1850, art. 8), 2 fr.

— V. Comptes (arrêtés de).

COMPTOIRS d'escompte. Actes de société pour leur établissement (Décr. 8 mars 1848), *gratis*. — Actes relatifs aux nantissements et créances des sous-comptoirs de garantie (Décr. 24 mars 1848), 2 fr.

CONCILIATION. V. Bureaux de paix.

CONCORDATS ou atermoiements, consentis conformément aux art. 507 et suiv. du C. de com., *quelle que soit la somme que le failli s'oblige de payer* (L. 24 mai 1834, art. 14), 3 fr.

CONDAMNATIONS. Les jugements ou arrêts portant condamnation de sommes (L. 22 frim. an 7, art. 69, § 2, n° 9), 50 cent. par 100 fr.

— V. Actes judiciaires.

CONNAISSEMENTS ou reconnaissances de chargement par mer (L. 28 avril 1816, art. 44, n° 6), 3 fr. par chaque destinataire.

CONSENTEMENTS purs et simples (L. 28 avril 1816, art. 43), 2 fr.

CONSIGNATIONS, V. Caisse des consignations.

CONSTITUTIONS de rentes, soit perpétuelles, soit viagères, et de pensions, à titre onéreux (L. 22 frim. an 7, art. 69, § 5, n° 2), 2 p. 100.

La liquidation du droit est déterminée par le capital constitué ou aliéné. — Pour les rentes et pensions créées sans expression de capital, leurs transport et amortissement, *à raison d'un capital formé de vingt fois la rente perpétuelle, et dix fois la rente viagère ou la pension, et quel que soit le prix stipulé pour le transport ou l'amortissement.* — Il n'est fait aucune distinction entre les rentes viagères et pensions créées sur une tête, et celles créées sur plusieurs têtes, quant à l'évaluation. Les rentes et pensions stipulées payables en nature sont évaluées d'après les mercuriales des 14 dernières années. — S'il est question d'objets dont les prix ne puissent être réglés par les mercuriales, les parties en font une déclaration estimative. (L. 22 frim. an 7, art. 14, n. 6 et 9 ; L. 15 mai 1818, art. 75).

— V. Pensions alimentaires.

CONTRATS de mariage sans autres dispositions que des déclarations d'apport personnel des futurs (L. 28 avril 1816, art. 45, n° 2), 5 fr.

CONTRE LETTRES. Transmission d'offices (Inst. 1640 et 1989).

CONTRIBUTIONS publiques, V. Actes judiciaires, exploits.

COTES et paraphes de registres de négociants et autres (L. 28 avril 1846, art. 73), 1 fr.; — Par acte *civil* ou *administratif* (L. 18 mai 1850, art. 8), 2 fr.; — Des registres de l'état civil et des formalités hypothécaires (I. 758, § 6), *exempts*.

CRÉDIT (ouvertures de) pures et simples ne contenant pas obligation actuelle (I. 1410, § 10 ; L. 18 mai 1850, art. 8), 2 fr.

— Après la réalisation du crédit (*obligation*) (L. 5 mai 1855), 1 fr. par 100 fr.

DATIONS en paiement, V. Cessions de créances, ventes.

DÉCHARGES simples et récépissés de *pièces* (L. 28 avril 1816, art. 43, n. 8), 2 fr.

— De *prix* de vente de meubles (I. 460), 2 fr.

— De *sommes* et *effets mobiliers* déposés chez les officiers publics, lorsque la remise est faite aux déposants (L. 28 avril 1816, art. 43, n° 11), 2 fr.

DÉCLARATIONS simples, en matière civile ou de commerce (L. 28 avril 1816, art. 43, n. 9), 2 fr.

— AFFIRMATIVES, V. Affirmations de créances.

— D'ABATTAGE, en vertu des art. 131, 132 C. forest. (I. 1294, § 2), *exemptes*.

— D'APPEL, V. Appels.

— DE CHANGEMENT DE DOMICILE, exécution de l'art. 104 C. civ., *exemptes*.

— DE DONS MANUELS, V. Dons manuels.

— DE REMPLOI, V. Remplois.

— DES RENTIERS qui ont perdu leurs extraits d'inscription, devant le maire de la commune de leur domicile, et en présence de deux témoins attestant leur individualité (Décr. 3 mess. an 12 : L. 18 mai 1850, 2fr.

DÉCLARATIONS des titulaires de cautionnements versés au Trésor, en faveur des bailleurs de fonds pour leur assurer le privilége de second ordre (Décr. 22 déc. 1812; I. 1030 et 1293, § 2 ; L. 18 mai 1850, art. 8), 2 fr.

DÉCLARATIONS d'adjudicataire par l'avoué dernier enchérisseur, en exécution de l'art. 707 C. proc. civ., quand elles sont faites par acte séparé de l'adjudication (*Actes de complément*) (Instr. 1210), 1 fr.

DÉCLARATIONS ou élections de command et d'ami, lorsque la *faculté a été réservée* dans l'adjudication ou la vente et que la déclaration est faite par un *acte public*, et notifiée *dans les 24 heures* de l'adjudication ou du contrat (L. 28 avril 1816, art. 44, n° 3), 3 fr.

Le délai de 24 heures pour l'adjudicataire déclaré lui-même par un avoué, d'après l'art. 709 du Code de procédure, dans les trois jours de l'adjudication, ne court que du jour de cette déclaration. — Pour les adjudications des biens de l'Etat, le délai est de trois jours (L. 26 vend. an 7, art. 11).

— Les déclarations de command qui ne sont pas faites dans les conditions ci-dessus, ou qui ne sont pas pures et simples sont considérées comme reventes. Les droits sont : 1° pour les *créances* (L. 5 mai 1855), 1 fr. par 100 fr. : — 2° pour les *rentes* et les *meubles* (L. 22 frim. an 7, art. 69, § 5, n. 4), 2 p. 100; — 3° pour les *immeubles* (*id.*, art. 69, § 7, n. 3), 4 p. 100; si l'acte est de nature à être transcrit (L. 28 avril 1816, 5 fr. 50 cent. par 100 fr.

DÉLÉGATIONS de créances à terme, et celles de prix stipulées dans un contrat pour acquitter des créances à terme envers un tiers, sans énonciation de titre enregistré (L. 22 frim. an 7, art. 69, § 3, n. 3, et 5 mai 1855, Inst. 2030), 1 fr. p. 100 fr.

— De rentes, V. Constitutions de rentes.

DÉLIBÉRATIONS de conseils de famille, V. Avis de parents.

DÉLIVRANCES de legs pures et simples (L. 22 frim. an 7, art. 68, § 1, n. 25). — Par acte civil ou administratif (L. 18 mai 1850, art. 8), 2 fr.

DÉNONCIATIONS de protêts (Décr. 23 mars 1848), 1 fr.

DÉPOTS d'actes et pièces chez les officiers publics (L. 28 avril 1816, art. 43, n. 10), 2 fr.

— Aux greffes. V. Actes aux greffes.

DÉPOTS et consignations de sommes et effets mobiliers *chez les officiers publics*, lorsqu'ils n'opèrent pas la libération des déposants (L. 28 avril 1816, art. 43, n. 11), 2 fr.

— De sommes *chez les particuliers* (L. 22 frim. an 7, art. 69, § 3, n. 3, et 5 mai 1855), 1 fr. par 100 fr.

DÉSISTEMENTS purs et simples (L. 28 avril 1816, art. 43, n. 12), 2 fr.

DETTE PUBLIQUE, V. Actes s. s. p., déclarations, donations entre vifs, inscriptions sur le grand-livre, successions.

DEVIS d'ouvrages et entreprises qui ne contiennent aucune obligation de sommes et valeurs, ni quittance (L. 22 frim. an 7, art. 68, § 1, n. 29, et 18 mai 1850, art. 8), 2 fr.

DISPENSES d'âge ou de parenté, V. Lettres-patentes.

DISSOLUTIONS de société ne portant ni obligation, ni libération, ni transmission de biens meubles ou immeubles, entre les associés ou autres personnes (L. 28 avril 1816, art. 45, n. 2), 5 fr.

DISTRIBUTIONS, V. Collocations, ordres.

DOMMAGES-INTÉRÊTS prononcés par les tribunaux *criminels, correctionnels et de police* (L. 22 frim. an 7, art. 69, § 5, n. 8); — prononcés par les tribunaux, *en matière civile* (L. 27 vent. an 9, art. 11), 2 p. 100.

DONATIONS ENTRE VIFS et partages d'ascendants. Les donations portant partage, conformément aux art. 1075 et 1076 C. civ., par les père et mère ou autres ascendants, entre leurs enfants et descendants. Meubles et immeubles (L. 16 juin 1824, art. 3, et 18 mai 1850, art. 5 et 10), 1 p. 100.

DONATIONS ENTRE VIFS hors contrat de mariage. 1° *En ligne directe.* Meubles (L. 22 frim. an 7, art. 69, § 4, n. 1 et 18 mai 1850, art. 10; Délib. 18 juin suiv.), 2 fr. 50 cent. par 100 fr.; — Immeubles (L. 22 frim. an 7, art. 69, § 6, n. 2, et 28 avril 1816, art. 54), 4 p. 100.

2. *Entre époux.* Meubles (L. 28 avril 1816, art. 53, et 18 mai 1850, art. 10; Délib. 18 juin suiv.), 3 p. 100; — Immeubles (L. 28 avril 1816, art. 53 et 54), 4 fr. 50 cent. par 100 fr.

3. *Entre frères et sœurs, oncles et tantes, neveux et nièces.* Meubles et immeubles (L. 21 avril 1852, art. 33, et 18 mai 1850, art. 10; Délib. 18 juin suiv.), 6 fr. 50 cent. par 100 fr.

4. *Entre grands-oncles et grand'-tantes, petits-neveux et petites-nièces, cousins germains.* Meubles et immeubles (*id.*), 7 p. 100.

10

5. *Entre parents au-delà du 4ᵉ degré jusqu'au 12ᵉ.* Meubles et immeubles (*id.*), 8 p. 100.

6. *Entre personnes non parentes.* Meubles et immeubles (*id.*), 9 p. 100.

DONATIONS ENTRE VIFS par contrat de mariage, aux futurs. 1. *En ligne directe.* Meubles (L. 22 frim. an 7, art. 69, § 4, n. 1, et § 6, n. 2 ; L. 18 mai 1850, art. 10 ; Délib. 18 juin suiv.), 1 fr. 25 cent. par 100 fr. — Immeubles (L. 22 frim. an 7, art. 69, § 6, n. 2 et L. 28 avril 1816, art. 54), 2 fr. 75 cent. par 100 fr.

2. *Entre époux.* Meubles (L. 28 avril 1816, art. 53, et 18 mai 1850, art. 10 ; Délib. 18 juin suiv.), 1 fr. 50 cent. par 100 fr. ; — Immeubles (L. 28 avril 1816, art. 53 et 54), 3 p. 100.

3. *Entre frères et sœurs, oncles et tantes, neveux et nièces.* Meubles et immeubles (L. 21 avril 1832, art. 33, et 18 mai 1850, art. 10 ; Délib. 18 juin suiv.), 4 fr. 50 cent. par 100 fr.

4. *Entre grands-oncles et grand'-tantes, petits-neveux et petites-nièces, cousins germains.* Meubles et immeubles (*id.*), 5 p. 100.

5. *Entre parents au-delà du 4ᵉ degré jusqu'au 12ᵉ.* Meubles et immeubles (*id.*), 5 fr. 50 cent. par 100 fr.

6. *Entre personnes non parentes.* Meubles et immeubles (*id.*), 6 p. 100.

DONATIONS entre vifs non acceptées par le donataire (*Actes innommés*) (I. 290, n° 29 ; L. 18 mai 1850, art. 8), 2 fr.

DONATIONS éventuelles. Actes qui ne contiennent que des dispositions soumises à l'événement du décès, et les dispositions de même nature qui sont faites par contrat de mariage entre les futurs ou par d'autres personnes (L. 28 avril 1816, art. 4, n° 45), 5 fr.

DONS manuels. Les actes renfermant soit la déclaration par le donataire ou ses représentants, soit la reconnaissance judiciaire d'un don manuel (L. 18 mai 1850, art. 6), *Droits des donations entre vifs acceptées.*

DROITS de sceau, V. Lettres-patentes.

ÉCHANGES d'immeubles. *Le droit se perçoit sur l'une des parts, sur la moindre, s'il y a retour, indépendamment du droit de vente sur le retour ou plus value* (L. 16 juin 1824, art. 2 ; 24 mai 1834, art. 16), 2 fr. 50 cent. par 100 fr.

La liquidation du droit est fixée par une évaluation qui doit être faite en capital d'après le revenu annuel multiplié par vingt, sans distraction de charges (L. 22 frim. an 7, art. 15).

— Faits par l'État (L. 22 frim. an 7, art. 70, § 2, n° 1er), *gratis.*

EFFETS négociables. Tous effets négociables de particuliers ou de compagnies, à l'exception des lettres de change tirées de place en place (L. 22 frim. an 7, art. 69, § 2, n° 6), 50 cent. par 100 fr.

— V. Actions, acquits, billets à ordre, endossements, lettres de change, obligations.

ÉLECTIONS (actes judiciaires en matière d') pour la formation et la révision des listes d'électeurs (L. 15 mars 1849), *gratis.* — Pour celles des électeurs des tribunaux de commerce (Décr. 28 août 1848), *gratis.*

ÉMANCIPATIONS. Les actes d'émancipation. — *Le droit est dû par chaque émancipé* (L. 22 frim. an 7, art. 68, § 4, n° 2, et 19 juillet 1845, art. 5), 10 fr.

ENDOSSEMENTS des billets à ordre et autres effets négociables, *sous seing privé* (L. 22 frim. an 7, art. 70, § 3, n° 15), *exempts.* — Par acte *notarié* (I. 1795, § 9; L. 18 mai 1850, art. 8), 2 fr.

ENGAGEMENTS, enrôlements, congés, certificats, cartouches, passeports, quittances de prêt et fournitures, billets d'étape de subsistance et de logement, tant pour le service de terre que pour le service de mer, et tous autres actes de l'une et de l'autre administration (L. 22 frim. an 7, art. 70, § 3, n° 13), *exempts.*

— V. Avis de parents.

ENGAGEMENTS de biens immeubles (L. 22 frim. an 7, art. 69, § 5, n° 5), 2 p. 100.

Le droit est déterminé par les sommes pour lesquelles les engagements sont faits.

ENQUÊTE (Procès-verbaux d'), V. Actes aux greffes, actes judiciaires.

ÉTATS de dettes (D. 7 juin 1808 ; I. 29 juin 1808, 386, n° 19), 1 fr. —Par acte *civil* (L. 18 mai 1850, art. 8), 2 fr.

— D'EFFETS mobiliers joints aux déclarations des tiers saisis, conformément à l'art. 578 C. proc. civ. (I. 436, § 46, 1097), 1 fr.

— Joints aux donations (*Actes innommés*) L. 18 mai 1850, art. 8), 2 fr.

— DE FRAIS et dépens, V. Exécutoires.

ÉTATS d'inscriptions. Les états et certificats délivrés par les conservateurs des hypothèques (D 21 mars 1809 ; I. 433, § 5), *exempts.*

EXÉCUTOIRES de dépens (L. 22 frim. an 7, art. 69, § 2, n° 9; D. 16 et 28 fév. 1809 ; I. 429, n° 4), 50 cent. p. 100 fr. au minimum de 1 fr.

EXPÉDITIONS ou extraits d'actes assujettis à l'enreg. sur la minute (L 22 frim. an 7, art. 8), *exempts.*

EXPLOITS et autres actes des huissiers ne pouvant donner lieu au droit prop., à l'exception de ceux nommément tarifés à 50 cent., à 1 fr., à 3 fr. es au-dessus (L. 28 avril 1816, art. 43, n° 13), 2 fr.

Il est dû un droit pour chaque demandeur ou défendeur, en quelque nombre qu'ils soient, dans le même acte, excepté les copropriétaires et cohéritiers, les parents réunis, les cointéressés, les débiteurs ou créanciers associés ou solidaires, les séquestres, les experts et les témoins, qui ne sont comptés que pour une seule et même personne, soit en demandant, soit en défendant, dans le même original d'acte, lorsque leurs qualités y sont exprimées. (L. 22 frim. an 7, art. 68, § 1, n. 30).

— CONSEILS DE PRUD'HOMMES. Les assignations et exploits devant les conseils des prud'hommes, lorsque l'objet de la contestation excède 25 fr. (L. 28 avril 1816, art. 41, n° 2), 50 cent ; — Entre patrons et ouvriers et entre ouvriers (L. 7 août 1850, art. 1er), *en débet*, sauf recouvrement sur les parties condamnées ; — Lorsque l'objet n'excède pas 25 fr. (D. 20 juin 1809, et 30 août 1847, 1. 437, 1796, § 11), *gratis.*

— JUSTICES DE PAIX. Les exploits et significations relatifs aux procédures devant les juges de paix jusques et y compris les significations des jugements définitifs (L. 19 juillet 1845, art. 5), 1 fr. 50 cent.

— TRIBUNAUX DE 1re INSTANCE ET DE COMMERCE. Les significations *d'avoué à avoué*, pour l'instruction des procédures devant les tribunaux de 1re instance (L. 28 avril 1816, art, 41, n° 2), 50 cent.

— Tous autres exploits ou actes du ministère des huissiers, relatifs aux procédures devant les tribunaux de 1re instance ou de commerce (*id.* art. 43, n° 13), 2 fr.

— COURS D'APPEL. Les significations *d'avoué à avoué* dans les procédures d'appel (*id.*, art. 42), 1 fr.

— Tous autres exploits ou actes des huissiers, relatifs aux procédures devant les cours d'appel, jusques et y compris les significations des arrêts définitifs (*id.*, art. 44, n° 7), 3 fr.

— COUR DE CASSATION ET CONSEIL D'ETAT. Les significations *d'avocat à avocat* dans les instances devant la Cour de cassation ou le Conseil d'Etat (*id.*, art. 44, n° 10), 3 fr.

— Tous autres exploits ou actes du ministère des huissiers, relatifs à ces procédures, jusques et y compris les significations des arrêts définitifs, le premier acte de recours excepté (*id.*, art. 45, n° 1), 5 fr.

— CONTRIBUTIONS PUBLIQUES. Les exploits et autres actes, tant en action qu'en défense, pour le recouvrement des contributions directes ou indirectes et toutes autres sommes dues au Trésor, à quelque titre et pour quelque objet que ce soit, même de contributions locales, lorsqu'il s'agit de cotes ou de droits et créances non excédant en total la somme de cent francs, *quelle que soit la somme demandée* (L. 16 juin 1824, art. 6; D. 11 mars 1850, I. 1850), *gratis.*

— Lorsque la somme principale excède 100 fr. (*id.*), 1 fr.

En matière de contributions directes, si le contribuable s'est libéré dans le délai de quatre jours l'enregistrement a toujours lieu gratis (1415).

— POLICE. Les actes des huissiers, relatifs aux procédures devant les tribunaux de police (L. 22 frim. an 7, art. 68, § 1, n° 48), 1 fr. ; — S'il n'y a point partie civile (*id.*, art. 70, § 1, n° 1 ; L. 25 mars 1817, art. 74), *en débet* ; — En matière criminelle, les actes des huissiers concernant la police générale et la vindicte publique (L. 22 frim., art 70, § 2, n° 3), *gratis.*

EXPROPRIATION pour cause d'utilité publique (plans, procès-verbaux, certificats, significations, jugements, contrats, quittances et autres actes faits en vertu de la loi sur l') (L. 3 mai 1841, art. 58), *gratis.*

EXTRAITS, V. Collations, expéditions.

FACTURES signées seulement du marchand ou négociant et non acquittées *Actes innommés*) (L. 22 frim. an 7, art. 68, § 1, n. 51, et 18 mai 1850, art. 8), 2 fr.

FAILLITES (Actes concernant les).Les procès-verbaux qui déclarent l'union dissoute et les jugements prononçant, *d'office*, la clôture des opérations pour insuffisance de l'actif (D. 20 juillet 1843 et 21 oct. 1845; I. 1697, § 4, 1755, § 8), *en débet.*

— V. Affirmation de créances, atermoiements, concordats, inventaires, quittances, scellés, ventes de meubles.

FOLLE-ENCHERE, V. Ventes d'immeubles.

GAGE, V. Garanties mobilières, nantissements.

GARANTIES mobilières (L. 22 frim. an 7, art. 69, § 2, n. 8), 50 cent. par 100 fr.

— V. Cautionnements.

GARDES, V. Actes des huissiers et gendarmes, procès-verbaux.

GARDE NATIONALE. Les actes de poursuites et ceux en défense devant les conseils de discipline, les jugements, arrêts ou actes de recours en cette matière (L. 22 mars 1831, art. 121), *gratis*.

— Marchés passés par les municipalités pour l'habillement des gardes nationaux (Décr. 24 mars 1848), *gratis*.

GENDARMES, V. Actes des huissiers et gendarmes, procès-verbaux.

HUISSIERS, V. Actes des huissiers, exploits.

INDEMNITÉS mobilières (L. 22 frim. an 7, art. 69, § 2, n. 8), 50 cent. par 100 fr.

— V. Cautionnements, promesses d'indemnités.

INDEMNITÉS par l'Etat attribuées : 1. aux anciens *colons de Saint-Domingue*. Titres et actes de tous genres, ainsi que les mutations par décès de cette indemnité (L. 30 avril 1826, art. 10); — Et les titres produits pour l'exécution de la loi relative aux sommes à verser par Haïti (L. 18 mai 1840, art. 10), *exempts*.

2. Aux *colons français* par suite de *l'affranchissement des esclaves*. Tous actes judiciaires ou extrajudiciaires relatifs à l'indemnité, ainsi que les actes notariés et les jugements (L. 30 avril 1849, art. 11), *gratis*.

INDIGENTS. Les actes de notoriété et de consentement, les délibérations des conseils de famille, les dispenses pour cause de parenté, d'alliance ou d'âge, les actes de reconnaissance des enfants naturels, les actes de procédure, les jugements et arrêts dont la production est nécessaire pour la célébration du mariage des personnes indigentes, la légitimation de leurs enfants et le retrait de ceux déposés dans les hospices (L. 10 déc. 1850, art. 4), *gratis*.

— Les actes de procédure faits à la requête des indigents admis à l'assistance judiciaire, et les actes et titres produits par eux pour justifier de leurs droits et qualités. — Le recouvrement est suivi après le jugement définitif (L. 22 janv. 1851, art. 14), *en débet*.

— V. Actes de l'état civil, actes judiciaires, appels, lettres-patentes.

INSCRIPTIONS sur le grand-livre de la dette publique, leurs transferts, arrérages formant un tout transférable avec l'inscription et tous effets de la dette publique, inscrits ou à inscrire définitivement (L. 22 frim. an 7, art. 70, § 3, n. 3), *exempts*.

— V. Déclarations, donations entre vifs, successions.

INSTITUTIONS contractuelles (*Donations éventuelles*), 5 fr.

INTERDICTIONS. Jugement de 1re instance prononçant une interdiction (L. 22 frim. an 7, art. 68, § 6, n. 2), 15 fr.; — Arrêts de cours d'appel confirmant une interdiction (L. 28 avril 1816, art. 47, n. 2), 25 fr.

INVENTAIRES de meubles, objets mobiliers, titres et papiers. — *Il est dû un droit pour chaque vacation* (L. 22 frim. an 7, art. 68, § 2, n. 4), 2 fr.

Les inventaires après faillite ne sont assujettis qu'à un seul droit fixe, quel que soit le nombre des vacations (L. 24 mai 1834, art. 1er).

— En matière de douane, sur feuilles volantes, indiquant l'origine française (L. 21 avril 1818, art. 41; I. 830), *gratis*.

JUGEMENTS et arrêts, V. Actes judiciaires.

JURY. Réclamations relatives à la formation des listes (Décr. 7 août 1848, art. 6), *gratis*.

JUSTICES de paix, V. Actes judiciaires, bureaux de paix.

LEGALISATIONS de signatures d'officiers publics (L. 22 frim. an 7, art. 70, § 3, n. 11), *exemptes*.

LEGITIMATIONS des enfants, V. Indigents.

LETTRES de change tirées de place en place, et celles venant de l'étranger ou des colonies françaises, lorsqu'elles sont protestées faute de paiement. — Elles peuvent n'être présentées à l'enregistrement qu'avec l'assignation. — *Dans le cas de protêt, faute d'acceptation, les lettres de change doivent être enregistrées seulement avant que la demande en remboursement puisse être formée contre les endosseurs ou le tireur.* — Cette dernière disposition ne concerne pas les lettres de change devant notaire (V. Billets à ordre) (L. 28 avril 1816, art. 50), 25 cent. par 100 fr.

LETTRES de voiture. — *Il est dû un droit pour chaque personne à qui les envois sont faits* (L. 22 frim. an 7, art. 68, § 1, n. 20; 18 mai 1850, art. 8), 2 fr.

LETTRES missives qui ne contiennent aucune convention donnant lieu au droit proportionnel (L. 28 avril 1816, art. 43, n. 14), 2 fr.

LETTRES-PATENTES. Dispenses d'âge pour le mariage (L. 28 avril 1816, art. 55), 20 fr.; droits de sceau, 100 fr. — Délivrées aux indigents (L. 15 mai 1818, art. 77, et 10 déc. 1850, art. 4), *gratis*.

— DISPENSES DE PARENTÉ pour le mariage (L. 28 avril 1816, art. 55), 40 fr.; droit de sceau, 200 fr. — Délivrées aux indigents (L. 10 déc. 1850, art. 4), *gratis*.

— NATURALISATION, etc. Grandes lettres de naturalisation (*id.*), *gratis*.

— Déclaration de naturalité (*id.*); réintégration dans la qualité de français (L. 20 juillet 1837, art. 12); et autorisation d'établir son domicile en France (L. 7 août 1850, art. 17), 20 fr.; droit de sceau, 100 fr.

— Autorisation de se faire naturaliser ou de servir à l'étranger (L. 28 avril 1816, art. 55), 100 fr.; droit de sceau, 500 fr.

— NOMS. Autorisations relatives aux changements et additions de noms (L. 20 juillet 1837, art 12), 120 fr.; droit de sceau, 600 fr.

LICITATIONS de biens indivis (Parts et portions acquises à titre de). *Meubles* (L. 22 frim. an 7, art. 69, § 5, n. 6), 2 p. 100; — *Immeubles* (*id.*, § 7, n. 4), 4 p. 100; — Au profit d'héritiers bénéficiaires, de mineurs ou d'interdits; ou lorsque l'indivision ne cesse pas entièrement et dont les actes sont de nature à être transcrits (*id.*, et L. 28 avril 1816, art. 54), 5 fr. 50 cent. par 100 fr.

LIQUIDATION de communauté et succession, V. Partages.

— DE REPRISES, V. Arrêtés de comptes, obligations, partages.

— DE SOMMES et valeurs mobilières. Les jugements et arrêts portant liquidation de sommes et valeurs mobilières, intérêts et dépens entre particuliers, excepté les dommages-intérêts (L. 22 frim. an 7, art. 69, § 2, n. 9), 50 cent. par 100 fr.

LISTES électorales et du jury, V. Élections, Jury.

LOTISSEMENT, V. Partages.

MAIN-LEVÉES (*Consentements*), (I. 758, n. 8), 2 fr.

MAJORATS (Actes et consentements concernant les) (Déc. 24 juin 1808; I. 12 janv. 1809, 413). — Actes *civils* et *administratifs* (L. 18 mai 1850, art. 8), 2 fr.

— Mutations par décès des biens d'un majorat, lors même que l'appelé ne serait pas un descendant du titulaire décédé (L. 7 mai 1849, art. 7), 1 p. 100.

MANDATS négociables ou non négociables, autres que les lettres de change (L. 22 frim. an 7, art. 69, § 2, n. 6, § 3, n. 3; et L. 7 août 1850, art. 9), 50 cent. p. 100 fr.

MANDATS de paiement sur les caisses publiques (L. 22 frim. an 7, art. 70, § 3, n. 4); — Et les mandats sur les caisses des établissements publics (L. 15 mai 1818, art. 80), *exempts*.

MANDATS ou pouvoirs, V. Procurations.

MARAIS desséchés (Délaissements de), par les propriétaires, pour se libérer de l'indemnité, aux entrepreneurs du desséchement (L. 16 sept. 1807, art. 21, et 18 mai 1850, art. 8), 2 fr.

MARCHÉS. Les adjudications au rabais et marchés pour constructions, réparations, entretien, et tous autres objets mobiliers susceptibles d'estimation, faits *entre particuliers*, qui ne contiennent ni vente, ni promesse de livrer des marchandises, denrées et autres objets mobiliers (L. 22 frim. an 7, art. 69, § 3, n. 4), 1 p. 100.

— Les marchés pour constructions de *navires* (L. 21 avril 1818, art. 64, et 18 mai 1850, art. 8), 2 fr.

— Les adjudications et marchés pour constructions, réparations et entretien, approvisionnement et fournitures, dont le prix doit être payé par les *administrations locales* ou par les *établissements publics* (L. 28 avril 1816, art. 51, n. 3), 1 p. 100.

— Les marchés pour la construction ou l'entretien des *chemins vicinaux* et tous actes y relatifs (L. 21 mai 1836, art. 20; I. 1768), 1 fr.

— Les adjudications au rabais et marchés pour constructions, réparations, entretien, approvisionnements et fournitures, dont le prix doit être payé directement ou indirectement par le *trésor public* (L. 15 mai 1818, art. 73, et L. 18 mai 1850, art. 8), 2 fr.

— Les *marchés et traités sous seing privé réputés actes de commerce par les art.* 632, 633 et 634, *n.* 1, *du Code de commerce* et donnant lieu à la perception du droit proportionnel (de 1 p. 100 ou 2 p. 100) seront enregistrés provisoirement au droit spécial de *deux francs*, plus les autres droits fixes exigibles d'après les lois en vigueur. Si ultérieurement ce marché ou traité donne lieu à une condamnation ou reconnaissance, devant la juridiction commerciale, ou si un acte public est fait en conséquence, le droit proportionnel deviendra exigible sur la partie du prix ou des valeurs faisant l'objet du jugement ou de l'acte public (L. du 14 juin 1859, art. 22, Instr. 2153).

— Cessions de. marchés. (*vente de meubles*). Sur le prix de la cession (L. 22 frim. an 7, art. 69, § 5, n. 1 ; I. 1661, § 8, et 1844, § 4), 2 p. 100.

MARIAGES. V. Actes de l'état civil, contrats de mariage, donations entre vifs par contrat de mariage, indigents, lettres-patentes.

MINIMUM des droits sur les actes soumis aux droits proportionnels (L. 27 vent. an 9, art. 3), 25 centimes.

MUTATIONS entre vifs. V, Donations, ventes.

— par décès, V. Successions.

— secrètes d'immeubles, V. Ventes d'immeubles.

NANTISSEMENTS pour sûreté d'une obligation qui a subi la perception du droit proportionnel (*Actes de complément*) (D. 25 juillet 1827 ; I. 1229, § 6, et L. 18 mai 1850, art. 8), 2 fr.

— V. Comptoir d'escompte, garanties, prêts sur dépôt.

NAVIRES. Les marchés pour construction, les ventes ou les procès-verbaux de destruction de navires (L. 21 avril 1818, art. 64), 1 fr. ; — Par acte *civil* ou *administratif* (L. 18 mai 1850), 2 fr.

— Marchés, procès-verbaux.

NOMINATIONS d'arbitres, V. Compromis.

— d'experts hors jugement (L. 28 avril 1816, art. 43, n. 15), 2 fr.

— de gardes champêtres (Sol. 11 frim. an 8 ; Circ. 1707 ; L. 15 mai 1818, art. 80), *exemptes ;* — De gardes particuliers (*procurations*) (D. 2 sept. 1830, I. 1347, § 7), 2 fr.

— de tuteurs et curateurs (L. 19 juillet 1845, art. 5), 4 fr.

NOTORIÉTÉ, V. Actes de notoriété.

OBLIGATIONS. Les contrats, transactions et tous autres actes ou écrits contenant obligation de sommes, sans libéralité et sans que l'obligation soit le prix d'une transmission de meubles ou immeubles non enregistrée (L. 22 frim. an 7, art. 69, § 5, n° 3, et 5 mai 1855). 1 fr. par 100 fr.

— Pour prix de vente, consenties dans l'acte même de vente (L. 22 frim. an 7, art. 10), *gratis*.

OBLIGATIONS à la grosse aventure ou pour retour de voyage (L. 22 frim. an 7, art. 69, § 2, n° 10), 50 cent. par 100 fr.

OFFICES (Transmissions d') à titre onéreux, ou par décès ; et celles qui s'opèrent par suite de dispositions gratuites entre vifs ou à cause de mort, *lorsque les droits établis pour les donations de biens meubles ne produiraient pas 2 p. 100* (L. 25 juin 1841, art. 7 et 9). 2 p. 100. V. Contre-lettres.

— Les ordonnances de nomination, en cas de création nouvelle de charges ou d'offices, ou de nomination de nouveaux titulaires sans présentation, par suite de destitution ou par tout autre motif, *si ces nouveaux titulaires sont soumis, comme condition de leur nomination, à payer une somme déterminée.* Le droit est exigible sur cette somme (*id.,* art 12), 2 p. 100.

— Les indemnités fixées en cas de suppression d'office, et à défaut de traité, par l'ordonnance qui prononce l'extinction. — Le droit sera perçu en enregistrant l'expédition de l'ordonnance (*id.,* art. 13), 2 p. 100.

— Les transmissions d'offices et les ordonnances de nomination, lorsque les droits, soit à 2 p. 100, soit aux taux établis pour les donations de biens meubles seraient d'un produit inférieur au dixième du cautionnement affecté à la fonction (*id.*, art. 10 et 12), 10 p. 100 *du cautionnement.*

— Les ORDONNANCES *de nomination* en cas de création nouvelle ou de nomination de nouveaux titulaires sans présentation, par suite de destitution ou par tout autre motif, lorsque les nouveaux titulaires *ne sont pas soumis* à payer une somme sur la valeur de l'office. — *Le droit se perçoit sur le cautionnement affecté à la fonction* (*id.*, art. 12), 20 p. 100.

ORDONNANCES de décharge ou de réduction, remise ou modération d'imposition, les quittances y relatives, les rôles et extraits d'iceux (L. 22 frim. an 7, art. 70, § 3, n. 10), *exempts.*

ORDONNANCES des juges de paix (L. 22 frim. an 7, art. 68, § 1), 1 fr.

— Celles des tribunaux civils et de commerce, sur requêtes ou mémoires, celles de réassigné référé, de compulsoire ou d'injonction, celles portant permission de saisir-gager, revendiquer ou vendre, et celles des magistrats du parquet (L. 28 avril 1816, art. 44, n. 10), 3 fr.

— Les ordonnances devant les cours d'appel (*id.*, art. 45, n. 6), 5 fr.

ORDONNANCES de paiement sur les caisses publiques (L. 22 frim. an 7, art. 70, § 3, n. 4), *exemptes.*

ORDRES. L'ensemble du procès verbal comprenant l'ouverture, les productions, le réglement provisoire, le renvoi à l'audience en cas de contestation, les déchéances et radiations d'inscriptions et la clôture. — *Sur le montant des collocations* (L. 22 frim. an 7, art. 69, § 2, n, 9; Inst. 1704 et 2157), 50 cent. par 100 fr.

— BORDEREAUX de collocation (L. 13 juin 1809; Sol. 8 déc. 1843 : 1. 436, § 61, 1784), *exempts.*

— ORDRES A L'AMIABLE, V. Collocations de sommes.

OUVERTURES de crédit, V. Crédit.

OUVERTURES de testaments (*Ordonnances*) (L. 28 avril 1816, art. 44, n. 10), 3 fr.

PAYS ÉTRANGERS, V. Actes passés en pays étrangers, Successions.

PARAPHES, V. Cotes et paraphes.

PARTAGES de biens meubles et immeubles entre copropriétaires, à quel titre que ce soit, pourvu qu'il en soit justifié (L. 28 avril 1816, art. 45, n. 3), 5 fr.

— Partages de biens entre l'État et les particuliers, et tous autres actes à ce sujet (L. 22 frim. an 7, art. 70, § 2, n. 1), *gratis.*

— V. Soultes de partage.

PARTAGES d'ascendants, V. Donations entre vifs et partages d'ascendants, soultes de partages.

— TESTAMENTAIRES, V. Soultes de partage, testaments.

PASSEPORTS délivrés par l'administration publique (L. 22 frim. an 7, art. 70, § 3, n. 14), *exempts.*

PÊCHE. Les actes de procédure et les jugements ayant pour objet la répression des infractions au réglement sur les pêcheries entre la France et l'Angleterre (D. 15 janv. 1847 ; l. 1776), *gratis.*

PENSIONS alimentaires de sommes déterminées et abandons de jouissance d'immeubles, pour en tenir lieu par les enfants à leurs ascendants (D. 12 sept. 1809, 26 déc. 1823 ; I. 450 et 1132, § 10), 20 cent. p. 100 fr.

— Déclarations pures et simples, *sans fixation de somme* (*id.*), — Par acte *civil* ou *administratif* (L. 18 mai 1850, art. 8), 2 fr.

— En faveur des aliénés admis dans les établissements publics (D. 2 avril 1845, I. 1731) ; — Par acte *civil* ou *administratif* (L. 18 mai 1850, art. 8), 2 fr.

PLUS VALUE. V. Soultes d'échanges.

POLICE. V. Actes des huissiers et gendarmes, actes judiciaires, exploits.

POLICES d'assurances. V. Assurances.

PORTEURS de contraintes. V. Exploits.

POURVOIS. Le premier acte de recours en cassation ou devant le Conseil d'État, soit par requête, mémoire ou déclaration, en matière civile, de police simple ou de police correctionnelle (L. 28 avril 1816, art. 47, n. 1), 25 fr. — Lorsque le recours est fait par un condamné en police correctionnelle emprisonné (l. 1166, § 12), *en débet*.

— CONTRIBUTIONS. Le recours au Conseil d'État, en matière de contributions personnelles, mobilières ou des portes et fenêtres (L. 21 avril 1832 art. 39), *gratis*.

— GARDE NATIONALE. Les actes de recours en cassation contre les jugements des conseils de discipline (L. 22 mars 1831, art. 131), *gratis*.

PRESTATIONS de serment, V. Serment.

PRÊTS sur dépôts ou consignations de marchandises, fonds publics français et actions des compagnies d'industrie et de finance (L. 8 sept. 1830), 2 fr. — V Comptoirs d'escompte.

PRISES de possession en vertu d'actes enregistrés (L. 22 frim. an 7, art. 68, § 1, n. 33) ; — Par acte *civil* ou *administratif* (L. 18 mai 1850, art. 8), 2 fr.

PRISÉES de meubles (L. 22 frim. an 7, art. 68, § 1, n₀ 33). — Par acte *civil* ou *administratif* (L. 18 mai 1850, art. 8), 2 fr.

— V. Etats estimatifs, inventaires.

PROCÈS VERBAUX et rapports d'employés, gardes, commissaires, séquestres, experts et arpenteurs (L. 28 avril 1816, art. 43, n° 16); 2 fr.

— DOUANES. Les procès-verbaux dressés par les préposés des douanes pour constater la destruction de marchandises avariées (L. 21 avril 1818, art. 56 ; L. 18 mai 1850, art. 8), 2 fr.

— ENREGISTREMENT. Les procès-verbaux de vérification de régie des employés de l'enrég. (D. 22 août 1821 ; I. 992), *exempts*.

— FORÊTS. Les procès-verbaux en matière forestière, d'assiette, d'arpentage, de balivage, réarpentage et récolement de coupes de bois dans les forêts de l'Etat, des communes et des établissements publics ; *en débet*.

— Les procès-verbaux de délivrances en nature aux usages, et les permis d'exploiter, *gratis*.

— Les procès-verbaux d'expertise des bois à aliéner, fonds et superficie, *gratis*.

— MARINE. Les procès-verbaux de visite (art. 225 du C. de com.) de navires destinés aux voyages de long cours ou de grand cabotage, 2 fr. ; — Pour le petit cabotage (*id.*), *exempts.*

— Les rapports des capitaines au long cours ou de grand cabotage faits à l'arrivée des navires, en exécution de l'art. 242 du C. de com. 2 fr.— Les rapports relatifs au petit cabotage (*id.*), *exempts.*

— Les procès-verbaux de destruction de navires (L. 21 avril 1818, art.64, et 18 mai 1850, art 8), 2 fr.

— TRAVAUX publics, V. Chemins vicinaux, expropriation pour cause d'utilité publique.

PROCÈS-VERBAUX de délits et de contraventions aux réglements généraux de police ou d'imposition (L. 22 frim. an 7, art. 68, § 1, n° 50, et 70, § 1, n₀ 5 ; L. 28 avril 1816, art. 43, n° 16, et 25 mars 1817, art. 74), *en débet.*

— Les procès-verbaux rédigés à la requête des *particuliers* ou des administrations assimilées aux parties civiles, telles que les *contributions indirectes* (Ord. 22 mai 1816, 1. 726) , les *douanes,* l'*enregistrement* et les *domaines* (D. 24 nov. 1837, I. 1551) (L. 28 avril 1816, art. 43, n° 16), 2 fr.

— Les procès-verbaux de délits dans les *forêts* de l'Etat et des établissements publics, ou ceux relatifs à la pêche fluviale (Code for. art. 170 ; L. 15 avril 1829, art. 19 ; l. 1265, § 6), *en débet.*

— Les procès de délits et de contraventions aux lois sur la police du *roulage* (Loi 30 mai 1851, 1896), *en débet.*

PROCÈS-VERBAUX des bureaux de paix desquels il ne résulte aucune disposition donnant lieu au droit prop., ou dont le droit prop. ne s'élèverait pas à un franc (L. 22 frim. an 7, art. 68, § 1, n° 47), 1 fr.

— DES JUGES de paix, V. Actes judiciaires, avis de parents, émancipations, scellés, tutelles.

PROCURATIONS et pouvoirs pour agir, ne contenant aucune stipulation ni clause donnant lieu au droit prop. (L. 28 avril 1816, art. 43, n° 17), 2 fr.

— Les procurations des déposants aux caisses d'épargnes, pour vendre les rentes données en remplacement (L. 21 novembre 1848), *exemptes.*

— Les procurations des sous-officiers et soldats en retraite pour toucher leurs arrérages (D. 21 déc. 1808 ; I. 419, n₀ 1), *exemptes.*

— Les procurations s. s. p. des héritiers pour passer la déclaration de succession (I. 443), *exemptes.*

PRODUCTION (Actes de) mentionnés dans l'art. 754, Code procéd. civile (l. 620), 1 fr.

PROJETS de comptes, V. Comptes.

PROMESSES d'indemnités indéterminées et non susceptibles d'estimation (L. 28 avril 1816, art. 43, n° 18), 2 fr.

— DE PAYER, V. Obligations.

PROROGATIONS de délai, lorsque le titre est enregistré (*Actes innommés*) (L. 22 frim. an 7, art. 68, § 1, n° 51). — Par acte *civil* ou *administratif* (L. 18 mai 1850, art. 8), 2 fr.

PROTÊTS. Les actes de protêt simple, protêt à deux domiciles avec besoin, protêt de deux effets, protêt de perquisition, protêt du parquet, les interventions ou dénonciations de protêt dont le droit était fixé à 2 fr. par l'art. 43, n° 13 de la loi du 28 avril 1816 (Décr. 23 mars 1848), réduit *provisoirement* à 1 fr.

PRUD'HOMMES, V. Actes judiciaires, exploits.

QUITTANCES, remboursements et rachats de rentes et redevances de toute nature et tous autres actes ou écrits portant libérations de sommes et valeurs mobilières (L. 22 frim. an 7, art. 69, § 2, n° 11, et L. 5 mai 1855 Inst. 2030), 50 cent. par 100 fr.

— COMPTES. Les quittances de fournisseurs, ouvriers, produites comme pièces justificatives d'un *compte* en vertu de commission judiciaire (C. proc. art. 537), *exemptes.*

— FAILLITES. Les quittances de répartition par les créanciers aux syndics ou au caissier de la *faillite*, quel que soit le nombre d'émargements sur chaque répartition (L. 24 mai 1834, art. 15), 2 fr.

PRIX DE VENTE. Les quittances consenties *dans l'acte* même de vente (L. 22 frim. an 7, art. 10) ; — Celles de prix des biens acquis pour cause *d'utilité publique* (L. 3 mai 1841, art. 58), *gratis.*

RECETTES et dépenses publiques. Les quittances d'intérêts de la *dette publique* données à l'Etat (L. 22 frim. an 7, art. 70, § 3, n 3) ; — Celles de *contributions, droits, créances et revenus* payés à l'Etat, les quittances pour charges locales, et celles des fonctionnaires et employés salariés par le Gouvernement pour leurs *traitements et émoluments* (id., art. 70, § 3, n° 5), *exemptes.*

RACHATS de rentes, V. Quittances.

RAPPORTS en matière de faillite par le juge-commissaire (D. 10 mai 1832, 1. 30 sept. 1832, 1410, § 7), *exempts.*

— Faits par les capitaines de navires ; — Par les experts, V. Procès-verbaux et rapports.

RATIFICATIONS pures et simples d'actes en forme (L. 22 frim. an 7, art. 68, § 1. n. 38, et 8 mai 1850, art 8), 2 fr.

RÉCÉPISSÉS délivrés aux receveurs de deniers publics et de contributions locales (L. 22 frim. an 7, art. 70, § 3, n. 7), *exempts.*

— DE MARCHANDISES déposées dans les magasins de l'Etat (Décr. 21 mars 1848 ; L. 18 mai 1850, art. 8), 2 fr.

— DE MARCHANDISES déposées dans les magasins généraux (Loi du 28 mai 1858), 1 fr.

— DE PIÈCES autres que par actes au greffe (L. 28 avril 1816, art. 43, n. 8), 2 fr.

RECONNAISSANCES pures et simples, ne contenant aucune obligation ni quittance (L. 28 avril 1816, art. 43, n. 19), 2 fr.

— DE SOMMES , celles de dépôts de sommes chez les particuliers (L. 22 frim. an 7, art. 69, § 3, n. 3, et L. 5 mai 1855), 1 fr. par 100 fr.

RECONNAISSANCES d'enfants naturels : — Par acte de célébration de mariage (L. 28 avril 1816, art. 43, n. 22), 2 fr. — Par tout autre acte (id., art. 45, n. 7), 5 fr. — D'enfants appartenant aux indigents (L. 15 mai 1818, art. 70, et 10 déc. 1850, art. 4), *gratis.*

RÉMÉRÉ, V. Retrait de réméré.

REMPLACEMENTS militaires (*Marchés*) (D. 24 pluv. an 12 ; I. 207 ; C. 12 mai 1847 ; I. 1796, § 21), 1 p. 100.

REMPLOIS (Déclarations de) pures et simples, en immeubles de communauté (L. 28 avril 1816, art. 43, n. 9, et art. 54), 2 fr. (*fixe*), et le droit de transcription de 1 fr. 50 cent. par 100 fr. ; — En immeubles propres au mari ou après renonciation de la femme à la communauté (art. 52), 5 fr. 50 p. 100.

— ACQUISITIONS d'immeubles par la femme mariée sous le régime dotal, en remploi des biens dotaux dont elle a été expropriée pour cause d'utilité publique (L. 3 mai 1841, art. 58 ; C. 10 déc. 1845, 8 déc. 1847 et 24 mai 1848 ; I. 1832), *gratis*.

RENONCIATIONS. Les abstentions, répudiations et renonciations à succession, legs ou communauté, lorsqu'elles sont pures et simples et qu'elles ne sont pas faites en justice. — *Il est dû un droit par chaque renonçant et pour chaque succession* (L. 22 frim. an 7, art. 68, § 1, n. 1 ; L. 18 mai 1850, art. 8), 2 fr. ; — Par acte *aux greffes* des tribunaux civils (L. 28 avril 1816, art. 44, n. 10), 3 fr.

RESCRIPTIONS, mandats et ordonnances de paiement sur les caisses publiques, leurs endossements et acquis (L. 22 frim. an 7, art. 70, § 3, n. 4), *exempts*.

RÉSILIMENTS purs et simples par actes authentiques dans les 24 heures des actes résiliés (L. 28 avril 1816, art. 43, n. 20), 2 fr.

— DE BAUX, V. Baux, rétrocessions de baux.

RÉSOLUTIONS judiciaires de contrat ou de clause de contrat, pour cause de *nullité radicale :* — En 1re *instance* (L. 22 frim. an 7, art. 68, § 5, n. 7, et 28 avril 1816, art. 45, n. 5), 5 fr. ; — *En appel* (*id.*, et art. 46, n. 22), 10 fr. — De contrat de vente, pour *défaut de paiement* quelconque sur le prix, lorsque l'acquéreur n'est point entré en jouissance : — En 1re *instance* (L. 27 vent. an 9, art. 12, et 28 avril 1816, art. 45, n. 5), 5 fr. ; — *En appel* (*id.*, et art. 46, n. 2), 10 fr. — Résolutions judiciaires de contrats dans tous autres cas que ceux spécifiés aux deux articles qui précèdent, lorsque la transcription n'est pas nécessaire (D. 7 nov. 1823) ; même les résolutions de donation dont l'effet remonte au jour du contrat (C. 22 mai et 30 déc. 1844 ; I. 1723, § 3, et 1732, § 4), 4 p. 100 ; — Si l'effet de la résolution ne remonte pas au jour de la donation, ou si le jugement qui résout une vente est de nature à être transcrit (L. 28 avril 1816, art. 52 et 54), 5 fr. 50 p. 100 fr.

— RÉSOLUTIONS VOLONTAIRES de contrats, V. Rétrocessions.

RETOURS d'échanges de biens *immeubles* (L. 22 frim. an 7, art. 69, § 7, n. 5 ; L. 28 avril 1816, art. 52), 5 fr. 50 cent. par 100 fr.

RETOURS ou soultes de partages. *Créances* (L. 22 frim. an 7, art. 69, § 3, n. 3, et 7 août 1850, art. 9), 50 cent. par 100 fr. ; — *Meubles* (L. 22 frim. an 7, art. 69, § 5, n. 2 et 3), 2 p. 100 ; — *Immeubles* (*id.*, § 7, n. 5), 4 p. 100.

RÉTRACTATIONS et révocations (L. 28 avril 1816, art. 43, n. 21), 2 fr.

RETRAITS de réméré par acte public, dans les délais stipulés ou faits s. s. privés et présentés à l'enreg. *avant* l'expiration des délais, et *avant* celui de cinq ans (L. 22 frim. an 7, art. 69, § 2, n. 11, et 5 mai 1855), 50 cent. par 100 fr.

La même quotité de droit prop. a été appliquée au *retrait successoral* (I. 245).

— *Après* l'expiration des délais ou en dehors des conditions ci-dessus (L. 22 frim. an 7, art. 69, § 7, n. 6, et 28 avril 1816, art. 54), 5 fr. 50 cent. par 100 fr.

Pour les créances, rentes et biens meubles cédés ou vendus à réméré, il n'est dû que 1 fr. ou 2 fr. p. 100, sur le retrait exercé après le délai.

RÉTROCESSIONS de baux de biens meubles ou immeubles, lorsqu'ils ont été faits pour un temps limité. — *Le droit se liquide sur les années restant à courir* (L. 22 frim. an 7, art. 69, § 3, n. 2, et 16 juin 1824, art. 1), 20 cent. par 100 fr.

— DE BIENS ÉCHANGÉS OU PARTAGÉS, V. Echanges.

— DE CRÉANCES, V. Cessions de créances.

— DE MEUBLES (L. 22 frim. an 7, art. 69, § 5, n. 1), 2 p. 100.

— D'IMMEUBLES transmis *à titre onéreux* (L. 22 frim. an 7, art. 69, § 7, n. 1, et 28 avril 1816, art. 52) ; — Et les rétrocessions d'immeubles transmis *à titre gratuit* (id. ; C. 22 mai et 30 déc. 1844; I. 1723, § 3, et 1732, § 4), 5 fr. 50 cent. par 100 fr.

RÉUNIONS de la nue propriété à l'usufruit. — Le droit n'est dû que sur la valeur de la nue-propriété, lorsque l'usufruitier a payé le droit d'enreg. pour son usufruit (L. 22 frim. an 7, art. 15, n. 8), *droit suivant la nature de l'acte qui opère la réunion* (Inst. 2188).

— DE L'USUFRUIT à la propriété, lorsque la réunion s'opère par acte de cession, et qu'elle n'est pas faite pour un prix supérieur à celui sur lequel le droit a été perçu lors de l'aliénation de la propriété (L. 28 avril 1816, art. 44, n. 4), 3 fr.

— Lorsque la transmission de la nue-propriété a eu lieu à titre gratuit, *avant* la loi du 28 avril 1816, et *qu'elle n'a pas été transcrite* ; — Et toutes les fois que la transmission de la nue-propriété s'est opérée *par décès* (I. 1173, § 13, 1320, § 9, 1347, § 1). — *Indépendamment du droit fixe de* 3 fr. (L. 28 avril 1816, art. 54), 1 fr. 50 cent. par 100 fr.

Si le prix de la cession est supérieur à l'évaluation qui en aura été faite, pour régler le droit de la translation de propriété, il est dû un droit prop. de vente par supplément sur ce qui excède cette évaluation. — Lorsque la réunion s'opère sans acte, il n'est dû aucun droit (L. 22 frim. an 7, art. 15, n° 6).

RÉVOCATIONS (L. 28 avril 1816, art. 43, n. 21), 2 fr.

ROLES de contributions (L. 22 frim. an 7, art. 70), *exempts.*

— D'ÉQUIPAGES et engagements de matelots et gens de mer (L. 22 frim. an 7, art. 70, § 3, n. 13), *exempts.*

SAISIES (Exploits). — *Il est dû un droit pour chaque partie d'un procès-verbal de saisie enregistrée dans les* quatre jours de sa date, quel que soit le nombre d'heures ou de vacations employées (D. 17 mai et 21 juin 1808; I. 390, n. 13), 2 fr.

SCELLÉS. Les procès-verbaux d'apposition, de reconnaissance et de levée de scellés. — *Il est dû un droit par chaque vacation* (L. 22 frim. an 7, art. 68, § 2, n. 3, et 19 juill. 1845, art. 5), 4 fr.

— Lorsque l'opération est faite *d'office* par le juge, sauf recouvrement ultérieur des droits (D. 20 fruct. an 10 et 28 juin 1809, I. 290, n. 30 et 390, n. 1), *en débet.*

— COMPTABLES. Pour les scellés sur les bureaux et caisses des comptables publics, en vertu de l'art. 1 de la loi du 11 août—17 oct. 1792, et de l'art. 911 C. proc. civ. (D. 20 nov. 1846 ; I. 1769), *gratis.*

— FAILLITES. Pour ceux en matière de faillites, dans les cas prévus par les art. 455 et 457 C. com., *quel que soit le nombre de vacations* (L. 24 mai 1834, art. 11), 2 fr.

SENTENCES arbitrales, V. Actes judiciaires.

SÉPARATIONS entre époux. Les jugements des tribunaux civils prononçant *séparations de biens* entre mari et femme ; — Lorsqu'ils ne portent point condamnation de sommes et valeurs, ou lorsque le droit prop. ne s'élève pas à 15 fr. (L. 22 frim. an 7, art. 68, § 6, n. 2), 15 fr.

— Les arrêts des cours d'appel prononçant *séparation de corps* entre mari et femme (L. 28 avril 1816, art. 47, n. 2), 25 fr.

SERMENTS. Les prestations de serment des greffiers de justice de paix, des gardes des douanes, gardes forestiers et gardes champêtres, pour entrer en fonctions (L. 22 frim. an 7, art. 68, § 3, n. 3), 3 fr.

Par assimilation, ont été tarifées au droit de 3 fr. : les prestations de serment des *greffiers des maires*, pour les affaires de police (I. 537 et 549) ; — des *porteurs de contraintes* (I. 290, § 55) ; — des *agents inférieurs des douanes* (I. 290, § 47, 366, § 17, 754, 1429) ; — des *gardes à cheval des forêts* ; — des *conducteurs des ponts et chaussées* et autres agents chargés de la surveillance des routes, de la navigation et des mines (I. 290, n° 60, 400, n° 7) ; — des *agents-voyers* et des *chefs cantonniers* (I. 1853). — *Experts :* 1 fr., 3 fr. ou 5 fr., suivant la juridiction.

— Les prestations de serment des employés de l'État dont le traitement n'excède pas 500 fr. (I. 785) ; — des receveurs d'hospices qui ne jouissent pas d'un traitement supérieur (I. 1166, § 11) ; — des receveurs ou employés de l'octroi (D. 17 mai 1809, art. 138 ; Ord. 9 déc. 1814) ; — et des employés des monts-de-piété, 3 fr.

— Les prestations de serment des notaires, greffiers et huissiers, et de tous employés salariés par l'État, autres que les gardes (et ceux désignés ci-dessus ou ci-après L. 22 frim. an 7, art. 68, § 6, n. 4) ; — Celles des avoués (L. 27 vent. an 9, art. 14 ; — des avocats et défenseurs officieux (D. 31 mai 1807), 15 fr.

— Les prestations de serment des receveurs d'hospices, jouissant d'un traitement supérieur à 500 fr. (I. 1166, § 11), 15 fr.

— Les prestations de serment des receveurs d'hospices sans traitement (I. 1166, § 11), — Des *commis-greffiers temporaires,* — Des *gardes-messiers* et *gardes-ventes* ou *facteurs* ; — Des *interprètes-jurés* des langues étrangères (I. 1347, § 8) ; — Des *imprimeurs et des libraires* (I. 645) ; — Des *surnuméraires* chargés de l'intérim d'un bureau (I. 1539, § 8, et 1732, § 9) ; —Et enfin celles des employés qui, sans changer de grade ni d'attributions, renouvellent un serment déjà prêté (I. 1025), 1 fr. ; — Si le serment est prêté devant l'autorité *administrative* (L. 18 mai 1850, art. 8), 2 fr.

— Les prestations de serment des inspecteurs chargés de la surveillance du travail des enfants dans les manufactures (I. 1650), *gratis.*

— Celles des juges et des magistrats du parquet (I. 290, § 43) ; — Des gendarmes et officiers de police judiciaire (I. 995) ; — Et les prestations de serment dont le caractère est purement politique (I. 290, n. 56), *exemptes*.

SIGNIFICATIONS d'avoué à avoué devant les tribunaux de 1re instance (L. 28 avril 1816, art. 41, n. 1), 50 cent. ; — Devant les cours d'appel (*id.*, art. 42), 1 fr.

— D'AVOCAT A AVOCAT dans les instances à la Cour de cassation et au Conseil d'Etat (*id.*, art. 44, n. 11), 3 fr.

SOCIÉTÉS. Les actes de formation ou de dissolution de société, ne portant ni obligation, ni transmission de biens meubles ou immeubles, entre les associés ou autres (L. 28 avril 1816, art. 45, n 2), 5 fr.

— SECOURS MUTUELS. Tous les actes intéressant les sociétés de secours mutuels (L. 15 juill. 1850, art. 9), *exempts*.

SOMMATIONS respectueuses, V. Actes respectueux.

SOULTES et retours d'échanges de biens immeubles (L. 22 frim. an 7, art. 69, § 7, n. 5 ; et 28 avril 1816, art. 52), 5 fr. 50 c. par 100 fr.

— DE PARTAGES. *Créances* (L. 22 frim. an 7, art. 69, § 3, n. 3 ; et 7 août 1850, art. 9), 50 cent. par 100 fr. ; — *de meubles* (L. 22 frim. art. 69, § 5, n. 2 et 3), 2 p. 100 ; — *d'immeubles* (*id.*, § 7. n. 5), 4 p. 100.

SOUMISSIONS et enchères, hors celles faites en justice, sur des objets mis en vente, ou sur des marchés à passer, par actes séparés de l'adjudication (L. 22 frim. an 7, art. 68, § 1, n. 43 ; L. 18 mai 1850, art. 8), 2 fr.

SUBROGATIONS conventionnelles, quand elles ont l'effet d'un transport de créance (L. 22 frim. au 7, art. 69, § 3, n. 3 ; 5 mai 1855), 1 fr. par 100 fr.

— LÉGALES, résultant du paiement effectué par un créancier hypothécaire à un autre créancier qui le prime (I. 1615, § 8 ; I. 1683, § 8 ; et L. 5 mai 1855), 50 cent. par 100 fr.

SUBSTITUTIONS, V. Testaments.

SUCCESSIONS. Mutations par décès de biens *meubles* ou *immeubles*, en propriété ou en usufruit.

— 1° *En ligne directe* (L. 22 frim. an 7, art. 69, § 1, n° 3. § 3, n₀ 4, et L. 18 mai 1850, art. 10), 1 p. 100.

— 2° *Entre époux* (L. 28 avril 1816, art. 53, et 18 mai 1850, art. 10), 3 p. 100.

— 3° *Entre frères et sœurs, oncles et tantes, neveux et nièces* (L. 21 avril 1832, art. 33, et 18 mai 1850, art. 10), 6 fr. 50 cent. par 100 fr.

— 4° *Entre grands-oncles et grand'tantes, petits-neveux et petites-nièces* (*idem*), 7 p. 100.

— 5° *Entre parents au delà du 4e degré jusqu'au 12e* (*idem*), 8 p. 100.

— 6° *Entre personnes non parentes* (*idem*), 9 p. 100.

Lorsque l'époux survivant ou les enfants naturels sont appelés à la succession à défaut de parents au degré successible, ils sont considérés, quant à la quotité des droits, comme personnes non parentes (L. 28 avril 1816, art. 53). Les beaux-pères, gendres, beaux-frères et belles-sœurs sont considérés comme personnes non parentes.

Les mutations par décès *d'inscriptions sur le grand-livre* de la dette publique seront soumises aux droits établis pour les successions. — Il en sera de même des mutations par décès de *fonds publics* et *d'actions* des compagnies ou sociétés d'industrie et de finance *étrangers*, dépendant d'une succession régie par la loi française. — Le capital servant à la liquidation du droit d'enregistrement sera déterminé par le cours moyen de la Bourse au jour de la transmission. — S'il s'agit de valeurs non cotées à la Bourse, le capital sera déterminé par la déclaration estimative des parties, conformément à l'art. 14 de la loi du 22 frim. an 7, sauf l'application de l'art. 39 de la même loi, si l'estimation est reconnue insuffisante (L. 18 mai 1850, art. 7). Inst. 1933.

— V. Algérie, majorats.

TESTAMENTS et autres actes de libéralité qui ne contiennent que des dispositions soumises à l'événement du décès (L. 28 avril 1816, art. 45, n°4), 5 fr.

— PARTAGES TESTAMENTAIRES, V. Soultes de partages.

— SUBSTITUTIONS. Lorsque les testaments contiennent un legs d'immeubles à charge de restitution et sont par conséquent de nature à être transcrits au bureau des hypothèques, — *Indépendamment du droit fixe* (L. 28 avril 1816, art. 54), 1 fr. 50 cent. par 100 fr.

TITRES CLÉRICAUX non acceptés (L. 18 mai 1850, art. 8), 2 fr.

TITRES NOUVELS et reconnaissances de rentes dont les contrats sont justifiés en forme (L. 28 avril 1816, art. 44, n° 5), 3 fr.

— V. Constitutions de rentes.

TRADUCTIONS (*Actes innommés*), 2 fr.

TRAITÉS, V. Lettres de change, obligations,

TRAITÉS de remplacement, V. Remplacements.

TRANSACTIONS, en quelque matière que ce soit, ne contenant aucune stipulation de sommes et valeurs, ni dispositions soumises à un plus fort droit d'enregistrement (L. 28 avril 1816, art. 44, n. 8), 3 fr.

— DOUANES. Les transactions en matière de douanes (I. 1428), 1 fr.

TRANSCRIPTION (Droit de). Dans tous les cas où les actes seront de nature à être transcrits au bureau des hypothèques, le droit d'enreg. sera augmenté de *un et demi p.* 100, et la transcription ne donnera plus lieu à aucun droit proportionnel (L. 28 avril 1816, art. 54).

Loi du 23 mai 1855 (Inst. 2051 et 2053).

TRANSFERTS de rentes sur l'État, à titre onéreux, *devant notaires* (*Actes innommés*) (L. 18 mai 1850, art. 8), 2 fr. ; — Par tout autre acte (L. 22 frim. an 7, art. 70, § 3, n. 3), *exempts*

TRANSPORTS de créances, rentes, etc., V. Cessions.

TUTELLES. Actes de nomination de tuteurs, subrogés-tuteurs et curateurs (L. 19 juil. 1845, art. 5), 4 fr.

— Nominations faites *d'office, sauf recouvrement ultérieur des droits* (I. 290, § 3, 390, § 1), *en débet.*

TUTELLES officieuses. Les actes de tutelle officieuse (L. 28 avril 1816, art. 48, n. 1), 50 fr.

UNIONS et directions de créanciers pures et simples. — *Si elles portent obligations de sommes déterminées par les cointéressés envers un ou plusieurs d'entre eux, ou autres personnes chargées d'agir pour l'union, il est perçu un droit particulier, comme pour obligation* (L. 22 frim. an 7, art. 68, § 3, n. 6), 3 fr.

— V. Abandonnements de biens, concordats.

11

VENTES de meubles. Les adjudications, ventes, reventes, cessions, rétrocessions, marchés, traités ou autres actes, soit civils, soit judiciaires, translatifs de propriété à titre onéreux, de meubles, récoltes de l'année sur pied, coupes de bois taillis et de haute futaie, et autres objets mobiliers généralement quelconques, même les ventes de biens de cette nature par l'Etat (L. 22 frim. an 7, art. 69, § 5, n. 1), 2 p. 100.

La liquidation du droit est déterminée par le prix exprimé et le capital des charges qui peuvent s'y ajouter (id., art 14, n° 5).

Pour les ventes publiques aux enchères, le droit est perçu sur le montant des sommes que contient cumulativement le procès-verbal (L. 22 pluv. an 7, art. 6).

— ACHALANDAGES. Les cessions et ventes d'achalandages et droits mobiliers incorporels (L. 1581, § 1, 1634, § 13), 2 p. 100.

— FAILLITES. Les ventes de meubles et marchandises, faites conformément à l'art. 486 C. com. (après faillite) ; et celles du mobilier du failli, aux enchères, par le ministère des commissaires-priseurs, notaires, huissiers ou greffiers de justice de paix (L. 24 mai 1834, art. 12 et 25 juin 1841, art. 4 et 10), 50 cent. par 100 fr.

— MARCHANDISES. Les ventes publiques de marchandises, à la Bourse et aux enchères, par les courtiers de commerce, d'après l'autorisation du tribunal de commerce (L. 15 mai 1818, art. 74) ; — Et celles de même espèce faites dans les lieux où il n'y a point de courtiers de commerce, par les commissaires-priseurs, les notaires, les huissiers et les greffiers (L. 25 juin 1841, art. 10 ; L. 1636), 50 cent. par 100 fr.

— Les ventes de marchandises avariées, faites par les commissaires de marine (L. 18 mai 1850), 2 fr.

— Celles de poisson de mer, faites publiquement et aux marchés (L. 901 et 940), exemptes.

— MARINE. Les procès-verbaux de vente des effets de marins et passagers morts en mer, qui ne sont pas réclamés, quand le produit de la vente n'excède pas 25 fr. et qu'elle a lieu d'office, gratis.

— NAVIRES. Les ventes de navires, soit totales, soit partielles (L. 21 avril 1818, art. 64), et celles de débris de navires naufragés ; — Par acte civil ou administratif (L. 18 mai 1850, art. 8), 2 fr.

Les reventes faites par les acquéreurs de ces débris restent passibles du droit prop. (L. 1796, § 24)

VENTES d'immeubles. Les adjudications, ventes, reventes, cessions, rétrocessions et tous autres actes civils et judiciaires, translatifs de propriété ou d'usufruit de biens immeubles, à titre onéreux. — La formalité de la transcription ne donne lieu à aucun droit prop. (L. 22 frim. an 7, art. 69, § 7, n. 1 ; L. 28 avril 1816, art. 52), 5 fr. 50 cent. par 100 fr.

Lorsqu'un acte translatif de propriété ou d'usufruit comprend des meubles et immeubles, le droit est perçu sur la totalité du prix, au taux réglé pour les immeubles, à moins qu'il ne soit stipulé un prix particulier pour les objets mobiliers et qu'ils ne soient désignés et estimés article par article dans le contrat (L. 22 frim. an 7, art. 9).

La liquidation du droit est fixée par le prix exprimé en y ajoutant toutes les charges en capital. Si l'usufruit est réservé par le vendeur, il sera évalué à la moitié de tout ce qui forme le prix du contrat et le droit sera perçu sur le total. — Lorsque l'usufruit appartient à un tiers, le droit n'est dû que sur le prix de la nue propriété.

— ANTÉRIEURES à la loi du 28 avril 1816, 4 p. 100.

— DOMAINES DE L'ÉTAT. Les adjudications et ventes de biens immeubles appartenant à l'État (L. 26 vend. an 7, 2 p. 100.

— Les acquisitions faites par l'État (L. 22 frim. an 7), *gratis.*

— RÉMÉRÉ. Les ventes à faculté de rachat sont translatives de propriété et passibles du droit prop., 5 fr. 50 cent. par 100 fr.

— SÉPULTURES. Concessions de terrains, V. Baux.

VENTES d'immeubles situés en Corse (Arrêté 21 prair. an 9 ; L. 28 avril 1816, art. 54) ; 3 fr. 50 cent. par 100 fr.

— Situés en pays étranger et dans les colonies, V. Actes.

VÉRIFICATIONS de créances, V. Affirmations de créances.

— D'ÉCRITURES, V. Actes aux greffes, actes judiciaires.

VISITES de navires, V. Procès-verbaux et rapports.

WARRANT ou *Bulletin de gage des magasins généraux* (L. 28 mai 1858, art. 13), 59 centimes par 100 fr. (*Timbre.* Décret 23 janvier 1864).

(*Voir le Tarif des* droits de greffe, *seconde année,* surnuméraires, § 5).

AMENDES DE CONTRAVENTION (1).

LE DÉCIME POUR FRANC *est perçu sur toutes les amendes* (L. 6 prair. an 7)

ENREGISTREMENT.

Les amendes de contraventions aux lois sur l'enregistrement sont exigibles sans condamnation préalable, en vertu de contrainte (L. 22 frim. an 7, art. 64).

ACTE en conséquence d'un autre. Pour tout acte fait en conséquence d'un *acte public* non enregistré, par les notaires, greffiers, huissiers et secrétaires d'administrations publiques (L. 22 frim. an 7, art. 41), 10 fr.

Toutefois, à l'égard des actes reçus par le *même officier,* et dont le délai d'enreg. n'est pas expiré, il peut en énoncer la date, avec la mention que ledit acte sera présenté à l'enreg. avec celui qui contient cette mention (L. 28 avril 1816, art. 56).

— Pour tout acte public fait en vertu d'un *acte s. s. privé passé en pays étranger,* s'il n'a été préalablement enregistré (L. 22 frim. an 7, art. 42), 10 fr.

Les *notaires* peuvent faire des actes en vertu et par suite d'actes sous seing privé non enregistrés, et les énoncer dans leurs actes, sous la condition que chacun de ces actes sous seing privé demeure annexé à celui dans lequel il se trouve mentionné, qu'il est soumis *avant lui* à la formalité de l'enreg. et que les notaires sont personnellement responsables, non-seulement des droits d'enreg. et de timbre, mais encore des amendes auxquelles les actes sous seing privé se trouvent assujettis (L. 16 juin 1824, art. 13).

COMMUNICATION. Pour refus de communication aux préposés de l'enregistrement par les notaires, huissiers, greffiers, secrétaires et dépositaires publics, soit de leurs répertoires, soit des titres publics et registres dont ils sont chargés (L. 22 frim. an 7, art. 52 et 54), 10 fr.

CONTRE-LETTRE. Pour toute contre-lettre faite s. s. p. qui aurait pour objet une augmentation du prix stipulé dans un acte public ou dans un acte s. s. p. précédemment enregistré (L. 22 frim. an 7, art. 40), *triple droit.*

— Transmission d'offices (Inst. 1640 et 1989).

(1) Le montant de la plupart des amendes a été fixé au taux actuel par l'article 10 de la loi du 16 juin 1824.

DÉLAIS. Pour défaut d'ENREGISTREMENT dans les délais des :

1° *Actes administratifs* ou des établissements publics (L. 22 frim. an 7, art. 36), *double droit.*

2° *Actes d'huissiers* et autres ayant pouvoir de faire des exploits ou procès-verbaux (*id.*, art. 34) : Si l'acte est sujet au droit fixe, 5 fr. ; — S'il est passible du droit proportionnel, *double droit*, au *minimum*, 10 fr.

3° *Actes judiciaires* (jugements ou actes de greffe) (*id.*, art. 35), *double droit.*

4° *Actes notariés* (autres que les protêts et les testaments (*id.*, art. 33), 10 fr., ou le *double droit*, lorsque l'acte est sujet à un droit proportionnel supérieur.

— *Testaments* reçus ou déposés chez les notaires (*id.*, art. 38), *double droit.*

— *Protêts* rédigés par les notaires (L. 24 mai 1834, art. 23 ; I. 1634, § 11), 5 fr.

5° *Actes s. s. p.* translatifs de propriété, d'usufruit ou de jouissance d'immeubles et de droit immobiliers (L. 22 frim. an 7, art. 38) ; — Et les *mutations entre-vifs* de propriété ou d'usufruit de biens immeubles, sans conventions écrites (L. 27 vent. an 9, art. 4), *double droit.*

6° *Mutations par décès* non déclarées (L. 22 frim. an 7, art. 39), *demi-droit en sus.*

7° *Ordonnances* portant investiture ou suppression d'un titre d'office, avec stipulation d'indemnité à payer par le nouveau titulaire (L. 25 juin 1841, art. 12 et 13), *double droit.*

— Pour défaut ou retard dans la REMISE à faire au receveur de l'enregistrement des :

1° *Extraits de jugements et actes* dont les droits n'ont pas été *consignés* aux mains des greffiers et secrétaires (L. 22 frim. an 7, art. 37) ; — Et de ceux des jugements prononçant condamnation dans les causes suivies à la requête des indigents admis à l'*assistance judiciaire* (L. 22 janvier 1851, art. 20), 10 fr.

2° *Notices de décès*, par les maires ou leurs secrétaires (L. 22 frim. an 7, art. 55), 10 fr.

3° *Répertoires* à présenter au visa trimestriel (*id.*, art. 51), 10 fr.

DÉPOT. Pour tout annexe ou dépôt d'acte s. s. p. ou passé en pays étranger, non enregistré préalablement (sauf la faculté accordée aux notaires par l'art. 13 de la loi du 16 juin 1824 ; V. acte fait en conséquence) (L. 22 frim. an 7, art. 42), 10 fr.

— Pour tout acte reçu en dépôt par un notaire ou un greffier sans qu'il ait été dressé acte (*id.*, art. 45), 10 fr.

EXPÉDITION. Pour tout brevet, copie ou expédition d'acte public assujetti à l'enregistrement, délivré sans enregistrement préalable de cet acte (*id.*, art. 44) ; — Et pour délivrance de copie, extrait ou expédition d'un acte public fait en vertu d'un acte s. s. p. non enregistré (*id.*, art. 42), 10 fr.

EXPLOITS. Coût de l'acte à indiquer, V. Amendes diverses (*huissiers*).

INDIGENTS. Délivrance faite indûment, et usages d'acte, extraits, copies ou expéditions enregistrés *gratis*, à autres fins que le mariage des indigents, la légitimation de leurs enfants et le retrait de ceux qui sont déposés dans les hospices (L. 10 déc. 1850, art. 7), 25 fr.

INSUFFISANCES. Pour toute insuffisance d'évaluation du *revenu* des immeubles transmis à titre d'échange, et à titre gratuit, par acte entre-vifs ou par décès (L. 22 frim. an 7, art. 39), *double droit*.

Pour toute insuffisance supérieure au huitième, du *prix* stipulé dans une vente ou un acte translatif de propriété ou d'usufruit d'immeubles à titre onéreux, lorsqu'elle est constatée par soumission des parties ou par expertise contradictoire (L. 27 vent. an 9, art. 5), *double droit*.

— Pour les insuffisances constatées par *contre-lettre*, V. Contre-lettre.

— Pour insuffisance de l'évaluation donnée à un *office* transmis à titre gratuit, ou simulation du prix d'une cession à titre onéreux, établie d'après des actes émanés des parties ou de l'autorité administrative ou judiciaire (L. 25 juin 1841, art. 11), *double droit*.

OMISSION. Pour les omissions reconnues avoir été faites dans les déclarations de *mutations par décès* (L. 22 frim. an 7, art. 39), *double droit*.

— Omissions ou intercalations d'actes sur les *répertoires* des officiers publics et ministériels, maires et autres assujettis à la tenue d'un répertoire (*id.*, art. 49), 5 fr.

RELATION d'enregistrement. Pour défaut *par le receveur* d'indication distincte dans la relation d'enreg. de chaque droit perçu (L. 22 frim. an 7, art. 57), 5 fr.

— Pour défaut de mention de la quittance des droits d'enreg., par une transcription littérale de cette quittance : 1° dans les expéditions ; 2° dans les minutes des actes publics faits en vertu d'actes s. s. privé ou passés en pays étranger assujettis à l'enreg. (*id.*, art. 44), 5 fr.

TITRES produits au cours d'instance. Production à l'appui d'une demande judiciaire qui n'indique aucun titre ou énonce que la convention a été faite verbalement, d'écrits, billets, marchés, factures acceptées, lettres ou tous autres titres émanés du défendeur et non enregistrés avant la demande. (L. 28 avril 1816, art. 57), *double droit*.

VENTES PUBLIQUES DE MEUBLES.

Les amendes (deux exceptées) pour contraventions aux lois sur les ventes publiques de meubles sont exigibles sans condamnation préalable, en vertu de contrainte (L. 22 pluv. an 7, art. 8).

Pour ventes de meubles aux enchères sans *ministère d'officier* public (L. 22 pluv. an 7, art. 7), 50 fr. à 1,000 fr.

— Pour contravention aux dispositions de la loi sur les ventes aux enchères de *marchandises neuves*, contre le *vendeur* et l'*officier public* l'ayant assisté, solidairement (L. 25 juin 1841, art. 7 et 8), 50 fr. à 3,000 fr.

Cette amende doit être prononcée par les tribunaux correctionnels (*id*).

— Pour défaut de *déclaration préalable* à une vente de meubles aux enchères (L. 22 pluv. an 7, art. 7), 20 fr.

— Pour défaut de *transcription*, en tête du procès-verbal, de la déclaration préalable (*id.*), 5 fr.

— Pour chaque article non écrit *en toutes lettres* dans le procès-verbal (*id.*), 5 fr.

— Pour chaque *altération* du prix des articles adjugés, faite dans le procès-verbal (*id.*), 20 fr.

— Pour chaque article adjugé, *non porté* au procès-verbal (*id.*), 20 fr.

— Pour chaque article dont l'officier ministériel chargé de la vente s'est rendu *adjudicataire*, directement ou indirectement (Décr. 14 juin 1813, art. 38), 100 fr.

Cette amende doit être prononcée par les tribunaux civils.

TIMBRE.

Indépendamment des amendes, les contrevenants doivent payer les droits de timbre (L. 13 brum. an 7, art. 26). — Le recouvrement peut être suivi sans condamnation préalable, par voie de contrainte (L. 28 avril 1816, art. 76).

ACTES. Les actes assujettis au timbre de *dimension* (autres que les bordereaux des agents de change et courtiers, les lettres de voitures et connaissements, les polices d'assurances), écrits *sur papier non timbré* (L. 13 brum. an 7, art. 12); — Ou sur papier timbré *ayant déjà servi* (art. 22); — Ou bien *à la suite d'un autre acte*, sauf les exceptions prévues (art. 23); — Contre les particuliers (art. 22 de la loi du 2 juillet 1862, Inst. 2225.) 50 fr, — Contre les officiers ou fonctionnaires publics (art. 26 de la loi du 13 brumaire, n° 5), 20 fr.

— Actes des notaires, huissiers, greffiers, arbitres, avoués ou défenseurs officieux et de tous autres officiers ou fonctionnaires publics, écrits *sur papier timbré non débité* par l'administration (L. 13 brumaire an 7, art. 18 et 26, n° 3), 20 fr.

— Actes des notaires, huissiers, greffiers, avoués, arbitres et experts; jugements des tribunaux et arrêtés des administrations publiques rédigés *en conséquence d'un acte non timbré* et non visé pour timbre (*id.*, art. 24 et 26, n° 5), 20 fr.

— Actes des notaires, avoués, greffiers, huissiers et autres officiers publics, faisant mention d'un acte sujet au timbre et non enregistré, qui ne devra pas être représenté au receveur, sans que l'officier ministériel ait *déclaré si l'acte est timbré* et énoncé le montant du droit de timbre (L. 5 juin 1850, art. 49), 10 fr.

— Actes ou écritures privées, écrits sur papier non timbré, sans contravention, *produits en justice* avant d'avoir été soumis au timbre (L. 13 brum. an 7, art. 30), 5 fr.

ACTIONS des sociétés et compagnies, émises sur *papier non timbré* du timbre prescrit, ou non tirées d'un registre à souche (L. 5 juin 1850, art. 18); — Et celles qui, émises en contravention avant le 1er janvier 1851, n'ont pas été timbrées dans les six mois à partir de la loi (art. 20). Contre *la compagnie*, 12 p. 100.

— Pour le *refus de communication* du registre à souche des actions (*id.*, art. 16), 10 fr.

— Toute contravention au réglement qui détermine les formalités pour l'*application du timbre* sur les actions, en cas d'abonnement (*id.*, art. 23), 50 fr.

— Transfert ou cession d'un titre ou certificat d'action non timbré. Contre l'*agent de change* ou le *courtier* qui y a concouru (*id.*, art. 19), 10 p. 100.

AFFICHES, avis et annonces *sur papier non timbré*. (L. 28 avril 1816, art. 68, 69). — Contre l'*imprimeur*, 50 fr.; — Contre celui qui a fait *placarder* ou contre le *distributeur*, 20 fr.

— Affiches imprimées sur papier de *couleur blanche*. Contre l'*imprimeur* (L. 25 mars 1817, art. 77 ; L. 15 mai 1818, art. 76), 20 fr.

ANNONCES, V. Affiches, avis et annonces.

ARRÊTÉS des agents de change et courtiers, V. Bordereaux.

ASSURANCES. Déclaration préalable. Pour défaut de déclaration au bureau de l'enreg., avant de commencer leurs opérations, par tous assureurs de la nature de ces opérations et du nom du directeur, chef ou agent, savoir : Pour les assurances *autres que celles maritimes*, au siége de leur principal établissement (L. 5 juin 1850, art. 34); — Pour les assurances *maritimes*, au siége de l'établissement et à celui de chaque agence : par les compagnies (*id.*, art. 43); par les assureurs particuliers sans l'entreprise des notaires et courtiers (*id.*, art. 45), 1,000 fr.

— Polices. Contrats d'assurances, *autres que les assurances maritimes*, antérieurs au 1er oct. 1850, sur papier non timbré ou non visé pour timbre (*id.*, art 40), 10 fr.

— Contrats d'assurance, ainsi que toutes conventions postérieures contenant prolongation de l'assurance, augmentation dans la prime ou le capital assuré, rédigés depuis le 1er oct. 1850, sur papier non timbré, savoir : Pour les assurances *non-maritimes* ; contre l'assureur *seul* (*id.*, art. 33), 50 fr.;— Pour les assurances *maritimes* et les actes qui (en cas de police flottante portent désignation d'une somme en risque ou d'une prime à payer ; contre *chacun des assureurs et assurés* (*id.*, art. 42), 50 fr.

— Polices d'assurances, *autres que celles maritimes*, contenant une clause de *tacile réconduction*, rédigés sur papier timbré, mais non visées pour supplément de timbre dans les cinq jours de leur date contre l'*assureur seul* (*id.*, art. 33), 50 fr.

— Polices d'assurances *maritimes*, sur papier timbré, mais avec conventions postérieures pour chacune desquelles la police n'a pas été visée pour supplément du timbre dans les deux jours. — Contre *chacun des assureurs et assurés* (*id.*, art. 42), 50 fr.

— Contre tout *courtier* ou *notaire* convaincu d'avoir rédigé une police d'assurance *maritime*, d'en avoir délivré expédition ou extrait sur papier non timbré, ou d'avoir mis à la suite d'une police timbrée ces conventions postérieures sans les faire viser pour supplément de timbre (*id.*, art. 48), 500 fr.; en cas de récidive, 1,000 fr.

— Répertoires. Toute contravention aux dispositions qui prescrivent aux *courtiers et notaires* la tenue d'un registre sur papier timbré pour la transcription des polices d'assurances *maritimes*, faites par leur ministère, et la communication de ce registre (*id.*, art. 47), 50 fr.

— Toute contravention aux dispositions qui prescrivent aux *compagnies* et *assureurs* qui n'emploient pas le ministère des courtiers et notaires, de tenir un répertoire des contrats et actes d'assurance de toute nature, de faire viser ce répertoire, et de communiquer les polices, savoir : assurances *non-maritimes* (*id.*, art. 36); assurances *maritimes* (art. 46), 10 fr.

AVIS et annonces, V. Affiches.

BILLETS négociables ou non négociables, V. Effets de commerce et autres.

BORDEREAUX et arrêtés des agents de change et courtiers, rédigés sur papier non timbré, ou non revêtu du timbre noir et du timbre sec. (L. 5 juin 1850, art. 13), 500 fr.

COLONIES. Droits spéciaux de timbre (I. n. 2211).

COPIES signifiées par les huissiers, d'actes, de jugements, d'arrêts et de toutes autres pièces, contenant plus de 30 lignes et 30 syllabes à la ligne par page de petit papier; plus de 35 lignes à 35 syllabes par page de moyen papier; plus de 40 lignes par page de grand papier, 40 syllabes à la ligne, et sur le grand registre plus de 45 lignes à la page et de 45 syllabes à la ligne (L. 2 juillet 1862; D. 30 juillet 1862; I. 2228), 25 fr.

Ces copies doivent être correctes, lisibles et sans abréviation.

DÉBIT de papiers timbrés, non-autorisé (L. 13 brum. an 7, art. 27), 20 fr. En cas de récidive, 50 fr.

— Vente frauduleuse de papiers timbrés (*id.*, art. 28). *Peines prononcées par les art. 140 et suiv. du C. pénal*, et la loi du 2 juillet 1862.

ECRITS périodiques et non-périodiques, V. Journaux.

EFFETS de commerce ou autres. Billets à ordre et tous *effets négociables*, souscrits *antérieurement* au 1er oct. 1850, en contravention aux lois sur le timbre, et non visés pour timbre. — Contre 1o le *souscripteur*; 2o l'*accepteur* ou le *premier endosseur* (L. 24 mai 1834, art. 19); 3o le *porteur* qui a négligé de faire timbrer les effets échus depuis la loi (L. 5 juin 1850, art. 12) *chacun* 6 p. 100.

— Billets à ordre ou au porteur, lettres de change, mandats, retraites et tous autres effets *négociables ou de commerce*, d'une date *postérieure* au 1er oct. 1850, souscrits en France (même ceux payables hors de France (art. 9); écrits sur papier non timbré et non visé pour timbre avant toute négociation, dans les délais prescrits. — Contre 1o le *souscripteur*; 2o l'*accepteur*; 3o le *bénéficiaire* ou *premier endosseur* (L. 5 juin 1850, art. 4), *chacun* 6 p. 100.

— Billets ou effets *négociables*, venant soit de l'*étranger*, soit des *colonies* où le timbre n'est pas établi, et payables en France, non écrits sur papier timbré ou visé pour timbre avant d'y être acceptés, négociés ou acquittés; ainsi que les effets souscrits et payables hors de France, qui, après avoir été négociés en France, y font retour par suite de protêt, et n'ont pas été timbrés avant tout recours. — Contre 1o l'*accepteur*; 2o le *premier endosseur* en France, ou, à défaut d'endossement en France, le *porteur*, s'il a encaissé l'effet non timbré (*id.*, art. 4), *chacun* 6 p. 100.

— Duplicata de *lettre de change* sur papier non timbré, lorsque la première timbrée n'est pas jointe. — Contre *chacun des contrevenants* (d'après les règles ci-dessus) (*id.*, art. 10), 6 p. 100.

— Toute contravention à la défense d'*encaisser* ou faire encaisser, même pour autrui, des effets de commerce non timbrés (*id.*, art. 7), 6 p. 100.

— OBLIGATIONS NÉGOCIABLES des départements, communes, établissements publics et compagnies, non tirées d'un registre à souche, ou non écrites sur papier au timbre prop. de 1 p. 100 (*id.*, art. 29) ; — Et celles qui, souscrites avant le 1er janv. 1851, n'ont pas été visées pour timbre dans les six mois à partir de la loi (art. 30), 10 p. 100.

— Pour refus de *communication* du registre à souche de ces obligations négociables (*id.*, art. 28), 10 fr.

— Toute contravention au règlement qui détermine les formalités pour l'*application du timbre* sur ces obligations, en cas d'abonnement (*id.*, art. 23 et 32), 50 fr.

— Transfert ou cession d'un titre d'obligation négociable non timbré. Contre l'*agent de change* ou le *courtier* qui y a concouru (*id.*, art. 19 et 32), 10 p. 100.

— BILLETS ET OBLIGATIONS NON NÉGOCIABLES, sous signature privée, sur papier non timbré ou non revêtu du timbre proportionnel prescrit. — Contre 1° le *souscripteur*; 2° le *premier cessionnaire* (L. 24 mai 1834, art. 19), chacun 6 p. 100, au *minimum* de 5 fr.

EMPREINTE du timbre couverte d'écriture ou altérée (L. 13 brum. an 7, art. 24 et 25, n. 1 et 2), 5 fr.

— Contrefaçon des timbres (C. pén., art. 140 et suiv.), *Peines corporelles.*

ENREGISTREMENT, par les receveurs, d'actes sur papier non timbré ou de protêts d'effets négociables non timbrés (L. 13 brum. an 7, art. 25 et 26, n. 4), 10 fr.

EXPÉDITIONS d'actes publics, sur *papier non timbré* (*id.*, art. 12) ; — ou *non débité* par l'administration (art. 17) ; — ou *ayant déjà servi* (art. 22); — ou écrites *à la suite* d'une autre (art. 23). — Contre l'*officier public* (art. 26, n. 5), 20 fr.

— Expéditions sur papier timbré d'un format inférieur au *moyen-papier* (*id.*, art. 19 et 26, n. 4), 10 fr.

— Celles qui contiennent plus de 25 *lignes par page* de moyen-papier; 30 lignes par page de grand-papier; ou 35 ligne par page de grand-registre (*id.*, art. 20 et 26, n. 3), 5 fr.

— Expéditions ou extraits sur papier non timbré des contrats d'*assurances maritimes* faits par le ministère des courtiers et notaires (L. 5 juin 1850, art. 48), 500 fr. En cas de récidive, 1,000 fr.

INDIGENTS. Délivrance faite indûment, ou usage à autres fins que le mariage des indigents, la légitimation et le retrait de leurs enfants naturels déposés dans les hospices, de tous actes, extraits, copies ou expéditions visés pour timbre *gratis* pour cette destination spéciale (L. 10 déc. 1850, art. 7), 25 fr.

JOURNAUX et écrits politiques. Journaux ou *écrits périodiques*, recueils *périodiques* de gravures ou lithographies politiques. — Pour *chaque feuille* ou fraction de feuille non timbrée (L. 16 juillet 1850, art. 24), 50 fr. En cas de récidive, 100 fr.

— Écrits *non-périodiques*, traitant de matières politiques ou d'économie sociale, assujettis au timbre, imprimés sur papier non timbré. — Pour *chaque contravention*, indépendamment de la restitution des droits frustrés (*id.*, art. 24), *Amende égale au double droit, sans qu'elle puisse être au-dessus de 200 fr.*

LETTRES de change, V. Effets de commerce.

LETTRES de voiture ou connaissements, sur papier non timbré, ou non revêtu du timbre noir et du timbre sec (L. 14 juin 1842, art. 6 et 7), 30 fr.

— Récépissés des chemins de fer (*tenant lieu des lettres de voiture à délivrer aux expéditeurs*), 20 centimes de droit de timbre (L. 13 mai 1863, art. 40; L. n° 2252), *par exception à la loi de 1842.*

LIVRES des courtiers d'assurances maritimes, V. Assurances.

MINUTES, feuilles d'audience et registres timbrés. — Contenant plus de 30 lignes à la page et de 15 à 20 syllabes à la ligne par page de petit-papier; plus de 40 lignes à la page et de 20 à 25 syllabes à la ligne par page de moyen-papier; et plus de 50 lignes à la page et de 25 à 30 syllabes à la ligne par page de grand-papier, *sans compensation d'une page à l'autre* (art. 10, D. 24 mai 1854, L. 2146). 5 fr.

(Pour le remboursement des droits de timbre, il y a lieu d'admettre la compensation d'une page à l'autre.

OBLIGATIONS, V. Effets de commerce et autres.

POLICES d'assurances, V. Assurances.

PROTETS d'effets négociables ou de commerce non écrits sur papier du timbre prescrit ou non visé pour timbre (L. 24 mai 1834, art. 23), 20 fr.

RECUEILS périodiques, V. Journaux.

REGISTRES à souche, V. Actions, effets de commerce (*obligations*).

REPERTOIRES, V. Assurances.

TIMBRE. Apposition du timbre après l'impression des affiches, avis, annonces et journaux. Contre les préposés (Arr. 3 brum. an 6 ; Circ. 1124 ; I. 526, § 1, n° 6), 10 fr.

— V. Débit, empreinte du timbre.

— ABONNEMENT. Toute contravention au réglement qui détermine les formalités à observer pour l'application du *timbre-abonnement* aux actions, aux obligations négociables (L. 5 juin 1850, art. 23 et 32), 50 fr.

Titres de rentes, emprunts et autres effets publics des gouvernements étrangers (L. du 13 mai 1863), sont soumis à un droit de timbre de 50 cent. par 100 fr. ou fraction de 100 fr. de leur valeur nominale. *Amende de 10 p. % en cas de contravention, si une transmission de ces titres a lieu avant payement du droit de timbre*, 1° contre le propriétaire ; 2° contre l'agent de change (L. du 13 mai 1863; I. n° 2250).

GREFFE.

EXPÉDITION. Pour la délivrance d'expédition sans paiement préalable des droits de greffe (L. 21 vent. an 7, art. 11), 100 fr.

REMISES. Pour indue perception, par le greffier de remises autres que celles qui lui sont allouées ou de droits de prompte expédition (*id.*, art. 23), 100 fr.

Les amendes concernant les droits de greffe sont perçues sans condamnation préalable.

RETARD. Défaut de remise dans le mois du jugement de l'extrait ou de l'exécutoire en matière d'*assistance judiciaire*. (Art. 20, loi du 22 janv. 1851.) — 10 fr. par extrait.

Voir pour le tarif spécial : — 2e année. — § 5, art. 11.

HYPOTHÈQUES.

Les amendes encourues par les conservateurs doivent être prononcées par les tribunaux (I. 233).

ARRÊTÉS quotidiens omis sur les registres de formalité, contrairement à l'art. 2201 du Code civil (C. civ. 2202), 200 fr. à 1,000 fr.

COTE et paraphe des registres de formalité par l'un des juges du tribunal dans le ressort duquel le bureau est établi, — Pour toute contravention (*id.*), 200 fr. à 1,000 fr.

DÉPOTS non mentionnés au registre spécial, et reconnaissances ou bulletins de dépôts non délivrés par le conservateur (*id.*), 200 fr. à 1,000 fr.

FORMALITÉS hypothécaires. Formalités, états et certificats *refusés* par le conservateur, ou dont la délivrance a été illégalement et abusivement retardée (*id.*), 200 fr. à 1,000 fr.

— Formalités *interverties* sur les registres (*id.*), 200 fr. à 1,000 fr.

— Pour toute mention de dépôt, inscription ou transcription qui n'a pas été faite *de suite*, sans aucun *blanc* ni *interligne* (C. civ. 2203), 200 fr. à 1,000 fr.

Voir pour les droits et salaires : — 3e année — § 3, art. 11.

AMENDES DIVERSES.

Toutes les amendes ci-après, à l'exception des deux premières et des deux dernières, doivent être prononcées par les tribunaux.

APPEL. Pour défaut de consignation des amendes d'appel. Contre les *avoués* ou *greffiers* (Arrêté du 10 flor. an 11, art. 8), 50 fr.

HUISSIERS. Pour défaut d'indication du *coût* de chaque exploit au bas de l'original ou de la copie (C. proc. civ., art. 67), 5 fr. — Cette amende est exigible à l'instant de l'enregistrement.

— Pour la perception abusive de plusieurs indemnités pour frais de *voyage* ou droits de *transport*, dans le cas de signification de plusieurs actes (Décr. 14 juin 1813, art. 35), 20 fr. à 100 fr.

— Pour signification faite par le ministère d'un autre huissier, à l'effet de se procurer plusieurs droits de *transport* (*id.*, art. 36), 100 fr.

— Pour signification de copie de citation ou d'exploit, de jugement ou arrêt, qui serait *illisible* (Décr. 29 août 1813, art. 2 ; I. 1621), 25 fr.

— Pour excès de lignes d'écriture, V. Amendes de timbre (copies).

PROCÉDURE CIVILE. Contraventions par les greffiers aux règles de procédure en matière de faux incident (Code procéd. civ., art. 244), 100 fr. au minimum.

— Contraventions par les officiers ministériels dans les actes de procédure civile, lorsque la loi ne prononce pas la nullité et que les tribunaux croient devoir appliquer une peine (C. proc. civ., art. 1030), 5 fr. à 100 fr.

PROCÉDURE CRIMINELLE. Contraventions commises par les greffiers : 1o En matière d'*enquêtes* ou dépositions de témoins (C. instr. crim., 74 à 77), 50 fr. ; — 2o Relativement aux mandats de comparution, de dépôt, d'amener ou d'arrêt (*id.*, art. 112), 50 fr. au *minimum* ; — 3o Pour omission dans les jugements de condamnation du texte de la loi appliquée. En matière de police (*id.*, art. 195), 50 fr. ; En matière criminelle (art. 369), 100 fr. — 4o Défaut de signature par les juges de la minute des jugements de simple police (*id.*, art. 164), 25 fr. ; des arrêts criminels (art. 370), 100 fr.; — 5o Procès-verbal non rédigé pour chaque séance (*id.*, art. 372), 500 fr. — 6o Procès-verbal non rédigé pour constater l'exécution des arrêts criminels, ou non transcrits dans les 24 heures au pied de la minute de l'arrêt (*id.*, art. 378,) 100 fr. ; — 7o Défaut d'annexe d'un inventaire des pièces jointes aux dossiers des affaires criminelles sur lesquelles il y a pourvoi (*id.*, art. 423), 100 fr. ; — 8o Procès-verbal non rédigé pour constater l'état des pièces arguées de faux ; défaut de signature ou paraphe de ces pièces (*id.*, art. 449, 450) ; et pièces de comparaison non renvoyées dans la quinzaine (art. 463), 50 fr. — 9o Défaut de procès-verbal descriptif des pièces de conviction contre les accusés contumaces (*id.*, art 474), 100 fr.— 11. Omission sur le registre des condamnés à l'emprisonnement ou à une peine plus forte (*id.*, art. 600), 50 fr. Défaut d'envoi au ministre de la copie de ce registre (art. 601), 100 fr.

NOTARIAT. Actes non écrits dans un seul et même contexte, lisiblement, sans abréviations, blancs, lacunes ; sommes et dates non mises en toutes lettres (L. 25 vent. an 11, art. 13), 20 fr.

— Additions et interlignes, ratures et surcharges non approuvés (*id.*, art. 16), 10 fr.

— Contrats de mariage. Défaut de mention de la lecture faites aux parties par le notaire des art. 1391 et 1394 C. civ. relatifs à la publicité des contrats de mariage (L. 10 juill. 1850, addition à l'art. 1394 du Code civil.), 10 fr.

— Défaut ou retard de dépôt des extraits de contrats de mariage entre commerçants (C. com., art. 68), 20 fr.

— Expédition délivrée ou communication des actes notariés donnée à d'autres qu'aux parties intéressées (L. 25 vent. an 11, art. 23), 20 fr.

— Lecture. Défaut de mention de la lecture, 1o des actes aux parties (*id.*, art. 13), 20 fr. — 2o des art. 1391 et 1394 du C. civ., aux parties dans les contrats de mariage (L. 10 juill. 1850), 10 fr.

— Noms et résidence du notaire non indiqués dans les actes reçus par lui (L. 25 vent. an 11, art. 12), 20 fr.

— Noms, qualités et demeures des parties ou des témoins attestant leur individualité, omis dans les actes (*id.*, art. 13), 20 fr.

— Procurations des contractants non annexées (*id.*, art. 13), 20 fr.

— Qualifications, clauses et expressions abolies, employées par les notaires (*id*, art. 47), 20 fr.; En cas de rédicive, 40 fr.

— Répertoires. Défaut ou retard du dépôt au greffe, par les notaires, commissaires-priseurs et courtiers, du double de leur répertoire de chaque année (L. 6 oct. 1791, art. 17 et 16 flor. an 4, art. 1er et 2), 20 fr.

— Titulaire ou héritiers d'un notaire en retard de remettre au successeur désigné les minutes ou répertoires de l'étude (L. 25 vent. an 11, art. 57), 20 fr. par chaque mois de retard.

POIDS, MESURES et système décimal. Usage dans les actes publics de dénominations interdites, de poids, mesures et monnaies (L. 4 juil. 1837, art. 5), 20 fr.

— Pour contraventions aux lois et réglements sur les *poids et mesures métriques* dans les avis et annonces, et dans *chaque acte et écriture sous signature privée* ou les registres de commerce produits en justice. Ces derniers ne donnent lieu qu'à une seule amende pour chaque contestation dans laquelle ils sont produits (*id.*), 10 fr.

CHAPITRE II.

EXAMEN DE SECONDE ANNÉE.

—

ARTICLE Ier. — PROGRAMME DE L'EXAMEN DE SECONDE ANNÉE.

1° *Partie orale.*

Maximum des points à accorder par le comité.

CHAPITRE Ier. — *Comptabilité et manutention d'un bureau.*

Art. 1er. — *Crédits.* — Leur spécialité par exercice et par chapitre. — Ordonnancement de paiement.

Caisse. — Papiers timbrés. — Timbres mobiles. — Registres de recette (*droits au comptant*). — Livre de dépouillement; journal et pièces de dépenses; fonds de subvention; versements; bordereau de recettes et dépenses par mois; compte par année ; responsabilité des receveurs. 8

Art 2. — Sommiers et registres de recette des *droits et produits constatés.* — Sommiers des droits certains ; des droits en débet; etc. — Feuilles de mutation; leur utilité pour la découverte des actes et mutations soustraits à la formalité. — Renvoi d'enregistrement d'actes à d'autres bureaux ; leur utilité. 5

Art. 3. — *Recouvrements.* — Différents modes de poursuites, suivant la nature des produits 5

CHAPITRE II.

Droits de greffe. — Application des lois et décrets relatifs à cette perception. . . . .

Maximum
des points à
accorder par
le comité.

CHAPITRE III.

CHAPITRE IV.

CHAPITRE V.

2° Partie écrite.

3e Partie.

*Le comité, à la suite du procès verbal d'examen, fera connaître si le surnu-
méraire est assez instruit pour qu'on puisse lui confier des intérim.*

ARTICLE II. — PARTIE ORALE.

§ 1er. *Budget.* — *Exercices.* — *Crédits; leur spécialité par exercice et
par chapitre.* — *Ordonnancement des dépenses.*
§ 2. *Caisse.* — *Papiers timbrés.* — *Registres de recette (Droits au
comptant).* — *Livre de dépouillement.* — *Journal et pièces de dépenses.* — *Fonds de subvention.* — *Versements.* — *Bordereau de
recettes et dépenses par mois.* — *Compte par année.* — *Responsabilité
des receveurs.*

BUDGETS. — CRÉDITS.

(Voir, pour tout ce qui a rapport à la comptabilité publique, les paragraphes, 6, 7 et 8 du chapitre troisième de la première partie.)

CAISSE.

La *comptabilité* est l'ensemble des opérations qui aboutissent à un maniement de deniers. Elle repose sur un triple système d'écritures, de contrôle et de responsabilité. Elle exige beaucoup d'ordre et de méthode dans la tenue des registres, dans l'arrangement des pièces de dépense, et une exactitude rigoureuse dans les calculs et les versements. C'est l'art de *rendre compte.*

Subordonnée à des règles générales qui demandent de l'étude et de la mémoire, la comptabilité est encore modifiée par les instructions qui interviennent successivement sur cette importante partie de l'administration publique, et les employés de tout grade ne sauraient y apporter une trop grande attention.

La *Caisse* est le lieu où les receveurs des deniers publics tiennent les fonds de leur recette.

Les receveurs doivent avoir soin, indépendamment des précautions ordinaires, de coucher ou de faire coucher un homme sûr dans le lieu où ils tiennent leur caisse, et, en outre, si c'est un rez-de-chaussée, de le tenir solidement grillé. C'est par ces précautions seulement, et en établissant d'ailleurs qu'il y a eu force majeure, que dans le cas de vol, un comptable peut en obtenir une décharge. (Voir inst. n° 1662.)

Les receveurs ne doivent jamais, sous aucun prétexte, mélanger leurs fonds personnels avec ceux du Trésor. — Ils doivent tenir constamment réunis, sinon dans le même coffre, ce qui n'est pas toujours possible, du moins dans une même pièce, où ils puissent à chaque instant être complétement représentés aux employés supérieurs, tous les fonds qui sont versés entre leurs mains, et enregistrer les recettes et les dépenses jour par jour, et à mesure qu'elles ont lieu, afin de pouvoir justifier immédiatement aux mêmes employés que l'excédant de la recette sur la dépense se trouve représenté en entier par les sommes existant en caisse.

Toutefois, comme il n'est pas toujours possible d'évaluer immédiatement le montant des droits au moment où les actes sont présentés, et qu'il existe souvent des différences entre les recettes effectives et le résultat des droits dus d'après l'enregistrement, l'inst. n° 1523 avait prescrit la tenue d'un *Livre de comptes-ouverts avec les officiers publics.* La circulaire de la comptabilité du 6 juin 1861 a supprimé ce livre et l'a remplacé par un *journal de caisse,* destiné à établir jour par jour, la situation exacte de la caisse. Ce journal de caisse (dont la création n'est que la mise à exécution de l'art. 662 de l'ordonnance du 31 mai 1838), présente, en six colonnes, l'ensemble des recettes et des dépenses de la journée, y compris les dépôts des officiers publics ou des parties, et les règlements de comptes. En déduisant la dépense de la recette on doit retrouver, chaque soir, le solde matériel en caisse. S'ils tiennent ce journal avec régularité et dans les conditions prescrites par la circulaire, les Receveurs sont assurés de pouvoir toujours établir avec rapidité et certitude leur situation de caisse.

Ce qui reste dû par les officiers publics d'après le journal est admis comme valeurs en caisse. Hors ce cas spécial, il ne peut être fait aux parties aucune espèce de crédit.

Les fonds qui entrent dans la caisse d'un comptable doivent être pour lui un dépôt sacré ; il ne pourrait en disposer pour son service particulier, ni pour tout autre usage qui les détournerait de leur destination, sans commettre un abus de confiance qui l'exposerait à la destitution, et même, selon les circonstances, à être poursuivi criminellement.

Les receveurs, dans le cas où une autorité voudrait puiser dans leur caisse, doivent s'y refuser et en informer de suite le directeur. Voir : *Fonds de subvention. — Payements pour le compte du payeur.*

Les bureaux des receveurs de l'enregistrement et des domaines sont ouverts aux inspecteurs des finances. Il faut leur représenter les fonds en caisse, et leur procurer toutes les facilités nécessaires pour remplir la mission qui leur est confiée ; et les préposés doivent déférer immédiatement aux demandes et renseignements qu'ils pourraient leur faire, non-seulement sur les objets de comptabilité, mais encore sur toutes les parties du service, sans exception.

Indépendamment des règles ci-dessus pour la tenue de la caisse, il en a été tracé d'autres relativement aux oppositions qui peuvent être formées au payement des sommes dues par l'État.

Ainsi, d'après la loi du 9 juillet 1836, rapportée dans l'inst. 1520, la notification des saisies-arrêts et oppositions doit être faite aux receveurs des domaines sur la caisse desquels les ordonnances ou mandats de payement sont délivrés.

Les receveurs porteront sur un registre, par ordre de date et de numéros, les saisies-arrêts, oppositions, significations de transport et tous autres actes ayant pour objet d'arrêter le payement des sommes dues par l'État, et payables à leur caisse. Les receveurs viseront l'original de l'exploit des saisies-arrêts qui leur seront notifiées. Les copies d'exploits des titres des saisissants seront apostillées du numéro de l'inscription de la saisie au registre. Les receveurs, sur la demande du saisissant, délivreront un certificat énonçant qu'il n'est rien dû au saisi, ou que la somme due n'est pas liquide. Dans le cas où il existerait déjà des saisies-arrêts ou oppositions sur la même personne et sur le même objet, le receveur en fera mention dans un certificat. Ce certificat sera sur papier timbré. Lorsqu'un mandat est présenté au payement, s'il n'existe pas de saisies-arrêts, le receveur acquitte la somme ordonnancée. S'il y a des saisies-arrêts ou oppositions, il est énoncé dans le certificat.

Les sommes saisies et arrêtées seront versées à la Caisse des dépôts et consignations.

Les saisies-arrêts ou oppositions dont la date remontera à cinq années, et qui n'auront pas été renouvelées dans ce délai, cesseront de produire leur effet. Dans les bureaux d'une faible importance ou de chef-lieu de canton, les receveurs doivent consacrer quelques feuillets de leur journal de dépense pour remplacer le registre dont il s'agit.

PAPIERS TIMBRÉS.

Aux termes de l'art. 27 de la loi du 13 brumaire an 7, nul ne peut vendre ou distribuer du papier timbré qu'en vertu d'une commission de l'administration. (*Voir* § 3, 1re année.) — Voir aussi, *pour les distributions auxiliaires de papiers timbrés*, les inst. nos 1628 et 2144.

La comptabilité et la recette du timbre ont lieu sur un registre spécial. Ce registre, coté et paraphé par les directeurs des départements, est vérifié et arrêté, comme les autres registres de perception, par les employés supérieurs, qui y établissent, en outre, la situation du receveur à l'époque de leur passage, après s'être fait représenter et avoir compté eux-mêmes les papiers timbrés existant en nature au bureau.

Les bureaux sont approvisionnés de *papiers timbrés* et de *timbres mobiles* par le garde-magasin établi dans chaque direction, sur la demande faite au directeur. Ces demandes, sauf le cas d'urgence, doivent être faites dans le premier mois de chaque trimestre et calculées de manière à assurer le service. Les demandes d'*impressions* non timbrées ne peuvent avoir lieu que dans les premiers jours des mois de mars et de septembre. (Circ. 15 déc. 1834; instr. nos 1924 et 1945.)

A la réception du papier timbré envoyé de la direction, les receveurs doivent s'assurer de suite si toutes les qualités portées sur la lettre de voiture y sont réellement contenues. Dans le cas contraire, ils devront constater le fait en présence, soit du maire, soit du juge de paix et de l'employé des messageries, par un procès-verbal qui sera transmis au directeur. Toutefois cette mesure de la reconnaissance officielle du papier timbré contenu dans des ballots ne sera effectuée qu'autant que les enveloppes paraîtront altérées.

Le papier timbré, arrivé et reconnu, est porté immédiatement par

12

nature sur le registre *ad hoc*. A la fin de chaque mois, le receveur compte exactement le restant en nature des diverses espèces de papiers timbrés ; le résultat en est porté sur le registre, et retranché de ce qui existait en nature à la fin du mois précédent : la différence forme la débite dont il doit compte.

Les papiers timbrés doivent être placés dans un lieu sec et à l'abri de toute altération.

REGISTRES DE RECETTE, DROITS AU COMPTANT.

Les registres d'un bureau sont de deux sortes : les uns de formalité, les autres d'administration.

Les premiers exigent un soin tout particulier par l'importance qu'ils peuvent acquérir dans l'intérêt public. La précision et la netteté des analyses sont de devoir rigoureux. Par un événement de force majeure, la minute peut ne plus exister ; l'expédition délivrée peut se perdre : alors l'enregistrement doit, en certaines circonstances, y suppléer.

Les registres de recette des *droits au comptant* sont :

1° *Actes civils publics*, pour y enregistrer les actes des notaires et ceux reçus par les corps administratifs et municipaux ;

2° *Actes sous seing privé*, destinés à y enregistrer tous les actes et toutes les conventions diverses des citoyens entre eux ;

3° *Actes judiciaires*, pour l'enregistrement des jugements, arrêts, etc.; et des actes reçus par les greffiers des tribunaux, les juges de paix et les arbitres ;

4° *Actes d'huissiers*, pour l'enregistrement des actes des huissiers, gardes champêtres, forestiers, gendarmes et toutes autres personnes ayant qualité pour rédiger des procès-verbaux ;

5° *Mutations par décès*, pour y consigner les déclarations des héritiers et légataires appelés à recueillir des successions ou legs ; comme annexe du registre des mutations par décès, l'inst. n° 2266 a prescrit (à partir du 1er janvier 1864), la tenue d'un *journal à souche*, sur lequel les contribuables inscrivent le montant total des sommes payées par eux, et duquel sont détachées les quittances des droits de succession. Lorsque le droit payé dépasse 10 fr., la quittance est timbrée par l'apposition d'un timbre mobile de dimension du prix de 50 centimes.

6° *Droits de mise au rôle*, perçus sur la formation et tenue des rôles, et l'inscription de chaque cause sur le rôle auquel elle appartient ;

7° *Droits d'hypothèques*, perçus sur le registre de dépôts des conservateurs ;

8° *Amendes de consignation*, où sont portées toutes les amendes que l'on doit acquitter avant de pouvoir faire statuer sur l'appel d'un jugement, se pourvoir en cassation, ou s'inscrire en faux ;

9° *Timbre débité*, où l'on établit la comptabilité des papiers timbrés, en y portant les quantités reçues de la direction à leur arrivée ; puis, à la fin de chaque mois, les quantités restant en nature. La différence entre le restant en nature et les quantités reçues forme la débite dont le receveur doit compte au Trésor.

10° *Visa pour timbre*, où l'on porte les droits et amendes résultant de pièces soumises à la formalité.

11° *Passeports*, où l'on établit la débite des feuilles de passeports. (Instr. n°s 921, 1474, 2117, 2135, 2140, 2151).

Ces registres doivent être arrêtés, jour par jour, de la main du receveur, et avec sa signature en toutes lettres, avec indication des jours fériés. (*Voir* § 1, 1re *année*).

Le registre de visa pour valoir timbre tenu par les conservateurs des hypothèques est seul dispensé de cette formalité (Instr. 1531).

Ces arrêtés sont mis, à l'instant où le bureau se ferme, dans la case ou l'espace qui suit immédiatement le dernier enregistrement. Il ne peut être placé qu'un seul arrêté dans une même case ou sur une même ligne pour les registres non divisés par case. On doit éviter avec soin toute altération dans les arrêtés des registres, et les mots rayés et annulés doivent être approuvés.

L'exécution rigoureuse de ces mesures, dont les employés de tous les grades reconnaissent la gravité, forme la base essentielle de l'administration, et détermine l'importance réelle dont elle est revêtue dans notre organisation civile. Que deviendrait, en effet, cette véritable fonction de magistrature, *donner de la fixité à la date des actes*, s'il en était autrement, et si la principale attribution de l'administration était sans cesse compromise par la négligence, l'incurie et le mauvais vouloir des préposés ?

L'*enregistrement* est l'analyse de l'acte.

Les enregistrements doivent être clairs et précis, et renfermer toutes les dispositions des actes, par extrait et dans un même contexte, soit *qu'elles donnent ou non ouverture à des droits* ; on ne doit y omettre rien de ce qui peut servir à remplir les colonnes des différentes tables alphabétiques et être utile aux parties.

Le total de chaque droit perçu doit être inscrit *en toutes lettres*, immédiatement après la disposition qui a donné lieu à la perception ; puis être *tiré hors lignes, en chiffres*, dans les colonnes à ce destinées, suivant qu'il s'agit de droits simples ou d'amendes et de droits en sus. On doit indiquer la nature et la quotité du droit, par exemple, si c'est un droit de vente à 5 fr. 50 o/° ou à 2 fr. ₀/ᵘ, ou si c'est un droit fixe, etc.

Chaque enregistrement doit indiquer le nombre des rôles et des renvois. L'écriture doit être soignée : il faut écrire en lettres majuscules le premier mot de l'enregistrement, et en gros caractères la nature de l'acte et le nom des parties contractantes, pour faciliter les recherches et le service des tables. Chaque enregistrement ou déclaration est annoté, en marge, du nom et des folios des tables alphabétiques ou du numéro des articles des sommiers qui s'y rapportent. Ce travail doit être fait avec la plus grande exactitude. Lorsqu'une case ne suffit pas, il faut en employer autant qu'il est nécessaire, en les liant par une accolade. Les actes *synallagmatiques* doivent être copiés en entier pour l'enregistrement. Toutefois, il y a exception à cette règle pour les actes sous seing privé annexés à des actes notariés ou authentiques (Instr. n° 1585), ou bien encore quand l'acte sous seing privé relatif à une mutation immobilière est formalisé et transcrit en même temps sur le registre de transcription de la conservation des hypothèques, et que le receveur remplit aussi les fonctions de conservateur des hypothèques.

On appelle *synallagmatique* ou *bilatéral* le contrat dans lequel les parties s'obligent les unes envers les autres.

Les autres actes sous seing privé, et ceux passés en pays étranger, doivent être enregistrés d'une manière très-circonstanciée.

Chaque enregistrement d'un acte susceptible d'être renvoyé à un autre bureau doit être émargé du mot *renvoi* et du numéro de chaque relevé.

Les ratures et les surcharges sont défendues dans les enregistrements ; en cas d'erreur, il faut rayer les mots de manière à ce qu'on puisse les lire, et placer l'approbation en marge.

Chaque enregistrement en débet doit être émargé, soit du renvoi au bureau où la somme principale est due, soit du numéro du sommier où l'article est consigné, soit de la mention : *à comprendre dans la liquidation des dépens.*

Dans le cas de présentation simultanée à la formalité d'une minute de jugement ou acte de greffe et de l'expédition, il doit être employé une case distincte pour la recette du droit d'expédition.

Les enregistrements de jugement sur appel doivent être émargés du numéro du registre de recette sur lequel l'amende a été consignée (Voir : *Examen de 1ʳᵉ année*, article III, §§ 1 et 2.)

LIVRE DE DÉPOUILLEMENT.

Il est tenu dans chaque bureau un livre de dépouillement, sur lequel les droits d'enregistrement sont portés par article du tarif.

Ce livre n'est tenu que par mois ; mais les receveurs doivent relever, jour par jour, sur des feuilles à colonnes disposées à cet effet, le montant de tous les droits d'enregistrement *portés en recette* sur leurs registres de formalité. Tous les dix jours, ils additionnent ces feuilles et comparent leurs résultats à ceux de ces mêmes registres ; puis, le dernier jour de chaque mois, ils complètent les additions ; et, après s'être assurés de la concordance des feuilles de relevé avec les registres de perception, ils en portent le montant sur le livre de dépouillement. Les feuilles de dépouillement ou relevés journaliers sont conservés au bureau ; les employés supérieurs les visent lors de leur vérification.

Les résultats sommaires de ce registre sont transmis chaque mois au ministère, et il en est dressé des relevés par articles, à l'appui des comptes annuels des receveurs (Circulaire de la comptabilité, nos 5 et 8).

Le livre de dépouillement fut d'abord établi afin de connaître d'une manière précise le montant des produits de chaque nature différente de droits, et d'aider ainsi aux modifications jugées nécessaires dans le tarif. L'on ne tarda pas à reconnaître de quelle utilité pouvait être sa tenue exacte pour la régularité des calculs, partie si essentielle de la manutention d'un bureau.

Aussi n'est-il pas un bon receveur qui n'apporte à la tenue journalière et rigoureuse du livre de dépouillement la plus grande attention.

JOURNAL ET PIÈCES DE DÉPENSES.

Les receveurs doivent porter sur le journal de dépense, par suite de numéros, jour par jour, sans laisser aucun blanc, les récépissés qui leur sont délivrés pour versement, et généralement toutes les dépenses qu'ils feront conformément aux règlements.

Le journal de dépenses doit être coté et paraphé par le juge de paix. Il doit être tenu avec le plus grand soin, et les enregistrements doivent être faits avec les détails propres à faciliter la rédaction du compte d'année, et de manière à ce que l'on puisse toujours reconnaître la nature et la régularité de la dépense.

D'après le mode actuel de comptabilité, les dépenses se divisent en deux parties : l'une dite dépenses publiques, et l'autre opérations de trésorerie. Les journaux de dépenses sont divisés en deux colonnes ; dans la première colonne figurent les dépenses publiques, et dans la seconde celles qui appartiennent aux opérations de trésorerie : par ce moyen, le journal de dépenses se trouve en harmonie avec le sommier de dépouillement.

Le journal de dépenses doit être arrêté chaque mois, en toutes lettres, et l'on y reporte au fur et à mesure les totaux des mois antérieurs jusqu'à la fin de l'année. Les employés supérieurs sont tenus, à leur arrivée dans un bureau, de constater la concordance du résultat de ce journal avec celui de la somme trouvée en caisse et celui des registres de recette.

L'examen des diverses pièces de dépenses exige de la part des receveurs la plus grande attention, tant pour s'assurer de leur régularité et des diverses formalités dont elles doivent être revêtues que de l'exercice auquel elles appartiennent.

La première partie, ou *dépenses publiques*, se compose de :

1° *Frais d'administration, de perception et d'exploitation ;* — personnel ; — matériel, dépenses administratives ; — timbre ;

2° *Remboursements et restitutions*, se divisant en :

1° Restitutions de droits et d'amendes indûment perçus ; — d'amendes consignées ; — de revenus et de prix de vente de meubles et d'immeubles aux héritiers, — et payement aux créanciers de successions en déshérence ;

2° *Payement des amendes attribuées* aux communes et aux hospices ; — à divers ; — gratifications aux gendarmes et autres pour leurs procès-verbaux en matière de délits de chasse, etc.

La deuxième partie, ou *opérations de trésorerie*, se compose de :

1° *Correspondants du Trésor ;* — administration des douanes, caisse des dépôts et consignations, postes ; — communes et établissements publics ; — divers ;

2° *Mouvements de fonds entre les comptables des finances :* — fonds de subvention fournis à des receveurs de l'enregistrement et autres ; — dépenses par virement entre les receveurs ; — versements au Trésor public, aux receveurs généraux et particuliers ;

3° *Avances à charge de recouvrement ou de régularisation :* frais de justice militaire ; — frais de régie de l'administration des forêts, frais de saisies immobilières ; — frais relatifs au recouvrement des condamnations forestières, frais relatifs aux domaines et bois engagés, frais de témoins appelés devant les conseils de discipline de la garde nationale ; — frais en matière d'expropriation pour cause d'utilité publique, etc.

4° *Fonds particuliers du receveur :* — remboursements au receveur des fonds qu'il a versés dans sa caisse.

Le *règlement sur la comptabilité*, du 26 janvier 1846 (dont un exemplaire existe dans chaque bureau), contient les règles générales inscrites dans l'ordonnance royale sur la comptabilité publique du 31 mai 1838, et la nomenclature des pièces à produire à l'appui de chaque nature de payement. L'étude de ce livre, modifié en certaines de ses parties par les décrets des 11 août 1850 et 23 décembre 1852, est spécialement recommandée aux surnuméraires.

PAYEMENT DES DÉPENSES.

En principe, les receveurs de l'enregistrement ne doivent acquitter que les dépenses dont le détail se trouve prévu et fixé aux bordereaux mensuels. Mais, pour faciliter le service des dépenses du Trésor dans les localités où les ressources disponibles chez les percepteurs seraient insuffisantes, l'Instruction 1246 porte que les receveurs peuvent acquitter les mandats spéciaux délivrés par les receveurs des finances.

Enfin, les receveurs de l'enregistrement et des domaines ont été informés par l'Instruction n° 1633 qu'en vertu de l'article 308 de l'ordonnance du 31 mai 1838 sur la comptabilité publique, et conformément à une Instruction ministérielle du 17 juin 1840, ils pouvaient être appelés à acquitter, pour le compte du payeur de leur département, les mandats revêtus de son *vu bon à payer*, sauf à comprendre ces mandats dans leur plus prochain versement.

Il a été arrêté, ainsi que le porte une circulaire aux payeurs, du 15 mai 1858 :

1° Que les payeurs qui auront à faire acquitter des mandats par les agents de la recette libelleront ainsi leur visa : *Vu bon à payer par le percepteur d.* . . . . *ou, à son défaut, par l'un des receveurs des revenus indirects de la même localité;*

2° Que chacun des agents de la recette qui acquittera une dépense pour le compte du payeur sera tenu d'indiquer, par une mention sur le mandat ou titre de payement, que ce mandat ou titre a été acquitté par lui ; que cette mention, qui rappellera sa qualité et sa résidence, et qui sera imprimée sur la formule du mandat, devra être revêtue de la signature du comptable, et que la signature pourra être suppléée par l'apposition d'un cachet portant les mots : *Payé par le receveur d.* . . . . ;

3° Que les payeurs tiendront la main à ce que les mandats, qui leur seront remis acquittés par la recette générale, présentent bien la mention indicative du comptable qui aura reçu la quittance, et qu'en cas d'omission de cette mention, ils demanderont au receveur général qu'elle soit réparée;

4° Que, dans le cas où des oppositions seraient faites entre les mains des payeurs et où ceux-ci voudraient arrêter le payement d'un mandat par les agents de la recette, ils se concerteraient avec le receveur général pour que les avis nécessaires fussent transmis au percepteur et à tous les receveurs des revenus indirects de la même localité (Inst. gén. n° 2121).

Les receveurs de l'enregistrement et des domaines remarqueront qu'ils ne sont tenus d'acquitter les mandats revêtus du visa du payeur *qu'à défaut des percepteurs*. Lorsqu'ils seront appelés à faire des payements de l'espèce, ils auront soin de s'assurer de l'identité des parties prenantes et de signer la mention rappelant leur propre qualité et leur résidence. Il leur est recommandé d'observer pour ces payements les époques de clôture d'exercices (Inst. n° 1633, 1714 et 1868), afin d'éviter des rejets de pièces.

Les receveurs doivent encore payer pour le compte des payeurs, les taxes à témoins relatives aux délits forestiers (Inst. gén. 1518).

VIREMENTS DE FONDS.

Les *virements de fonds* entre les comptables sont le mode de transmission fictive de fonds qui remplace par un système d'écritures le transport matériel du numéraire.

On ne doit faire usage de ce mode de transmission que pour les objets et dans les cas prévus par les circulaires de la comptabilité n°s 33, 38, 41 et 99.

Les différents objets pour lesquels les opérations de virement sont autorisées sont les suivants :

En recette : droits et produits perçus au nom ou au préjudice d'autres receveurs ; reliquats au profit du Trésor constatés par les vérifications de régies ; complément de remises résultant de la liquidation définitive ; intérêts de cautionnements ; forcements.

En dépense : remboursement d'avances résultant d'erreurs reconnues par les vérifications de régies ; excédant de remises ; avances de frais de poursuites ; payement aux ayant-droit d'amendes attribuées recouvrées dans d'autres bureaux ; remboursements et restitutions aux communes pour délits dans leurs lois ; gratifications aux gendarmes pour la constatation des délits de chasse, quand elles auront été recouvrées dans un autre département que celui où la condamnation a été prononcée ; mandats délivrés au profit des communes et établissements publics ; restitutions de droits et d'amendes indûment perçus ; intérêt de cautionnements.

Les opérations par virement se divisent en deux catégories : les recettes ou dépenses faites *pour le compte des receveurs personnellement* créanciers ou débiteurs, et les recettes ou dépenses de *sommes revenant à l'État ou dues par lui.*

Dans le cas de recette ou de payement concernant un receveur, chacune des opérations accomplies dans les deux bureaux est des plus simples. C'est, d'un côté, une somme portée en recette ou en dépense ; de l'autre, une somme portée en dépense ou en recette, et dont le montant est payé par le receveur débiteur ou prélevé par le receveur créancier.

Dans les cas de virements concernant le Trésor, il y a une double opération. L'une, qui a lieu dans les deux bureaux, semblable à celle dont nous venons de parler, n'est qu'une simple opération de trésorerie, dont les résultats se balancent. L'autre, qui n'a lieu que dans l'un des bureaux, est la recette ou la dépense effective faite par celui des receveurs qui en est chargé de droit et pour le compte duquel on l'a effectuée fictivement, à cause de l'éloignement. Cette dernière opération constitue dans les comptes du Trésor la recette ou la dépense proprement dite.

Les virements se font au moyen de bordereaux imprimés, à talon, sur papier bleu pour la recette, sur papier rose pour la dépense, et sont transmis par l'intermédiaire de la direction.

Dans les comptes, on distingue les virements *dans le département*, *hors du département, et en Algérie*. Il résulte du système adopté une balance nécessaire entre les recettes et les dépenses portées sous le titre de virements dans les écritures des différents receveurs ; cet accord doit être parfait à la fin du mois pour les receveurs du même département. Il faut pour cela que la double opération de recette et de dépense soit consommée dans le même mois, et, afin que les bordereaux parviennent en temps utile, il est interdit de les adresser après le 25 de chaque mois. Quant aux receveurs de départements différents, l'accord ne doit exister que pour l'année, et les virements de l'espèce sont interdits à cet effet du 15 décembre au 1ᵉʳ janvier.

FONDS DE SUBVENTION.

Lorsqu'un receveur n'a pas les fonds suffisants pour acquitter un mandat délivré sur sa caisse, ou toute autre dépense légale, il peut obtenir de ses collègues dans l'arrondissement, et, à leur défaut, du receveur des finances, les sommes nécessaires à titre de *fonds de subvention*. Ces fonds ne peuvent être fournis que sur l'ordre du directeur, dans les cas très-rares où ils sont indispensables.

Lorsqu'à défaut de fonds suffisants dans les caisses des receveurs, il deviendra indispensable, à raison de dépenses urgentes, de recourir aux receveurs des finances pour les fonds de subvention, les directeurs devront, aux termes de l'instruction 1053, consigner leur demande dans une formule dont le modèle est imprimé, et l'envoyer au receveur auquel les fonds seront nécessaires ; celui-ci se présentera chez le receveur des finances, souscrira, pour le montant des fonds qui lui seront fournis, tant le récépissé que le talon, et les remettra au receveur des finances en échange des fonds qu'il aura reçus.

Le plus habituellement, les receveurs de l'enregistrement fournissent des fonds de subvention, au lieu d'en demander.

Les directeurs des postes ont été autorisés à se faire remettre par les receveurs, à titre de fonds de subvention, les sommes qui leur seront nécessaires pour effectuer le payement des mandats dits articles d'argent. La circulaire de la comptabilité n° 69 indique les règles à observer pour la demande, la remise et la comptabilité des fonds de l'espèce. La formule qui sert de récépissé se compose de trois parties : bordereau justificatif et demande des fonds, récépissé, talon. Ce talon est immédiatement détaché par le receveur et adressé par lui à l'inspecteur des postes, avec le bordereau justificatif n° 80, afin d'assurer le contrôle. (Circ. compt. du 4 octobre 1862.)

Les receveurs ne peuvent se refuser à délivrer les fonds de subvention demandés par les directeurs des postes qu'autant qu'ils n'auraient pas en caisse de valeurs suffisantes ou que la demande ne serait pas régulièrement formulée. Le refus sera motivé par une déclaration écrite.

VERSEMENTS.

Les *versements* doivent être faits régulièrement, aux époques prescrites, à la caisse du receveur particulier des finances dans l'arrondissement duquel se trouve le bureau, et comprendre la totalité de la recette.

Il est de bon ordre public de faire rentrer dans le Trésor, avec la plus scrupuleuse exactitude, et dans les délais les plus courts, le montant des recouvrements de toute nature, non-seulement parce qu'afin de subvenir à tous les services il importe qu'il ne reste aucun fonds en stagnation dans les caisses, mais aussi dans le but d'enlever à l'intérêt privé toute pensée de faire servir à un agiotage quelconque les fonds de l'État. On ne saurait admettre pour excuse ni que le receveur n'a pu se déplacer, ni qu'il avait fait des réserves pour acquitter des dépenses, parce que, dans le premier cas, les époques de versements ne peuvent être subordonnées à la convenance des receveurs ; et, dans le second cas, il es aisé, sauf de rares exceptions, de faire face aux dépenses à venir avec les recettes à effectuer.

Les receveurs des chefs-lieux, même celui du timbre extraordinaire, doivent verser tous les cinq jours, mais seulement lorsqu'ils ont 500 fr. en caisse (Instr. 1324); ceux de canton tous les mois, sous peine de destitution. On ne doit pas attendre ce délai si les re-cettes montent à 5,000 fr.

Les conservateurs sont autorisés à ne verser que tous les dix jours, et seulement lorsqu'ils ont 500 fr. en caisse (Instr. 1283).

Si l'époque du versement est un jour de repos, on verse la veille.

Les versements doivent être toujours faits en *sommes* rondes, sans fraction de franc; la monnaie de cuivre ne peut être employée dans les versements pour une somme excédant l'appoint de la pièce de 5 francs. Les mandats acquittés pour le compte du payeur sont admis dans les versements comme argent comptant.

Les receveurs de canton doivent apporter les plus grandes pré-cautions pour l'exactitude des versements et la sûreté des fonds : ils ne doivent employer que des personnes dont la moralité soit con-nue, lorsqu'ils ne peuvent effectuer leurs versements en personne ; et si, par des circonstances quelconques, il arrivait qu'ils eussent à craindre pour la sûreté des deniers, ils sont autorisés à requérir une escorte de gendarmerie (Instr. 1311).

Le récépissé des fonds versés chez le receveur général ou parti-culier doit être visé dans les vingt-quatre heures par le préfet ou le sous-préfet de l'arrondissement, pour être joint au bordereau de mois.

BORDEREAU DE RECETTES ET DÉPENSES PAR MOIS.

Le bordereau mensuel de recettes et de dépenses est l'état qui présente les recettes et dépenses de chaque mois. (Circ. C. 15 janvier 1862.)

Ces bordereaux sont imprimés : ainsi il suffit d'apporter de l'at-tention dans les divers classements pour les rédiger.

La première feuille présente les recettes, et la deuxième les dé-penses, en développant les opérations du mois, le report des mois antérieurs et le total général.

Le dernier jour de chaque mois, les receveurs termineront, sur les divers registres de perception et sur le journal de dépenses, l'ad-dition des sommes enregistrées; ils feront avec soin le compte de la débite des papiers timbrés et des passeports, et ils inscriront immédiatement le montant, par nature, de leurs recettes et de leurs dépenses, sur le *sommier de dépouillement*.

Ce sommier, dont la tenue a été prescrite par l'instruction géné-rale n° 971, a pour objet de classer et récapituler à la fin de chaque mois, par exercice et par nature, toutes les recettes et les dépenses qui sont décrites sur les divers registres établis dans les bureaux; il contient tous les éléments du bordereau mensuel des recettes et des dépenses que les receveurs adressent au directeur du dépar-tement, et lui sert de minute. (C. C. 15 janvier 1862).

L'on ne rédige les bordereaux de mois qu'en simple expédition, laquelle doit être adressée à la direction le 1er de chaque mois, les directeurs devant envoyer à la comptabilité générale l'état général le 8 de chaque mois au plus tard.

L'*état de mois* est accompagné de l'*inventaire* des pièces de dépenses en double expédition, dont l'une est renvoyée au comptable pour lui servir d'accusé de réception; des *pièces de dépenses ;* de l'*état sommaire de comparaison* des produits; et du *relevé des droits perçus* en vertu des dernières dispositions législatives.

COMPTE D'ANNÉE.

Dans les quinze premiers jours du mois de janvier de chaque année, les receveurs rédigent, en présence de l'employé supérieur désigné à cet effet, leur compte pour l'année précédente.

Ce compte sera dressé en triple expédition : l'une sera remise à l'employé supérieur, qui en fera envoi immédiat au directeur, ainsi que de toutes les pièces à l'appui ; l'autre restera au receveur, et la troisième demeurera déposée au bureau.

L'on devra joindre à l'expédition transmise au directeur (aux termes de l'instruction 1921, le compte et les pièces justificatives des recettes et dépenses faites pendant l'année *sur l'exercice clos* ne sont plus joints au compte d'année, mais sont transmis dès le 15 septembre) :

1° L'état des droits constatés du quatrième trimestre, formant récapitulation pour l'année ;

2° L'inventaire général des pièces de dépense;

3° Le bordereau de liquidation des remises du receveur;

4° L'état, émargé par les percepteurs, de leurs remises sur les passeports à l'intérieur ;

5° Même état pour les papiers timbrés ;

6° Etat de comparaison des produits;

7° Le relevé, article par article, des avances restant à recouvrer ou à régulariser au 31 décembre ;

8° Le procès-verbal de solde en caisse, et l'inventaire des papiers timbrés et formules de passeports et permis de port d'armes existant au 31 décembre ;

9° L'état des formules des passeports délivrés pour les indigents;

10° Compte sommaire du timbre;

11° État des dépenses à acquitter sur l'exercice précédent ;

12° Le relevé explicatif des différences entre le compte et le bordereau du mois de décembre ;

13° L'état des amendes recouvrées de police correctionnelle (*fonds commun*) ;

14° Les états d'attribution (*par commune*) des amendes de police ;

15° Les états (*par commune ou établissement*) des dommages et res·titutions recouvrés pour délits dans leurs bois.

16° Les états d'attribution d'amendes de roulage (*au département et aux communes*).

17° Divers autres états spéciaux.

La rédaction des comptes d'années exige de la part du receveur, et de l'employé supérieur qui y préside, tout à la fois célérité, et la plus scrupuleuse attention, afin d'éviter des retours de pièces pour rectification d'erreurs qui ne peuvent que jeter la perturbation dans la comptabilité de la direction.

L'*état annuel de comparaison des produits* est appuyé d'un rapport d'ensemble rédigé à la fin de janvier, et faisant connaître, par nature de droits, les causes générales et particulières de l'augmentation ou de la diminution des produits. (Instr. gén. 1546).

Les causes générales d'augmentation sont notamment la prospérité du commerce et de l'agriculture ; les progrès de l'industrie, qui ont pour résultats l'abondance des capitaux et l'élévation du prix des propriétés foncières ; l'ouverture des grandes voies de communication, routes nouvelles, canaux, chemins de fer, etc. Au nombre des causes particulières se placent la mortalité extraordinaire dans une localité ; les mutations soit entre vifs, soit par décès, de quelques grandes propriétés ; l'introduction d'une nouvelle industrie dans le pays ; les défrichements, desséchements et autres travaux qui livrent à l'agriculture des terres jusque-là improductives, etc.

On comprend dans les causes générales de diminution des produits les crises commerciales, l'encombrement des fabriques, l'accumulation des objets manufacturés, l'intempérie des saisons, les mauvaises récoltes, le bas prix des denrées, qui réagit nécessairement sur la valeur de la propriété ; la stagnation du commerce des vins, des céréales, des bestiaux ; les moyens employés par les contribuables ou les officiers publics pour frauder ou éviter certaines perceptions, l'insuffisance de la législation pour réprimer ces abus, parfois même la trop grande élévation de quelques droits, etc. Parmi les causes particulières de diminution, on peut ranger les accidents qui affectent seulement quelques localités, la grêle, les inondations, les incendies, le dépérissement d'une industrie, l'interruption des travaux de quelques fabriques, etc.

Les préposés comprendront l'importance des observations qui leur sont demandées et la nécessité de leur donner pour base des faits positifs et une exacte appréciation de toutes les circonstances

qui ont une influence directe ou indirecte sur les produits. L'administration doit toujours être à portée d'expliquer les différences que
fait-ressortir la comparaison des recettes d'une année avec celles
d'une autre. Il est de son devoir, d'ailleurs, d'appeler l'attention du
Gouvernement sur les changements dont seraient susceptibles les
tarifs des perceptions qui lui sont confiées ; par conséquent il est
indispensable qu'elle soit informée de tout ce qui peut indiquer le
besoin de ces changements.

RESPONSABILITÉ DES RECEVEURS.

La responsabilité est une condition inhérente à toute fonction publique, qui naît avec elle, dure autant qu'elle, et, dans certaines
circonstances, subsiste même après elle. En matière de finances,
responsabilité et comptabilité sont inséparables.

Les dispositions qui, en divers cas, déterminent la responsabilité
des receveurs, sont rigoureuses, mais nécessaires : dans une vaste
administration financière, il est bon de tenir les comptables dans la
dépendance de leurs devoirs. Le cautionnement est la garantie matérielle de la gestion des préposés.

Les receveurs peuvent être rendus responsables :

1° Des forcements ordonnés en marge des enregistrements non
exécutés, et à l'égard desquelles la prescription est acquise au profit
des redevables ;

2° Des vices matériels de perception qui pouvaient être reconnus
à la simple lecture des enregistrements ;

3° Des droits en débet qui ont dû être recouvrés, et qui n'ont pas
été portés en recettes ;

4° Des droits et revenus prescrits à défaut de poursuites en temps
utile ;

5° Des amendes de contravention que le comptable a omis de faire
acquitter et qui sont prescrites.

Les résultats des erreurs de calcul au préjudice du Trésor et des
omissions de recettes sont relevés lors des vérifications de régie, et
portés en recette immédiate quand l'employé est en exercice, sauf le
paiement des intérêts après que l'administration a statué sur l'exigibilité de ces intérêts.

Les receveurs sont également responsables des droits et produits
constatés qui, par l'effet de leur négligence, n'auront pas été recouvrés dans l'année qui donne son nom à l'exercice, ou dans les six
premiers mois de l'année suivante.

Ils seront tenus personnellement de compter le montant de ces articles aussitôt qu'ils auront été mis à leur charge, sauf leur recours contre les redevables. (Instr. 1338, 1358).

Le receveur qui a négligé d'enregistrer un acte dont les droits lui avaient été déposés est responsable envers les parties du droit qui leur est demandé postérieurement ; et, dans le cas où la preuve de la négligence ne serait pas complète, les juges peuvent déférer d'office le serment à l'une des parties, quoiqu'il s'agisse d'une somme de plus de 150 fr.

Quant aux comptables qui auraient omis ou retardé de se charger en recette des sommes qui leur ont été payées pour le service public, ou qui commettraient des infidélités, ils sont destitués et livrés aux tribunaux (art. 169 et suivants du code pénal).

L'Instr. gén. nº 2122 a résumé, dans les termes suivants, les cas où la responsabilité des receveurs peut se trouver engagée :

Il est de principe qu'aucune somme ne peut être exigée des receveurs, si ce n'est : 1° en vertu de la loi (*ils sont comptables ou débiteurs des sommes qu'ils ont reçues et omis de porter en recette, ainsi que des intérêts de ces sommes, à partir du jour où le versement en aurait dû être effectué*); 2° à raison de leur qualité de mandataires responsables (*ils sont tenus des payements des sommes que le Trésor a perdues par leur faute ou par leur dol*); 3° par forme de retenue à titre de peine disciplinaire (*pour la répression des fautes ou omissions dans le service, sans préjudice des poursuites criminelles, s'il y a eu intention de fraude*). — Voir aussi l'avis du Conseil d'État du 6 janvier 1840, et consulter les inst. gén. nºˢ 1351, 1573 et 1611.

L'administration règle seule l'étendue de la responsabilité relative aux droits et amendes dont le payement est imposé aux préposés par voie de discipline administrative.

Enfin, il est une responsabilité morale qui domine toutes ces règles, c'est la probité scrupuleuse qui dirige l'honnête homme dans toutes ses actions, et cette fermeté de conscience qui puise sa force dans le sentiment du devoir.

Quant aux poursuites judiciaires que l'administration ou les particuliers peuvent avoir le droit d'exercer contre des employés de l'enregistrement, pour des faits relatifs à leurs fonctions, il suffit de rappeler les textes ci-après :

L'art. 75 de la constitution du 22 frimaire an VIII est ainsi conçu : « Les agents du Gouvernement autres que les ministres ne peuvent être poursuivis, *pour des faits relatifs à leurs fonctions*, qu'en vertu d'une décision du Conseil d'État. »

Un arrêté du 9 pluv. an X (instr. 42), relatif aux poursuites judiciaires contre les agents de l'administration de l'enregistrement et des domaines, porte : « Le directeur général de l'enregistrement et des domaines est autorisé à traduire devant les tribunaux, sans recourir à la décision du Conseil d'Etat, les agents inférieurs de cette administration. »

§ 2. *Sommiers et registres de recette des droits et produits constatés. — Sommier des découvertes à éclaircir. — Sommier des droits certains, — Des droits en débet. — Des surséances. — Communication des feuilles de mutation par l'administration des contributions directes (ancien sommier de la contribution foncière). Leur utilité pour la découverte des actes et mutations soustraits à la formalité. — Renvois d'enregistrement d'actes à d'autres bureaux. — Leur utilité. — Tables alphabétiques.*

SOMMIERS ET REGISTRES DE RECETTE DES DROITS CONSTATÉS.

Les perceptions confiées aux préposés de l'enregistrement et des domaines se divisent en deux classes. (Instr. n° 1358.)

La première comprend les droits et produits qui sont recouvrés en même temps qu'ils sont constatés et liquidés, c'est-à-dire ceux dont le payement a lieu au moment où s'accomplissent les différentes formalités de l'enregistrement, du timbre, des hypothèques, etc. : ce sont les *droits au comptant.* On comprend aussi sous cette dénomination les recettes provenant des articles consignés sur les sommiers des droits certains et en débet.

La seconde classe se compose des droits et produits dont la reconnaissance et la liquidation précèdent le recouvrement, qui est le résultat de démarches et de poursuites de la part des préposés : tels sont les frais de justice, les amendes de condamnation, et d'autres produits définitivement liquidés et constatés, et qui doivent être préalablement consignés sur des sommiers spéciaux.

Ces divers produits ont reçu le nom de *droits et produits constatés.*

Les contributions et revenus de l'Etat sont exclusivement affectés aux dépenses de l'exercice auxquels ils appartiennent.

En conséquence, sont applicables à un exercice :

1° Tous les droits et produits de la première classe, *droits au comptant,* recouvrés dans le cours de l'année qui donnera son nom à l'exercice ;

2° Tous ceux de la seconde classe, *droits constatés,* qui, durant cette même année, ont été consignés sur les sommiers des droits et produits constatés, et dont le payement a été effectué avant l'expiration des six premiers mois de l'année suivante, c'est-à-dire la seconde année de l'exercice.

Ainsi, un article consigné en 1866 sur le sommier des droits coustatés appartiendra aux recettes de l'exercice 1866, quoiqu'il n'ait été acquitté que dans les six premiers mois de 1867.

Les sommiers de droits constatés sont au nombre de huit, savoir :

Le n° 1, où l'on consigne les droits simples et en sus résultant soit de simulation de prix dans les contrats translatifs de biens immeubles à titre onéreux, soit l'insuffisance dans l'évaluation du revenu d'immeubles transmis à tout autre titre qu'à titre onéreux, lorsque les simulations ou insuffisances ont été constatées par procès-verbal d'expertise homologué, ou reconnues par des soumissions souscrites par les parties et approuvées par l'administration ; les suppléments de *droits d'enregistrement* et de greffe dus en vertu de condamnations judiciaires, et les amendes de contraventions aux lois sur l'enregistrement, le timbre et les greffes, lorsqu'elles ont été prononcées par le jugement en cas de contestation, réduites ou maintenues par des décisions ministérielles. On doit porter aussi sur le sommier les articles d'amende sur l'enregistrement payées volontairement et déjà consignées sur le sommier des droits certains.

Le n° 2, *droits d'hypothèques* susceptibles d'être mis immédiatement en recouvrement.

Le n° 3, *amendes de condamnation* de toute nature, celles pour délits forestiers, les frais et dépens relatifs à ces amendes, les dommages-intérêts adjugés à l'Etat, les frais de justice criminelle et les frais de poursuite et d'instance concernant l'administration.

Le n° 4, *revenus des domaines* de l'Etat pour les termes échus; les arrérages de rentes; les créances exigibles; les droits de pêche dus en vertu de baux ou de licence, les prix de ventes de mobilier de l'Etat; les épaves, les successions dévolues à l'Etat, et les biens vacants dont les produits sont exigibles.

Le n° 5, les sommes dues sur les domaines et bois engagés ou échangés, les *prix de vente des domaines* de l'Etat.

Le n° 6, les *produits accidentels* exigibles, résultats de vérifications de régie, etc.

Le n° 7, *forêts*. — Produits accessoires; amendes de condamnation, etc. etc.

Le n° 8, les *prix de vente d'objets mobiliers* et de biens immeubles provenant des ministères.

Les receveurs consigneront chaque article, avec les détails suffisants, par ordre de date et de numéro. Chaque consignation sera datée; chaque page du sommier sera additionnée, et le total reporté de page en page jusqu'à la fin du mois; le total de chaque mois sera suivi du report de celui des mois précédents, et on établira ainsi le total jusqu'à la fin de chaque exercice. Chaque sommier sera terminé par une table alphabétique des noms des redevables.

13

Les huit registres ou journaux de recette sont établis de manière à correspondre aux huit sommiers, soit pour la nature des produits qui y seront portés, soit par la distribution des colonnes.

Ces registres ne sont point arrêtés jour par jour, à l'exception toutefois du n° 8 (I. 1421). Ils sont tenus par exercice. Les receveurs y enregistrent, jour par jour, et sans laisser aucun blanc, toutes les sommes payées, même par à-compte. Chaque registre présente, sous une même série de numéros, toutes les recettes concernant le même exercice.

Afin que toutes les recettes d'un exercice puissent être enregistrées à la suite les unes des autres, sans interruption, on laissera en blanc, après le dernier enregistrement de la première année de l'exercice, un nombre suffisant de feuilles pour y porter les recouvrements qui auront lieu durant les premiers mois de l'année suivante.

Le dernier jour de chaque trimestre, les receveurs établissent la situation de chacun des sommiers de la manière suivante :

Articles restant à recouvrer à la situation précédente . »
Articles consignés pendant le trimestre. . . . . . . »

Total (*en indiquant toujours le nombre des articles et le total des sommes*). . . . . »
Articles recouvrés pendant le trimestre   »
Articles annulés   = ...   »

Total.   »

Total à reporter. . .   »

Différence formant les restes à recouvrer . . . . . »
On indique à la suite le numéro de chacun des articles qui restent à recouvrer.

Ces situations spéciales servent à la formation de l'état trimestriel des droits et produits constatés. (Instr. n°ˢ 1358, 1363, 1820).

SOMMIER DES DÉCOUVERTES, SOMMIER DES DROITS CERTAINS, DES DROITS EN DÉBET, ETC.

Le *sommier des découvertes*, ou sommier *douteux*, est celui sur lequel sont consignées les découvertes de droits négligés ou célés à éclaircir.

Les articles de ce sommier seront rayés à mesure qu'ils auront été éclaircis. Il sera fait mention, à la marge, des motifs de la radiation, ou du numéro du sommier certain sur lequel ils auront été consignés.

Toutes les fois qu'il passe sous les yeux des receveurs des actes qui font reconnaître une succession ouverte, un usufruit échu, ou une autre disposition éventuelle ayant eu son effet, ils doivent vérifier sur-le-champ, à la table des successions, si ce droit a été acquitté, et, à défaut, consigner l'article sur le sommier.

Le *sommier douteux* est spécialement consacré à la consignation des *découvertes*, jusqu'à ce qu'elles aient acquis les conditions nécessaires pour être portées au sommier *certain*.

Les *découvertes* doivent être l'objet des soins assidus des employés de tous grades. Il y a peu de mérite à reconnaître des articles productifs dans ce qui tombe sous la main : mais il y en a beaucoup à faire de véritables *découvertes*, qui consistent essentiellement dans les fraudes, dans les mutations déguisées, et dans tout ce qu'un concours de recherches et de difficultés vaincues procure de fructueux. Toutefois il convient de porter dans de pareilles investigations, autant de discernement que d'activité, afin de ne pas apercevoir de *découvertes* là où il n'y en a point, et de ne point fatiguer les parties par des demandes non fondées.

Le *sommier des droits certains* est celui sur lequel on porte :

1º Les droits simples et en sus dus pour les successions non déclarées dans les délais, pour les omissions ou insuffisances présumées dans les déclarations, et les droits de mutations secrètes d'immeubles ;

2º Les droits des actes des autorités administratives et des établissements publics portant transmission de propriété, d'usufruit et de jouissance, des adjudications ou marchés de toute nature, aux enchères, au rabais ou sur soumission ; des cautionnements relatifs à ces actes, et des jugements rendus à l'audience, lorsque les parties n'ont pas consigné le montant des droits entre les mains des secrétaires et greffiers dans le délai prescrit pour l'enregistrement ;

3º Les droits des testaments et autres actes de libéralité à cause de mort, déposés chez les notaires ou par eux reçus, et non soumis à l'enregistrement dans le délai de trois mois à partir du décès du testateur ;

4º Les droits des actes sous seing privé portant transmission de propriété, d'usufruit ou de jouissance de biens immeubles, non enregistrés dans les trois mois, soit que ces actes soient parvenus à la connaissance des préposés par leur énonciation dans d'autres actes, soit qu'ils leur aient été remis par les parties elles-mêmes, sans payement ;

5º Les suppléments des droits d'enregistrement et de greffe réclamés en vertu de solutions de l'administration ou de décisions du ministre ;

6° Les amendes de contravention de toute nature, lorsqu'elles n'ont pas été prononcées par jugement, réduites ou maintenues par décision du ministre.

Le sommier certain doit être tenu avec soin; chaque article doit être émargé des avertissements donnés ou des poursuites dirigées, et de la date du payement, avec indication du registre où il a été fait recette des droits recouvrés.

Le *sommier des droits en débet* devra comprendre, notamment, ceux des actes et procès-verbaux des juges de paix et autres magistrats de l'ordre judiciaire, lorsqu'ils agissent d'office, dans l'intérêt des mineurs, des absents, des interdits, des créanciers des faillis, etc.; ceux des actes et procès-verbaux des agents forestiers relatifs aux opérations qui précèdent ou suivent soit les adjudications des coupes de bois appartenant à l'État ou aux communes et établissements publics, soit les délivrances des coupes affouagères; enfin ceux des actes de poursuites signifiés à la requête de l'administration, et des jugements rendus en sa faveur. Lorsque ces droits se rattacheront à des articles de recouvrement consignés sur les sommiers des droits et produits constatés, les mentions de renvois d'un sommier à l'autre seront faites sur les sommiers respectifs. Chaque consignation devra être datée.

Les sommiers devront être terminés par une table alphabétique.

Indépendamment de ces sommiers, il doit être tenu dans chaque bureau :

1° Un sommier des *surséances indéfinies*, destiné à inscrire les articles d'amendes, de frais de justice et autres non prescrits, susceptibles de surséance par l'insolvabilité des débiteurs, constatée soit par des procès-verbaux de carence, soit par des certificats d'indigence. (Instr. 750 et 1358).

Ce sommier doit contenir également à la fin une table alphabétique des débiteurs, pour faciliter les vérifications fréquentes dont il doit être l'objet. (Voir les dispositions de l'instr. 2098).

L'article de surséance doit figurer au sommier jusqu'au moment où il survient au débiteur quelques moyens de solvabilité.

La position des débiteurs doit être surveillée avec le plus grand soin. Les inscriptions hypothécaires doivent être renouvelées avant l'expiration de la période décennale. Pour éviter la prescription des amendes, il ne suffit pas de faire signifier de simples commandements, il faut des actes d'exécution.

2° Un *sommier de consistance des domaines de l'État*, contenant la description sommaire des propriétés appartenant à l'Etat, affectées ou non à un service public, leur évaluation, etc.

3° Un *sommier de consistance des rentes* contenant, article par article, la uature et la date des titres constitutifs des redevances dues à l'Etat, le nom des débiteurs, l'époque des échéances, etc. A chaque échéance, la somme exigible est reportée au sommier des droits constatés n° 4.

4° Un sommier d'*ordre et instructions*, sur lequel sont transcrits les mémoires d'ordre et instructions que transmettaient périodiquement les directeurs, et qu'a supprimés l'Instr. n° 2095.

5° Un registre de *correspondance.*

Il est tenu à mi-marge ; on y transcrit, par ordre de numéros, toutes les lettres que l'on écrit, et l'on y insère par analyse toutes celles que l'on reçoit.

Les receveurs, ainsi que les divers employés de l'administration, *autres que les directeurs*, ne doivent correspondre avec le directeur général que dans le cas où il en aurait fait ou fait faire la demande. (Iustr. n°ˢ 1 et 30). Dans tous les autres cas, ils doivent s'adresser à leur directeur, et rien ne se fait que par son intermédiaire.

Ils sont tenus de répondre avec précision et célérité aux demandes qui leur sont faites. (*Dans les cinq jours*. Instr. 1351, art. 7, § 4).

Toutes leurs lettres, même leurs réponses, doivent être écrites à mi-marge, et rappeler l'objet de la correspondance et le numéro de l'affaire. Ils doivent employer des feuilles doubles. Les lettres et expéditions doivent être datées du jour du départ.

Il ne faut jamais confondre dans une même lettre deux objets différents, et l'on doit écrire une lettre séparée pour chaque question ou chaque affaire.

Les lettres reçues doivent être classées avec ordre, et seront représentées par les receveurs aux employés supérieurs en opérations dans leur bureau.

La correspondance a lieu, entre tous les employés d'un même département, *en franchise*, sous bandes, et en contre-signant. Les receveurs jouissent également de la franchise de correspondance avec les maires, percepteurs, contrôleurs des contributions, procureurs impériaux, etc. Les Instr. 1181, 1186, 1224, 1317, 1440 et 2076, ont déterminé le mode de correspondance en franchise, et tous les préposés reconnaîtront la nécessité de ne point mésuser de cette faculté en se servant de ce mode de correspondance pour les objets étrangers au service ; un pareil abus serait sévèrement réprimé.

PÉTITIONS.

Les *demandes en remise ou modération d'amendes et de droits en sus* faites par les officiers publics ou les simples particuliers, doivent être instruites par les receveurs avec beaucoup de réserve, d'attention et d'impartialité.

Les rapports seront rédigés, d'une manière uniforme, dans le sens des instructions nos 1441 et 1926. Ainsi, lorsqu'il s'agira de prorogation de délai ou de droits en sus, on fera connaître *les noms et résidence des héritiers et de l'auteur de la succession, la date et le lieu du décès,* par qui et à quel titre l'héritage ou le legs a été recueilli, *la nature des valeurs.* Relativement aux amendes, *le nombre, l'espèce et la date des contraventions,* en rappelant toujours *l'article de loi dont la disposition a été méconnue et celui qui a déterminé la peine* encourue par le contrevenant. Dans tous les cas, il faut indiquer aussi exactement que possible, *le montant* en principal et décime *des droits* simples et en sus, *et des amendes, payées ou non.*

Les pétitions doivent toujours être sur papier timbré. On joint aux rapports la copie des actes et déclarations, et celle de l'article du sommier ainsi que de toute pièce utile à l'instruction de l'affaire. (Voir aussi l'Instr. n° 2261).

FEUILLES DE MUTATIONS.

Depuis le 1er octobre 1853, les *extraits* des baux à ferme et des ventes de coupes de bois, ainsi que de tous les actes translatifs de propriétés immobilières, qui étaient autrefois fournis par les receveurs, sont relevés, au vu des registres, par les contrôleurs des contributions directes, qui se transportent, à cet effet, dans les bureaux d'enregistrement. (Instr. 1977).

Ces extraits servent à contrôler et à compléter les déclarations de mutations faites chaque année par les parties, et qui ont pour objet la confection des rôles des contributions.

Chaque année, les *feuilles de mutations* rédigées pour chaque commune par les contrôleurs, et qui indiquent les changements de propriétaires, sont communiquées aux receveurs, dans le but de faciliter et d'abréger les recherches de mutations d'immeubles soustraites au droit d'enregistrement. Un mois environ suffit à ces recherches; les receveurs émargent chaque mutation de la date de l'acte, ou, s'ils n'ont point retrouvé de titres, ils en font article au sommier des découvertes afin d'éclaircir l'affaire. Les feuilles communiquées sont ensuite renvoyées au directeur, qui les transmet à son collègue des contributions directes. (Instr. gén. nos 934, 1183, 1277, 1371 et 1507.

Ces feuilles de mutations servaient de plus à annoter le *sommier de la contribution foncière.*

Mais il a paru que, dans l'état actuel, le sommier de la contribution foncière n'était pas la source de découvertes dont les résultats fussent en rapport avec le travail qu'exigeaient les annotations de chaque année, et il a été supprimé par l'Instr. gén. n° 2094.

Cette suppression ne rend que plus essentiel l'examen attentif des feuilles de mutations.

RENVOIS D'ENREGISTREMENTS D'ACTES A D'AUTRES BUREAUX.

Les *renvois* procurent le moyen de suivre la filiation des mutations, et de découvrir celles opérées par les actes sous seing privé, par succession ou autre titre, ainsi que les omissions et les estimations insuffisantes dans les déclarations des héritiers et légataires.

Les renvois sont de deux espèces : la première comprend les actes de décès des personnes mortes hors du lieu de leur domicile, les dons éventuels d'objets déterminés, les donations d'immeubles, les contrats de mariage portant quelque avantage au profit de l'un des conjoints, et généralement toutes les *dispositions éventuelles* qui peuvent, lors du décès des contractants, ou d'autres événements prévus, opérer des droits qui doivent être payés dans d'autres bureaux, ou exiger des déclarations de la part d'héritiers, légataires ou donataires.

La seconde espèce concerne les ventes et autres actes translatifs de propriété ou d'usufruit, baux et partages de biens situés dans l'arrondissement d'autres bureaux, et tous les *renseignements* qui peuvent mettre à portée de suivre, dans ces bureaux, la filiation des mutations, et de constater les omissions de biens ou les insuffisances d'estimation dans les déclarations des héritiers et des donataires.

On devra également renvoyer les extraits d'actes contenant des dispositions en faveur des hospices et établissements de charité ; les extraits des actes que les officiers publics et ministériels font enregistrer hors de l'arrondissement du bureau de leur résidence ; les acceptations de donation entre vifs enregistrées dans un autre bureau que celui où la donation a reçu la formalité ; les arrêtés de compte, liquidations, jugements, et tous autres actes qui font connaître qu'une créance éventuelle ou indéterminée, inscrite aux hypothèques sans payement de droits, a été convertie en créance réelle, et qu'elle est devenue exigible ; les inscriptions de créances, les renouvellements d'hypothèques, les mentions de subrogation ou de radiation, pour servir à la tenue, dans chaque bureau, de la table des créances hypothécaires ; les extraits d'enregistrement ou de visa pour timbre de jugements ou actes de poursuites auxquels la formalité a été donnée en débet, et qui sont relatifs à des recouvrements de sommes dues dans d'autres bureaux.

Les renvois doivent être adressés au directeur dans les dix premiers jours de chaque mois, avec un état détaillé.

Au fur et à mesure que des renvois sont parvenus dans les bureaux, le nombre énoncé dans chaque note du directeur est porté sur un cahier destiné à la réception. Chaque renvoi est émargé, par le receveur auquel il parvient, du numéro du sommier ou du folio de la table où il a été inscrit. Les renvois sont enliassés par année, étiquetés et conservés. A la fin de chaque année, le nombre des renvois reçus est mentionné sur l'inventaire du bureau.

Les renvois sont faits sur des bulletins imprimés fournis par l'administration. Ils doivent présenter une copie littérale de l'enregistrement, ou du moins un extrait assez circonstancié pour rappeler tous les renseignements essentiels de l'acte. On ne saurait trop recommander aux receveurs d'apporter dans la rédaction une grande netteté d'écriture.

Les renvois sont très utiles à consulter pour la recherche des droits célés. On y puise des renseignements d'autant plus précieux que les parties croient quelquefois, en s'éloignant de la surveillance des préposés de la localité, se soustraire plus facilement aux devoirs que leur impose la loi.

Parmi les renvois, les uns sont destinés à être consignés sur les tables alphabétiques : tels sont les renvois de ventes, de donations, de décès, etc.; les autres, qui ne sont pas de nature à être portés sur une table, sont utilisés pour la découverte ou le recouvrement des droits et produits ; il en est fait article sur les sommiers, où le receveur vérifie si le droit a été payé. (Instr. gén. 1318 et 1351.)

TABLES ALPHABÉTIQUES.

L'enregistrement n'a pas seulement pour objet de procurer des ressources au Trésor, il a encore l'avantage d'assurer les conventions des parties, d'en constater l'existence et la date. Or, la meilleure partie de ces avantages disparaîtrait si les actes restaient confondus, à leur date sur les registres de formalité.

De là la création des *Tables alphabétiques*.

Les tables facilitent la découverte des mutations secrètes et le recouvrement de l'impôt; et, en même temps, elles mettent les receveurs à portée de délivrer aux particuliers, rapidement et sûrement, les extraits ou renseignements qu'ils peuvent désirer.

Les *tables alphabétiques* sont des registres distribués par colonnes qui contiennent, dans un ordre alphabétique, et par le nom des contractants, l'analyse de certains enregistrements.

Le préambule de chaque table et l'indication des colonnes dont elles sont composées tracent l'usage qu'on doit en faire, les détails que l'on doit y porter, et les résultats qu'on peut en obtenir.

Aux termes des Instructions générales nᵒˢ 1147, 1726 et 2091, elles sont au nombre de sept :

1ᵒ Acquéreurs et nouveaux possesseurs ;

2ᵒ Vendeurs et précédents possesseurs ;

3ᵒ Baux ;

4ᵒ Contrats de mariage ;

5ᵒ Testaments, donations et dispositions éventuelles ;

6ᵒ Successions et absences ;

7ᵒ Créances hypothécaires.

(*Les deux tables des propriétaires forains ont été supprimées par l'Instr. 2091.*)

Les tables doivent être écrites avec soin ; les noms des parties doivent être en gros caractères.

Tenues constamment au courant, et servies des détails nécessaires, les tables alphabétiques sont de la plus grande utilité. L'expérience a prouvé que, sans leur secours, l'intelligence la plus déliée, le zèle le plus soutenu, sont impuissants pour suffire aux obligations imposées aux receveurs.

Néanmoins le système actuel semble ne plus répondre complètement aux besoins du service. L'on a posé la question de savoir s'il serait avantageux de substituer aux tables alphabétiques en usage un *répertoire* ou *compte ouvert*, semblable à celui des conservateurs des hypothèques, plus une *table* de noms par ordre de dictionnaire.

§ 3. *Recouvrements.* — *Différents modes de poursuites, suivant la nature des produits.*

Opérer le plus de recouvrements avec le moins de frais possible est un mérite que l'administration apprécie particulièrement dans un receveur. Les moyens de conciliation, employés avec discernement, aidés de formes polies, d'un langage constamment digne et modéré, manquent rarement leur effet sur l'esprit des contribuables.

Lorsqu'il est devenu nécessaire de diriger des poursuites, on peut encore, à moins de péril pour l'administration, de mauvaise foi ou de mauvaise volonté de la part du redevable, user de ménagements. Ainsi il convient de ne point précipiter inutilement les poursuites, d'éviter soigneusement tout ce qui pourrait augmenter les frais, notamment de se servir, autant que possible, de l'huissier le plus voisin de la résidence du redevable, de ne recourir qu'à la dernière extrémité aux voies de saisie, surtout lorsque la somme réclamée est peu importante, et que le débiteur est un ouvrier ou un cultivateur qui n'a d'autre moyen de libération que le produit de son travail.

Avant toutes poursuites, les préposés doivent adresser un *avertissement* sans frais aux redevables ; l'administration en a fait un devoir à ses employés, même pour les droits de succession dont le terme n'est pas échu (O. g. 94, 114; Instr. 1141, 1356 et 2101). Néanmoins, le défaut d'avertissement préalable ne saurait vicier les actes de poursuites, par la raison que l'avertissement est une mesure de bienveillance, et non une formalité que la loi ait prescrite.

Il est indispensable que le receveur qui dirige des poursuites y préside et les surveille, et par conséquent qu'il en connaisse les formes ; par ce moyen, il évitera cette complication d'exploits, parmi lesquels s'en trouvent d'inutiles, ce qui occasionne des frais frustratoires, et il préviendra les négligences pouvant entraîner des nullités.

Il a été recommandé aux receveurs, porte l'Instruction 1537, de faire choix d'huissiers expérimentés, d'examiner par eux-mêmes les significations et actes de poursuites faits dans l'intérêt de l'administration, et de donner immédiatement l'ordre de faire de nouveaux exploits, si ceux qui leur ont été remis par les huissiers ne sont pas réguliers. Ils doivent d'ailleurs consulter les dispositions du Code de procédure dans les circonstances où elles sont applicables.

Enfin, les receveurs ne doivent point oublier qu'aux termes d'une circulaire du 23 mars 1808, tous frais de poursuites irrégulièrement faites doivent rester à la charge des préposés qui les auraient occasionnés.

Les poursuites à diriger par les employés des domaines sont de plusieurs natures, à raison des produits ou droits divers faisant l'objet de la demande.

Il en est dont le recouvrement peut être poursuivi par une simple contrainte convenablement libellée; d'autres qui doivent être constatées par un procès-verbal, ou précédées d'un jugement de condamnation. (Voir ci-après, § 9, n° 1.)

Ainsi, en règle générale, le premier acte de poursuite devra être une *contrainte* s'il s'agit :

1° De recouvrement des droits d'un acte enregistré, d'une succession non déclarée, ou d'un supplément de droit à réclamer pour insuffisance de perception ;

2° Des droits résultant d'une mutation secrète, d'une omission dans une déclaration de succession, ou d'une insuffisance d'évaluation prouvée par des actes;

3° De contraventions aux lois sur le timbre, l'enregistrement et les hypothèques, commises par les particuliers.

Devront, au contraire, être précédées d'un *procès-verbal* les poursuites concernant :

1° Les contraventions reconnues par les préposés dans les ventes publiques de meubles;

2° Le refus d'un dépositaire public de communiquer son répertoire, ses minutes ou les pièces déposées dans ses mains ;

3° Le défaut de dépôt annuel d'un double du répertoire des notaires;

4° Toutes les infractions à la loi du 25 ventôse an 11 sur le notariat;

5° Fausse mention des droits d'enregistrement (art. 46, loi de frimaire);

Enfin il est des cas où la mission des préposés des domaines se borne à la rédaction d'un procès-verbal ; alors, c'est le ministère public qui agit, qui requiert d'office les condamnations.

Ainsi lorsqu'il s'agit de contraventions aux lois des 6 octobre 1791, 16 floréal an 4, et 25 ventôse an 9, sur le notariat, et aux art. 872 du Code de procédure, 67 et 176 du Code de commerce, dont l'exécution intéresse particulièrement l'ordre social.

La *contrainte* a pour objet de mettre *légalement* le débiteur en mesure de se libérer. Elle est décernée par le receveur, visée et rendue exécutoire, dans les vingt-quatre heures, par le juge-de-paix, et signifiée par huissier avec enregistrement dans les quatre jours. La contrainte doit être convenablement libellée et contenir les motifs de la demande et le chiffre réclamé. L'exploit de signification, mis au pied de la contrainte, contient commandement de payer.

Si le débiteur ne paye pas ou ne forme pas opposition, on poursuit l'exécution de la contrainte, suivant les cas, par les voies de *saisie-arrêt*, *saisie mobilière* ou *saisie immobilière*, d'après les formes prescrites par les titres VII, VIII, IX et X du Code de procédure civile.

L'instruction générale 1537, *relative aux instances en matière de perception des droits*, constitue, en trois sections, le Code raisonné des moyens de recouvrement. Nos jeunes camarades la consulteront avec fruit, de préférence à tout autre ouvrage. Ils pourront étudier aussi, sur ce sujet, les instructions nos 2191 et 2222 ; et, pour les instances *en matière domaniale*, celles nos 1459, 1559, 2191 et 2222.

Il est une autre nature de poursuites qui exige de la part des receveurs tout à la fois célérité et égards envers les redevables, dont il convient de ne pas aggraver la position : c'est celles concernant les amendes prononcées par jugements et les frais de justice.

En règle générale, le greffier, dans les quatre jours qui suivront le jugement, doit délivrer au préposé de l'administration chargé du recouvrement un extrait de l'ordonnance, arrêt ou jugement, ou une copie de l'état de liquidation rendu exécutoire (Instr. 531).

Les receveurs consignent immédiatement ces divers extraits sur leurs sommiers, et adressent de suite un avertissement aux redevables.

Les amendes à recouvrer sont de deux espèces principales, indépendamment des autres amendes spéciales de condamnation :

Elles sont de *simple police* ou *correctionnelles.*

L'Instruction 1445 a déterminé le mode à suivre pour les amendes de *simple police.* (Voir aussi l'Instr. 1417.)

Les greffiers des tribunaux de simple police dressent un relevé sommaire des jugements susceptibles d'opposition ou d'appel, et le transmettent, dans la huitaine de la date des jugements, au receveur de l'enregistrement du canton. (Art. 151 et 174 C. instr. criminelle.)

Celui-ci, à la réception du relevé, donne avis à tous les individus qui y sont portés des condamnations par eux encourues, avec invitation de venir se libérer pour éviter les frais de signification.

A l'expiration du délai accordé aux condamnés pour faire connaître leur intention, le receveur renvoie le relevé soit au juge-de-paix qui aura rendu les jugements, soit au commissaire de police exerçant les fonctions du ministère public, en ayant soin d'indiquer les condamnés qui auront payé, et de faire connaître, à l'égard des autres, les renseignements qu'il aura recueillis sur leur solvabilité.

Quant aux amendes de *police correctionnelle,* il faut distinguer si les jugements sont *contradictoires* ou *par défaut.*

S'ils sont *contradictoires,* la signification n'est pas nécessaire pour leur donner la force exécutoire (art. 203 du Code d'instruction criminelle); le recouvrement peut en être poursuivi par un simple commandement.

S'ils sont *par défaut,* leur signification est indispensable dans tous les cas (Art. 187 et 203 du Code d'instruction criminelle).

Cette signification est faite exclusivement à la diligence du ministère public, et le greffier ne remet les extraits et expéditions au receveur que lorsque les jugements ont acquis la force de chose jugée (Instr. 1417, 1430, 1445, 1476, 1526 et 1896).

Les recouvrements pour condamnations forestières sont déterminés par la loi spéciale faisant l'objet de l'examen de la troisième année. Voir pour les *transactions en matière forestière* l'art. 159 du Code forestier, modifié par la loi du 11 juin 1859 (Instr. n° 2168).

(Voir, au surplus, les Instructions 1131, 1290, 1378 et 1397.)

Les contraintes pour recouvrement des droits et revenus *doma-*

niaux doivent être décernées par le directeur, visées et déclarées exécutoires par le président du tribunal de la situation des biens.

(Voir à ce sujet l'examen de la troisième année.)

Dès que les arrêts ou jugements sont consignés sur les sommiers, le receveur doit, si la somme due est supérieure à 30 francs, *prendre inscription* sur les biens présents et à venir du condamné, afin de conserver le privilége du Trésor.

Puis, il s'assure de la solvabilité du débiteur. Les certificats d'indigence délivrés par les maires ne doivent être acceptés qu'après un contrôle sérieux. Le receveur doit encore examiner la question de *solidarité* des condamnés entre eux, et celle de *responsabilité* des parents et tuteurs à l'égard de leurs enfants ou pupilles.

Si les condamnés refusent de se libérer, on procède contre eux par voie de commandement. La contrainte employée en matière d'enregistrement a pour objet de constater la dette et de former un titre exécutoire contre le débiteur ; tandis que, pour les amendes de condamnation et les frais de justice, ce titre existe dans le jugement. On signifie donc un *commandement* de payer en vertu de l'extrait du jugement. S'il devient nécessaire de continuer les poursuites, on procède par voie de *saisie-arrêt*, de *saisie mobilière* et même de *saisie immobilière*. Enfin, on a recours à l'exercice de la *contrainte par corps* pour le recouvrement des amendes et frais en matière criminelle, correctionnelle et de police, ainsi que pour les délits forestiers. Il y a exception pour les amendes de roulage.

L'Instruction générale n° 1952 règle le cas où il y a lieu d'employer ce mode de poursuites et les formalités à remplir pour l'exercer. (Voir aussi l'Inst. n° 600 et celle n° 2141 qui prescrit, pour l'emploi de cette mesure de rigueur, la plus grande circonspection).

§ 4. — *Réclamations.* — *Recours en grâce.* — *Sursis.*

Lorsqu'une réclamation administrative ou *pétition* (Voir ci-dessus : art. 11, § 2), a été adressée à l'Administration, le directeur fait suspendre les poursuites, sauf toutes mesures conservatoires s'il y a lieu, jusqu'à ce que la question ait été résolue, soit par une solution de l'administration, soit par une décision ministérielle (Instr. n° 1202).

Lorsqu'un receveur a reçu l'avis officiel d'un *recours en grâce*, relatif à des peines pécuniaires, il doit surseoir, jusqu'à nouvel ordre, au recouvrement des *amendes*, mais il a le devoir de réclamer le payement des *frais* et autres condamnations qui ne tombent pas sous l'application du droit de grâce. (Instr. nos 2026, 2067, 2120, 2128, 2165).

Quant aux sursis également accordés à ceux qui réclament le bé-

néfice des transactions en matière forestière, il est déterminé par
les Instr. n°s 2168 et 1208).

Dans tous les cas, et afin de couvrir leur responsabilité, les receveurs doivent annexer l'avis de sursis à l'article du sommier.

§ 5. — Droits de greffe.

APPLICATION DES LOIS ET DÉCRETS RELATIFS À CETTE PERCEPTION.

Le *greffe* est en quelque sorte un terrain neutre où se communi-
quent les pièces entre les parties plaidantes et leurs avoués ; on y
produit les actes dans les affaires instruites par écrit ; les pièces
arguées de faux y sont déposées, ainsi que tous les titres pour
prouver la solvabilité d'une caution, etc. On y remplit certaines
formalités légales.

Les *droits de greffe* ont été les plus anciens des droits perçus sur
les actes judiciaires ; ils étaient nombreux et fort élevés en 1789.
Les droits de greffe, de scel, d'insinuation, les droits réservés,
avaient tous été supprimés par l'*Assemblée constituante*, et remplacés
par un seul droit d'enregistrement. Les lois postérieures établirent
de nouveaux et différents droits de greffe.

Les droits de greffe consistent en : 1° droits de mise au rôle ;
2° droits de rédaction et de transcription ; 3° droits d'expédition (L.
21 vent. an 7, art. 2).

Le *droit de mise au rôle* est la rétribution due pour la formation
et tenue des rôles, et l'inscription de chaque cause au rôle auquel
elle appartient. — Le droit ne peut être exigé qu'une seule fois. En
cas de radiation, la cause est replacée gratuitement à la fin du rôle,
avec mention du premier placement. Le droit de mise au rôle est
perçu par le greffier en inscrivant la cause ; et, le premier de chaque
mois, il en verse le montant à la caisse du receveur de l'enregistrement, sur la représentation des rôles cotés et paraphés par le
président.

Les *droits de greffe*, établis *pour la rédaction et la transcription des
actes* sont fixes ou proportionnels. La perception en est faite par le
receveur de l'enregistrement sur les minutes des actes qui y sont
assujettis. Le *droit d'expédition* est perçu par le receveur de l'enregistrement sur les expéditions qui lui sont présentées par le greffier.

Le décime par franc est perçu au profit du Trésor sur tous les
droits de greffe (L. 6 prair. an 7), par conséquent sur les droits de
mise au rôle, de rédaction ou transcription et d'expédition.

Sur le montant en principal des droits de greffe, il est accordé
aux greffiers une remise d'un décime par franc sur le produit du

droit de mise au rôle et de celui établi pour la rédaction ou transcription des actes, et de 30 cent. par chaque rôle d'expédition (L. 21 vent. an 7, art. 19). — Cette dernière remise n'est que de 20 cent. sur les expéditions délivrées dans l'intérêt de l'État (art. 20).

Les remises attribuées aux greffiers sont perçues par eux directement des parties qui en sont tenues. Les receveurs doivent seulement mentionner dans la relation, au pied de chaque acte ou expédition : 1° le montant des droits de greffe appartenant au Trésor (perçus par le receveur et portés en recette sur les registres, décime compris) ; 2° le montant de la remise qui revient au greffier (et qui est retenue par lui), pour l'indemnité que la loi lui accorde (L. 23 juil. 1820, art. 2).

Le greffier ne pourra délivrer aucune expédition que les droits de greffe n'aient été acquittés (L. 21 vent. an 7, art. 11).

Les prescriptions établies par l'art. 61 de la loi du 22 frim. an 7 sont applicables aux droits de greffe. (Décr. 12 juil. 1808, art. 6).

TARIF DES DROITS DE GREFFE.

ACCEPTATIONS de curatelle (*Actes au greffe*), 1 fr. 25 cent. (FIXE). — De succession sous bénéfice d'inventaire (L. 21 vent. an 7, art. 5 ; D. 12 juil. 1808, art. 1), 1 fr. 25 cent.

ACTES au greffe. Tous actes, procès-verbaux et rapports faits par le greffier (D. 12 juil. 1808, art. 1), 1 fr. 25 cent.

— Les actes au greffe des justices de paix, même pour délégation des tribunaux de 1re instance ou d'appel (D. 21 mars 1808), *exempts.*

ACTES de voyage (L. 21 vent. an 7, art. 5 ; D. 12 juil. 1808, art. 1), 1 fr. 25 cent.

ACTES en brevet. Sont passibles du droit de rédaction (1. 1354).

ADJUDICATIONS, soit volontaires, soit sur licitation, soit sur expropriation forcée, faites en justice (L. 22 prair. an 7, art. 2 ; D. 12 juil. 1808, art. 1).
— Le droit est dû à 50 cent. p. 100 fr. *sur les cinq premiers mille francs,* et à 25 cent. p. 100 fr. seulement sur ce qui excède 5,000 fr.
— Pour la revente à folle enchère, le droit n'est dû que sur ce qui excède la première adjudication. Il n'est exigible, pour les licitations, que sur la part acquise par le colicitant (D. 12 juil. 1808, art. 3). Dans tous les cas, la perception du droit proportionnel de rédaction ne peut être au-dessous du droit fixe de 1 fr. 25 cent.

Il est alloué aux greffiers des tribunaux de première instance : Pour la communication, sans déplacement, tant du cahier des charges que du procès-verbal d'expertise, 15 fr. — Ce droit sera dû soit qu'il y ait, soit qu'il n'y ait pas d'expertise. Toutefois, si l'expertise a été ordonnée en matière de licitation, le droit sera réduit à 12 fr. — Il sera perçu lors du premier dépôt au greffe soit du procès-verbal d'expertise, soit du cahier des charges (Ord. 10 oct. 1841).

AFFIRMATIONS et vérifications de créances, excepté celles en matière de faillite, qui sont exemptes (D. 5 fév. 1828), 1 fr. 25 cent.

BORDEREAUX de collocation et mandements sur contribution. — *Le droit est dû sur le montant de chaque créance colloquée* (L. 22 prair. an 7, art. 1; D. 12 juil. 1808, art. 1), 25 cent. par 100 fr.

CERTIFICATS délivrés par le greffier (*Actes au greffe*), même ceux en brevet, 1 fr. 25 cent.

CONSEIL d'Etat. Les droits perçus au Conseil d'Etat, sous le titre de frais de greffe, sont versés chaque mois à la caisse du receveur de l'enregistrement (L. 21 avril 1832, art. 7; 24 avril 1833; I. 1431).

CONSIGNATIONS de sommes au greffe, 1 fr. 25 cent.

CONTRATS de mariage des commerçants, V. Publications.

COUR de cassation. Enregistrement de chaque production, 4 fr. — Entrée de pièces, 3 fr.; — Port des productions, 1 fr.; — Retrait de chaque production à la chambre des requêtes, 3 fr.; à la chambre civile, 4 fr.; — Ordonnance de *committitur* ou de *subrogatur* d'un rapporteur, 3 fr. — Signature de l'expédition d'un arrêt sur demande en cassation ou en prise à partie, 12 fr. — Droit de recherche, 3 fr. — Certificats, 4 fr ; — Contrôle des requêtes et des arrêts d'admission, par chaque rôle, 20 cent. ; — Droit d'expédition, par chaque rôle, 50 cent.

Ces droits sont versés chaque mois par le greffier au receveur de l'enregistrement.

COUR des Comptes. V. Expéditions.

DÉCHARGES au greffier par les parties, *même droit que l'acte de dépôt.*

DÉCLARATIONS affirmatives, à l'exception de celles à la requête du ministère public (D. 12 juil. 1808, art. 1), 1 fr. 25 cent.

DÉPOTS de bilans, pièces, registres, répertoires, signatures, paraphes, etc. (L. 21 vent. an 7, D. 12 juil. 1808), 1 fr. 25 cent.

DÉPOTS de contrats pour être affichés conformément à l'art. 2194 du Code civil, 1 fr. 25 cent.

DÉPOTS de l'exemplaire d'apposition d'affiches et de l'état des inscriptions existantes, 3 fr.

DÉPOTS des titres de créances pour la distribution par ordre ou par contribution. — *Il est dû un droit pour chaque production* (L. 22 prair. an 7, art. 2; D. 12 juil. 1808, art. 1), 1 fr. 50 cent.

DÉPOTS faits au greffe du procès-verbal de visite des navires pour *le petit cabotage* (D. 13 déc. 1828), *exempts.*

— Des registres de l'état civil, *exempts.*

DROITS d'expédition. V. Expéditions (Droits de).

— De mise au rôle. V. Mise au rôle (Droits de).

— De rédaction et de transaction. V. les différents actes.

ÉLECTIONS. Actes judiciaires, *gratis.*

ENQUÊTES (Procès-verbaux d') (L. 21 vent. an 7, art. 5; D. 12 juil. 1808, art. 1). — *Indépendamment du droit fixe de 1 fr. 25 cent., il est dû 50 cent. par chaque déposition de témoin.*

EXPÉDITIONS (Droits d'). Les expéditions des *jugements interlocutoires, préparatoires et d'instruction*; des enquêtes, interrogatoires, rapports d'experts, délibérations, avis de parents, dépôt de bilan, pièces et registres; des actes d'exclusion ou option des tribunaux d'appel, déclaration affirmative, renonciation à communauté ou à succession, et généralement de tous actes faits et déposés au greffe, non spécifiés ci-après, ensemble de tous les jugements des *tribunaux de commerce* (L. 21 vent. an 7, art. 9), 1 fr. le rôle.

2° Expéditions des *jugements définitifs* rendus par les tribunaux civils, soit par défaut, soit contradictoires, en dernier ressort ou sujets à l'appel, celles des décisions arbitrales, celles des jugements rendus sur appels des juges de paix, celles des ventes et baux judiciaires (*id.*, art. 8), 1 fr. 25 le rôle.

3° Expéditions des *arrêts sur appel* des tribunaux civils ou de commerce, soit contradictoires, soit par défaut (id., art. 7), 2 fr. le rôle.

Sur le montant des droits d'expédition en principal, le greffier ayant une remise de 30 cent. par rôle, le droit à percevoir par le Trésor est de 70 cent., 95 cent. ou 1 fr. 70 par rôle pour chacune des trois catégories ci-dessus, indépendamment du centime par franc, qui se calcule sur le droit entier de 1 fr., 1 fr. 25 ou 2 fr.

— Cour de cassation. Par rôle, 50 cent.

— Cour des comptes. Sur les secondes expéditions requises par les parties, 75 cent. par rôle.

INDIGENTS. Actes de procédure et expéditions dont la production est nécessaire pour la célébration du mariage des indigents, la légitimation de leurs enfants et le retrait de ceux qui sont déposés dans les hospices (Loi du 10 déc. 1850, art. 4), *gratis*.

— Actes de procédure à la requête des indigents admis à l'assistance judiciaire. — Le recouvrement a lieu après le jugement définitif (L. 22 janv. 1851, art. 14), *en débet*.

INTERROGATOIRES sur faits et articles, 1 fr. 25 cent.

LICITATIONS. V. Adjudications.

MISE AU ROLE. Les droits de mise au rôle sont : pour les causes sommaires et pour celles des tribunaux de commerce (L. 21 vent. an 7, art. 3), 1 fr. 50 cent. ;

Pour les causes de première instance ou sur appel des juges de paix (id), 3 fr. ;

Dans les Cours d'appel, sur appel des tribunaux civils et de commerce (id.), 5 fr.

Il est dû en outre 25 cent. aux huissiers audienciers pour chaque placement de cause (id, art. 3). Les référés sont exempts du droit de mise au rôle (D. 12 juillet 1808, art. 5).

PROCÉDURES d'office. Les droits de greffe auxquels donnent ouverture les procédures suivies *d'office* en matière civile sont, comme les droits de timbre et d'enregistrement, recouvrés ultérieurement sur les parties. — *En débet*.

PROCÈS-VERBAUX et rapports (*Actes au greffe*), 1 fr. 25 cent.

PUBLICATIONS. Les actes constatant l'insertion au tableau de l'auditoire et la publication des contrats de mariage, jugements de séparation, actes de sociétés, etc., 1 fr. 25 cent.

14

RAPPORTS et procès-verbaux rédigés par le greffier, 1 fr. 25 cent.

RÉCUSATION des juges, 1 fr. 25 cent.

RENONCIATIONS à communauté ou succession (L. du 21 vent. an 7, art. 5 ; décret du 12 juillet 1808), 1 fr. 25 cent.

SOUMISSIONS de caution, 1 fr. 25 cent.

SURENCHÈRES faites au greffe, 1 fr. 50 cent.

TRANSCRIPTION et enregistrement, sur les registres du greffe, d'oppositions et autres actes désignés dans les Codes. *Le droit n'est dû qu'autant qu'il est délivré expédition de la transcription.* 1 fr. 25 cent.

VENTES judiciaires. V. Adjudications.

Un décret du 24 mai 1854 (Inst. n⁰ˢ 2024 et 2146) a modifié la quotité des émoluments des greffiers. Les art. 1 à 6 leur attribuent, *en dehors de la remise allouée par les lois antérieures,* des allocations déterminées par la nature des actes et qui varient de 10 cent. à 10 fr. L'art. 7 élève à 40 cent. par rôle la remise sur les expéditions des actes des cours d'appel. Enfin l'art. 10, dans le but de rendre plus correctes les minutes des actes et jugements, limite le nombre de lignes et de syllabes de chaque page.

§ 6. — *Notariat. — Loi du 25 ventôse an 11. — Contraventions à relever par les préposés. — Mode de poursuites.*

HISTORIQUE.

En France, le droit de passer les actes fut longtemps confondu avec celui de rendre la justice. Des seigneurs, ce droit passa aux juges. Leurs secrétaires ou greffiers s'accoutumèrent à expédier et publier les contrats hors de leur présence, mais on y parlait toujours en leur nom. *De là vient qu'en France,* dit Loyseau, *les contrats ont exécution parée ainsi que les sentences, ce qu'ils n'avaient pas dans le droit romain.*

En 1270, Louis IX créa des *notaires* pour Paris ; en 1302, Philippe-le-Bel étendit l'institution à tous ses domaines, et les barons l'imitèrent. En 1597, Henri IV réunit les offices de *tabellions* et de *garde-notes* à ceux des notaires, qu'il rendit héréditaires. En 1706, Louis XIV enjoignit aux notaires d'apposer sur leurs actes le sceau aux armes royales. Les notaires étaient divisés en trois classes : *notaires royaux, seigneuriaux* et *apostoliques.*

La loi du 6 octobre 1791 abolit la vénalité des offices, l'hérédité des charges, les distinctions et qualifications d'autrefois, et réunit les notaires en un seul corps sous le nom de *notaires publics.* Chacun d'eux avait le droit d'exercer dans tout le département où il avait sa résidence, mais non au-delà. Puis, vint une organisation plus complète.

LOI DU 25 VENTOSE AN 11; CONCERNANT L'ORGANISATION DU NOTARIAT.

Des fonctions, ressort et devoirs des notaires.

Art. 1er. Les notaires sont les fonctionnaires publics établis pour recevoir tous les actes et contrats auxquels les parties doivent ou veulent faire donner le caractère d'authenticité attaché aux actes de l'autorité publique, et pour en assurer la date, en conserver le dépôt, en délivrer des grosses et expéditions.

2. Ils sont institués à vie.

3. Ils sont tenus de prêter leur ministère lorsqu'ils en sont requis.

4. Chaque notaire devra résider dans le lieu qui lui sera fixé par le Gouvernement. En cas de contravention, le notaire sera considéré comme démissionnaire; en conséquence, le ministre de la justice, après avoir pris l'avis du tribunal, pourra proposer au Gouvernement de le remplacer.

5. Les notaires exercent leurs fonctions, savoir : ceux des villes où est établi le tribunal d'appel, dans l'étendue du ressort de ce tribunal ; — ceux des villes où il n'y a qu'un tribunal de première instance, dans l'étendue du ressort de ce tribunal ; — ceux des autres communes, dans l'étendue du ressort du tribunal de paix.

6. Il est défendu à tout notaire d'instrumenter hors de son ressort, à peine d'être suspendu de ses fonctions pendant trois mois, d'être destitué en cas de récidive, et de tous dommages-intérêts.

7. Les fonctions de notaires sont incompatibles avec celles des juges, procureurs impériaux, leurs substituts, greffiers, avoués, huissiers, préposés à la recette des contributions directes et indirectes, juges, greffiers et huissiers des justices de paix, commissaires de police et commissaires aux ventes.

Des actes, de leur forme ; des minutes, grosses, expéditions et répertoires.

8. Les notaires ne pourront recevoir des actes dans lesquels leurs parents ou alliés, en ligne directe à tous les degrés, et en collatérale jusqu'au degré d'oncle ou de neveu inclusivement, seraient parties, ou qui contiendraient quelque disposition en leur faveur.

9. Les actes seront reçus par deux notaires, ou par un notaire assisté de deux témoins, citoyens français, sachant signer, et domiciliés dans l'arrondissement communal où l'acte sera passé.

10. Deux notaires, parents ou alliés au degré prohibé par l'art. 8, ne pourront concourir au même acte. — Les parents, alliés, soit du notaire, soit des parties contractantes, au degré prohibé par l'art. 8, leurs clercs et leurs serviteurs, ne pourront être témoins.

11. Le nom, l'état et la demeure des parties, devront être connus des notaires, ou leur être attestés dans l'acte par deux citoyens connus d'eux, ayant les mêmes qualités que celles requises pour être témoin instrumentaire.

12. Tous les actes doivent énoncer les noms et lieu de résidence du notaire qui les reçoit, à peine de 20 francs d'amende contre le notaire contrevenant. — Ils doivent également énoncer les noms des témoins instrumentaires, leur demeure, le lieu, l'année et le jour où les actes sont passés, sous les peines prononcées par l'article 68 ci-après, et même de faux si le cas y échoit.

13. Les actes de notaires seront écrits en un seul et même contexte, lisiblement, sans abréviation, blanc, lacune, intervalle ; ils contiendront les noms, prénoms, qualités et demeures des parties, ainsi que des témoins qui seraient appelés dans le cas de l'article 11 ; ils énonceront en toutes lettres les sommes et les dates ; les procurations des contractants seront annexées à la minute, qui fera mention que lecture de l'acte a été faite aux parties : le tout à peine de 20 francs d'amende contre le notaire contrevenant.

(Loi du 10 juillet 1850. — Addition à l'article 1394 du code Napoléon. — Les notaires doivent faire mention dans les contrats de mariage de la lecture aux parties des art. 1391 et 1394 du Code Nap. relatifs à la publicité des contrats, sous peine d'une amende de 10 fr.).

14. Les actes seront signés par les parties, les témoins et les notaires, qui doivent en faire mention à la fin de l'acte. — Quant aux parties qui ne savent ou ne peuvent signer, le notaire doit faire mention à la fin de l'acte de leur déclaration à cet égard.

15. Les renvois et apostilles ne pourront, sauf l'exception ci-après, être écrits qu'en marge ; ils seront signés ou paraphés, tant par les notaires que par les autres signataires, à peine de nullité des renvois et apostilles. Si la longueur du renvoi exige qu'il soit transporté à la fin de l'acte, il devra être non-seulement signé ou paraphé comme les renvois écrits en marge, mais encore expressément approuvé par les parties, à peine de nullité du renvoi.

16. Il n'y aura ni surcharge, ni interligne, ni addition, dans le corps de l'acte ; et les mots surchargés, interlignés ou ajoutés, seront nuls. Les mots qui devront être rayés le seront de manière que le nombre puisse être constaté à la marge de leur page correspondante, ou à la fin de l'acte, et approuvé de la même manière que les renvois écrits en marge ; le tout à peine d'une amende de 10 francs contre

le notaire, ainsi que de tous dommages-intérêts, même de destitution en cas de fraude.

17. Le notaire qui contreviendra aux lois et aux arrêtés du Gouvernement concernant les noms et qualifications supprimés, les clauses et expressions féodales, les mesures, ainsi que la numération décimales, sera condamné à une amende de 20 francs, qui sera double en cas de récidive.

18. Le notaire tiendra exposé, dans son étude, un tableau sur lequel il inscrira les noms, prénoms, qualités et demeures des personnes qui, dans l'étendue du ressort où il peut exercer, sont interdites et assistées d'un conseil judiciaire, ainsi que la mention des jugements relatifs; le tout immédiatement après la notification qui en aura été faite, et à peine de dommages-intérêts des parties.

19. Tous actes notariés feront foi en justice, et seront exécutoires dans toute l'étendue de l'empire. — Néanmoins, en cas de plainte en faux principal, l'exécution de l'acte argué de faux sera suspendue par la déclaration du jury d'accusation, prononçant *qu'il y a lieu à accusation;* en cas d'inscription de faux faite incidemment, les tribunaux pourront, suivant la gravité des circonstances, suspendre provisoirement l'exécution de l'acte.

20. Les notaires seront tenus de garder minute de tous les actes qu'ils recevront. — Ne sont néanmoins compris dans la présente disposition : les certificats de vie, procurations, actes de notoriété, quittances de fermages, de loyers, de salaires, arrérages de pensions et rentes, et autres actes simples qui, d'après les lois, peuvent être délivrés en brevet.

21. Le droit de délivrer des grosses et des expéditions n'appartiendra qu'au notaire possesseur de la minute; et néanmoins, tout notaire pourra délivrer copie d'un acte qui lui aura été déposé pour minute.

22. Les notaires ne pourront se dessaisir d'aucune minute, si ce n'est dans les cas prévus par la loi, et en vertu d'un jugement. — Avant de s'en dessaisir, ils en dresseront et signeront une copie figurée qui, après avoir été certifiée par le président et le commissaire du tribunal civil de leur résidence, sera substituée à la minute, dont elle tiendra lieu jusqu'à sa réintégration.

23. Les notaires ne pourront également, sans l'ordonnance du président du tribunal de première instance, délivrer expédition, ni donner connaissance des actes à d'autres qu'aux personnes intéressées en nom direct, héritiers ou ayant-droit, à peine de dommages-intérêts, d'une amende de 20 francs, et d'être, en cas de récidive, suspendus de leurs fonctions pendant trois mois; sauf néanmoins l'exécution des

lois et règlements sur le droit d'enregistrement, et de celles relatives aux actes qui doivent être publiés dans les tribunaux.

24. En cas de compulsoire, le procès-verbal sera dressé par le notaire dépositaire de l'acte, à moins que le tribunal qui l'ordonne ne commette un de ses membres ou tout autre juge, ou un autre notaire.

25. Les grosses seules seront délivrées en forme exécutoire; elles seront intitulées et terminées dans les mêmes termes que les jugements.

26. Il doit être fait mention, sur la minute, de la délivrance d'une première grosse, faite à chacune des parties intéressées, il ne peut lui en être délivré d'autre, à peine de destitution, sans une ordonnance du président du tribunal de première instance, laquelle demeurera jointe à la minute.

27. Chaque notaire sera tenu d'avoir un cachet ou sceau particulier, portant ses nom, qualité et résidence, d'après un modèle uniforme. — Les grosses et expéditions des actes porteront l'empreinte de ce cachet.

28. Les actes notariés seront légalisés, savoir : ceux des notaires à la résidence des tribunaux d'appel, lorsqu'on s'en servira hors de leur ressort, et ceux des autres notaires, lorsqu'on s'en servira hors de leur département. — La légalisation sera faite par le président du tribunal de première instance de la résidence du notaire, ou du lieu où sera délivré l'acte ou l'expédition.

29. Les notaires tiendront répertoire de tous leurs actes.

30. Les répertoires seront visés, cotés et paraphés par le président, ou, à son défaut, par un autre juge du tribunal civil de la résidence : ils contiendront la date, la nature et l'espèce de l'acte, les noms des parties, et la relation de l'enregistrement.

(V. art. 49 à 53 de la loi du 22 frimaire an 7).

(*Les notaires doivent déposer chaque année, au greffe du tribunal civil, le double du répertoire des actes reçus par eux pendant l'année expirée.* — Loi du 6 octobre 1791 et 18 floréal an 4.)

Nombre, placement et cautionnement des notaires.

31. Le nombre des notaires pour chaque département, leur placement et résidence, seront déterminés par le Gouvernement, de manière 1° que, dans les villes de cent mille habitants et au-dessus, il y ait un notaire au plus par six mille habitants; 2° que, dans les autres villes, bourgs et villages, il y ait deux notaires au moins, ou cinq au plus, par chaque arrondissement de justice de paix.

32. Les suppressions ou réductions de places ne seront effectuées que par mort, démission ou destitution.

33. Les notaires sont assujettis à un cautionnement, spécialement affecté à la garantie des condamnations prononcées contre eux, par suite de l'exercice de leurs fonctions. — Lorsque, par l'effet de cette garantie, le montant du cautionnement aura été employé en tout ou en partie, le notaire sera suspendu de ses fonctions, jusqu'à ce que ce cautionnement ait été entièrement rétabli; et, faute par lui de rétablir dans les six mois l'intégralité du cautionnement, il sera considéré comme démissionnaire, et remplacé.

34. Le cautionnement sera fixé par le Gouvernement, en raison combinée des ressort et résidence de chaque notaire, d'après un minimum et un maximum...

(Les cautionnements des notaires sont réglés par l'art. 88 de la loi du 28 avril 1816, suivant un tableau annexé à cette loi.)

Conditions pour être admis, et mode de nomination au notariat.

35. Pour être admis aux fonctions de notaire, il faudra : — 1° Jouir de l'exercice des droits de citoyen ; — 2° Avoir satisfait aux lois sur la conscription militaire ; — 3° Être âgé de vingt-cinq ans accomplis; — 4° Justifier du temps de travail prescrit par les articles suivants.

36. Le temps de travail ou de stage sera, sauf les exceptions ci-après, de six années entières et non interrompues, dont une des deux dernières au moins en qualité de premier clerc, chez un notaire d'une place égale à celle où se trouvera la place à remplir.

37. Le temps de travail pourra n'être que de quatre années, lorsqu'il en aura été employé trois dans l'étude d'un notaire d'une classe supérieure à la place qui devra être remplie, et lorsque, pendant la quatrième, l'aspirant aura travaillé, en qualité de premier clerc, chez un notaire d'une classe supérieure ou égale à celle où se trouvera la place pour laquelle il se présentera.

38. Le notaire déjà reçu et exerçant, depuis un an, dans une classe inférieure, sera dispensé de toute justification de stage pour être admis à une place de notaire vacante dans une classe immédiatement supérieure.

39. L'aspirant qui aura travaillé pendant quatre ans sans interruption chez un notaire de première ou de seconde classe, et qui aura été, pendant deux ans au moins, défenseur ou avoué près d'un tribunal civil, pourra être admis dans une des classes où il aura fait son stage, pourvu que, pendant l'une des deux dernières années de son stage, il ait travaillé, en qualité de premier clerc, chez un notaire d'une classe égale à celle où se trouvera la place à remplir.

40. Le temps de travail exigé par les articles précédents devra

être d'un tiers en sus toutes les fois que l'aspirant ayant travaillé chez un notaire d'une classe inférieure, se présentera pour remplir une place d'une classe immédiatement supérieure.

41. Pour être admis à exercer dans la troisième classe de notaires, il suffira que l'aspirant ait travaillé pendant trois années chez un notaire de première ou de seconde classe, ou qu'il ait exercé, comme défenseur ou avoué, pendant l'espace de deux années, auprès du tribunal d'appel ou de première instance, et qu'en outre il ait travaillé pendant un an chez un notaire.

42. Le Gouvernement pourra dispenser de la justification du temps d'étude les individus qui auront exercé des fonctions administratives ou judiciaires.

43. L'aspirant demandera à la chambre de discipline du ressort dans lequel il devra exercer un certificat de moralité et de capacité. Le certificat ne pourra être délivré qu'après que la chambre aura fait parvenir au commissaire du Gouvernement du tribunal de première instance l'expédition de la délibération qui l'aura accordé.

44. En cas de refus, la chambre donnera un avis motivé et le communiquera au commissaire du Gouvernement, qui l'adressera au ministre avec ses observations.

45. Les notaires seront nommés par le chef de l'Etat et obtiendront de lui une commission qui énoncera le lieu fixe de la résidence.

46. Les commissions de notaires seront, dans leur intitulé, adressées au tribunal de première instance dans le ressort duquel le pourvu aura sa résidence.

47. Dans les deux mois de sa nomination, et à peine de déchéance, le pourvu sera tenu de prêter, à l'audience du tribunal auquel la commission aura été adressée, le serment que la loi exige de tout fonctionnaire public, ainsi que celui de remplir ses fonctions avec exactitude et probité. — Il ne sera admis à prêter le serment qu'en représentant l'original de sa commission, et la quittance du versement de son cautionnement. — Il sera tenu de faire enregistrer le procès-verbal de serment au secrétariat de la municipalité du lieu où il devra résider, et aux greffes de tous les tribunaux dans le ressort desquels il doit exercer.

48. Il n'aura le droit d'exercer qu'à compter du jour où il aura prêté serment.

49. Avant d'entrer en fonctions, les notaires devront déposer au greffe de chaque tribunal de première instance de leur département, et au secrétariat de la municipalité de leur résidence, leurs signature et paraphe. — Les notaires à la résidence des tribunaux d'appel feront, en outre, ce dépôt aux greffes des autres tribunaux de première instance de leur ressort.

Chambre de discipline.

50. Les chambres qui seront établies pour la discipline intérieure des notaires seront organisées par des règlements.

51. Les honoraires et vacations des notaires seront réglés à l'amiable entre eux et les parties, sinon par le tribunal, sur l'avis de la chambre et sur simples mémoires, sans frais.

52. Tout notaire suspendu, destitué ou remplacé, devra, aussitôt après la notification qui lui aura été faite de sa suspension, de sa destitution ou de son remplacement, cesser l'exercice de son état, à peine de tous dommages et intérêts, et des autres condamnations prononcées par les lois contre tout fonctionnaire suspendu ou destitué qui continue l'exercice de ses fonctions. — Le notaire suspendu ne pourra les reprendre, qu'après la cessation du temps de la suspension.

53. Toutes suspensions, destitutions, condamnations d'amende et dommages-intérêts, seront prononcées contre les notaires par le tribunal civil de leur résidence, à la poursuite et diligence du ministère public. — Ces jugements seront sujets à l'appel et exécutoires par provision, excepté quant aux condamnations pécuniaires.

Garde, transmission, tables des minutes et recouvrements.

54. Les minutes et répertoires d'un notaire remplacé ou dont la place aura été supprimée pourront être remis par lui ou par ses héritiers à l'un des notaires résidant dans la même commune, ou à l'un des notaires résidant dans le même canton, si le remplacé était le seul notaire établi dans la commune.

55. Si la remise des minutes et répertoires du notaire remplacé n'a pas été effectuée, conformément à l'article précédent, dans le mois à compter du jour de la prestation de serment du successeur, la remise en sera faite à celui-ci.

56. Lorsque la place de notaire sera supprimée, le titulaire ou ses héritiers seront tenus de remettre les minutes et répertoires, dans le délai de deux mois du jour de la suppression, à l'un des notaires de la commune ou à l'un des notaires du canton, conformément à l'art. 54.

57. Le procureur impérial est chargé de veiller à ce que les remises ordonnées par les articles précédents soient effectuées ; et, dans le cas de suppression de la place, si le titulaire ou ses héritiers n'ont pas fait choix, dans les délais prescrits, du notaire à qui les minutes et répertoires devront être remis, il indiquera celui qui en

demeurera dépositaire. — Le titulaire ou ses héritiers, en retard de satisfaire aux dispositions des art. 55 et 56, seront condamnés à 20 francs d'amende par chaque mois de retard, à compter du jour de la sommation d'effectuer la remise.

58. Dans tous les cas, il sera dressé un état sommaire des minutes remises, et le notaire qui les recevra s'en chargera au pied de cet état, dont un double sera remis à la chambre de discipline.

59. Le titulaire ou ses héritiers, et le notaire qui recevra les minutes, aux termes des art. 54, 55 et 56, traiteront de gré à gré des recouvrements, à raison des actes dont les honoraires sont encore dus et du bénéfice des expéditions. — S'ils ne peuvent s'accorder, l'appréciation en sera faite par deux notaires dont les parties conviendront ou qui seront nommés d'office par les notaires de la même résidence, ou, à leur défaut, parmi ceux de la résidence la plus voisine.

60. Tous dépôts de minutes, sous la dénomination de *Chambres de contrats, Bureaux de tabellionnage*, et autres, sont maintenus à la garde de leurs possesseurs actuels. Les grosses et expéditions ne pourront en être délivrées que par un notaire de la résidence des dépôts, ou, à défaut, par un notaire de la résidence la plus voisine. — Néanmoins, si lesdits dépôts ont été remis au greffe d'un tribunal, les expéditions pourront être délivrées par le greffier.

61. Immédiatement après le décès du notaire ou autre possesseur de minutes, les minutes et répertoires seront mis sous les scellés par le juge de paix, jusqu'à ce qu'un autre notaire en ait été provisoirement chargé par ordonnance du président du tribunal.

(Les articles 62 à 67 n'ont pour objet que des dispositions relatives aux notaires qui étaient en exercice lors de la publication de la loi du 25 ventôse an 11.)

68. Tout acte fait en contravention aux dispositions contenues aux articles 6, 8, 9, 10, 14, 20, 52, ... est nul s'il n'est pas revêtu de la signature de toutes les parties ; et lorsque l'acte sera revêtu de la signature de toutes les parties contractantes, il ne vaudra que comme écrit sous signature privée ; sauf, dans les deux cas, s'il y a lieu, les dommages-intérêts contre le notaire.

69. La loi du 6 octobre 1791, et toutes autres, sont abrogées en ce qu'elle ont de contraire à la présente.

(*Toutes les amendes prévues par la loi du 25 ventôse an XI doivent être prononcées par les tribunaux. — Elles étaient autrefois plus fortes ; elles ont été réduites au taux actuel par l'art.* 10 *de la loi du* 16 *juin* 1824).

Extrait du Code de commerce. — Art. 67. Tout contrat de mariage entre époux, dont l'un sera commerçant, sera transmis par extrait, dans le mois de sa date, aux greffes et chambres désignés par l'article 872 du Code de procédure civile, pour être exposé au tableau, conformément au même article. Cet extrait annoncera si les époux sont mariés en communauté, s'ils sont séparés de biens, ou s'ils ont contracté sous le régime dotal.

68. Le notaire qui aura reçu le contrat de mariage sera tenu de faire la remise ordonnée par l'article précédent, sous peine de 20 fr. d'amende, et même de destitution et de responsabilité envers les créanciers s'il est prouvé que l'omission soit la suite d'une collusion.

Loi du 21 juin 1843. — Art. 1er. Les actes notariés passés depuis la promulgation de la loi du 25 ventôse an 11 ne peuvent être annulés par le motif que le notaire en second ou deux témoins instrumentaires n'auraient pas été présents à la réception desdits actes.

2. A l'avenir, les actes notariés contenant donation entre vifs, donation entre époux pendant le mariage, révocation de donation ou de testament, reconnaissance d'enfants naturels, et les procurations pour consentir ces divers actes, seront, à peine de nullité, reçus conjointement par deux notaires, ou par un notaire en présence de deux témoins. La présence du notaire en second ou de deux témoins n'est requise qu'au moment de la lecture des actes par le notaire et de la signature par les parties; elle sera mentionnée à peine de nullité.

3. Les autres actes continueront à être régis par l'article 9 de la loi du 25 ventôse an 11.

CONTRAVENTIONS A RELEVER PAR LES PRÉPOSÉS.

1° Actes non écrits dans un seul et même contexte, lisiblement, sans abréviations, blancs, lacunes ; sommes et dates non mises en toutes lettres. (Voir la loi du 25 ventôse an XI.)

2° Additions et interlignes, ratures et surcharges non approuvées.

3° Défaut ou retard de dépôt des extraits de contrats de mariage entre commerçants.

4° Expédition délivrée ou communication des actes notariés donnée à d'autres qu'aux parties intéressées.

5° Défaut de mention de la lecture, 1° des actes aux parties ; 2° des art. 1391 et 1394 du Code Nap. aux parties dans les contrats de mariage.

6° Noms et résidence du notaire non indiqués dans les actes reçus par lui.

7° Omission dans les actes des noms, qualités et domicile des parties ou des témoins.

8° Procurations mentionnées et non annexées.

9° Emploi de qualifications, clauses, mesures et expressions abolies.

10° Retard dans le dépôt au greffe du double du répertoire.

11° Actes de dépôt non rédigés.

A l'égard des irrégularités qui n'entraînent aucune peine, ils en forment un relevé, qui, de même que les procès-verbaux, est remis au procureur impérial par les soins des directeurs.

Les amendes encourues pour contravention aux lois sur le notariat ne peuvent être perçues par les receveurs de l'enregistrement avant la décision des tribunaux sur les poursuites exercées d'office par le ministère public. En conséquence, les receveurs doivent refuser les offres réelles qui seraient faites par les notaires contrevenants avant le jugement de condamnation.

Appelés à veiller sur tout ce qui peut porter atteinte à la régularité des actes, les employés des domaines exercent un ministère grave et tout entier dans l'intérêt de la société et le repos des familles.

Aussi est-il d'un devoir rigoureux pour eux non-seulement de constater toutes les contraventions emportant des peines pécuniaires et celles entraînant la nullité des actes, mais encore de relever même les irrégularités en apparence légères, qui, fruits de l'inadvertance, tendent néanmoins à vicier la nature des actes. S'ils agissaient autrement, ils seraient aussi répréhensibles que s'ils prenaient sur eux d'accorder la remise des peines encourues ; et, dans l'un comme dans l'autre cas, ils sont responsables des amendes non constatées.

L'administration, en effet, en transmettant aux préposés, par l'instruction du 21 frimaire an 13, n° 263, un extrait de la loi du 25 ventôse an 11 sur le notariat, leur a fait remarquer, il est vrai, que, d'après l'art. 53 de cette loi, toutes suspensions, destitutions et condamnations d'amendes et dommages-intérêts à prononcer contre un notaire, dans les cas prévus, doivent être poursuivies par les parties, ou d'office par le ministère public, à moins que l'administration n'y soit intéressée en raison du préjudice que le Trésor aurait éprouvé par suite des contraventions commises ; mais elle a ajouté que, s'il est du devoir de tous les membres de la société de coopérer à la répression des abus, cette obligation est imposée plus particulièrement dans l'espèce à ceux auxquels le Gouvernement a confié ses intérêts, et qui, se trouvant par la nature de leurs fonctions à portée de veiller à l'exécution de la loi, seraient très-répréhensibles s'ils ne concouraient, par tous les moyens qui sont à leur disposition, à ce qu'elle soit scrupuleusement observée. Ces ordres formels ont obtenu l'assentiment de l'autorité judiciaire, qui a été appelée plusieurs fois à statuer sur cette matière, et ont été reproduits avec force par l'instruction n° 1554.

Cette instruction, après avoir rappelé les obligations ci-dessus, signale spécialement trois sortes d'abus : 1° actes non signés par les parties quoiqu'il y soit énoncé qu'elles ont signé ; 2° actes non inscrits sur le répertoire ; 3° minutes non représentées, — et trace dans les termes suivants le mode à suivre pour les réprimer.

« En ce qui concerne le premier point, l'art. 14 de la loi du 25 ventôse an 11 porte que les actes seront signés *par les parties, les témoins et les notaires,* qui doivent en faire mention à la fin de l'acte, et que, quant aux parties qui ne savent ou ne peuvent signer, le notaire doit faire mention, à la fin de l'acte, de leurs déclarations à cet égard. L'article 68 dispose que les actes faits en contravention à l'article 14 *seront nuls* s'ils ne sont pas revêtus de la signature de toutes les parties, et qu'ils ne vaudront que comme écrits sous signatures privées s'ils sont revêtus de la signature de toutes les parties contractantes, sauf, dans les deux cas, les dommages-intérêts contre le notaire

« Le premier soin du receveur de l'enregistrement, lorsqu'un acte lui est présenté par un notaire, doit donc être de s'assurer si cet acte est revêtu de la signature des parties, des témoins instrumentaires ou du notaire en second, et du notaire rédacteur. Dans le cas de la négative, et s'il y a omission non réparable, ou si le notaire insiste pour que l'acte soit enregistré dans son état d'imperfection, le receveur doit donner la formalité et percevoir les droits dus; mais il doit aussi immédiatement constater l'état matériel de l'acte par un procès-verbal affirmé devant le juge de paix dans les vingt-quatre heures, à moins que, sur la réquisition qui doit en être faite au notaire, il ne consente à signer ce procès-verbal, que le receveur adressera au directeur pour être transmis au ministère public. Il doit donc être fait mention de ce même procès-verbal en marge de l'enregistrement de l'acte.

« A l'égard des deux premiers points, on rappelle aux receveurs que, lors de leurs vérifications périodiques dans les dix premiers jours de chaque trimestre, ils doivent s'assurer, au vu des enregistrements et par tous autres moyens légaux, si tous les actes susceptibles d'être inscrits sur le répertoire y sont portés à leur date. De leur côté, les employés supérieurs, après avoir fait la même vérification dans le cours de leurs opérations chez les notaires, doivent exiger que celles des minutes dont ils ont le droit de prendre communication, aux termes des art. 52 et 54 de la loi du 22 frimaire an 7, leur soient représentées, et constater par des procès-verbaux le refus de cette représentation à l'égard des minutes de cette nature qui ne leur seraient pas exhibées, soit parce que le notaire alléguerait qu'elles manquent, soit par toute autre cause.

« Les employés de tous grades se conformeront, au surplus, à ce qui leur a été prescrit par les Instructions, et ils ne perdront pas de vue qu'ils ne sont pas institués uniquement pour la perception de l'impôt, mais que les vérifications et la surveillance qu'ils ont à exercer doivent concourir au maintien de l'ordre et à la conservation des minutes dans les dépôts publics, à l'exécution des lois qui ont déterminé les règles ou prescrit les formalités nécessaires pour imprimer à la plupart des actes de la vie civile un caractère de régularité et de stabilité. »

Toutefois, l'on ne saurait trop insister sur la nécessité, reconnue et admise par tous les employés, de mettre dans l'exécution de leurs devoirs, parfois pénibles, les égards et les procédés auxquels ont droit les membres d'un corps aussi respectable et aussi estimé que celui des notaires.

MODE DE CONSTATER LES CONTRAVENTIONS.

Les employés de l'enregistrement et des domaines sont appelés à constater les contraventions aux lois sur l'enregistrement et le timbre, et en général à toutes les lois qui établissent des impôts dont la perception est confiée à l'administration ; ils sont encore chargés, soit par les lois mêmes, soit par la nature de leurs fonctions, de rechercher et constater par des procès-verbaux, ou même de simples notes, lorsque la loi ne prononce pas de peine contre les contrevenants, toutes les contraventions et les infractions aux lois sur le notariat.

Dans le premier cas, ils agissent au nom direct de l'administration : ils procèdent à sa requête ; les poursuites se font en son nom.

Dans le second cas, au contraire, ils agissent bien en qualité d'agents de l'administration ; mais, comme elle n'est point chargée de poursuivre la condamnation des contrevenants, leur mission se borne à constater la contravention par des *procès-verbaux* : c'est le *ministère public* qui doit agir, et requérir, dans ce cas, l'exécution de la loi, et c'est à la requête du procureur impérial que les procès-verbaux sont dressés. Toutes les contraventions à la loi du 25 vent. an XI, sur le notariat, doivent être constatées par des procès-verbaux dressés à la requête du procureur impérial.

En général, les tribunaux ne s'arrêtent point à la forme des procès-verbaux ; toutefois, ils doivent être rédigés avec assez de clarté et de précision pour dispenser les tribunaux d'avoir besoin d'exiger la représentation des actes pour juger de la gravité des contraventions ; ils doivent surtout indiquer, pour chaque espèce de contravention, l'article de la loi auquel il a été contrevenu, et celui qui prononce l'amende. Il est important de ne pas confondre dans le même procès-verbal des condamnations qui ne sont pas soumises aux mêmes règles pour le mode de poursuites ou de recouvrement.

Les procès-verbaux peuvent être rédigés sur du papier visé pour timbre, et enregistrés *en débet*, sauf les exceptions prévues.

(*Voir ci-après :* art. III, § 3).

La date se met ordinairement à la fin et pour clore le procès-verbal.

Il convient d'affirmer ces procès-verbaux devant le juge de paix, dans les vingt-quatre heures de leur date. Toutefois, cette mesure n'est point de rigueur absolue ; et, en effet, aucune loi n'ayant assujetti à l'affirmation les procès-verbaux des employés de l'enregistrement, ils ne peuvent être déclarés nuls sous prétexte qu'ils n'ont point été revêtus de cette formalité.

Les procès-verbaux doivent être soumis à l'approbation du directeur : cette mesure d'ordre a pour but de s'assurer de la réalité de la contravention et de la régularité du procès-verbal.

Il peut arriver que, lors de la rédaction d'un procès-verbal constatant des contraventions, la prescription soit au moment d'être acquise : il faudra, dans ce cas, sans attendre l'approbation, décerner contrainte sur-le-champ, ou bien l'on se contentera de recevoir, au pied du procès-verbal, la déclaration du notaire contrevenant qu'il se tient le procès-verbal pour signifié, renonçant à se prévaloir de la prescription, sans réserver de faire valoir ses moyens.

Les préposés devront s'abstenir de faire aucune mention *marginale* sur les actes argués d'irrégularité.

Les surnuméraires pourront consulter, au surplus, les Instructions 263, 384, 668 ; 1050,§ 17 ; 1089, 1293, § 18 ; 1347, § 15 ; 1537, § 38, et 1554.

§ 7. — *Ventes publiques de meubles.* — *Loi du 22 pluviôse an 7.* — *Déclaration préalable.* — *Contraventions.* — *Mode de les constater.*

La loi du 22 pluviôse an VII a réglementé les *ventes publiques de meubles* et contient, à ce sujet, les dispositions suivantes :

Les meubles, effets, marchandises, bois, fruits, récoltes et autres objets mobiliers, ne pourront être vendus publiquement et par enchères qu'en présence et par le ministère d'officiers publics ayant qualité pour y procéder. Aucun officier public ne pourra procéder à une vente publique et par enchères d'objets mobiliers qu'il n'en ait préalablement fait la déclaration au bureau de l'enregistrement dans l'arrondissement duquel la vente aura lieu.

La déclaration sera inscrite sur un registre spécial et datée. Elle contiendra les noms, qualité et domicile de l'officier, ceux du requérant, ceux de la personne dont le mobilier sera mis en vente, et l'indication de l'endroit où se fera la vente et du jour de son ouverture. Elle sera signée par l'officier public ; il en sera fourni une copie, sans autre frais que le prix du papier timbré. — Elle ne pourra servir que pour le mobilier de celui qui y sera dénommé. Le registre sera en papier non timbré ; coté et paraphé par le juge de paix. Les officiers publics transcriront, en tête de leurs procès-verbaux de vente, les copies de leurs déclarations. — Chaque objet adjugé sera porté de suite au procès-verbal ; le prix y sera écrit en toutes lettres, et tiré hors ligne en chiffres. Chaque séance sera close et signée par l'officier public et deux témoins domiciliés. — Lorsqu'une vente aura lieu par suite d'inventaire, il en sera fait mention au procès-verbal, avec indication de la date de l'inventaire, du nom du notaire qui y aura procédé, et la quittance de l'enregistrement.

Les procès-verbaux de vente ne pourront être enregistrés qu'aux bureaux où les déclarations auront été faites. — Le droit d'enregistrement sera perçu sur le montant des sommes que contiendra cumulativement le procès-verbal. (*Voir pour les amendes de contravention Examen de 1re année*, article V.)

L'amende qu'a ura encourue tout citoyen pour contravention, en vendant ou faisant vendre publiquement et par enchères, sans le ministère d'un officier public, sera déterminée en raison de l'importance de la contravention ; elle ne pourra cependant être au-dessous de 50 francs ni excéder 1,000 francs pour chaque vente, outre la restitution des droits qui se trouveront dus.

Les préposés de l'enregistrement sont autorisés à se transporter dans tous les lieux où se feront des ventes publiques et par enchères, et à s'y faire représenter les procès-verbaux de vente et les copies des déclarations préalables. — Ils dresseront les procès-verbaux des contraventions qu'ils auront reconnues et constatées ; ils pourront même requérir l'assistance du maire, ou de l'adjoint de la commune où se fera la vente. — Les poursuites et instances auront lieu de la manière prescrite par la loi du 22 frimaire an 7. — La preuve testimoniale pourra être admise. Sont dispensés de la déclaration préalable les officiers publics qui auront à procéder aux ventes du mobilier national et à celles des effets des monts-de-piété.

Depuis lors, il a été fait quelques exceptions à cette règle générale. La loi du 25 juin 1841, sur les *ventes aux enchères de marchandises neuves*, interdit toute vente de ce genre au détail, sauf dans les cas de nécessité, comme après décès, faillite, cessation de commerce, ou par autorité de justice. *Après décès ou par autorité de ustice*, ces ventes seront faites conformément aux art. 625 et 945 du code de procédure civile ; —*après faillite*, conformément à l'art. 486 du code de commerce ; — *après cessation de commerce* et dans les autres cas de nécessité, sur l'autorisation du tribunal de commerce.

La loi du 28 mai 1858, sur les *ventes publiques et volontaires de marchandises en gros*, permet qu'elles aient lieu, par le ministère des courtiers, *sans autorisation du tribunal de commerce*, à la condition qu'elles comprennent l'une des marchandises prévues au tableau annexé à la loi, qu'il y soit procédé dans les lieux désignés, et que les lots ne soient pas au-dessous du minimum fixé. (Instr. 2149, 2197. — Loi du 23 mai 1863, instr. n° 2251).

DÉCLARATION PRÉALABLE.

La *déclaration préalable* a pour but de donner connaissance aux employés des domaines de la vente à opérer, afin qu'ils puissent s'y transporter et surveiller l'exécution de la loi.

Cette déclaration ne peut être faite par lettre-missive, et les receveurs se compromettraient s'ils enregistraient des déclarations d'après de simples lettres ou avis, sous l'engagement de signer ultérieurement sur le registre. Il faut, en cas d'empêchement, une procuration spéciale, signée et enregistrée; cette procuration doit renfermer la cause de l'empêchement (Instr. 396). Les receveurs ne doivent point admettre de déclarations les dimanches et fêtes.

Lorsqu'une vente publique de meubles est différée, il faut qu'il soit rédigé un procès-verbal contenant indication du jour où la vente sera reprise, et que ce procès-verbal soit soumis à l'enregistrement dans le délai prescrit; et, à défaut, il est nécessaire de faire une nouvelle déclaration.

La déclaration préalable ne peut être faite qu'au bureau dans l'arrondissement duquel la vente doit avoir lieu, lors même que l'officier public résiderait dans l'arrondissement d'un autre bureau. Il en résulte que, s'il doit être procédé dans plusieurs communes à la vente d'objets mobiliers appartenant aux mêmes intéressés, la déclaration doit être faite dans tous les bureaux où la vente doit avoir lieu, afin que chaque receveur puisse veiller à l'exécution de la loi. Lorsqu'il y a plusieurs bureaux dans la même ville, la déclaration doit être faite dans celui où s'enregistrent originairement les actes de l'officier public qui a procédé à la vente. (Instr. 326).

Les officiers publics ne peuvent, sous aucun prétexte, se dispenser de retirer la copie et de la transcrire en tête de leur procès-verbal de vente; ce procès-verbal ne pourrait, sans contravention aux lois sur le timbre, être rédigé à la suite de la copie délivrée par le receveur.

CONTRAVENTIONS; MODES DE LES CONSTATER.

Les contraventions à la loi sur les ventes publiques de meubles sont : Défaut de concours d'un officier public ; défaut de déclaration préalable ; non transcription de cette déclaration en tête du procès-verbal de vente ; article de vente omis ou supprimé ; prix énoncé en chiffres ; altération de prix.

L'un des moyens les plus efficaces pour parvenir à découvrir et à constater les contraventions relatives aux ventes de meubles est le droit qu'ont les employés des domaines de se transporter sur les lieux où se font les ventes, ils doivent en faire usage toutes les fois que les circonstances l'exigent.

La preuve d'une contravention ne se tire point d'une affiche énonciative d'une vente faite aux enchères, mais de la vente même. Si l'on ne produisait que cette preuve, elle serait insuffisante ; au surplus, les affiches peuvent souvent faire découvrir la fraude ; et, toutes les fois qu'en les rapprochant du registre on ne trouve point la déclaration préalable, il ne faut point hésiter à se transporter sur les lieux au jour indiqué.

D'après l'art. 8 de la loi du 22 pluviôse an 7, deux procédures sont établies pour constater les contraventions : *un procès-verbal* dressé sur les lieux et au moment même où se commet la contravention, et, à défaut de procès-verbal, *une enquête.*

Dans le cas de l'enquête, il doit être présenté au tribunal une requête tendant à ce que l'administration soit admise à faire la preuve par témoins des faits par elle articulés et à ce que l'un des juges soit nommé pour procéder à l'enquête.

Quant aux règles relatives à la rédaction des procès-verbaux, elles sont déterminées par l'Instr. 326 ainsi qu'il suit : La contravention résulte ou non de *pièces écrites.* On entend par *pièces écrites* celles qui seraient dans la main du receveur, et qui, par conséquent, pourraient être jointes au procès-verbal. Dans le premier cas, le projet de procès-verbal doit être soumis au directeur, *l'affirmation n'est pas nécessaire.* Dans le second cas, le procès-verbal est rapporté de suite, et affirmé, dans les vingt-quatre heures, devant le juge-de-paix ; copie en est adressée au directeur pour savoir s'il y a lieu d'y donner suite. Si le préposé était assisté du maire ou de l'adjoint, il devrait dresser procès-verbal sans délai, que la contravention résultât ou non d'une pièce écrite, et le faire signer par ce magistrat, sauf à ne pas affirmer ce procès-verbal, s'il y avait une pièce écrite. L'amende encourue par le particulier qui a vendu ou fait vendre aux enchères des objets mobiliers sans le ministère d'un officier public doit être provisoirement fixée dans le procès-verbal ou la contrainte, suivant les circonstances plus ou moins atténuantes de la contravention, sans pouvoir être au-dessous de 50 fr., ni au-dessus de 1,000 fr., sauf l'appréciation ultérieure du juge en cas de contestation.

Il conviendra de consulter au surplus la circulaire n° 1438, et les Instr. n°ˢ 326, §§ 9, 10 et 11 ; 1150, § 17 ; 1227, § 13, et 1537.

Les amendes de contravention aux lois sur la matière (deux exceptées) sont exigibles sans condamnation préalable, en vertu de contrainte, une fois la contravention légalement constatée.

L'amende pour contravention à la loi sur les ventes de marchandises neuves doit être prononcée par les tribunaux correctionnels (L. 25 juin 1841) ; et celles pour les articles dont l'officier ministériel chargé de la vente se serait rendu adjudicataire, par les tribunaux civils (art. 38 du Décret du 14 juin 1813).

§ 8. *Code Napoléon.*

Livre III : Titre I. Des successions. — Titre II. Des donations entre vifs et des testaments. — Titre III. Des contrats et des obligations.

(Voir le Questionnaire à l'article IV).

§ 9. *Questions sur quelques-unes des parties de la législation générale qu'il importe aux employés de connaître.*

N. 1. Organisation judiciaire de la France.
N. 2. Loi sur l'expropriation pour cause d'utilité publique.
N. 3. Assistance judiciaire.
N. 4. Résumé des règles de la comptabilité publique. Cour des comptes.

N. 1. Organisation judiciaire de la France.

(Se reporter, pour ces matières, au paragraphe 3 du chapitre III de la première partie, où elles sont traitées avec tous les développements nécessaires.)

N. 2. Examen de la loi du 3 mai 1841 sur l'expropriation pour cause d'utilité publique.

Les travaux publics entrepris dans un but d'utilité générale (routes, canaux, chemins de fer, etc.) imposent souvent des sacrifices aux intérêts privés en même temps qu'ils leur apportent des avantages. De ce principe que l'intérêt privé doit céder à l'intérêt général est résultée la règle qui autorise *l'expropriation* quand l'utilité publique l'exige. Mais du principe qui consacre le respect dû à la propriété est résultée, en même temps, la règle qui veut que l'expropriation ne puisse avoir lieu sans une *juste et préalable indemnité.*

La loi du 3 mai 1841 règle les conditions et les formes de *l'expropriation pour cause d'utilité publique.*

L'expropriation pour cause d'utilité publique s'opère par autorité de justice. Le Gouvernement seul peut reconnaître et déclarer, par une loi, l'utilité publique. La loi autorise l'exécution des travaux ; les arrêtés du préfet désignent les territoires sur lesquels les travaux doivent avoir lieu, puis les propriétés particulières sujettes à expropriation. Les tribunaux ne peuvent prononcer l'expropriation qu'autant que les formes légales ont été observées ; un jury spécial fixe les indemnités auxquelles les propriétaires dépossédés ont droit.

Les divers articles de la loi de 1841 règlent les mesures d'administration relatives à l'expropriation, telles que les travaux des ingénieurs, les publications, les opérations de la commission de réclamations ; puis le règlement des indemnités, la mise en demeure des propriétaires, la composition et les fonctions du jury, la discussion des offres faites par l'administration et des sommes réclamées par les parties, l'allocation des indemnités. La décision du jury et l'ordonnance du magistrat directeur ne peuvent être attaquées que par voie de cassation ; le délai pour ce recours est de quinze jours.

Les indemnités réglées par le jury sont, *préalablement à la prise de possession,* acquittées entre les mains des ayant-droit. Si les terrains acquis pour des travaux d'utilité publique restent sans emploi, les anciens propriétaires peuvent en demander la concession par voie de préférence. Ces parcelles sont remises par un arrêté du préfet à l'administration des domaines, chargée des formalités relatives à la mise en demeure des anciens propriétaires, et, à défaut de réclamations, de la vente aux enchères des terrains. (*Voir les Inst. gén.* 1485 ; 1720, § 1 ; 1814, § 2 ; 1837, § 1 ; 2010, § 1, *et surtout celle n*° 1660.)

En dehors des questions domaniales, les art. 56 et 58 de la loi de 1841 concernent spécialement l'administration de l'enregistrement. En voici la teneur :

Art. 56. Les contrats de vente, quittances et autres actes relatifs à l'acquisition des terrains, peuvent être passés dans la forme des actes administratifs ; la minute restera déposée au secrétariat de la préfecture ; expédition en sera transmise à l'administration.

57. Les plans, procès-verbaux, certificats, significations, jugements, contrats, quittances et autres actes faits en vertu de la présente loi, seront visés pour timbre et enregistrés gratis. — Il ne sera perçu aucun droit pour la transcription au bureau des hypothèques. — Les droits perçus sur les acquisitions amiables faites antérieurement aux arrêtés du préfet seront restitués lorsque, dans le délai de deux ans à partir de la perception, il sera justifié que les immeubles

acquis sont compris dans ces arrêtés. La restitution des droits ne pourra s'appliquer qu'à la portion des immeubles qui aura été reconnue nécessaire à l'exécution des travaux.

N. 3. Assistance judiciaire. But de l'institution. Dispositions législatives. Attributions de l'administration de l'enregistrement.

En France, la justice est rendue gratuitement ; mais le payement par l'Etat des dépenses des cours et tribunaux n'a pas affranchi les plaideurs de toute espèce de frais. Ils ont à payer les individus qui, à des titres divers, concourent à la défense de leurs intérêts ; ils ont à payer au Trésor les droits d'enregistrement, de timbre et de greffe. Ces charges ont l'avantage de diminuer le nombre des procès sans importance et de contenir les plaideurs téméraires ; mais elles ont aussi le fâcheux effet de mettre quelques indigents dans l'impossibilité de faire valoir des droits légitimes.

La question n'est pas nouvelle, et, depuis le *Digeste* de Justinien et les *Capitulaires* de Charlemagne jusqu'à l'institution des *avocats des pauvres* en Sardaigne, on a toujours cherché un remède à ce mal.

La législation comptait déjà un grand nombre de textes affranchissant, dans certains cas, les indigents du payement des droits établis en faveur du Trésor, lorsque la loi du 22 janvier 1851 est venue régler d'une manière complète les droits des indigents à l'assistance judiciaire.

La loi sur *l'assistance judiciaire* a pour but d'assurer à l'assisté le moyen de faire valoir ses droits devant les tribunaux et de lui conférer, *sans avance de frais*, un titre exécutoire.

L'admission à l'assistance judiciaire devant les tribunaux civils, les tribunaux de commerce et les juges de paix est prononcée par un bureau spécial établi au chef-lieu judiciaire de chaque arrondissement. Un employé de l'administration des domaines, délégué par le directeur, fait toujours partie de ce bureau. Un bureau est aussi établi près de chaque cour d'appel.

Toute personne qui réclame l'assistance judiciaire adresse sa demande, sur papier libre, au procureur impérial du tribunal de son domicile et doit fournir à l'appui : 1° L'extrait du rôle ou le certificat du percepteur constatant que le solliciteur n'est pas imposé ; 2° une déclaration certifiée par le maire, attestant qu'il est, à raison de son indigence, dans l'impossibilité d'exercer ses droits en justice, et contenant le détail de ses moyens d'existence. — Le bureau prononce. — Dans les trois jours de l'admission à l'assistance, le président du bureau adresse le dossier au juge et le secrétaire transmet un extrait de la décision au receveur de l'enregistrement établi près de la juridiction appelée à prononcer sur l'instance.

Par le fait de l'admission à l'assistance, *l'assisté est dispensé provisoirement du payement des sommes dues* aux greffiers, aux officiers ministériels et aux avocats, ainsi que de celles dues au Trésor pour tous droits de timbre, d'enregistrement et de greffe. (*On vise pour timbre et on enregistre en débet les titres et actes produits par l'assisté, ainsi que les actes de procédure faits à sa requête.* — Inst. nº 1879.)

Les frais de transport des juges, les honoraires des experts et les taxes des témoins sont *avancés par le Trésor* comme en matière de frais de justice.

Les formalités données aux actes et pièces produits par l'assisté doivent être remplies, sans exception, sur le registre des actes judiciaires, en y indiquant la date de la décision d'admission et le montant des droits en suspens. Quand elles ont lieu hors de l'arrondissement du bureau d'enregistrement établi près de la juridiction saisie du procès, on en fait le renvoi à ce bureau.

Un sommier spécial, tenu dans chaque bureau des actes judiciaires d'arrondissement, présente pour chaque assisté le relevé des droits en suspens ; les avances faites par le Trésor n'y figurent pas, étant assimilées comme frais de justice ordinaires (Circ. compt. 4 janvier 1855.)

Après le jugement du procès, les frais dont l'assisté a été dispensé de faire l'avance sont recouvrés comme suit : *en cas de condamnation aux dépens prononcés contre l'adversaire de l'assisté*, la taxe ou l'exécutoire comprendra les droits et frais de toute nature auxquels l'assisté aurait été tenu s'il n'y avait pas eu l'assistance ; dans ce cas, l'exécutoire est délivré au nom de l'administration des domaines, et il lui est délivré, de plus, un exécutoire séparé pour recouvrer, *contre l'assisté*, les droits et amendes d'enregistrement et de timbre dus pour titres hors délai ou en contravention qu'il a produits dans l'intérêt de sa cause. Si, au contraire, *la condamnation aux dépens est prononcée contre l'assisté*, l'exécutoire délivré contre lui ne comprend que les sommes dues au Trésor : 1º Pour avances comme frais de justice ; — 2º pour droits et amendes dans les cas prévus ci-dessus. Le surplus des droits restés en débet tombera en non-valeur.

Dans le mois du jugement, le greffier doit remettre au receveur l'extrait du jugement et les exécutoires, à peine de dix francs d'amende en cas de retard (art. 20 de la loi du 22 janvier). Le receveur en donne récépissé, et consigne les sommes dues au Trésor au sommier des amendes nº 3 (frais de justice) et celles dues aux officiers ministériels au sommier des opérations de trésorerie (assistance judiciaire). Le recouvrement des exécutoires *se prescrit par dix ans*.

(*Voir pour les règles de manutention et les questions de détail les Inst. gén. n°* 1879, 1971, 2062, § 2, 2115 *et* 2166.)

Le bénéfice de l'assistance judiciaire peut être retiré s'il survient à l'assisté des ressources suffisantes, ou s'il a surpris la décision du bureau par une déclaration frauduleuse. *Le retrait de l'assistance a pour effet de rendre immédiatement exigibles les droits et avances de toute nature dont l'assisté avait été provisoirement dispensé, sans préjudice de poursuites correctionnelles, s'il y a lieu.*

L'assistance *en matière correctionnelle et criminelle* est réglée par le titre II de la loi de 1851 ; son exécution n'exige pas le concours des employés de l'enregistrement.

N. 4. Résumé des règles de la comptabilité publique : Budgets, exercices, crédits. Ordonnancement et payement des dépenses. Clôture des exercices.—Cour des comptes.

(Se reporter, pour tout ce qui est relatif aux règles de la comptabilité publique, aux paragraphes 6, 7 et 8 du chapitre III de la première partie du Manuel, et pour la Cour des comptes, au § 9.)

§ 10. — *Différents points du service sur lesquels il est facultatif au comité d'examen d'interroger le Surnuméraire pour juger s'il est en état de faire des* intérim. — *Opérations qu'il croira nécessaires dans le même but.*

N. 1. Amendes de contravention en matière d'enregistrement, de timbre, de greffe, d'hypothèques, de ventes publiques de meubles, etc., etc.

N. 2. Des moyens de constater la fraude en matière de simulation de prix dans les contrats ou d'insuffisance d'évaluation en revenu dans les actes et déclarations. — Procédure en expertise.

N. 3. États périodiques à fournir par mois, par trimestre, par semestre et par année.

N. 1. Amendes de contravention en matière d'enregistrement, de timbre, de greffe, d'hypothèques, de ventes publiques de meubles, etc.

(Voir le tarif complet des droits et amendes à l'article V du chapitre premier de la seconde partie).

N. 2. Des moyens de constater la fraude en matière de simulation de prix dans les contrats ou d'insuffisance d'évaluation en revenu dans les actes et déclarations. Soumissions. Procédure en expertise. Mutations secrètes.

Les receveurs doivent sans cesse contrôler les déclarations des parties et les prix énoncés dans les contrats par des recherches et des comparaisons. Ils peuvent constater et réprimer la fraude, soit en obtenant des soumissions, soit en provoquant des expertises.

Il est essentiel, en premier lieu, de ne pas perdre de vue que le délai pour requérir expertise est de *deux ans* s'il s'agit de constater l'insuffisance d'une évaluation en revenu, et seulement d'*un an* s'il s'agit d'une valeur vénale.

Le premier soin d'un receveur, lorsqu'il est parvenu à établir d'une manière à peu près certaine la preuve d'une insuffisance de prix de vente d'immeubles ou d'évaluation de revenu, doit être d'appeler au bureau, par un avertissement, la partie qui aurait à supporter le supplément des droits d'enregistrement. Quand elle se présente, il lui communique les faits, actes et documents qui établissent l'insuffisance ; il lui fait connaître les peines prononcées par la loi, les conséquences d'une expertise ; il écoute et discute ses observations. Si, après ces explications, la partie se détermine à offrir le payement d'un supplément de droits, l'employé lui fait souscrire une *soumission*, mais toujours sous la réserve expresse de l'approbation du directeur ou de l'administration. Il adresse ensuite au directeur cette soumission, avec un rapport appuyé des pièces justificatives, et dans lequel il expose et apprécie les preuves de l'insuffisance du prix ou de l'évaluation, et exprime son opinion tant sur les chances probables d'une expertise que sur l'opportunité de l'acceptation du supplément de droits offert.

Si la partie, au contraire, s'est refusée à tout arrangement amiable, le receveur, après les nouvelles recherches et vérifications que les observations du contribuable auraient rendues nécessaires, fait, s'il y a lieu, un rapport pour proposer l'*expertise*.

L'administration veut et doit vouloir l'impôt ; mais ses agents, quel que soit leur grade, doivent, avant de poursuivre les contribuables qui ont cherché à s'y soustraire, s'assurer, autant que possible, non-seulement que la poursuite serait fondée en droit, mais encore, dans le cas d'expertise, qu'en fait elle serait déclarée telle.

D'un autre côté, quelques agents pensent que le moyen de l'expertise n'est point une arme suffisante, entre les mains de l'administration, pour réprimer la fraude. Cette crainte n'est pas fondée : « Les moyens d'action donnés par la loi à l'administration, en matière d'expertise, échouent souvent, il est vrai ; mais il n'en résulte pas qu'ils soient insuffisants. La faute en est dans le choix des experts. » Pour atténuer ce mal, sinon pour le faire disparaître entièrement, les préposés doivent s'appliquer toujours et partout à faire comprendre aux contribuables, aux officiers publics, que l'impôt, impérieuse nécessité sociale, est destiné à subvenir aux besoins publics ; qu'il est perçu et que ses produits sont employés dans l'intérêt général, et que quiconque s'y soustrait méconnaît un des principes généraux de notre droit public, qui est que chacun doit le payer selon les règles établies.

L'Instruction générale n° 1624 renferme toutes les règles relatives aux insuffisances et à la *procédure en expertise.*

Consulter aussi les Instr. gén. n°ˢ 306, 411, 1109, 1528, § 24 ; 1537, 1837, 1844, 1902 et 1941. *Les surnuméraires trouveront dans tous les bureaux la collection plus ou moins complète des Instructions.*

Les *mutations secrètes* sont très-fréquentes, et, il est regrettable d'avoir à le dire, quelques notaires ne craignent pas d'encourager eux-mêmes cette violation de la loi, qui veut que toute mutation entre vifs de propriété ou d'usufruit soit soumise à l'enregistrement dans le délai de trois mois.

Les moyens les plus propres pour arriver à la découverte de ces contraventions sont la vérification des feuilles de mutations, l'examen des titres de propriété, et en général de tous les actes relatifs à la propriété ou à l'usufruit. Les changements opérés sur les rôles n'offrent pas le seul moyen de découvrir les mutations secrètes. L'art. 12 de la loi du 22 frim. an 7 en fait résulter la présomption des baux ou de tous autres actes passés par le nouveau possesseur et constatant la propriété ou l'usufruit.

N. 3. États périodiques à fournir par mois, par trimestre, par semestre et par année.

L'exactitude dans les envois périodiques est une condition essentielle de toute bonne administration. En cas de retard, les directeurs sont autorisés à envoyer des exprès aux receveurs, aux frais de ces préposés. Les minutes de tous les états doivent être conservées dans les bureaux (Inst. du 4 nivôse an 10, n° 30 et inst. n° 1351, art. 21).

PAR MOIS.

Le 1ᵉʳ. — Bordereau des recettes et dépenses. — Inventaire des pièces de dépenses en double. — Pièces de dépenses à l'appui. — Comparaison sommaire des produits. — Relevé de certains droits perçus en vertu des lois nouvelles.

Le 10. — Renvois d'enregistrement avec l'état. — Mentions de non-comparution en conciliation. — Dons et legs aux établissements publics.

PAR TRIMESTRE.

Le 2 de chaque mois. — État des droits et produits constatés.

Le 10. — Tableau récapitulatif du visa des répertoires (sur le registre). — Différences du coût du transport des huissiers. — Divers états des amendes recouvrées (roulage, etc.). — Droits de poste recouvrés, en double. — Condamnés insolvables à incarcérer. — Situation des sommiers, en double.

Le 30. — État des remises des notices de décès (sur le registre).

Dans le premier mois. — Demande de timbre.

PAR SEMESTRE.

Le 1er de chaque mois. — Amendes de contravention des maires.

Le 10. — Procès-verbaux non suivis de jugements. — Délinquants forestiers insolvables. — Successions vacantes. — Assistance judiciaire, etc.

En mars et septembre. — Demandes d'impressions non-timbrées.

PAR ANNÉE.

Le 2 janvier. — Compte sommaire du timbre.

Le 10. — Nombre des actes et déclarations.

Le 15. — Tableau des mercuriales.

Du 1er au 15 janvier. — Compte général des recettes et dépenses de l'année. — Inventaire des pièces de dépenses. — Valeurs en caisse au 31 décembre. — État des différences entre le compte d'année et le bordereau de décembre. — État des frais de poursuite tombés en non-valeur à régulariser. — Etc., etc.

(*Voir la nomenclature des autres États à joindre au compte d'année, au § 1er de l'art. 2 du chapitre II* (compte d'année).

Le 15 février. — Comparaison des produits et rapports sur les causes d'augmentation et de diminution.

Le 15 mars. — Trois états d'insuffisance de prix ou d'évaluations terminées par voie de soumissions ou d'expertises.

Le 15 juillet. — État des droits et produits constatés restant à recouvrer au 30 juin, avec les pièces justificatives.

Le 1er août. — État des amendes de chasse non payées.

Le 15 septembre. — Compte de l'exercice clos avec l'inventaire et les pièces justificatives.

ACCIDENTELLEMENT.

Renvois d'extraits de jugements, bordereaux de virements, feuilles de mutations communiquées, talons des bordereaux de fonds de subvention, comptes de clerc à maître, etc., etc. (*Par le retour du courrier ou à la date fixée par la direction.*)

ARTICLE III. — PARTIE ÉCRITE.

OPÉRATIONS EN PRÉSENCE DU COMITÉ.

§ 1er. — *Enregistrement d'actes contenant plusieurs dispositions.*

C'est ici surtout qu'il convient de se rappeler que les enregistrements doivent être clairs et précis, et renfermer l'analyse succincte de toutes les dispositions de l'acte, qu'elles donnent ou non ouverture à des droits.

Soit donné d'enregistrer un acte contenant un *règlement de compte*, une *quittance*, une *dation en payement*, et une *mainlevée* d'inscription hypothécaire. (Le défaut d'espace nous empêche de donner copie de l'acte.)

ENREGISTREMENT.

Du vingt avril mil huit cent soixante-quatre,

Enregistré un règlement de compte entre Thomas *Molière*, propriétaire à Roybon, et Claude *Durand*, négociant à Viriville, duquel il résulte que Molière devait à Durand la somme de quatre mille deux cents francs, suivant une obligation reçue par Me Denolly, le 2 janvier 1827; que sur cette somme il lui en avait payé, sans énonciation d'acte enregistré, celle de *huit cents*, et avait servi les intérêts du reliquat jusqu'au 1er janvier 1863, et qu'en l'état Molière doit à Durand : 1° le reste du capital. . , ... 3,400 fr. » c.

2° Intérêts sur cette somme depuis le 1er janvier 1863 jusqu'au 10 avril 1864, jour de l'acte. . .   217   20

                Total.   3,617   20

Pour se libérer de cette somme de trois mille six cent dix-sept francs vingt centimes, Molière abandonne en toute propriété à Durand une maison à Viriville, provenant de succession directe. Durand lui donne quittance entière pour capital et intérêts, et consent radiation de l'inscription prise à son profit au bureau des hypothèques de Saint-Marcellin le 20 janvier 1858, vol. 70, n. 15.

A 50 cent. pour 100 fr. sur la quittance de 800 fr. non établie par acte, plus sur les intérêts du capital entier pour les cinq dernières années, non établis payés par titre enregistré, ou sur 850 fr., total 1,650 fr. Reçu huit francs trente centimes, ci. . . .   8 fr. 30. c.

A 5 fr. 50 cent. pour 100 fr. sur 3,617 fr. 20 cent., reçu cent quatre-vingt-dix-neuf francs dix centimes, ci. 199   10 (*Il n'est dû aucun droit sur la mainlevée.*)

Passé devant Me Marchand, notaire à Thodure, le 10 avril 1864, contenant trois rôles et un renvoi. Sans mots rayés nuls.

§ 2. — *Déclaration d'une succession soumise à une liquidation de communauté entre époux.*

Une liquidation de communauté entre époux exige de la part des employés la plus grande attention ; et cette opération présente d'autant plus de difficultés que les liquidations sont presque aussi

variées que les conventions, car il peut y avoir des capitaux à déterminer, des intérêts à fixer, des indemnités à réclamer. Or, le
Code, qui donne des règles pour les diverses sortes de contrat, n'en
contient point relativement aux liquidations ; et cependant il importe que les préposés puissent établir une liquidation et en vérifier
l'exactitude, puisque des reprises, des récompenses, des indemnités,
allouées mal à propos, doivent influer sur les droits dus à raison de
la part de chaque héritier.

Les préposés devront donc bien se pénétrer des dispositions des
art. 1400 et suivants du Code Nap., qui traitent de la *communauté*,
de ce qui compose la communauté activement et passivement; de
la dissolution de la communauté, du partage de l'actif; de la manière dont se forme le passif de la communauté, et de la contribution des dettes.

Ils devront également étudier avec soin les diverses modifications
dont est susceptible le régime de la communauté entre époux, d'a-
près les règles déterminées par les art. 1497 et suivants du Code
Napoléon.

Ainsi, la communauté légale, conventionnelle, d'acquêts sous le
régime dotal, etc.; en observant que ces clauses, dont le Code trace
les règles, sont en effet les plus usuelles, et que les époux peuvent
en ajouter ou en inventer une foule d'autres; mais ce qu'il faut bien
remarquer, c'est que la communauté légale forme le droit commun,
et qu'ainsi, toutes les fois qu'il n'est pas constant que les époux ont
voulu y faire exception, il faut y revenir comme au principe général. Enfin, ils devront se reporter au titre *Des Successions*.

Il conviendra aussi de consulter les Instructions de l'administration, dont voici quelques-uns des principes essentiels.

En règle générale, dans les déclarations de biens de la communauté après le décès de l'un des conjoints, il y a lieu d'admettre sur
la masse commune la distraction des reprises de l'époux survivant,
et de ne percevoir les droits de succession que sur la portion des
biens de la communauté qui revient aux héritiers après ces prélèvements.

Il en résulte que, si le montant des reprises à exercer par le survivant doit être distrait de la valeur des biens de la communauté
lors de la déclaration du prédécédé, ceux-ci doivent comprendre
dans leur déclaration les prélèvements qu'ils ont à faire du chef de
leur auteur, et acquitter les droits dont ils sont susceptibles.

Dans le cas où, avant la déclaration, il a été procédé à partage des
biens de la communauté entre les héritiers et le survivant, chacun
des copartageants est censé avoir hérité *ab initio* des biens qui lui

sont échus (883 et 1476 C. N.), et les héritiers ne doivent en conséquence déclarer que les biens qui forment leur lot.

Lorsque les héritiers du prédécédé, quel qu'il soit, ont des reprises à exercer sur la totalité ou sur une portion de la communauté
qui a été attribuée au survivant en vertu des stipulations insérées
dans le contrat de mariage, et ce à raison des apports ou capitaux
tombés dans la communauté du chef de leur auteur, ces reprises
font partie de la succession du prédécédé, et les héritiers doivent acquitter les droits de mutation par décès sur le montant.

Enfin, lorsque les biens meubles et immeubles de la communauté
ne suffisent pas pour les reprises de la veuve, les héritiers ne peuvent prétendre que les droits de mutation ne doivent être perçus que
sur le restant de la succession, après le prélèvement intégral de ces
reprises, parce que le recours subsidiaire accordé à la femme par les
art. 1436 et 1472 du C. N. sur les biens personnels de son mari ne
constitue pas un droit de propriété sur ces biens, mais seulement
une action hypothécaire, et, par suite, une charge de la succession
dont il ne peut être fait distraction dans l'évaluation des biens à déclarer.

Soit donné de recevoir une déclaration de succession soumise à
une liquidation de communauté légale.

Liquidation d'une communauté légale.

Masse active. Meubles, argent, créances. . . . . 22,000 fr.
Immeubles acquêts existant à la dissolution . . . 25,000
Reprises de la femme. Elle prélève une somme de 2,000 fr., qui lui
a été donnée en propre pendant le mariage, ci. . . 2,000
Un immeuble appartenant par indivis à la femme a
été acquis pendant la communauté; la femme l'abandonne à la communauté, et a droit par conséquent de
reprendre sa part, supposée de 1,000

Total des reprises de la femme . . . 3,000 fr.
Mais elle doit récompense du prix d'une coupe de
bois sur des héritages à elle propres, laquelle coupe
pouvait être faite, et ne l'a point été, ci 4,000

Ainsi la récompense excède les reprises de. . . . 1,000
Donc la communauté, au lieu de s'élever à. . . . 47,000

monte à . . . . 48,000 fr.
Récompenses du mari. Le mari était créancier de son père d'une
somme de 1,500 fr.; pour s'en libérer, il lui abandonne un immeuble qui n'entre point en communauté. Ainsi le mari
doit récompense à la communauté de. . . . . . 1,500 fr.

Report. . . . .   1,500 fr.

Pendant le mariage, une succession est échue au mari; elle se compose de 2,000 fr. de meubles d'après inventaire, et d'une valeur immobilière de 4,000 fr.; mais elle était grevée d'une dette de 300 fr.: la part des dettes à la charge des immeubles du mari est de 200 fr., dont il doit récompense, ci.   200

Total des récompenses dues par le mari. . .   1,700 fr.
Or la communauté était supposée de   47,000
La récompense de la femme est de   1,000

Donc la masse à partager est de. . . . . . .   49,700 fr.
dont moitié pour les héritiers, et moitié pour l'époux survivant.

Si la communauté est acceptée pour la femme, les héritiers de la femme prédécédée doivent déclarer : 1º ses immeubles personnels; 2º la moitié de la communauté, distraction faite des 1,000 fr. qu'ils ont rapportés : restent 23,850 fr. à déclarer, dont 12,500 en immeubles, et le surplus en mobilier.

Si le mari est prédécédé, ses héritiers devront déclarer ses immeubles personnels, les 24,850 fr. formant moitié des 49,700 fr. ci-dessus, sur lesquels il faut déduire la récompense de 1,700 fr. qu'ils ont rapportés : restent 23,150 fr. à déclarer, dont 12,500 en immeubles, et le reste en mobilier.

S'il y a renonciation à la communauté, les héritiers de la femme prédécédée doivent déclarer ses immeubles personnels, et l'excédant des reprises sur les récompenses qu'elle devait à la communauté.

Les héritiers du mari prédécédé auraient à passer déclaration des immeubles qui lui étaient personnels, des biens effectifs qui se sont trouvés dans la communauté lors de sa dissolution, consistant en mobilier de 22,000 fr. et en 25,000 fr. d'immeubles, et de la récompense de 1,000 fr. due par la veuve, défalcation faite de ses reprises.

(Voir *Répertoire* Garnier, nºˢ 3034 *et suiv.*)

§ 3. *Rédaction d'un procès-verbal de contravention.*

Les procès-verbaux doivent être rédigés, suivant le cas, ou à la requête du ministère public, ou à la requête de l'administration. (Voir ci-dessus : art. 11, § 5.)

Quand il s'agit de constater des contraventions à la loi sur le notariat, ainsi qu'à celles sur les patentes, mesures, etc., les employés agissent bien en qualité d'agents ou de mandataires de l'administration; mais comme elle *n'a mission que de constater le fait,* sans qualité pour poursuivre la condamnation du contrevenant, et que c'est le ministère public qui doit agir et requérir l'exécution de la loi, c'est à *la requête du procureur impérial* que les procès-verbaux doivent être dressés. (Circ. R. n° 1498, instr. n° 1537, section 2, n° 236.)

Soit donné de rédiger un procès-verbal contre un notaire pour contravention à l'art. 16 de la loi du 25 ventôse an 11, sur le notariat :

— « A la requête de M. le procureur impérial près le tribunal de première instance de (*celui dans l'arrondissement duquel se trouve le fonctionnaire qui a commis la contravention*), poursuites et diligences de M. le directeur général de l'administration de l'enregistrement et des domaines, rue Castiglione, n° 3, à Paris, qui fait élection de domicile chez M. N..., directeur au département d..., hôtel de la direction, à..., rue..., et, au besoin, au bureau de M. N..., receveur de l'enregistrement à...;

« Je soussigné (*nom, prénoms et qualité de l'employé*), dûment commissionné et ayant serment en justice,

« CERTIFIE que, procédant à (*indiquer l'opération*), j'ai reconnu que dans un acte reçu Mᵈ N..., notaire à..., canton d..., le... 186.., en présence de deux témoins, contenant vente par Jacques *Michaud* à Philippe *Pinchon* d'un hectare de terre au terroir de Varennes-en-Croix, enregistré au bureau de... le..., fol. 9, n°..., casé 8, il existe à la 15ᵉ ligne de la 1ʳᵉ page deux mots surchargés qui paraissent avoir été *cent vingt*, qui sont maintenant *deux cents*, et qui se trouvent entre les mots *moyennant* et *francs*.

« Attendu que la surcharge de ces deux mots, qui n'a pas même été approuvée, ainsi que je l'ai attentivement vérifié, constitue une contravention à l'art. 16 de la loi du 25 vent. an 11, portant qu'il ne doit point y avoir de surcharge dans le corps de l'acte, à peine d'une amende de 50 francs (réduite à 10 francs par la loi du 16 juin 1824, art. 10), ainsi que de tous dommages-intérêts, j'ai rapporté le présent procès-verbal pour servir et valoir ce que de droit.

« Fait à..., le (*date en toutes lettres*). » —

Dans tous les cas, les projets de procès-verbaux doivent être soumis à l'approbation du directeur qui les transmet ensuite au ministère public. Les procès-verbaux de l'espèce sont visés pour timbre et enregistrés *en débet* (dans le délai de quatre jours, au droit fixe ordinaire).

Quant aux procès-verbaux rédigés *à la requête de l'administration* (tels que ceux en matière d'enregistrement, de timbre, de ventes publiques de meubles, etc.), ils doivent être faits sur timbre et l'enregistrement a lieu *au comptant* sur les fonds de la caisse, à titre *d'avance à charge de recouvrement ou de régularisation.* (Instr. nᵒˢ 1195 et 1551.)

§ 4. *Rédaction d'un bordereau de recettes et dépenses par mois.*

Il est impossible d'indiquer ici avec précision le mode de rédaction d'un bordereau mensuel de recettes et dépenses ; mais il suffit de suivre avec attention la division matérielle du cadre envoyé par l'administration, ainsi que les indications qui y sont tracées pour chaque nature de recettes et dépenses. Une scrupuleuse exactitude et une grande netteté d'écriture sont indispensables.

ARTICLE IV. — QUESTIONNAIRE.

Crédits.

1. Qu'entend-on par budget ?
2. Qu'entend-on par exercice ?
3. Qu'entend-on par crédit ?
4. Quelle est la durée d'un exercice ?
5. Combien d'espèces de crédits ?
6. Qu'est-ce que la spécialité des crédits par exercice et par ministère ?
7. Qu'est-ce qu'un ordonnateur ?
8. Combien de sortes d'ordonnances ?

Caisse.

9. Qu'est-ce que la comptabilité ?
10. Qu'est-ce que la caisse ?
11. Quelles mesures de sûreté faut-il prendre à l'égard de la caisse ?
12. Qu'est-ce que le livre-journal ? A quoi sert-il ?
13. Comment les bureaux s'approvisionnent-ils de papiers timbrés ? de timbres mobiles ?

Droits au comptant.

14. Qu'est-ce que les registres de formalité ?
15. *Quid* des registres de recette ?
15. *bis. Quid* du journal à souche pour les droits de succession ?
16. *Quid* de l'arrêté des registres ?
17. *Quid* de l'enregistrement des actes ?
18. Quelles sont les règles principales de l'enregistrement d'un acte ?

19. Qu'est-ce que les feuilles de dépouillement ?
20. *Quid* du livre de dépouillement ?
21. *Quid* du sommier de dépouillement ?
22. *Quid* du journal de dépenses ?
23. *Quid* des virements de fonds ?
24. Quel est le mode d'opérer ?
25. Qu'est-ce que les fonds de subvention ?
26. Quand et comment se font les versements ?
27. Qu'est-ce que l'état de mois ?
28. *Quid* du compte d'année ?
29. *Quid* de la responsabilité des receveurs ?

Droits constatés.

30. Qu'entend-on par droits constatés ?
31. Combien y a-t-il de sommiers ?
32. Combien y a-t-il de registres ?
33. Qu'est-ce que le sommier douteux ?
34. *Quid* du sommier certain ?
35. *Quid* du sommier des droits en débet ?
36. *Quid* du sommier des surséances ?
37. *Quid* du registre de correspondance ?
38. Quelle est l'utilité des feuilles de mutations ?
39. *Quid* des renvois ?
40. *Quid* des tables alphabétiques ?
41. Combien y en a-t-il, et de quelle sorte ?

Recouvrements.

42. Quels sont les droits que l'on recouvre par voie de contrainte?
43. Quels sont les droits que l'on recouvre par voie de commandement?
44. Quelles poursuites doit-on faire précéder d'un procès-verbal?
45. Comment poursuit-on les débiteurs de frais de justice, ceux des diverses amendes de condamnation?
46. Comment décerne-t-on les contraintes relatives au domaine?
47. Qui doit viser les contraintes, en matière d'enregistrement ou de domaine?
48. Qu'entend-on par extraits de jugements, et à quoi servent-ils?

Greffe.

49. Qu'est-ce que le greffe?
50. Combien y a-t-il d'espèces de droits de greffe?
51. Qu'est-ce que les droits de mise au rôle?
52. *Quid* des droits de rédaction et de transcription?
53. *Quid* des droits d'expédition?
54. *Quid* de la remise du greffier?
55. Comment se perçoivent les droits de greffe?
56. Quelle est la loi organique du greffe?
57. Quelles sont les dispositions principales du décret de 1854?

Notariat.

58. Quelle est l'origine du notariat?
59. Quelles sont les fonctions des notaires?
60. Quels sont les différents ressorts dans lesquels exercent les notaires?
61. Quelle est la forme des actes? Cas de nullité?
62. Quelle est la distinction à faire entre les minutes et les expéditions?
63. Comment sont nommés les notaires? Et par qui?

64. Quelle est la loi organique de l'institution?
65. Principales dispositions de cette loi?
66. Quels sont les rapports des notaires avec les receveurs?
67. Quelles sont les contraventions que doivent relever les préposés?
68. Comment les constate-t-on?
69. Comment les poursuit-on?

Ventes de meubles.

70. Qu'entend-on par déclaration préalable?
71. Quelle est sa forme?
72. Qui peut vendre aux enchères?
73. Obligations des officiers ministériels?
74. Comment se constatent les contraventions?
75. Quelles sont les lois qui règlent les ventes publiques de meubles?

Code Napoléon.

76. Comment devient-on propriétaire?
77. Comment s'ouvrent les successions?
78. Qu'est-ce que la saisine des successions?
79. Qui peut hériter?
80. Qui en est indigne?
81. Quel est l'ordre des successions?
82. Comment se supputent les degrés de parenté?
83. Qu'est-ce que la représentation et comment s'exerce-t-elle?
84. Qu'est-ce que les successions directes?
85. Qu'est-ce que les successions collatérales?
86. Qu'est-ce que les successions irrégulières?
87. Qu'est-ce qu'une succession vacante, et, dans ce cas, quels sont les droits de l'État?
81. Comment s'acceptent les successions?
89. Comment renonce-t-on aux successions?
90. Quels sont les effets du bénéfice d'inventaire?

16

toute nature s'y opposèrent. Les lois des 11 brumaire et 21 ventôse an VII proclamèrent enfin la publicité légale des hypothèques et inaugurèrent une législation qui, tout en laissant à désirer sur quelques points, nous a été empruntée par la plupart des États Européens.

LÉGISLATION HYPOTHÉCAIRE.

Le système hypothécaire, d'une théorie très-simple, peut se résumer en quelques mots ; dans la pratique, il donne lieu à des difficultés d'application très-délicates. (Voir le *Commentaire sur les privilèges et hypothèques*, de M. Troplong.)

Les actes produisant hypothèque sont *inscrits* dans un registre ; les parties intéressées peuvent y vérifier si le gage qu'on leur propose est libre, ou jusqu'à quelle somme il est déjà grevé de dettes.

Le bien hypothéqué reste en la possession du débiteur ; mais, à défaut de payement, le créancier peut le faire vendre en justice.

L'hypothèque et le privilége sont les seules causes de préférence qui font exception au principe que *les biens d'un débiteur sont le gage commun de ses créanciers.*

L'*hypothèque*, nous l'avons dit, est un *droit réel* sur les immeubles affectés à l'acquittement d'une obligation. Ce droit est *indivisible*, c'est-à-dire qu'il subsiste en entier sur tous les immeubles affectés, sur chacun et sur chaque parcelle ; de plus, *il les suit dans quelques mains qu'ils passent.* L'hypothèque doit être déclarée par la production du titre qui la confère (acte notarié ou jugement), et inscrite sur les registres du bureau de la conservation des hypothèques ; sans cette précaution, elle serait comme nulle à l'égard des biens et vis à vis des tiers. C'est ce qu'on appelle *inscription hypothécaire.* Seule, l'hypothèque légale a son effet, alors même qu'elle n'est pas inscrite.

Le rang des hypothèques est fixé par la date de leur inscription ; c'est d'après cette date qu'on règle le rang des créanciers dans les *ordres* ou états de distribution des deniers provenant de la vente des biens saisis par autorité de justice. Les inscriptions doivent être renouvelées tous les dix ans. (Code Napoléon — art. 2092 et suivants.)

La *transcription hypothécaire* est l'accomplissement d'une formalité destinée à procurer aux tiers intéressés, créanciers ou acquéreurs, la publicité matérielle, légale et facile des démembrements et charges qui peuvent en modifier ou en altérer la valeur ; c'est l'insertion littérale sur les registres du bureau des hypothèques de tout acte translatif d'un droit immobilier. (Loi du 23 mars 1855.)

L'hypothèque est légale, judiciaire ou conventionnelle, suivant qu'elle résulte de la loi, d'un jugement ou d'une convention. L'hypothèque *légale* a lieu au profit : 1° des femmes mariées sur les biens de leur mari ; 2° des mineurs et interdits, sur les biens de leurs tuteurs ; 3° de l'État, des communes et des établissements publics, sur les biens des comptables. L'hypothèque *judiciaire* résulte des arrêts et jugements, et aussi des actes sous seing privé dont la vérification d'écritures a été faite en justice. L'hypothèque *conventionnelle* ne peut être consentie que par ceux qui ont capacité d'aliéner, et seulement par acte notarié. L'hypothèque est *générale* ou *spéciale,* suivant qu'elle frappe l'universalité des biens du débiteur ou qu'elle n'en affecte qu'une partie. La conventionnelle ne peut être que spéciale et ne frappe que les biens présents ; la légale et la judiciaire sont générales et frappent les biens présents et à venir du débiteur.

Le *privilége* est un droit que la qualité de la créance donne à un créancier d'être préféré aux autres créanciers, même hypothécaires. La préférence se règle, entre créanciers privilégiés, par la qualité du privilége. Les créances privilégiées sur les meubles sont : les frais de justice, les frais de dernière maladie, les salaires des gens de service, les loyers et fermages, etc. Les priviléges sur les immeubles sont : celui de vendeur sur la propriété vendue jusqu'au payement du prix, etc. Tout ce qui concerne les priviléges est réglé par le Code Napoléon, art. 2099 à 2203.

La loi du 21 ventôse an VII a organisé ainsi qu'il suit la conservation des hypothèques :

Art. 1er. La conservation des hypothèques est remise à l'administration de l'enregistrement qui en confie l'exécution à ses préposés.

2. Il y aura un bureau de la conservation des hypothèques par chaque arrondissement ; il sera placé dans la commune où siége le tribunal civil.

3 Les préposés à la conservation des hypothèques seront chargés : 1° de l'exécution des formalités civiles prescrites pour la conservation des hypothèques et la consolidation des mutations de propriétés immobilières ; 2° de la perception des droits établis au profit du Trésor public sur chacune de ces formalités.

4. Avant d'entrer en exercice, chaque préposé fera enregistrer sa commission au greffe du tribunal civil ; il y prêtera serment.

5. Le préposé fournira, en outre, un cautionnement en immeubles. Il sera reçu par le tribunal civil de la situation des biens, contradictoirement avec le ministère public.

6. Le préposé sera tenu d'en justifier à la régie dans le mois de l'enregistrement de sa commission ; il déposera, dans le même délai, une expédition de la réception du cautionnement au greffe du tribunal civil de sa résidence.

7. L'inscription du cautionnement sera faite à la diligence et aux frais du préposé. — (*Cette inscription doit être renouvelée avant l'expiration de la* 10e *année.* (C. Nap., art. 2154).

CHAPITRE III.

EXAMEN DE TROISIÈME ANNÉE

ARTICLE Ier. —PROGRAMME DE L'EXAMEN DE TROISIÈME ANNÉE

Maximum
des points
accorder par
le comité.

1° Partie orale.

Art. 1er. — Questions sur des matières des examens de pre-mière et de seconde année. . . . .

Art. 2. — *Comptabilité.* Mode de payement des dépenses des exercices clos et des exercices périmés. — Prescriptions et dé-chéances. . . . .

Art. 3. — *Hypothèques* : Lois sur cette matière ; registres des formalités hypothécaires ; droits au profit du Trésor ; salaires des conservateurs ; leur responsabilité. . . . .

Art. 4. — *Code Napoléon* : Livre III, titre V : Du contrat de mariage. Titre VI : De la vente. Titre VII : De l'échange. Titre VIII : Du contrat de louage. Titre XVIII : Des privilèges et hy-pothèques. . . . .

Art. 5. — *Code de procédure civile* : 1re partie, Livre V : De l'exécution des jugements. . . . .

Art. 6. — *Code de commerce* : Livre Ier, titre III : Des socié-tés. Titre VIII : De la lettre de change et du billet à ordre. . . .

Art. 7. — *Code forestier* : Titre Ier : Du régime forestier. Ti-tre III : Des bois et forêts qui font partie du domaine de l'État. Titre XIII : De l'exécution des jugements. . . . . . .

Art. 8. — *Domaines* : Lois principales sur cette matière ; ven-tes et baux du domaine de l'Etat ; ventes d'effets mobiliers ap-partenant à l'Etat ; recouvrements et mode de poursuites ; affec-tations et droits d'usage dans les forêts de l'Etat ; successions dévolues à l'Etat en qualité de successeur irrégulier ; successions vacantes ; épaves ; séquestre et administration des biens des con-tumaces. . . . .

Art. 9. — Questions sur quelques parties de la législation gé-nérale qu'il importe aux préposés de connaître. . . . . .

2° Partie écrite.

Art. 1er. — Enregistrement de deux actes et de deux juge-ments compliqués. . . . .

Art. 2. — Déclaration d'une succession soumise à une liquida-tion de communauté, et grevée de legs particuliers de sommes d'argent n'existant pas en nature dans l'actif. . . . . .

Maximum
des points à
accorder par
le comité.

Art. 3. — Rédaction d'un rapport sur une perception critiquée
d'un mémoire dans une instance relative à un droit contesté.   10

*A la suite du procès-verbal d'examen, le comité déclare, à l'unanimité ou
à majorité, si le surnuméraire est ou n'est pas apte à régir un bureau.
Dans le cas de la négative, le comité s'explique sur la question de savoir s'il
y a lieu de l'admettre à un nouvel examen ou de le rayer du tableau.*

ARTICLE II. — PARTIE ORALE.

§ 1er. — *Questions sur les matières des examens de première et de seconde année.*

(Voir les développements des chapitres I et II.)

§ 2. — *Comptabilité. — Mode de payement des exercices clos et des exercices périmés. — Définitions. — Prescriptions et déchéances.*

(Se reporter, pour ces matières, à la *Première partie, chap. III, § 8*).

§ 3. — *Hypothèques.*

Définitions. — Utilité des hypothèques. — Législation hypothécaire. — Registres
des formalités. — Publicité. — Droits au profit du Trésor. — Salaires des
conservateurs. — Responsabilité des conservateurs.

PRÉLIMINAIRES.

L'hypothèque est un droit réel sur les immeubles affectés à l'acquittement d'une obligation (Code Napoléon, art. 2114.)
Le but des hypothèques est de garantir l'efficacité des transactions
en faisant connaître au prêteur la situation réelle du propriétaire
qui emprunte et en lui donnant un gage de remboursement. *Le
système hypothécaire* est la base des transactions civiles, de même
que le crédit est la base des opérations commerciales.
L'origine des hypothèques remonte aux temps les plus reculés.
Chez les Grecs, qui créèrent le mot, on indiquait par des signes apparents les héritages hypothéqués ; on fit de même à Rome. En France,
pendant longtemps l'hypothèque fut occulte ; de telle sorte qu'un
créancier croyait posséder des garanties sur des biens qui n'existaient pas, ou trouvait ses droits primés par des engagements antérieurs qu'on lui avait cachés. Henri III en 1581, Henri IV en 1606,
Louis XIV en 1673 essayèrent d'établir un système hypothécaire qui
donnât aux contractants des garanties sérieuses ; des obstacles de

91. Quels sont les effets du partage ? Qu'entend-on par rapports, payements des dettes, rescision, garantie des lots ?

92. Comment dispose-t-on de ses biens ?

93. Qu'entend-on par testament et par substitution ?

94. Qui peut disposer de ses biens ?

95. Qu'entend-on par quotité disponible ?

96. Quelle est la forme des donations entre vifs ? Sont-elles révocables?

97. Quelles sont les diverses natures et les formes essentielles des testaments ?

98. Qu'est-ce qu'un légataire universel, un exécuteur testamentaire?

99. Combien d'espèces de legs ?

100. Qu'est-ce que le partage anticipé ?

101. Qu'est-ce que la donation par contrat de mariage ?

102. Qu'est-ce que les contrats ?

103. Combien d'espèces différentes ?

104. Conditions pour la validité des contrats.

105. Qui est capable de contracter?

106. Qu'est-ce qui peut faire l'objet des contrats ?

107. Quels sont les principaux effets des obligations ?

108. Intéressent-elles les tiers ?

109. Combien d'espèces d'obligations?

110. Qu'est-ce que les conditions suspensive, résolutoire, etc. ?

111. Qu'est-ce que le terme ? Quels sont ses effets ?

112. Quels sont les effets de la solidarité ?

113. Comment s'éteignent les obligations ?

114. Quels sont les effets du payement ? — Qui peut payer?

115. Qu'entend-on par subrogation ?

116. Quid par imputation ?

117. Quid par offres réelles ?

118. Quid par cession de biens, et quels sont ses effets ?

119. Quid par novation ?

120. Quid par remise de la dette ?

121. Quid par compensation ?

122. Quid par confusion ?

123. Qu'advient-il lorsque la chose due se perd ?

124. Dans quels cas y a-t-il lieu à nullité ou rescision d'une convention ?

125. Quels sont les effets de la minorité à l'égard des conventions ?

126. Comment se fait la preuve des obligations?

127. Quelle différence y a-t-il entre les titres écrits et la preuve testimoniale ?

128. Quid des présomptions, et quels sont leurs effets?

129. Quid du serment et de ses diverses natures ?

Questions diverses.

130. Quelle est l'organisation judiciaire de la France?

131. Qui est juge des contraventions, des délits, des crimes ?

132. Qui est juge des affaires civiles?

133. Qui est juge des affaires commerciales?

134. Quel est le rôle des Cours d'appel?

135. Quel est le rôle de la Cour de cassation?

136. Qu'est-ce que l'expropriation pour cause d'utilité publique ?

137. Quelle est la loi qui règle la matière ?

138. Quel est le principe d'équité qui domine la matière ?

139. Qui fixe les indemnités ?

140. Comment s'enregistrent les actes relatifs à l'expropriation ?

141. Quelles sont les fonctions des receveurs en ce qui concerne l'expropriation pour cause d'utilité publique ?

142. Qu'est-ce que l'assistance judiciaire ?

143. Quelle est la composition des bureaux d'assistance ?

144. Quelles sont les attributions du directeur des domaines à ce sujet ?

145. Quels sont les effets de l'assistance judiciaire par rapport aux droits d'enregistrement et de timbre ?

(Voir aussi le Questionnaire en 730 articles qui se trouve au chapitre IV de la première partie du Manuel.)

8. Le cautionnement demeure spécialement affecté à la responsabilité du préposé pour les erreurs et omissions dont la loi le rend garant envers les citoyens. — Cette affectation subsiste pendant toute la durée des fonctions et dix années après; passé lequel délai, les biens servant de cautionnement seront affranchis de plein droit de toutes actions de recours qui n'auraient point été intentées dans cet intervalle.

9. Les préposés à la conservation des hypothèques auront domicile dans le bureau où ils rempliront leurs fonctions pour les actions auxquelles leur responsabilité pourrait donner lieu. — Ce domicile est de droit; il durera aussi longtemps que la responsabilité des préposés; toutes poursuites à cet égard pourront y être dirigées contre eux, quand même ils seraient sortis de place, ou contre leurs ayant-cause.

10. Le passage d'un bureau dans un autre n'emportera point l'obligation d'un nouveau cautionnement; celui déjà fourni subsistera pour le nouveau bureau, sauf à suppléer, s'il y a lieu.

11. Le cautionnement sera, etc. (*Modifié par la loi de Finances pour l'exercice 1865.* — Voir ci-après : *Responsabilité des conservateurs*).

12. En cas d'absence ou d'empêchement d'un préposé, il sera suppléé par le vérificateur ou inspecteur dans le département, ou, à leur défaut, par le plus ancien surnuméraire. — Le préposé demeurera garant de cette gestion, sauf son recours contre ceux qui l'auront remplacé.

13. S'il y a vacance d'un bureau, par mort ou autrement, le cas de démission excepté, il sera rempli provisoirement par le vérificateur ou l'inspecteur, ou, à leur défaut, par le plus ancien surnuméraire. — Ils demeureront responsables de leur gestion. La régie pourvoira sur-le-champ à la place vacante.

14. Nul préposé démissionnaire ne pourra quitter ses fonctions avant l'installation de son successeur, à peine des dommages et intérêts auxquels la vacance momentanée du bureau pourrait donner lieu.

15. Le traitement des préposés à la conservation des hypothèques est réglé ainsi qu'il suit : — 1° Ils auront sur la recette des droits d'hypothèque, jointe aux autres recettes dont ils sont chargés, les remises accordées sur les droits d'enregistrement et autres. — 2° Il leur sera payé, par les requérants, pour les actes qu'ils délivreront, outre le papier timbré, les sommes énoncées au tarif suivant.

(*Modifié par le décret du 21 sept. 1810 et par celui du 24 nov. 1855*).

16. Les registres servant à recevoir les actes du nouveau régime hypothécaire seront en papier timbré; les préposés les feront coter et parapher à chaque feuillet par le président du tribunal. — Cette formalité sera remplie dans les trois jours de la présentation des registres, et sans frais.

17. Les actes seront datés et consignés de suite, sans blanc, et jour par jour; ils seront numérotés suivant le rang qu'ils tiendront dans les registres, et signés du préposé.

18. Outre les registres mentionnés en l'art. 16, les préposés tiendront un registre sur papier libre, dans lequel seront portés par extrait, au fur et à mesure des actes, sous le nom de chaque grevé, et à la case qui lui sera destinée, les inscriptions à sa charge, les transcriptions, les radiations et les

autres actes qui le concernent, ainsi que l'indication des registres où chacun de ces actes sera porté et les numéros sous lesquels ils y seront consignés.

19. Il sera perçu au profit du Trésor, un droit sur *l'inscription des créances hypothécaires* et sur la *transcription des actes* emportant mutation immobilière.

20. Le droit d'inscription des créances hypothécaires sera d'un pour mille du capital des créances (L. 28 avril 1816, art. 60.)

21. Il ne sera payé qu'un seul droit d'inscription pour chaque créance, quel que soit le nombre des créanciers ou celui des débiteurs.

22. S'il y a lieu à inscription d'une même créance dans plusieurs bureaux, le droit sera acquitté en totalité dans le premier bureau ; il ne sera payé, pour chacune des autres inscriptions, que le simple salaire du préposé, sur la représentation de la quittance constatant le payement entier du droit, lors de la première inscription.—En conséquence, le préposé dans le premier bureau sera tenu de délivrer à celui qui payera le droit, indépendamment de la quittance au pied du bordereau d'inscription, autant de *duplicata* de ladite quittance qu'il lui en sera demandé. — Il sera payé au préposé 25 cent. pour chaque *duplicata*, outre le papier timbré.

23. L'inscription des créances appartenant à l'État, aux hospices civils et autres établissements publics, sera faite sans avance du droit d'hypothèque et des salaires des préposés.

L'inscription indéfinie qui a pour objet la conservation d'un simple droit d'hypothèque éventuel n'est pas sujette au droit proportionnel. Si le droit éventuel se convertit en créance réelle, le droit proportionnel est dû sur le capital de la créance. (Loi du 6 messidor an 7, art. 1 et 2).

24. Toutes les fois que l'inscription aura lieu sans avance du droit et des salaires, le préposé sera tenu : 1° d'énoncer, tant sur les registres que sur le bordereau à remettre au requérant, que les droits et salaires sont dus ; 2° d'en poursuivre le recouvrement sur les débiteurs dans les deux décades après la date de l'inscription. — Ces poursuites s'exerceront suivant les formes établies pour le recouvrement d s droits d'enregistrement.

25. Le droit sur la transcription des actes emportant mutation de propriétés immobilières sera d'un et demi pour cent du prix intégral desdites mutations, suivant qu'il aura été réglé à l'enregistrement.

Lorsque le droit proportionnel de transcription a été perçu lors de la formalité de l'enregistrement, il n'est dû, pour la transcription, qu'un droit fixe de un franc, plus le salaire. (Art. 61 de la loi du 28 avril 1816).

Pour les donations portant partage, faites conformément aux art. 1075 et 1076 du Code Nap., le droit proportionnel de transcription ne sera perçu que lorsque cette formalité sera requise. (Art. 3 de la loi du 16 juin 1824).

26. Si le même acte donne lieu à transcription dans plusieurs bureaux, le droit sera acquitté ainsi qu'il est dit à l'art. 22.

27. Hors les cas d'exception prononcés par la présente loi et par celle du 11 brumaire dernier, les droits et salaires dus pour les formalités hypothécaires seront payés d'avance par les requérants. — Les préposés en expédieront quittance au pied des actes et certificats par eux remis et délivrés ; chaque somme y sera mentionnée séparément et en toutes lettres.

été dispensés par l'instruction n. 1531 de l'arrêter jour par jour.

Les registres de *Manutention* sont :

1° *Répertoire des formalités*. Ce registre, en papier libre, est servi de l'extrait, sous le nom de chaque grevé, à la case qui lui est destinée, des inscriptions, transcriptions, radiations, et des autres actes qui le concernent, ainsi que de l'indication des registres où chacun de ces actes sera porté. Toutes les formalités requises doivent y être portées avec le plus grand soin, ce registre devant offrir en quelque sorte le bilan hypothécaire de chaque particulier. (Circ. R. 1539 et 1570. Inst. n. 316.)

2° *Table du répertoire*. Pour faciliter l'usage du répertoire, les conservateurs tiennent toujours au courant une table alphabétique des noms placés en tête de chaque case, servie d'après les colonnes qu'elle contient, dans la forme de dictionnaire, par les cinq premières lettres de chaque nom propre. La table alphabétique du Répertoire se compose : 1° d'un *registre indicateur* des noms patronymiques inscrits au répertoire, 2° de la *table* proprement dite (Inst. n. 1593)

3° *Sommier des droits d'hypothèques*. D'après l'instruction 1358, il est tenu deux sommiers de droits d'hypothèques, l'un pour les droits constatés, l'autre pour les droits en suspens.

Indépendamment de ces divers registres, les conservateurs tiennent également, dans les formes fixées, le *journal de dépenses*, les sommiers d'*ordre*, de *correspondance*, le *journal de caisse*, etc.

PUBLICITÉ DES HYPOTHÈQUES.

La publicité des hypothèques consiste dans le droit que possède tout individu de demander copie, selon qu'il le juge utile à ses intérêts personnels, des actes transcrits sur les registres des bureaux des hypothèques, ou des inscriptions qui y sont consignées. (Code Nap., art. 2196). La réquisition des parties doit être écrite. Les conservateurs sont tenus d'y déférer sur-le-champ ; il leur est interdit de donner connaissance verbalement, ou par notes, du contenu de leurs registres ; ils ne peuvent que délivrer, sur papier timbré, des états d'inscription ou des certificats négatifs, et des copies littérales des actes transcrits, renseignements dont ils certifient l'exactitude sous leur responsabilité.

Les documents délivrés par les conservateurs sont de diverses natures : 1° *état individuel* des inscriptions prises contre un individu ; 2° état des inscriptions sur un *immeuble désigné* ; 3° *état sur transcription*, c'est-à-dire état des inscriptions sur un immeuble aliéné par acte transcrit ; 4° état des inscriptions prises contre un individu au *profit de tel autre individu désigné*; 5° état des inscriptions au profit d'un individu désigné sur un *immeuble déterminé*; 6° état des inscriptions prises pendant une *période indiquée* soit contre tel individu, soit sur tel immeuble; 7° *certificat* qu'il n'existe aucune inscription; 8° *copie textuelle* des actes transcrits; 9° *certificat de radiation*, etc., etc. On comprend aisément combien le travail des conservateurs exige d'ordre, d'attention et de scrupuleuse exactitude, surtout dans l'indication des noms propres et dans l'énonciation des formalités inscrites.

DROITS AU PROFIT DU TRÉSOR.

Dès que la remise d'un acte est constatée sur le registre de dépôt, les formalités sont supposées accomplies; le droit est acquis au Trésor.

Les droits perçus au profit du Trésor sont de deux espèces : *Droits d'inscription* et *droits de transcription*.

Le *droit d'inscription des créances hypothécaires* est de 1 fr. pour 1,000. (Loi du 28 avril 1816, art. 60). La perception suit les sommes et valeurs de vingt francs en vingt francs. Il n'est dû qu'un seul droit pour chaque créance, quel que soit le nombre de créanciers et celui des débiteurs. Si une inscription est prise dans plusieurs bureaux, le droit est perçu dans le premier bureau et il n'est dû pour les autres inscriptions que le salaire du préposé (loi du 21 ventôse an 7). Le droit proportionnel est exigible sur les renouvellements d'inscriptions.

Les inscriptions des créances de l'État sont prises *en débet*. Celles à la requête de l'Administration des Domaines sont prises *au comptant* (instr. nᵒˢ 868 et 1551). L'inscription d'un droit éventuel n'est pas sujette au droit proportionnel; ce droit devient exigible si le droit éventuel d'hypothèque se convertit en créance réelle. (Loi du 6 messidor an 7). Sont *dispensées du droit*, les inscriptions d'office, et celles en vertu de l'article 490 du code de commerce.

Le *droit de transcription des actes portant mutation de propriétés immobilières* est de 1 fr. 50 pour 100, sur le prix intégral (lois du 21 ventôse an 7, art. 25, et du 16 juin 1824, art. 3). Pour tous les actes sur lesquels le droit proportionnel de transcription a été perçu lors de l'enregistrement, il n'est dû que le *droit fixe* de 1 fr. (Loi du 23 mars 1855). Les actes d'acquisition par l'Etat (décret du 23 brumaire an XII) et ceux d'expropriations pour cause d'utilité publique (loi du 3 mai 1841) sont transcrits *gratis*.

du Code Napoléon relative à la transcription des actes portant donation ou contenant les dispositions à charge de rendre.

Art. 12. Jusqu'à ce qu'une loi spéciale détermine les droits à percevoir, la transcription des actes ou jugements qui n'étaient pas soumis à cette formalité avant la présente loi est faite au droit fixe d'un franc.

(*Voir, pour l'exécution de cette loi, l'Instr. gén.* 2051.)

Afin de prévenir tout retard dans les transcriptions, les conservateurs sont autorisés, sur leur demande, à ouvrir autant de registres que les besoins du service pourront l'exiger. Les demandes d'autorisation sont adressées au directeur. Pour faciliter l'exécution de la loi sur la transcription, le Gouvernement a jugé convenable de diminuer les frais de cette formalité. En conséquence, l'art. 1er du décret du 24 nov. 1855 a réduit de moitié le salaire établi, pour la transcription des actes de mutation, par le décret du 21 sept. 1810 ; cette réduction porte exclusivement sur la moitié attribuée au Trésor par l'ordonnance du 1er mai 1816 ; de sorte que le salaire revenant aux conservateurs des hypothèques reste fixé, comme par le passé, à 70 centimes par rôle de registre, contenant 35 lignes à la page (Instr. n. 2053).

REGISTRES DES FORMALITÉS HYPOTHÉCAIRES.

Les registres d'une conservation d'hypothèques sont ou de *formalité*, ou de *manutention*.

Les registres de *formalité* sont au nombre de cinq, ils sont en papier timbré, cotés et paraphés à chaque page, par première et dernière, par l'un des juges du tribunal dans le ressort duquel le bureau est établi ; ils sont arrêtés chaque jour. Les mentions de dépôt, les inscriptions et transcriptions sont faites sur les registres, de suite, sans blancs ni interligne, à peine d'amende et de dommages et intérêts. (Code Napoléon, art. 2200 à 2203. — Inst. n. 233, 1351, § 17 et 1433.)

Ces registres sont : 1° *Registre de dépôt*, sur lequel le conservateur inscrit, jour par jour, et par ordre numérique, les remises qui lui sont faites d'actes de mutation pour être transcrits, ou de bordereaux pour être inscrits.

On y indique le numéro du bulletin de remise des pièces, les noms et prénoms des requérants, les noms et prénoms des grevés ou vendeurs, le nombre et la nature de pièces, la désignation de la formalité à donner et de la somme portée en l'acte, les numéros et folios du registre où le droit a été porté en recette, et de celui où l'acte a reçu la formalité. (Instr. 276, § 1.)

Une reconnaissance du dépôt est remise à la partie ; cette reconnaissance doit être sur papier timbré. (Art. 2200 C. N.)

C'est sur le registre de dépôt que s'effectue la *recette des droits d'inscription et de transcription* perçus au profit du Trésor.

2° *Registre des inscriptions*, destiné à la copie des bordereaux d'inscription de créances (Code Napoléon, art. 2146 à 2150).

On porte sur ce registre trente-cinq lignes par page et treize syllabes par ligne : les conservateurs doivent se conformer à cette fixation pour le calcul des droits de timbre à rembourser par les parties (instr. 1433).

3° *Registre de transcription*. Il sert à transcrire tous les actes de mutation (Code Napoléon, art. 2181.) — On porte sur ce registre trente-cinq lignes par page et dix-huit syllabes par ligne.

4° *Registre de transcription de saisie*, destiné à transcrire les procès-verbaux de saisie immobilière. (Art. 677 C. proc. civ.)

5° *Registre pour l'enregistrement des originaux de dénonciation de saisie, et de ceux de notification de placards aux créanciers inscrits,* ouvert en vertu des art. 681 et 696 C. proc. civ. Ce dernier registre n'est plus en papier timbré. (Instr. n. 1651.)

Indépendamment de ces registres, il y a encore :

1° Le *registre des salaires* sur lequel les conservateurs devaient porter article par article, jour par jour, et par suite de numéros tous les salaires qu'ils perçoivent. (Inst. n. 494.) Depuis lors, les conservateurs ont été autorisés à ne porter qu'à la fin de chaque mois, en une seule ligne 1° le nombre des articles de dépôt enregistrés pendant le mois et le total des salaires y relatifs ; 2° le nombre des inscriptions faites pendant le mois et le total des salaires y relatifs. (Inst. n. 1433.) Enfin, les salaires des transcriptions sont portés en bloc, à la fin de chaque mois, avec la seule distinction de ceux afférents aux transcriptions d'actes et de ceux relatifs aux transcriptions de saisies. Des émargements renvoient du n° des salaires aux n° et registre de la formalité, et réciproquement. (Inst. n. 1632, 2156. § 4.)

Le registre des salaires est arrêté jour par jour comme les registres de formalité. (Inst. n. 494, et 665.)

2° *Registre du visa pour timbre.* Les conservateurs tiennent un registre de *visa* pour les bordereaux, états et certificats d'inscriptions qui, aux termes des lois et instructions de l'administration, doivent être visés pour valoir timbre. L'usage de ce registre étant restreint au visa des seules pièces ci-dessus, aucun des inconvénients que les arrêtés quotidiens des registres de recette ont pour objet de prévenir ne peut se présenter ; en conséquence, les conservateurs ont

(Voir la loi sur la transcription du 23 mars 1855. Inst. gén. 2051).

(Les art. 28 à 38 sont transitoires.)

39. Il sera placé dans chaque bureau de la conservation des hypothèques un tableau par ordre alphabétique, du nom des communes de l'arrondissement.

La loi du 23 mars 1855 *sur la transcription hypothécaire* a pour objet de consolider le droit de propriété et de rendre publique toute mutation immobilière. La publicité établie par le Code Napoléon restait une garantie presque stérile, parce qu'elle s'arrêtait à l'hypothèque sans remonter au droit de propriété. La transcription n'était obligatoire qu'en matière de donation et de purge ; désormais elle le devient pour tous les actes de nature à déprécier la valeur de l'immeuble ; la loi de 1855 complète la loi de brumaire an VII pour la consolidation de la propriété vis-à-vis des tiers, et donne une sérieuse garantie aux transactions multiples qui ont pour objet les achats d'immeubles et les prêts hypothécaires. Pour l'acte le plus usuel, la vente, par exemple, il suffisait du simple consentement, de la seule volonté des parties, d'une convention verbale, d'un acte sous seing privé ou notarié, pour transférer la propriété ; la connaissance de l'acte ou de la convention étant circonscrite entre les seuls contractants, il n'existait aucun moyen légal et pratique de s'assurer que le droit de propriété résidait toujours dans la personne avec laquelle on avait l'intention de traiter ; de là, mille dangers pour les acquéreurs de bonne foi. Désormais, la transcription de l'acte, facultative pour les parties contractantes, est obligatoire pour les tiers ; c'est-à-dire que *la translation de propriété n'a lieu, à l'égard des tiers, que lorsque l'acte est transcrit sur le registre du conservateur des hypothèques.* Cette mesure constituera des titres réguliers pour les petits propriétaires qui, en l'état actuel, n'en ont pas ou n'en possèdent que d'incomplets et d'obscurs. Le Crédit foncier ne pouvait s'engager, l'usure restait la plaie incurable de nos campagnes ; on pouvait dire qu'en France, quinze fois sur vingt, la prescription était le seul titre de propriété. La loi de 1855 est un remède à cette situation.

Cette loi renferme les dispositions suivantes :

Art. 1er. Sont transcrits au bureau des hypothèques de la situation des biens : 1° tout acte entre vifs translatif de propriété immobilière ou de droits réels susceptibles d'hypothèque ; 2° tout acte portant renonciation à ces mêmes droits ; 3° tout jugement qui déclare l'existence d'une convention verbale de la nature ci-dessus exprimée ; 4° tout jugement d'adjudication autre que celui rendu sur licitation au profit d'un cohéritier ou d'un copartageant.

Art. 2. Sont également transcrits : 1° tout acte constitutif d'antichrèse, de servitude, d'usage et d'habitation ; 2° tout acte portant renonciation à ces mêmes droits ; 3° tout jugement qui en déclare l'existence en vertu d'une convention verbale; 4° les baux d'une durée de plus de dix-huit années ; 5° tout acte ou jugement constatant, même pour bail de moindre durée, quittance ou cession d'une somme équivalente à trois années de loyers ou fermages non échus.

Art. 3. Jusqu'à la transcription, les droits résultant des actes et jugements énoncés aux articles précédents ne peuvent être opposés aux tiers qui ont des droits sur l'immeuble et qui les ont conservés en se conformant aux lois. Les baux qui n'ont point été transcrits ne peuvent jamais leur être opposés pour une durée de plus de dix-huit ans.

Art. 4. Tout jugement prononçant la résolution, nullité ou rescision d'un acte transcrit, doit, dans le mois à dater du jour où il a acquis l'autorité de la chose jugée, être mentionné en marge de la transcription faite sur le registre. L'avoué qui a obtenu ce jugement est tenu, sous peine de 100 francs d'amende, de faire opérer cette mention en remettant un bordereau rédigé et signé par lui au conservateur, qui lui en donne récépissé.

Art. 5. Le conservateur, lorsqu'il en est requis, délivre, sous sa responsabilité, l'état spécial ou général des transcriptions et mentions prescrites par les articles précédents.

Art. 6. A partir de la transcription, les créanciers privilégiés ou ayant hypothèque, aux termes des art. 2123, 2127 et 2128 C. N., ne peuvent prendre utilement inscription sur le précédent propriétaire. Néanmoins, le vendeur ou le copartageant peuvent utilement inscrire les privilèges à eux conférés par les art. 2103 et 2109 C. Nap. dans les quarante-cinq jours de l'acte de vente ou de partage, nonobstant toute transcription d'actes faits dans ce délai. Les art. 834 et 835 C. proc. civ. sont abrogés.

Art. 7. L'action résolutoire établie par l'art. 1654 C. Nap. ne peut être exercée après l'extinction du privilège du vendeur au préjudice des tiers qui ont acquis des droits sur l'immeuble du chef de l'acquéreur, et qui se sont conformés aux lois pour les conserver.

Art. 8. Si la veuve, le mineur devenu majeur, l'interdit relevé de l'interdiction, leurs héritiers ou ayant-cause, n'ont pas pris inscription dans l'année qui suit la dissolution du mariage ou la cessation de la tutelle, leur hypothèque ne date, à l'égard des tiers, que du jour des inscriptions prises ultérieurement.

Art. 9. Dans le cas où les femmes peuvent céder leur hypothèque légale ou y renoncer, cette cession ou cette renonciation doit être faite par acte authentique, et les cessionnaires n'en sont saisis, à l'égard des tiers, que par l'inscription de cette hypothèque prise à leur profit ou par la mention de la subrogation en marge de l'inscription préexistante. Les dates des inscriptions ou mentions déterminent l'ordre dans lequel ceux qui ont obtenu des cessions ou renonciations exercent les droits hypothécaires de la femme.

Art. 10. La présente est exécutoire à partir du 1er janvier 1856.

Art. 11. Les art. 1, 2, 3, 4 et 9 ci-dessus ne sont pas applicables aux actes ayant acquis date certaine et aux jugements rendus avant le 1er janvier 1856. Leur effet est réglé par la législation sous l'empire de laquelle ils sont intervenus. . . . . Il n'est point dérogé aux dispositions

Le *décime* est perçu sur tous les droits d'hypotbèques au profit du Trésor (loi du 6 prairial an 7).

SALAIRES DES CONSERVATEURS.

En leur qualité d'agents de l'Administration et de receveurs des deniers publics, les conservateurs ont droit à des *remises* sur le montant des recettes qu'ils effectuent pour le compte du Trésor; mais l'Etat ne leur alloue aucun traitement pour accomplir les formalités hypothécaires qui constituent leurs principales attributions. La loi leur accorde des indemnités ou *salaires* qui leur sont payés directement par les parties qui ont requis les formalités. Ces salaires sont réglés ainsi qu'il suit :

CERTIFICAT qu'il n'existe aucune inscription, ou qu'un acte n'a pas été transcrit. — *Un franc.*

COPIE collationnée des actes déposés ou transcrits. — *Un franc par rôle (du registre) de 50 lignes à 18 syllabes la ligne.*

DÉCLARATION de changement de domicile ou de subrogation. — *Cinquante centimes.*

DÉPOT. — Enregistrement et reconnaissance de dépôt d'actes pour être transcrits ou de bordereaux pour être inscrits. — *Vingt-cinq centimes.*

EXTRAIT d'inscription. — *Pour chaque inscription, un franc.*

INSCRIPTION. — Pour l'inscription de chaque droit d'hypothèque ou privilège requise par le même bordereau, quel que soit le nombre des créanciers. — *Un franc.*

Inscription d'office. — *Un franc.*

RADIATION d'inscription. — *Un franc.*

SAISIES. — Chaque formalité ou chaque rôle d'écriture. — *Un franc.*

TRANSCRIPTION de chaque acte de mutation. — *Cinquante centimes par rôle du registre, de 25 lignes à la page et 18 syllabes à la ligne.*

FORMALITÉS au profit de l'Etat. — *Gratis.*

(*Voir pour le tarif des salaires les décrets du 21 septembre 1810 et du 24 novembre 1855*).

Le tarif des *salaires* doit être affiché dans l'endroit le plus apparent du bureau. Dans les conservations isolées, les *remises* sont de 2 °/₀ sur les recettes faites pour le compte du Trésor; dans celles réunies à des bureaux le tarif habituel est appliqué. Les remises et les salaires sont soumis à la retenue au profit des pensions civiles.

Le conservateur qui exigerait des salaires plus forts que ceux ci-dessus indiqués, ou en dehors des cas prévus par la loi, serait poursuivi comme concussionnaire. L'application du tarif des salaires donne lieu à des questions délicates (*consulter à ce sujet les Instructions* n°ˢ 1539, 1632, 1654, 1751, etc.). Il est donné quittance de tous salaires perçus; et ils sont exactement portés, au moment de la perception (*sauf les exceptions rappelées plus haut*) au registre spécial.

RESPONSABILITÉ DES CONSERVATEURS.

Les conservateurs sont tenus de se conformer à toutes les dispositions du chap. x du titre 18 du Code Napoléon à peine d'amendes et sauf tous dommages envers les parties lésées. (Code Napoléon, art. 2202).

Ils ne peuvent jamais refuser de donner aux pièces présentées les formalités requises (Code Nap. art. 2199). Les pièces déposées doivent toujours être accompagnées d'un *bulletin de dépôt*, sur timbre, à moins que la formalité ne soit donnée séance tenante. (Instr. nos 1253 et 1487).

Tout individu peut requérir extrait des registres des hypothèques; mais il est interdit aux conservateurs de donner connaissance, soit verbalement, soit par simples notes, du contenu de leurs registres. (Instr. nos 316, § 12, et 1278). Les *réquisitions* doivent être écrites, et ne peuvent être rédigées ni par le conservateur ni par ses commis (Instr. nos 1626 et 1751). Les conservateurs ne doivent jamais délivrer d'extraits; ils sont tenus de donner *copie littérale* et entière des actes transcrits et des bordereaux inscrits. (Code Napoléon, art. 2196. — Instr. no 649).

Responsabilité envers le public. — Les conservateurs des hypothèques sont à la fois comptables envers le Trésor des droits qu'ils sont chargés de percevoir et responsables envers les particuliers de l'exact accomplissement des formalités hypothécaires.

Un cautionnement en numéraire forme la garantie du Trésor; la garantie des particuliers consistait dans un cautionnement en immeubles, conformément aux articles 5 à 11 de la loi du 21 ventôse an VII.

L'affectation, vérifiée par le tribunal de la situation des biens, subsiste pendant dix ans après la cessation des fonctions. La valeur des immeubles à affecter était fixée d'après la population de l'arrondissement : 20,000 fr. pour 20,000 habitants et au-dessous; 30,000 fr. pour 50,000 à 100,000 individus; 40,000 fr. pour 100,000 à 150,000; 50,000 fr. pour 150,000 à 200,000; 100,000 fr. pour chacun des trois conservateurs du département de la Seine. (*Voir les instructions n.* 1382, 1584, 1619, 2125 *et* 2184.)

La loi de finances pour l'exercice 1865 dispose que ces cautionnements en immeubles seront constitués à l'avenir en rentes nominatives 3 0/0 sur l'État.

17

La quotité de ces cautionnements aura pour base la moyenne des salaires des cinq années antérieures à la nomination, en déduisant la plus forte et la plus faible, et en prenant le tiers des autres. Elle sera réglée à chaque mutation, suivant les bases ci-après : 500 fr. de rente pour 2,500 fr. de salaires et au-dessous ; 1,000 fr. de rente pour 2,501 fr. à 5,000 fr. de salaires ; 1,500 fr. de rente pour 5,001 fr. à 10,000 fr. de salaires ; 2,000 fr. de rente pour 10,001 fr. à 20,000 fr. de salaires ; 3,500 fr. de rente pour 20,001 fr. à 30,000 fr. de salaires ; 4,500 fr. de rente pour 30,001 fr. à 40,000 fr. de salaires ; 5,500 fr. de rente pour 40,001 fr. à 60,000 fr. de salaires ; 7,000 fr. de rente pour 60,001 fr. à 100,000 fr. de salaires ; 8,000 fr. de rente pour 100,001 fr. de salaires et au-dessus.

Les conservateurs en exercice et ceux qui ont cessé leurs fonctions depuis moins de dix ans auront la faculté de transformer leur cautionnement actuel en immeubles en un cautionnement en rentes. Les cautionnements pourront être faits en tout ou en partie, au moyen de rentes appartenant à des tiers. Avant de prêter serment, le conservateur déposera au greffe du tribunal civil de l'arrondissement dans lequel il remplira ses fonctions, une expédition de l'acte de cautionnement.

Un décret déterminera les dispositions concernant l'affectation des inscriptions de rentes, leur conservation, leur réalisation partielle ou totale et leur restitution à ceux qui les auront fournies, ainsi que le rétablissement du cautionnement dans son intégralité, s'il y a eu vente totale ou partielle de la rente.

Les conservateurs sont responsables du préjudice résultant : 1° de l'omission, sur leurs registres, des transcriptions d'actes de mutation et des inscriptions requises dans leur bureau ; 2° du défaut de mention dans leurs certificats d'inscriptions existantes, à moins que l'erreur ne provînt de désignations insuffisantes. L'immeuble à l'égard duquel le conservateur aurait omis dans ses certificats une ou plusieurs des charges inscrites, en demeure affranchi dans les mains du nouveau possesseur, pourvu qu'il ait requis le certificat depuis la transcription de son titre ; sans préjudice néanmoins du droit des créanciers, tant que le prix n'a pas été payé, ou l'ordre homologué. (Art. 2197 et suiv. Code Nap.)

Les conservateurs sont aussi responsables de l'absence des inscriptions d'office dans les cas où ils étaient tenus de les prendre ; ils répondent des nullités qui proviennent de leur fait dans les formalités, inscriptions, radiations, transcriptions, etc., etc. Enfin, ils sont garants des omissions ou erreurs dans les états et certificats, même l'erreur provînt-elle d'inexactitude dans le répertoire et la table, sauf leur recours contre celui de leurs prédécesseurs qui a commis la faute.

L'étendue de la garantie est déterminée par le préjudice causé aux tiers. Le conservateur est tenu, non pas seulement dans la limite du montant de son cautionnement, mais *sur tous ses biens*, d'indemniser le créancier de la perte qu'il lui occasionne. Néanmoins, c'est à la partie à établir la réalité du préjudice ; si la créance, abstraction faite de l'erreur du préposé, n'eût pas moins été perdue, soit par suite de la nullité d'un acte ou d'une procédure, soit en raison de l'insolvabilité du débiteur, le conservateur est dégagé de toute responsabilité. (Code Nap., art. 2108.) Dans tous les cas, le conservateur déclaré responsable par un jugement a son recours contre les débiteurs des sommes qu'il est obligé d'acquitter et se trouve subrogé, jusqu'à due concurrence, dans tous les droits et actions des créanciers poursuivants. (Art. 53 de la loi du 11 brumaire an VII.)

Responsabilité envers la direction générale. — Le conservateur, comme employé comptable, est soumis à la même responsabilité que les receveurs de l'enregistrement. Il demeure garant des omissions de droit, des erreurs de calcul, des perceptions irrégulières et insuffisantes, des droits qu'il a laissé prescrire, et des suppléments qu'il n'a point exigés dans le délai utile. Il est assujetti pour ce motif à un cautionnement en numéraire.

Responsabilité pour les erreurs commises par les précédents conservateurs. — Chaque conservateur est responsable, vis-à-vis du public, des erreurs qu'il a commises dans les formalités. Dès lors, celui en exercice n'est garant que des vices qui ont eu lieu pendant sa régie.

Responsabilité des employés chargés de l'interim d'une conservation. — Lorsque le conservateur est remplacé pour cause d'absence ou d'empêchement, il demeure garant de la gestion de l'employé chargé de l'*interim*. (Art. 12 de la loi du 21 ventôse an VII.) Il a toujours son recours contre celui qui l'a remplacé, et peut dès lors obtenir le remboursement des dommages-intérêts auxquels il aurait été condamné envers des tiers ; mais, dans la pratique, il donne *décharge* à l'intérimaire. (Inst. n. 2235.)

Quand l'*interim* résulte de la vacance du bureau par la mort du titulaire ou autrement, le cas de démission excepté, l'employé qui a fait l'*interim* est responsable de sa gestion. (Art. 13 de la même loi.)

Peines indépendantes de ces diverses responsabilités. — Elles sont déterminées par les art. 2201, 2202 et 2203 du Code Napoléon. (*Voir le tarif des droits et amendes.*)

Aux règles ci-dessus sur la responsabilité des conservateurs nous croyons devoir ajouter le passage suivant, extrait de l'Instruction 1537 :

« Lorsqu'il s'engage des contestations entre les conservateurs des hypothèques et les parties sur l'exécution des formalités hypothécaires, le conservateur, à raison de sa responsabilité, stipule pour son propre compte. Dès lors, il doit plaider par le ministère d'un avoué et suivre les formes de la procédure ordinaire. Spécialement, lorsque le conservateur est assigné pour voir ordonner une radiation d'inscription qu'il a refusé d'opérer, il doit se défendre suivant le mode ordinaire de procédure. Mais si les conservateurs interviennent ou sont assignés sur des faits relatifs à la perception des droits établis pour les formalités hypothécaires, comme alors ils agissent pour le compte et dans l'intérêt du Trésor, l'instruction de l'instance se fait par simples mémoires, conformément à l'art. 65 de la loi du 22 frimaire an 7.

« Ceux qui exercent une action en responsabilité contre les héritiers d'un conservateur doivent les assigner au bureau même où celui-ci exerçait ses fonctions, et qui, aux termes de l'art. 9 de la loi du 21 ventôse an 9, est son domicile de droit tant que dure la responsabilité. »

§ 4. — *Code Napoléon.*

Livre III : Titre V. Du contrat de mariage. — Titre VI. De la vente. — Titre VII. De l'échange. — Titre VIII. Du contrat de louage. — Titre XVIII. Des priviléges et hypothèques.

En désignant des titres particuliers des divers Codes pour faire partie du programme des examens, l'administration n'a pas eu l'intention de restreindre à ces matières spéciales les études des surnuméraires, et les comités tiendront compte de tout ce qui aura été fait en dehors.
(Voir, pour les divers Codes, le questionnaire détaillé placé à la fin du chapitre III, à l'art. 4 et celui qui se trouve à la fin de la première partie du Manuel.)

§ 5. — *Code de procédure civile.*

1re partie. — Livre V. De l'exécution des jugements.

Code de procédure civile modifié. — Lois des 3 mai et 2 juin 1862, abrégeant les délais d'appel, de requête civile et de pourvoi en cassation. (Inst. n. 2222.)

§ 6. — *Code de commerce.*

Livre I. Titre III. Des sociétés. — Titre VIII. De la lettre de change et du billet à ordre.

§ 7. — *Code forestier.*

Titre I. Du régime forestier. — Titre III. Des bois et forêts qui font partie du domaine de l'État. — Titre XIII. De l'exécution des jugements.

Loi du 18 juin 1859, et décret du 21 décembre suivant modifiant le Code forestier.

Transactions sur délits (Instr. n° 2168).

Prestations en nature des délinquants insolvables (Instr. n° 2215).

§ 8. — *Domaine.*

Notions historiques; définitions. — Lois principales en matière domaniale· — Biens affectés à un service public. — Vente des biens de l'Etat. — Baux et locations des biens de l'Etat. — Vente d'effets mobiliers appartenant à l'Etat. — Recouvrements. — Poursuites et instances. — Affectations et droits d'usage dans les forêts de l'Etat. — Successions dévolues à l'Etat en qualité de successeur irrégulier ; successions vacantes et en deshérence. — Epaves. — Sequestre. — Contumaces.

La partie domaniale est la plus vaste et la plus compliquée des attributions de l'administration de l'enregistrement. La multiplicité des lois sur la matière, la nécessité de se pénétrer de la législation ancienne et des coutumes locales, les difficultés de surveillance et d'administration des biens formant le domaine de l'État, les intérêts de toute nature qui s'y rattachent, tout contribue à rendre cette branche des services publics aussi importante que difficile. Nous regrettons que les bornes de cet ouvrage nous contraignent à ne donner ici qu'un aperçu très succinct de ce qui demanderait des volumes de développements.

NOTIONS HISTORIQUES. — DÉFINITIONS.

On entend par *domaine* un fonds, un héritage ; mais ce mot, pris dans son acception rigoureuse, signifie *propriété* d'une chose. (*Voir* Proudhon, *Traité du Domaine public.*)

Le domaine, considéré dans cette acception, est un droit qui dérive tout à la fois du droit naturel, du droit des gens et du droit civil, ces trois sortes de droit ayant établi chacun diverses manières d'acquérir le *domaine* ou la *propriété* d'une chose.

Sous les lois féodales, l'on distinguait le domaine *direct* du domaine *utile.* Le domaine *direct* était un droit de supériorité sur un fonds, mais qui n'en donnait pas la jouissance ; une sorte de propriété honorifique telle que celle que les seigneurs hauts-justiciers féodaux ou directs avaient sur les héritages dépendant de leurs justices aliénés à titre d'inféodation, d'emphytéose ou autrement. Le domaine *utile* était celui dont on avait la jouissance. Ainsi le domaine direct et le domaine utile d'un même bien pouvaient appartenir à deux personnes différentes.

On distinguait encore : Le domaine *corporel,* composé de tout ce qui, ayant une existence réelle, pouvait tomber sous les sens : les terres, bois, fleuves, etc.; le domaine *incorporel*, consistant en divers droits, tels que ceux de rendre la justice, de battre monnaie, etc.; le domaine *muable*, tout ce qui consistait en biens et droits qui s'affermaient et dont le produit pouvait varier, tels que les droits de greffe, sceaux, tabellionage, etc.; le domaine *immuable*, celui dont le produit ne variait pas, comme les cens, rentes, etc.; le domaine *fixe* comprenait tout ce qui faisait l'objet de baux à ferme de terres, bâtiments, etc.; le domaine *casuel*, ce qui provenait de conquêtes, confiscations, etc.; enfin il y avait l'*ancien* et le *nouveau* domaine, les *grands* et les *petits* domaines, etc., etc.

Pour bien connaître l'origine et les progrès du domaine de l'État, il faut distinguer trois époques :

La première, antérieure à l'établissement des Franks dans les Gaules. Alors il n'existait pas de propriété privée; les vainqueurs ne reconnaissaient qu'une jouissance dans les mains des cultivateurs. Tout fonds de terre était supposé appartenir à l'État, soit comme domaine utile, soit comme domaine direct, c'est-à-dire que l'État était véritablement possesseur des uns et qu'il prélevait sur les autres des droits personnels et réels qui, dans le système féodal apporté de la Germanie, ont été appelés domaines directs. Il en était fait chaque année une nouvelle distribution par communautés et par familles, proportionnée au nombre de bras qu'elles pouvaient employer; chaque particulier avait sa part, suivant son rang et sa condition. (Voir, pour les deux premières périodes, Guizot, *De la Civilisation en Europe;* — Michelet, *Histoire de France;* — Augustin et Amédée Thierry, *Récits mérovingiens* et divers travaux.)

La seconde époque date de l'origine de la monarchie en France. On divisa les terres entre les habitants; à la réserve de quelques portions qui furent attribuées aux communes pour en jouir en commun, et c'est ainsi que la propriété patrimoniale fut consacrée. Dans ce partage, on assigna au prince une portion considérable, comme patrimoine sacré et inviolable, pour soutenir sa dignité et satisfaire aux charges de l'État. Les rois vécurent des revenus de ces domaines jusqu'à l'établissement des impôts; ils étaient alors les maîtres de les inféoder à temps ou à vie, même pour toujours, ce qui n'opérait pas une distraction véritable du domaine. Par la nature des fiefs, le *domaine direct* demeurait toujours dans les mains du roi, et le *domaine utile*, devenant le prix ou la récompense des services de fiefs, se trouvait employé d'une manière avantageuse, utile à l'État. L'investiture et les droits dus aux mutations équivalaient d'ailleurs à la faculté de rachat perpétuel.

La troisième époque doit être fixée à 1566, sous Charles IX. Alors, en effet, avec les inféodations cessèrent les dons à perpétuité des terres et droits faisant partie du domaine de l'Etat. Ce n'est pas que, longtemps avant, le principe de l'inaliénabilité du domaine n'eût été consacré; mais jusque-là les lois n'avaient pas établi d'une manière assez précise ce qu'était le domaine de la couronne. Ce prince rendit, au sujet du domaine, une ordonnance demeurée célèbre. Entre autres dispositions, cette ordonnance porte que le domaine de la couronne ne pourra être aliéné que dans deux cas: pour apanage des puînés des rois de France, pour les nécessités de la guerre; et que, dans ce dernier cas, il devra être expédié, pour l'aliénation, des lettres-patentes vérifiées par les parlements, avec faculté de rachat perpétuel.

Les troubles qui agitèrent les règnes de Charles IX et de Henri III, et la mort prématurée de Henri IV, empêchèrent de donner suite à cette ordonnance; mais elle n'en a pas moins fixé le principe de *l'inaliénabilité*, qui depuis fut une maxime fondamentale de la monarchie, que les rois de France, lors de leur sacre, juraient de maintenir. Le dessein de réunir au domaine les biens qui en avaient été séparés fut repris sous Louis XIV; et, en 1666, des arrêts du conseil ordonnèrent que les possesseurs et *engagistes* de propriétés dépendant du domaine représentassent les titres en vertu desquels ils détenaient, ainsi que les quittances des finances qu'ils avaient payées pour en être mis en jouissance, afin qu'il fût, sur le vu de ces pièces, pourvu à leur remboursement. Cet arrêt et d'autres édits dans le même but ne furent mis à exécution que d'une manière incomplète.

Sous Louis XV, l'état des finances ne permit point de songer à une réunion dont la première condition eût été un remboursement que l'on était hors d'état d'effectuer. On pensa donc à prendre une voie tout opposée, celle d'*engager* les biens du domaine à de nouveaux concessionnaires qui rembourseraient les finances dues aux anciens, et feraient en outre une certaine rente à l'Etat. Ces diverses propriétés prirent le nom de *domaines engagés*.

La loi du 1er décembre 1790 décréta le principe que le domaine de l'Etat pouvait être aliéné en vertu d'un acte de la puissance législative, et opéra par cette mesure une grande révolution dans la législation du domaine de l'Etat. Mais en même temps elle disposa que les engagistes dont les contrats étaient postérieurs à l'édit de Charles IX en 1566 seraient soumis au rachat perpétuel. Les *domaines engagés* ont été depuis l'objet de plusieurs dispositions législatives qui n'ont point amené une solution définitive. Toutefois la loi du 14 ventôse an 7, espèce de transaction entre les engagistes et l'Etat, est encore aujourd'hui la loi vivante en matière de domaines engagés.

En l'état actuel, on distingue : 1° Le *domaine de la couronne*, qui n'est que la portion du domaine public qui fait partie de la *liste civile*, et dont les *revenus* se versent au Trésor de la couronne elle-même. La liste civile de l'Empereur est fixée, pour toute la durée du règne, à vingt-cinq millions. Ce chiffre, depuis Louis XVI, est en quelque sorte consacré par la tradition. La dotation immo-bilière comprend les palais, les châteaux, les bois, etc.; la dotation mobilière, les diamants de la couronne, les musées, le mobilier des palais, etc., etc.

Les biens qui composent le domaine de la couronne sont inalié-nables et imprescriptibles; ils ne peuvent être échangés que par une loi; ils sont affranchis de l'impôt ; leurs baux n'excèdent pas 18 an-nées. Les forêts sont soumises aux dispositions du Code forestier (Sénatus-consulte du 17 décembre 1852).

2° *Domaine privé.* — Le chef de l'Etat a un domaine privé, prove-nant soit de donations, soit de successions, soit d'acquisitions, le tout conformément aux règles du droit civil. Le domaine privé sup-porte toutes les charges de la propriété, toutes les contributions et charges publiques, dans la même proportion que les biens des par-ticuliers (Sénatus-consulte du 17 déc. 1852). Les biens particuliers des princes qui parviennent à la couronne sont de plein droit, et à l'instant même, réunis au domaine de l'Etat à perpétuité. (*Exposé des motifs* du Décret du 27 janvier 1852.)

3° *Domaine extraordinaire.* — Ce domaine avait été créé par le sé-natus-consulte du 30 janvier 1810, 1° pour subvenir aux dépenses extraordinaires des armées; 2° pour récompenser les soldats et les grands services civils et militaires rendus à l'Etat; 3° pour élever des monuments, faire faire des travaux publics, encou-rager les arts et ajouter à la splendeur de l'empire. Il se composait des domaines et biens mobiliers et immobiliers que le chef de l'Etat, exerçant le droit de paix et de guerre, acquérait par des conquêtes ou des traités.

4° Le *domaine* proprement dit, qui se partage en *domaine de l'Etat* et *domaine public*. Le premier peut être aliéné en se conformant aux lois établies; mais le *domaine public* a été solennellement déclaré non susceptible de propriété privée, et essentiellement inaliénable.

Le *domaine de l'Etat* ou *domaine aliénable*, qui peut être considéré comme un fonds commun, administré dans l'intérêt général de la société, se compose des biens advenus au domaine depuis la publi-cation du Code civil, ou qui lui surviendront par déshérence, acqui-sition ou autrement, des biens vacants ou sans maîtres, de ceux des personnes qui décèdent sans héritiers, ou dont les successions sont abandonnées, etc.; des îles et atterrissements dans les fleuves et rivières navigables ou flottables. — C'est le seul auquel puissent s'appliquer les principes de la prescription (Loi du 1ᵉʳ décembre 1790).

Le *domaine public* se compose des chemins, routes et rues à la charge de l'Etat; des fleuves et rivières navigables ou flottables ; des rivages, lais et relais de la mer ; des ports, havres et rades ; des portes, murs, fossés et remparts des places de guerre, en un mot de toutes les parties du territoire français qui ne sont pas susceptibles d'une propriété privée (Loi de 1790, art. 2 ; C. Nap., art. 538).

Le *domaine inaliénable*, ou domaine public, embrasse, en un mot, tous les fonds qui, sans appartenir spécialement à personne, ont été civilement consacrés au service de la société. Ces biens ne se prescrivent jamais (C. Nap., art. 2226). L'administration des domaines n'a dans ses attributions que ceux de ces biens qui restent aux mains de l'Etat, qui sont *susceptibles d'être aliénés*, et ne sont pas, par conséquent, affectés à des établissements publics (Instr. 614). De ces distinctions il résulte qu'un domaine de l'Etat peut, par sa destination, devenir domaine public, et par conséquent inaliénable : ainsi un domaine de l'Etat mis à la disposition de l'administration des ponts et chaussées pour être employé à une route, tombe par là dans le domaine public.

LOIS PRINCIPALES EN MATIÈRE DOMANIALE.

Les domaines de l'Etat ou *domaines nationaux* ont été régis par un grand nombre de lois : il serait difficile, inutile même, de les rappeler toutes. « En cette matière, dit M. Dalloz, les lois passent avec les circonstances qui les ont fait naître ; l'œuvre de la veille est détruite par le travail du lendemain. » Toutefois, voici quelques-unes des plus essentielles :

4 novembre 1789. — Sécularisation des biens du clergé.

23 octobre et 5 novembre 1790. — Vente et administration des biens nationaux. *Cette loi, en cinq titres, est l'une des plus importantes, et de celles dont les dispositions, notamment l'art. 15, titre III, sont le plus souvent invoquées.*

1ᵉʳ décembre 1790. — Loi qui autorise, dans certains cas, l'aliénation des biens de l'Etat.

2 septembre 1792. — Confiscation des biens des émigrés.

20 mars 1793. — Réunion au domaine de l'Etat des propriétés de toute nature appartenant aux communes et hospices. — *Les biens non aliénés ont été restitués aux communes par la loi du 28 avril 1816, art. 15.*

14 ventôse an VII. — Loi relative aux détenteurs des domaines engagés.

28 pluviôse an VII. — Division du territoire et organisation administrative.

46 floréal an X et 5 ventôse an XIII. — Lois réglant le mode d'aliénation des biens de l'Etat.

27 avril 1825. — Loi accordant un milliard d'indemnité aux émigrés.

12 décembre 1827. — Ordonnance réglant l'échange des biens de l'Etat.

20 mai 1836. — Loi sur les concessions de domaines usurpés.

3 mai 1841. — Loi sur l'expropriation pour cause d'utilité publique.

27 janvier 1852. — Décrets de restitution à l'Etat des biens de la famille d'Orléans.

(*Voir les nombreuses instructions de l'Administration sur cette matière*).

BIENS AFFECTÉS A UN SERVICE PUBLIC.

L'Etat possède un grand nombre d'immeubles destinés au service des administrations publiques qui dépendent des divers ministères, et construits ou achetés à cette intention. C'est ce qu'on appelle les *biens affectés à un service public*. De ce nombre sont les églises cathédrales, les palais épiscopaux (ministère des cultes); les casernes, arsenaux, forts et ouvrages de défense des places de guerre (ministère de la guerre); haras, établissements thermaux, bergeries (ministère de l'agriculture et du commerce), etc., etc.

La loi du 9 juillet 1833 a prescrit l'établissement d'un tableau ou *inventaire général des propriétés immobilières de l'Etat* qui se compose : 1º des immeubles affectés à un service public; 2º des immeubles non affectés; 3º des biens régis par l'Etat, mais dont la propriété ne lui est pas irrévocablement acquise. Ce tableau est modifié chaque année en raison des changements survenus. Des *sommiers de consistance* sont tenus dans chaque département par les directeurs et receveurs des domaines pour constater la nature, la valeur, l'affectation des propriétés de l'Etat, et faciliter la surveillance et la défense de ces biens (Instr. nº 1509).

VENTE DES BIENS DE L'ÉTAT.

A l'exception des dépendances du domaine public servant à l'usage général et dès lors inaliénables, des forêts et des biens affectés à un service public, les propriétés immobilières de l'Etat doivent être vendues. Il est, en effet, de l'intérêt du Trésor de ne pas conserver, sauf dans certains cas particuliers, des immeubles sur lesquels l'Etat ne perçoit aucun impôt, souvent improductifs ou d'une gestion difficile, et qui quelquefois exigent des frais d'entretien.

Les aliénations des biens de l'Etat ont été l'objet d'une multitude de lois qui ont déterminé : 1º les biens aliénables; 2º les biens inaliénables; 3º les incapacités d'acquérir; 4º le mode des ventes et adjudications; 5º les formalités particulières à remplir pour les aliénations des lais et relais de mer, îles et îlots ; 6° les conséquences des ventes et le mode des payements ; 7° les déchéances pour défaut de payement.

Les ventes d'immeubles appartenant à l'Etat ont lieu *aux enchères publiques*, après affiches et publications.

Aussitôt qu'un immeuble est devenu inutile au service auquel il était affecté, la remise en est faite à l'administration des domaines, qui propose au ministre les moyens d'en disposer de la manière la plus convenable. Dans le cas où l'aliénation de l'immeuble est autorisée, l'administration fait toutes les dispositions relatives à la vente. Ces diverses opérations rentrent plus spécialement, par leur importance, dans les attributions des directeurs. C'est au préfet que le directeur des domaines doit s'adresser pour provoquer la vente des biens de l'Etat (Circ. 1814).

Avant toute vente, il est procédé à l'évaluation des biens par des experts que nomme le préfet du département sur la présentation du directeur. Après l'*expertise*, vient la rédaction du *cahier des charges* ; l'instr. n° 1860 règle les conditions générales de toutes les ventes ; si quelque modification est nécessaire, elle ne peut être autorisée que par le ministre des Finances ; les clauses particulières sont réglées d'accord entre les préfets et les directeurs. La vente ne peut avoir lieu que 15 jours, au moins, après la *publication d'affiches*, faisant connaître la nature et l'origine de l'immeuble, le prix, les principales conditions du cahier des charges, la date, l'heure et le lieu de l'adjudication. *La vente a lieu aux enchères et à l'extinction des feux,* devant le préfet ou son délégué et toujours avec le concours et en présence du directeur des domaines ou de son délégué (Instr. n°s 1552, 1860 et 1885).

Les frais de vente sont à la charge de l'Etat, sauf pour les droits de timbre et d'enregistrement qui restent à la charge des adjudicataires. Si le prix de la vente n'excède pas 100 fr., il est payable dans le mois de l'adjudication ; s'il excède 100 fr. il est payable par cinquième dans le délai de quatre ans et un mois avec intérêt de 5 % (Instr. n°s 2004 et 2109).

Les aliénations des lais et relais de mer, îles et îlots, sont assujetties à une enquête préalable *de commodo et incommodo*, et à des formalités particulières (Instr. 1175). Les biens de l'Etat sont, comme les propriétés particulières, susceptibles d'être aliénés, pour cause d'utilité publique (Instr. 379). Les administrateurs des biens nationaux dont les ventes se font par leur ministère ne peuvent se rendre adjudicataires (art. 1596 C. Nap.).

Les règles de *déchéance* pour cause de non-payement des prix de vente par les acquéreurs et les formes à suivre pour la faire prononcer ont été tracées par les Instr. 615, 674, 791 et 1860.

L'*inscription du privilége de l'Etat* doit toujours être prise dans les quarante-cinq jours de la vente, sauf le cas où l'acquéreur aurait payé comptant le total du prix, et celui où le prix est inférieur à 100 fr. L'inscription sera prise par le receveur des domaines aux frais de l'adjudicataire (Inst. 2016 et 2056).

Des lois spéciales ont autorisé par exception, pour certaines parties du domaine de l'Etat, un autre mode d'aliénation que celui des enchères, celui par voie de *concession sur estimation à l'amiable*.

Ainsi, des *cessions de terrains retranchés de la voie publique par suite d'alignement* (routes, canaux, etc.) peuvent être faites d'abord aux *anciens propriétaires expropriés* qui ont un privilége (Instr. nᵒˢ 1484 et 2164); à défaut de l'exercice de ce privilége, aux *propriétaires riverains* qui ont un droit de préférence (Instr. nᵒˢ 1497 et 1846); ou à défaut de ces derniers, aux *propriétaires* des terrains sur lesquels les portions de routes neuves doivent être exécutées (Instr. nᵒ 1541); si aucune de ces trois combinaisons ne peut avoir lieu, la vente se fait aux enchères publiques.

Au préalable, la *remise des terrains* est faite à l'administration des domaines par le service des ponts et chaussées (Instr. nᵒ 1795); les ayant-droit sont *mis en demeure* par des affiches de réclamer l'exercice de leur privilége dans le délai légal (art. 60 et 61 de la loi du 3 mai 1841); et la *cession* se réalise dans la forme des actes administratifs (Instr. nᵒˢ 1676, 1846, 1858 et 1922). Le *payement du prix*, quelle qu'en soit l'importance, doit être effectué dans le mois de la date de l'acte de cession, sous peine de déchéance. (Inst. nᵒ 2182.)

Les *échanges d'immeubles entre l'Etat et les particuliers* ne peuvent être réalisés qu'en vertu d'une loi. (Ordonnance du 12 décembre 1827. — Instr. nᵒ 1233.)

Les *domaines usurpés* peuvent être concédés aux *détenteurs*, au moyen de soumission et d'expertise. (Loi du 20 mai 1836. Instr. nᵒˢ 1553, 1787 et 1922.)

L'aliénation des *bois de l'État* est réglementée par le décret du 27 mars 1852. (Instr. nᵒˢ 1944 et 1965.)

BAUX ET LOCATIONS DES BIENS DE L'ÉTAT.

L'administration est chargée de la régie des biens de l'Etat, *non affectés à un service public*. A l'exception des forêts (*exploitées directement par une administration spéciale*), les propriétés de l'Etat qui ne peuvent ou ne doivent pas être vendues sont affermées à prix d'argent. Ce n'est que dans le cas où il serait impossible de donner à bail qu'on en adjuge les produits à chaque récolte.

Les receveurs des domaines sont chargés de provoquer la location des propriétés de l'Etat, aussitôt qu'elles sont libres, et de faire renouveler les baux avant l'échéance. Ils sont personnellement responsables de toute négligence.

Le receveur de la situation des biens rédige un projet de *cahier des charges* énonçant les conditions de la location, le mode d'adjudication, le taux des enchères, la durée et le prix du bail, les termes de payement, les clauses particulières de garanties, de réparation, etc. Ce projet, approuvé par le directeur, est définitivement arrêté par le Préfet, qui fixe le lieu et l'heure de l'adjudication. Ce document est déposé à la mairie pour que les intéressés puissent en prendre communication.

L'adjudication est annoncée, un mois d'avance, par des *publications*, de dimanche en dimanche, et des *affiches*, de quinzaine en quinzaine. Il est ensuite procédé à *l'adjudication aux enchères publiques*, en présence du receveur, devant le Préfet ou le Sous-Préfet, et même devant le Maire, si le revenu de l'immeuble n'excède pas 500 fr. et que le bien à affermer soit à plus de deux myriamètres du chef-lieu d'arrondissement. Le procès-verbal d'adjudication est transmis de suite, avec les pièces justificatives, à la direction. L'Instr. 1922 autorise dans certains cas, avec ou sans approbation du ministre, suivant que le prix annuel excède ou non 500 francs, la *location amiable des biens de l'Etat.*

Les baux courants doivent être renouvelés, dans les campagnes un an, et dans les villes six mois, avant leur expiration. Si le fermier demande une continuation de jouissance de l'année après l'expiration de son bail, et que le délai soit urgent, ou que d'autres circonstances obligent à affermer sur estimation, il faut que cette estimation soit faite par expert, aux frais du demandeur, et qu'elle présente le même prix de loyer qu'on pouvait espérer des enchères. (*Voir les Circulaires, n.* 157, 1814, 1923 et 2040 ; *les Instr. n.* 614, 1358 et 1509. — Marine, Inst. n. 991.)

La loi de 1791 concernant le classement des places de guerre et la police des fortifications réglait que les *baux de terrains et de bâtiments dépendant du domaine militaire* seraient passés aux enchères, par l'autorité militaire. Depuis 1852, ces baux et locations sont passés en présence des receveurs des domaines qui demeurent chargés du recouvrement des loyers. (Instr. 1943.) En règle générale, les bâtiments, terrains, etc., momentanément inutiles au service auquel ils sont affectés, sont affermés par les soins des agents de ce service, et les receveurs des domaines font recette des produits.

VENTE D'EFFETS MOBILIERS APPARTENANT A L'ÉTAT.

Les préposés des domaines ont *exclusivement le droit de procéder aux ventes du mobilier de l'État*, en présence de l'autorité municipale, sans que l'absence de cette autorité puisse retarder ni empêcher la vente. Toutefois les commissaires-priseurs du département de la Seine doivent être considérés comme remplaçant les préposés de l'administration des domaines lorsqu'il s'agit de meubles provenant de successions vacantes. Dans les départements où il faudrait employer le ministère des commissaires-priseurs, l'autorisation en serait demandée à l'administration.

Le directeur prie le préfet de fixer par un arrêté le jour de la vente : il donne ensuite les instructions nécessaires au receveur, qui procède au récolement de l'inventaire, en présence du délégué de l'autorité, et en rédige le procès-verbal. Jusqu'au jour de la vente les effets restent sous la garde de celui qui en est dépositaire, et qui signe le procès-verbal de récolement.

Le receveur fait annoncer la vente par des affiches, au moins trois jours d'avance : ces affiches indiquent le lieu et le jour où les ventes s'opèreront, et la nature des meubles qu'elles ont pour objet. Le receveur met lui-même les effets à l'enchère, en prononce l'adjudication et rédige le procès-verbal de vente ; en cas d'absence du maire, il en est fait mention.

Pour la vente des meubles dont l'estimation ou la première enchère dépasserait 100 fr., il sera allumé des feux, et la délivrance n'en sera faite qu'à l'extinction du dernier feu sans enchères. Le procès-verbal d'adjudication fera mention expresse du nombre de feux successivement allumés, et indiquera les noms, prénoms, professions et domiciles des adjudicataires, ainsi que les quantité et nature des effets délivrés à chacun d'eux. Il convient de multiplier les lots autant que possible, et aucun objet ne doit être délivré si le prix de l'enchère n'est au moins égal à celui porté dans l'estimation. Il est alloué aux receveurs, pour les ventes auxquelles ils procèdent, les frais du crieur et des hommes de peine, ainsi que les frais d'expertise, d'impression et d'apposition d'affiches. (Circ. R. 1220; Instr. n. 623, 1479 et 1358.)

Il est payé 5 p. 100, en sus du prix de vente, par les adjudicataires d'objets mobiliers appartenant à l'État, pour tenir lieu, jusqu'à concurrence, des droits de timbre et d'enregistrement (Instr. nº 2066 et 2202).

Les expéditions des procès-verbaux délivrées à des fonctionnaires publics sont, comme les affiches, exemptes du timbre. Un double, sur papier libre, du procès-verbal, est adressé à la direction par le receveur, avec une copie de l'enregistrement en recette. Cette recette ne doit comprendre que le montant net de la vente.

Les diverses dispositions ci-dessus sont applicables aux *objets hors de service des administrations* des contributions indirectes, des douanes, des forêts, des monnaies et des postes. En conséquence, la vente des effets que ces administrations reconnaîtront dans le cas d'être vendus devra être faite devant les préfets ou leurs délégués, en présence des préposés de l'enregistrement, qui seront chargés de faire la recette du prix de la vente (Circ. R. 1220; Inst. n°s 1279, 1499, 1785, 1914, 1970 et 2066.)

Devront également être vendus par l'entremise des employés des domaines :

1° *Les effets déposés dans les greffes* (Ord. 22 fév. 1829), *les armes saisies, effets des prisonniers, métaux précieux.* Les receveurs des domaines font recette du produit de ces ventes ; le prix en est porté sur les bordereaux, au chapitre *Correspondants du Trésor*, article *Caisse des dépôts et consignations* et versé à cette Caisse, qui, s'il y a lieu, en ordonne la restitution aux ayant-droit (Inst. n°s 1275, 1375, 1788, 1914, 2045 et 2154.)

2° *Le mobilier militaire.* Le produit *brut* de chaque vente de chevaux de réforme, ou d'objets mobiliers ou immobiliers provenant du matériel de la guerre, sera versé dans les caisses de l'administration des domaines, qui demeurera chargée de payer les frais de toute nature occasionnés par lesdites ventes. Ces frais, y compris les droits de timbre et d'enregistrement, seront portés à l'article *Frais d'estimation, d'affiches et de vente du mobilier et des domaines de l'État* (Inst. n°s 1153, 1479, 1970, 2143 et 2172.)

Pour éviter tout retard et quelquefois des dépenses inutiles, ainsi en fourrages s'il s'agit de chevaux, les receveurs des domaines procéderont, sur la seule réquisition des sous-intendants militaires, et sans attendre l'autorisation du préfet et du directeur, aux ventes de chevaux réformés aussitôt après l'expiration du délai nécessaire pour les affiches et publications prescrites. Les receveurs auront soin de rendre compte de leurs opérations au directeur.

Dans certains cas (*issues et résidus des établissements militaires*) les ventes peuvent être consenties de gré à gré (Inst. 2143) lorsqu'il y a impossibilité de les faire aux enchères.

3° *Mobilier de la marine.* Aucune vente provenant du matériel de la *marine* ne peut avoir lieu sans le concours des agents des domaines (Inst. 1835).

4° *Animaux en fourrière* non réclamés dans le délai de huit jours, sont vendus par les receveurs des domaines (Inst. n° 534).

5° *Mobilier des départements*. L'administration n'a plus à intervenir (Inst. n° 2199), sauf en ce qui concerne l'exécution de l'Inst. n° 1499 relative aux vieux papiers et registres déposés par les agents des finances dans les archives des préfectures et sous-préfectures et dont le produit appartient à l'Etat.

6° *Coupes de bois des communes et établissements publics*. Les receveurs sont dispensés par l'Inst. 2216 d'assister aux ventes de ces coupes (Inst. n° 1738, 2103).

7° Le recouvrement des fermages de la pêche et de la chasse sur les cours d'eau, des redevances pour permissions d'usines, etc. a été attribué à l'administration des contributions indirectes qui percevait déjà les produits de même nature sur les canaux (Décret du 20 avril 1862 sur la pêche fluviale. — Inst. n° 2249).

8° *Ponts et chaussées* (Instr. n°s 1109 et 1225).

9° *Objets provenant d'épaves, déshérence, etc.*, qui tous sont considérés comme mobilier de l'Etat (Instr. 493).

Indépendamment des produits ci-dessus, les préposés des domaines sont chargés de procéder à la vente des divers objets provenant :

1° Des bergeries impériales ;

2° Des écoles des arts et métiers ;

3° Des écoles vétérinaires ;

4° Des établissements thermaux ;

5° Des haras et dépôts d'étalons (Instr. n°s 2217, 2221).

Les règles relatives à ces divers établissements ont été tracées par décision ministérielle du 28 novembre 1837 (Instr. 1567).

Enfin, les receveurs des domaines sont chargés de la recette des sommes dues à l'Etat, à titre d'indemnité ou autrement, par les détenteurs de *chevaux et de mulets provenant du service militaire, et mis en dépôt chez les cultivateurs*. Les instances seront suivies par l'administration de la guerre (Instr. 2172, 2249).

INVENTAIRES ET RÉCOLEMENTS.

Il est fait des *inventaires du mobilier fourni* soit par l'Etat, soit par les départements, *à des fonctionnaires publics* (Loi du 26 juillet 1829; Règlement du 31 mai 1838).

Les préposés de l'administration des domaines sont chargés de procéder au *récolement* de ces inventaires : 1° après l'achèvement de l'inventaire ; 2° à la fin de chaque année ; 3° à chaque mutation de fonctionnaire responsable ; 4° (en ce qui concerne les préfectures) pendant la session du conseil général.

Les agents des domaines assistent à l'opération ; ils ne prennent point de part à la rédaction des inventaires ; ils se bornent à constater les acquisitions, les réformes, les pertes, les soustractions, les modifications de toute nature dans la valeur du mobilier (Instr. gén. 1308, 1334, 1390, 1642, 1715, 1939 et 1985).

Les préposés restent étrangers, depuis le décret du 20 juillet 1853, au récolement du mobilier des Cours et Tribunaux (Instr. 1985).

POURSUITES ET INSTANCES EN MATIÈRE DOMANIALE.

Les instances en matière domaniale peuvent appartenir, suivant le cas, à la *compétence administrative* ou à la *compétence judiciaire*.

Ainsi, les conseils de préfecture prononcent sur le *contentieux des domaines*, avec recours au conseil d'Etat, lorsqu'il s'agit d'interpréter les clauses d'un cahier des charges ou d'un procès-verbal d'adjudication, de liquider des fermages, etc. (Loi du 28 pluviôse an 8).

Les difficultés domaniales sont au contraire du ressort de l'autorité judiciaire s'il s'agit des droits et revenus domaniaux, de prix de vente, et de questions de propriété (Lois des 5 novembre 1790, 25 mars 1791 et 27 ventôse an 9).

Les conflits d'attribution sont règlementés par l'ordonnance du 1er juin 1828 (Instr. n° 1252).

Ces distinctions établies, nous nous occuperons spécialement des instances judiciaires.

1° Droits et revenus.

Les *contraintes en matière domaniale sont décernées exclusivement par le directeur* du département, *et rendues exécutoires*, à peine de nullité, par le président du tribunal de l'arrondissement où sont situés les biens et les créances, *s'il s'agit de droits et revenus*, et par le préfet, s'il s'agit *de prix de vente de domaines ou de reliquats de décompte*. Les instances de l'espèce sont suivies directement par l'administration des domaines, agissant en son nom et sans le concours des préfets.

La procédure est la même qu'en matière d'enregistrement, c'est-à-dire que l'on instruit sur simples mémoires respectivement signifiés, sans plaidoierie, sans constitution d'avoué, sauf cette différence que l'action subit deux degrés de juridiction. L'instance en appel est suivie comme en première instance (Instr. n°s 606, § 1, et 1459).

2° Questions de propriété.

Les actions en justice sur les questions de propriété qui intéressent le domaine de l'Etat sont exercées, en demande et en défense, par les préfets, mais *avec le concours direct de l'administration des domaines dans les divers actes de procédure* (art. 69 du Code de procédure civile ; loi du 12 septembre 1791).

Au préalable, un *mémoire énonciatif de la demande* et appuyé des pièces est remis au préfet par le directeur des domaines ou par la partie adverse, suivant que l'Etat est demandeur ou défendeur. Ce pourvoi administratif tient lieu de l'essai de conciliation dont est dispensé l'Etat. Le préfet communique le mémoire soit au directeur soit à la partie, suivant qu'il émane de l'un ou de l'autre, et statue par forme d'avis sur la question de savoir s'il y a lieu ou non de suivre l'instance devant les tribunaux.

L'introduction des instances a lieu par une *assignation* donnée à la requête du préfet, poursuites et diligences du directeur des domaines.

Lorsque le préfet, défendeur dans une instance, a été assigné, il doit envoyer sans délai au directeur des domaines l'assignation qu'il a reçue.

Le directeur prépare le *mémoire* en réponse que doit signer le préfet, et le fait signifier à la partie adverse 15 jours au plus tard après la date de l'exploit d'assignation.

Lorsque, dans le cours de l'instance, la partie adverse fait signifier de nouveaux moyens ou de nouvelles productions, le préfet doit y répondre dans le délai de huit jours. Selon les besoins de la cause, l'Etat peut être représenté à l'audience par un avocat et un avoué, désignés par le préfet sur la proposition du directeur. Aussitôt après le jugement, le directeur fournit son avis au préfet afin que celui-ci transmette le dossier au ministre avant l'expiration des délais d'appel ou de pourvoi en cassation. (Instr. nᵒˢ 1029, 1252. Règlement de 1834 transmis par l'instr. nᵒ 1459.)

Inutile d'ajouter que l'administration doit être consultée sur le parti à prendre dans chaque affaire, et que le directeur doit la tenir informée de tous les incidents de l'instance.

Quant aux receveurs, ils doivent donner avis sur le champ au directeur de toutes significations et actes qu'ils enregistrent et qui sont relatifs à des instances concernant l'administration, et lui adresser copie du dispositif de tous les jugements et arrêts en matière de domaine, dans les vingt-quatre heures de l'enregistrement. (Art. 92 des O. Gén. de R. Instr. nᵒˢ 1427, 1459, 1559, 2191 et 2222.)

La conservation du *domaine militaire* a été confiée spécialement au ministre de la guerre par la loi du 10 juillet 1791.

AFFECTATIONS ET DROITS D'USAGE DANS LES FORÊTS DE L'ÉTAT.

N° 1. Définitions.

Le *droit d'usage* consiste dans la faculté acquise à quelqu'un indépendamment de la possession d'aucun héritage, *de se servir de la chose d'autrui, à la charge d'en conserver la substance*, ou, en d'autres termes, de prendre sur les fruits d'un fonds appartenant à un autre ce qui est nécessaire à ses besoins et à ceux de sa famille.

La nature de ce droit a beaucoup de rapport avec l'usufruit; mais il en diffère en ce que l'usufruitier a droit à la totalité des fruits, tandis que l'usager *ne peut en exiger que pour ses besoins et ceux de sa famille*, sans pouvoir vendre le surplus à son profit. De là on a conclu que le droit d'usage est *indivisible*, parce qu'en effet la mesure de la nécessité n'est déterminée que par un seul point. (Proudhon, *Traité de l'usufruit*, n° 2739.)

On distingue les grands et les petits usages.

Les *grands usages* sont : l'*affouage*, qui consiste dans le droit de prendre le bois nécessaire au chauffage ; le *maronage*, qui est le droit de se faire délivrer des arbres pour les réparations et les constructions des bâtiments, outils, etc.; le *pâturage* et la *glandée*.

Les *petits usages* consistent seulement dans le droit d'enlever les branches sèches et bois morts et les morts-bois. On entend par *bois mort* celui qui est mort et sec en cime et en racine, soit sur pied, soit gisant et rampant. On entend au contraire par *mort-bois* certains arbres ne produisant fruit : ainsi, saulx, marsaulx, épine, puisne, seur, aune, genêt, genièvre, ronce, et *non autre*, dit la *Charte normande* donnée en 1515. (Voir Beaudrillart.)

On entend par *affectation* la faculté accordée à un établissement d'industrie de prendre, à un prix modique et pendant un certain temps, les bois nécessaires à l'alimentation de cet établissement.

On appelle *cantonnement* l'abandon en toute propriété d'une partie d'une forêt pour affranchir le reste des droits d'usage ou des affectations qui la grevaient. Ce mot s'applique aussi à la partie du bois donnée à ce titre aux usagers en échange de leurs droits.

N° 2. Origine.

« Presque tous les titres, dit Salvaing dans son traité *de l'Usage des fiefs*, nous apprennent que la plupart des seigneurs, pour rendre leurs terres habitées, ayant distribué à des particuliers certaines ortions de fonds à cultiver, ont été contraints, *pour se les conserver,* de leur accorder des droits d'usage dans leurs forêts, comme des *facultés accessoires* à leur habitation, et sans lesquelles ils auraient été nécessités à déguerpir les fonds et à chercher établissement ailleurs. »

Cette opinion est aussi celle du président Bouhier.

« En effet, dit-il dans ses *Observations sur la coutume de Bourgogne*, chap. 62, n° 30, on ne saurait douter que cette considération de l'habitation n'ait donné lieu à ce droit d'usage : car les seigneurs, ayant le plus grand intérêt de peupler leur seigneurie, n'ont point trouvé de meilleur moyen, pour y attirer beaucoup de sujets, et surtout des laboureurs, que de leur procurer des pâturages dans leurs bois et autres lieux, avec toutes les commodités que peuvent fournir les droits d'usage, comme une douceur sans laquelle ils seraient obligés d'aller s'établir ailleurs. »

Enfin Henrion de Pansey s'exprime ainsi dans ses *Dissertations féodales*, v° *Communauté*, t. I, p. 440, col. 2 :

« L'origine des droits d'usage se présente très-naturellement. Les seigneurs avaient de grands domaines, des bois considérables, peu d'habitants, et le désir d'en augmenter le nombre. Pour y parvenir, le moyen le plus efficace était d'améliorer la condition de leurs sujets en favorisant l'agriculture. Pour cultiver il faut des bestiaux, il faut un bâtiment au cultivateur; mais les bestiaux exigent des pâturages, et comment bâtir sans la faculté de couper du bois dans les forêts ? Les seigneurs se trouvaient donc dans une espèce de nécessité de permettre à leurs habitants le pâturage sur les terres de leurs domaines, et même l'usage de leurs bois : et *c'est ainsi que la plupart ont fait.* »

N° 3. Législation.

L'art. 636 du Code Napoléon porte :

« L'usage des bois et forêts est réglé par des lois particulières. »

Jusqu'à la promulgation du Code forestier, les droits d'usages ont été régis par l'ordonnance de Louis XIV sur les eaux et forêts, en date du mois d'août 1669, titres 19 et 20.

Le Code forestier a été sanctionné le 21 mai 1827.

Les surnuméraires devront étudier avec soin la section 7 : *Des Affectations à titres particuliers dans les bois de l'État*, art. 58, 59 et 60; la section 8 : *Des Droits d'usage dans les bois de l'État*, art. 61 et suivants.

Dans l'intervalle de 1669 à 1827 il a été rendu un grand nombre de lois en matière forestière; voici l'indication de celles concernant plus particulièrement les droits d'usage :

27 mars 1791. — Loi relative aux droits qui s'exerçaient dans les bois nationaux, et qui déclare nulles les ventes de ces droits.

5 vendémiaire an 6. — Pâturage dans les forêts de l'Etat.

19 frimaire an 10. — Partage des bois d'affouage.

28 ventôse an 11. — Loi relative aux droits de pâturage, pacage, etc., dans les forêts de l'Etat. — Délai de six mois aux usagers pour produire leurs titres.

17 nivôse an 13. — Mode de jouissance des droits de pâturage et de parcours dans les bois de l'Etat, des communes et des particuliers.

1er août 1827. — Ordonnance royale (Inst. 1251 et 1309).

12 avril 1854. — Décret impérial relatif à l'affranchissement des droits d'usage au moyen de cantonnements.

19 mai 1857. — Décret complétant cette mesure (Inst. 2097).

11 juin 1859. — Loi modifiant les art. 159, 210 et 215 du Code forestier (Inst. 2168 et 2215).

No 4. Principes généraux.

La surveillance du mode de jouissance des droits d'usage, les délivrances d'affectations, en un mot, tout ce qui concerne l'administration et l'exploitation des bois et forêts de l'Etat, rentre dans les attributions exclusives de l'administration forestière ; l'administration des domaines n'est appelée à émettre son avis que sur les demandes de reconnaissance de droits formées par les usagers, et sur les propositions de cantonnement.

Les droits d'usage des communes et des particuliers, soit qu'ils consistent dans la faculté de prendre dans une forêt le bois nécessaire aux besoins des habitants, soit qu'ils aient pour objet le pâturage des bestiaux, se rangent naturellement dans la classe des *servitudes discontinues*.

Or, aux termes de l'art. 691 du Code Napoléon, les servitudes discontinues ne peuvent s'établir que *par titres ;* la possession, même immémoriale, ne suffit pas. Mais le même article ajoute aussitôt : « Sans cependant qu'on puisse attaquer aujourd'hui les servitudes de cette nature déjà acquises par la possession dans les pays où elles pouvaient s'acquérir de cette manière. » Ainsi, pour savoir si les communes et les particuliers qui, au moment où a été promulgué le Code Napoléon, possédaient des droits d'usage non fondés en titre, doivent y être maintenus, il faut se reporter à la jurisprudence qui régissait en cette matière les différentes parties du territoire français.

Les bois de l'Etat sont de deux sortes : les uns font partie du domaine public qui existait à l'époque de la publication de l'ordonnance de 1669, les autres n'ont été réunis au domaine public que postérieurement à cette époque. Dans les premiers, les communes et les particuliers ne peuvent réclamer aucun droit d'usage *s'ils n'ont été compris dans les états arrêtés au conseil*, en exécution des art. 4, titre 18 ; art. 1, titre 19, et art. 5, titre 30, de l'ordonnance de 1669. Dans les seconds, ils sont également déchus de tout droit d'usage si, dans le délai fixé par les lois des 28 vent. an 11 et 4 vent. an 12, ils n'ont pas représenté leurs titres ou actes possessoires (V. Merlin, v° *Usage*, § 4).

Les droits d'usage anciennement concédés à une commune ne peuvent être exercés que par ceux de ses habitants dont les maisons existent depuis un espace de temps assez reculé pour que la construction en soit censée remonter à l'époque de la concession de ces droits. Cet espace de temps doit être fixé à quarante années. Le motif en est, dit Merlin, que c'est improprement que l'on donne aux habitants qui jouissent de pareils droits la dénomination d'*usagers* : ce sont plutôt leurs maisons qui doivent être qualifiées d'*usagères*, et c'est ainsi, en effet, que les qualifiaient expressément les art. 5 et 14 du titre 19 de l'ordonnance de 1669. Toutefois, il faut consulter le titre de concession : car la concession a pu être faite de manière à comprendre formellement *toutes* les maisons qui seraient bâties à l'avenir, comme celles qui existaient à cette époque. Si les usagers dans les forêts de l'Etat ne prouvent point, quoiqu'ils puissent être fondés en titre, avoir exercé régulièrement leurs droits pendant trente ans, la prescription peut leur être opposée.

La preuve de l'existence d'un droit d'usage dans une forêt ne peut résulter de la longue possession que celui qui le réclame aurait eue de ce droit que dans le cas où la possession *aurait été conforme aux lois et aux règles de la matière*.

Le droit d'usage est incontestablement un droit réel, un droit qui entame la propriété, et qui, par conséquent, fait partie de la propriété elle-même. Or, les questions de propriété sont essentiellement du domaine des tribunaux : c'est donc aux tribunaux seuls qu'il appartient de statuer définitivement sur la question de savoir si tel droit d'usage existe légalement, s'il doit être maintenu ou non.

Les lois des 28 vent. an 11 et 14 vent. an 12 avaient accordé aux communes et aux particuliers qui se prétendaient fondés, par titre ou possession, en droit d'usage dans les forêts de l'Etat, des délais pour produire leurs titres. A défaut de production dans ces délais, les prétendants aux droits d'usage étaient déclarés déchus de tout droit.

L'art. 61 du Code forestier a relevé implicitement de la déchéance prononcée par les lois ci-dessus les usagers *qui étaient en jouissance à l'époque de la promulgation de ce Code,* quoiqu'ils ne fussent pas munis d'un acte du Gouvernement récognitif de leurs titres et de leurs droits. Il leur est accordé par cet article un délai de deux ans pour intenter, devant les tribunaux, des instances tendant à faire reconnaître leurs droits. Ces instances devront être instruites ainsi qu'il a été dit au § 4 ci-dessus, et d'après les règles tracées par les Instructions 982, 1101, 1251 et 1459.

Pour déterminer l'exécution de l'art. 61 du Code forestier, le ministre des finances a invité les préfets à faire connaître aux maires des communes et aux administrateurs des établissements publics de leur département qui sont en possession de droits d'usage qu'ils aient à se pourvoir devant les tribunaux dans le délai de deux ans, en se conformant d'ailleurs à la loi du 5 novembre 1790, qui les oblige à remettre préalablement un mémoire explicatif de leurs demandes, et qu'à défaut de se pourvoir dans les termes prescrits, ils auraient encouru la déchéance (Circ. du min. du 7 mars 1828).

Lorsqu'en exécution de la loi du 28 ventôse an 11, des usagers ont produit leurs titres et fait reconnaître leurs droits par des arrêtés de conseils de préfecture, contradictoirement avec l'administration forestière, ils ne sont plus dans le cas de se pourvoir devant les tribunaux, selon que le prescrit l'art. 61 du Code forestier, si ces arrêtés ont reçu l'approbation du ministère des finances, parce qu'alors on doit les considérer comme des actes du Gouvernement, qui ont un effet définitif.

Mais, les arrêtés non revêtus d'approbation n'ayant que le caractère de *simple avis,* les usagers porteurs de ces arrêtés doivent être censés en instance administrative, et peuvent se borner à soumettre ces arrêtés à l'approbation du ministre, sauf, en cas de refus d'approbation, à se pourvoir devant les tribunaux. (Déc. du min. des fin. 12 octobre 1828; Instr. 1265, § 3.) Voir pour les difficultés d'interprétation et d'application de cette décision, les Instr. nos 1251, 1294 et 1309.

Les *affectations* sont régies par la législation sous laquelle elles ont été concédées. Si elles n'ont pas été concédées dans le principe par le souverain, mais par des propriétaires de forêts dont les bois sont devenus domaniaux, elles sont *irrévocables.*

Si elles ont eu lieu, dans les pays réunis, antérieurement à la réunion, il faut, sur la question de révocabilité, consulter la législation domaniale de ces pays; souvent même il faudra examiner si le prince a fait la concession comme souverain du pays où est située l'usine, ou s'il tenait le pays *en mouvance* (1) d'un autre souverain.

Si elles ont eu lieu depuis la réunion, il faut examiner s'il s'est élevé des contestations sur leur validité qui aient été décidées par des arrêts du Conseil ou de Cours souveraines, et qui aient acquis l'autorité de chose jugée. A défaut de ces moyens exceptionnels, consulter, dans chaque espèce, l'esprit des actes qui ont établi les affectations.

Voir, au surplus, le texte du Code forestier, art. 58 et suiv.

5° Conversion des droits d'usage en cantonnements.

Deux décrets impériaux rendus les 12 avril 1854 et 19 mai 1857, au sujet des droits d'usage dans les bois soumis au régime forestier, ont substitué de nouvelles règles à celles établies par les art. 112, 113, 114, 115, 116 et 145 de l'ordon. royale du 1er août 1827, et par l'arrêté ministériel du 4 mars 1830.

Le premier de ces décrets contient les dispositions suivantes:

Art. 1er. Lorsqu'il y a lieu d'affranchir les forêts de l'Etat des droits d'usage en bois au moyen d'un cantonnement, le directeur général des forêts en adresse la proposition à notre ministre des finances, qui statue sur l'opportunité, après avoir pris l'avis de l'administration des domaines. Si cette opportunité est reconnue, il est procédé, par deux agents forestiers, aux études nécessaires pour déterminer les offres à faire à l'usager.

Art. 2. Les offres sont soumises par l'administration des forêts à notre ministre des finances, qui, après avoir pris l'avis de la direction générale des domaines, prescrit, s'il y a lieu, au préfet, de les faire signifier à l'usager.

Art. 3. Si l'usager déclare accepter les offres, il est passé entre l'Etat et lui, en la forme administrative, un acte constatant son engagement sous réserve de notre homologation.

Art. 4. Si l'usager propose des modifications au projet qui lui a été signifié ou refuse absolument d'y adhérer, il en est référé au ministre des finances, qui statue, et ordonne, s'il y a lieu, au préfet d'intenter l'action en cantonnement.

Art. 5. Lorsqu'il y a lieu d'effectuer le rachat d'un droit d'usage quelconque autre que l'usage en bois, suivant la faculté accordée au Gouvernement par l'art. 64 du Code forestier, il est statué sur l'opportunité de ce rachat. Si le droit d'usage appartient à une commune, le préfet est préalablement appelé à donner son avis motivé sur l'absolue nécessité de l'usage pour les habitants. Lorsque le ministre des finances a déclaré l'opportunité, le préfet notifie la décision au maire de la commune usagère, en lui prescrivant de faire délibérer le conseil municipal pour qu'il exerce, s'il le juge à pro-

_____

(1) Dépendance d'un fief.

pos, le pourvoi qui lui est réservé par le § 2 de l'art. 64 du Code forestier. Il est ensuite procédé conformément aux dispositions de l'art. 1er, § 2. . .

Art. 6. Les communes ou établissements publics qui veulent affranchir leurs bois des droits d'usages quelconques par voie de cantonnement ou de rachat en adressent la demande au préfet, qui statue sur l'opportunité, après avoir pris l'avis des agents forestiers. . . . .

Art. 7 . . . .

Art. 8. *Les art. 112, 113, 114, 115, 116, et 145 de l'ordonnance royale du 1er août 1827 sont abrogés.*

Le décret du 19 mai 1857 porte :

Art. 1er. Les propositions tendant à faire déclarer l'opportunité des cantonnements seront adressées par le conservateur des forêts au préfet, qui, après avoir pris l'avis du directeur des domaines, transmettra le tout, avec son propre avis, au ministre des finances.

Il sera ensuite procédé conformément à l'art. 1er du décret du 12 avril 1854.

Art. 2. Dans l'évaluation de l'émolument usager, chaque espèce de droit à servir donnera lieu à une estimation distincte, etc., etc....

Voir, au surplus, l'Instr. gén. n° 2097.

Entre autres avantages, le système actuellement adopté du cantonnement a celui d'affranchir les bois de l'Etat des lourdes servitudes qui en rendent la vente difficile.

SUCCESSIONS DÉVOLUES A L'ÉTAT EN QUALITÉ DE SUCCESSEUR IRRÉGULIER.

On entend par *succession en déshérence* celle qui est acquise à l'Etat lorsque le défunt ne laisse ni parents au degré successible, ni enfants naturels, ni conjoints survivants, non divorcés. (Art. 767 et 768 du Code Napoléon.)

La succession est réputée *vacante* lorsque, après l'expiration des délais pour faire inventaire (trois mois, suivant l'art. 795) et pour délibérer (quarante jours après), *il ne se présente personne pour réclamer la succession, qu'il n'y a pas d'héritiers connus, ou que les héritiers connus y ont renoncé* (art. 811).

Il faut donc, pour qu'une succession soit réellement *vacante*, la réunion de ces deux circonstances : l'une, qu'il n'y ait pas d'héritiers connus, ou que ceux connus y aient renoncé ; l'autre, qu'aucun des successeurs irréguliers que la loi appelle à cette succession ne se présente pour revendiquer l'hérédité (Inst. 1118).

La régie des successions *vacantes* n'appartient point au domaine. Le tribunal désigne un *curateur* et le jugement de nomination contient les injonctions suivantes : faire inventaire, suivre la vente des meubles, administrer sans pouvoir toucher aucuns fonds, mais à la charge au contraire 1° *de faire verser à la caisse du receveur des domaines le numéraire, les créances recouvrées, les prix de vente des meubles et des immeubles ; 2° de présenter, à toute réquisition, au dit receveur, le compte provisoire de sa gestion* (Instr. n° 1670).

Les receveurs des actes judiciaires dans les chefs-lieux d'arrondissement sont chargés de suivre contre les curateurs le recouvrement des sommes provenant des successions vacantes, et d'en verser le montant, dans les 24 heures, à la recette des Finances, *pour le compte de la caisse des dépôts et des consignations* (Inst. n°s 1203, 1235 et 1358).

L'intervention des receveurs se borne donc à la surveillance des curateurs, à la perception du produit des successions (*déduction faite par le curateur des frais de scellés, etc.*) et au versement de ce produit (*déduction faite par le receveur des frais de régie à 5 %*). Si les curateurs restaient détenteurs de deniers, on procèderait contre eux par voie de *contrainte*, à la requête du directeur général de la caisse des dépôts et consignations (Instr. n°s 1235, 1728, 2045 et 2065).

Successions en déshérence. — Antérieurement à 1789, on appelait *déshérence* le droit qui appartenait au roi ou au seigneur haut justicier de prendre, chacun dans sa haute justice, les biens délaissés par un regnicole français né de légitime mariage, et décédé sans héritiers connus habiles à lui succéder. Ce droit paraît avoir été introduit parmi nous d'après ce qu'on pratiquait à Rome, où l'on vendait à l'encan les successions vacantes pour en déposer le prix dans le Trésor public. Il ne sera point dépourvu d'intérêt de consulter Merlin (V. *Déshérence*), pour connaître l'ancienne jurisprudence à ce sujet.

Dans l'état actuel de la législation, les droits de l'Etat à une succession sont ouverts, à titre de déshérence, *toutes les fois qu'il n'y a pas d'héritiers connus, ou que les héritiers connus ont renoncé, et que les enfants naturels ou époux survivants n'ont pas réclamé* (art. 539, 767, 768 C. N.).

Il appartient à l'administration seule d'examiner et de décider s'il y a lieu, dans l'intérêt du Trésor, d'appréhender la succession à titre de déshérence ou de s'en abstenir (Instr. n° 4407).

Si le directeur estime que la demande d'*envoi en possession provisoire* doit avoir lieu, il présente au tribunal civil dans le ressort duquel la succession s'est ouverte, un mémoire dans lequel il conclut (Code Nap., art. 769, 770 et 772) : 1° à être autorisé à faire apposer les affiches dans le ressort du tribunal, à trois mois d'intervalle les unes des autres ; 2° à faire rédiger inventaire et tous autres actes qu'il désignera et qui seront nécessaires pour la conservation et la régie des biens; 3° à ce qu'il soit statué de suite sur ces deux propositions, et qu'expédition du jugement à intervenir soit adressée au ministre des Finances, pour en ordonner l'insertion dans le *Moniteur;* 4° enfin, à ce que l'envoi en possession soit prononcé un an après le premier jugement.

Après le jugement, le directeur prescrit au receveur : 1° de faire lever les scellés et procéder à l'inventaire; 2° de faire verser à sa caisse tout le numéraire qui sera trouvé dans la succession; 3° de faire procéder publiquement, et par la voie des enchères, à la vente des effets mobiliers suivant le mode prescrit; 4° de poursuivre le recouvrement des créances actives; 5° de régir les immeubles dans la même forme que les domaines nationaux; 6° enfin de défendre et soutenir les droits de la succession dans tous les procès intentés et à intenter.

Après l'inventaire, le domaine a la faculté de renoncer à la succession, d'après les termes de l'art. 775 du Code : *Nul n'est tenu d'accepter la succession qui lui est échue.*

L'administration du domaine pendant l'année qui suit la demande n'est qu'une *régie provisoire* qui ne devient *administration* réelle des biens que par l'envoi en possession.

Dans la période qui s'écoule entre l'envoi en possession provisoire et l'accomplissement de la prescription de 30 ans, *la possession de l'Etat n'est que précaire et soumise à la revendication des héritiers.* Le receveur tient, sur un sommier spécial, un compte ouvert des recettes et des dépenses, présentant constamment la situation de l'actif et du passif de l'hérédité (Instr. n° 219).

Pendant 30 ans, à partir du jour de l'ouverture de la succession, les héritiers peuvent revendiquer les biens et valeurs régis à titre provisoire par l'administration des domaines. La restitution aux héritiers s'effectue sous la déduction des frais judiciaires, des frais de régie et des sommes payées à la décharge de la succession aux créanciers (Instr. n°s 1407, 2041; règlement de 1846, § 956).

Après l'expiration du délai de trente ans, les biens se trouvent irrévocablement réunis au domaine de l'Etat, s'il n'y a pas eu revendication utile.

ÉPAVES.

On entend par *épaves* les objets mobiliers de toute nature existant à la surface du sol et des eaux et *qui ne sont réclamés par personne.* Par application des art. 539 et 713 du Code Nap., ces objets appartiennent de droit à l'Etat, mais seulement après les publications et affiches prescrites.

Les *articles de messageries* abandonnés dans les bureaux de voitures publiques, de roulage et les gares de chemin de fer, et *qui n'ont pas été réclamés* dans les six mois de leur arrivée au lieu de destination, sont vendus aux enchères à la diligence des receveurs des domaines, après l'insertion au journal du département d'avis aux propriétaires.

Il en est de même des *animaux saisis* (Instr. n⁰ˢ 493, 531 et 2247; Décret du 13 août 1810).

SÉQUESTRE ET ADMINISTRATION DES BIENS DES CONTUMACES.

On entend par *contumax* celui qui, traduit au criminel, est en fuite, ou ne se présente pas.

Lorsque, après un arrêt de mise en accusation, l'accusé n'a pu être saisi ou ne se présente pas dans les dix jours de la notification qui en a été faite à son domicile, il est rendu une ordonnance portant que l'accusé sera tenu de se présenter, sinon que ses biens seront séquestrés pendant l'instruction de la contumace. (C. instr. crim., art. 465.)

Le procureur impérial adresse une expédition de cette ordonnance au directeur des domaines du domicile du contumax. Si le contumax est condamné, ses biens sont, à partir de l'exécution de l'arrêt, considérés et régis comme biens d'absent, et le compte du séquestre est rendu à qui il appartient, après que la condamnation est devenue irrévocable par l'expiration du délai donné pour purger la contumace. (Art. 471.) L'extrait du jugement de condamnation est envoyé, dans les trois jours de la prononciation, au directeur des domaines du domicile du contumax. (Art. 472.) Aussitôt que le directeur a reçu l'ordonnance de mise en séquestre, il la transmet au receveur du domicile du contumax, et en envoie copie à celui dans l'arrondissement duquel celui-ci a des biens.

Le receveur fait aussitôt notifier le séquestre aux fermiers et débiteurs, et fait les diligences nécessaires pour le recouvrement des sommes exigibles; la première formalité à remplir est l'apposition des scellés, puis on procède à l'inventaire du mobilier. Les règles à suivre sont tracées aux officiers de l'ordre judiciaire par les lois des 27 septembre, 30 octobre et 25 novembre 1792.

Les comestibles, les provisions diverses de consommation journalière, les animaux, sont vendus immédiatement après l'ordonnance qui autorise le séquestre; mais, à l'égard de tout autre mobilier, on se borne à prendre les précautions nécessaires pour en rendre la conservation moins dispendieuse. Toutefois, si la modicité du mobilier ne devait pas suffire à une année de frais de garde, la vente pourrait en être ordonnée dans la forme prescrite pour les ventes du mobilier de l'Etat.

Si les immeubles sont affermés, les baux doivent être entretenus, et il ne s'agit que de faire signifier aux fermiers une sommation libellée, portant défense de payer à tous autres qu'aux receveurs des domaines, à peine de payer deux fois, et d'exiger d'eux une déclaration de ce qu'ils peuvent devoir, à l'appui de laquelle ils rapporteront leur dernière quittance. Si les biens ne sont pas affermés, il faut s'occuper sur-le-champ de les mettre en ferme.

La perception des revenus se fait au bureau de la situation des biens.

La voie du séquestre n'a été ordonnée que par mesure d'ordre public, et pour que les biens des contumax soient régulièrement administrés jusqu'à l'époque de l'envoi en possession des héritiers, ou jusqu'à ce que la contumace ait été purgée : ainsi les fruits perçus pendant la durée du séquestre n'appartiennent point à l'Etat ; l'administration doit rendre compte du séquestre, mais elle ne peut y être contrainte avant l'expiration du délai de cinq ans fixé pour purger la contumace. Les receveurs doivent tenir avec soin les comptes ouverts relatifs au séquestre des biens des contumax, afin d'être en état de faire connaître, à toute réquisition, la situation du compte de chaque contumax. (Instr. 462.)

Les frais de justice criminelle *au remboursement desquels* le contumax *a été condamné* doivent être acquittés par la caisse du séquestre, lorsque les recettes ont été faites ; et, s'il n'y a pas eu de recette avant l'envoi en possession provisoire des héritiers, ou avant que la contumace ait été purgée, la répétition doit en être faite contre les héritiers ou contre les condamnés, selon les cas.

Les receveurs doivent acquitter les mandats des préfets délivrés pour secours aux pères et mères, femmes et enfants, des contumax, mais seulement jusqu'à concurrence du produit net du séquestre, et lorsque ces mandats ont été approuvés par le ministre des finances.

Les mandats sont remis aux directeurs qui les comprennent dans leurs états de liquidation et d'ordonnancement. L'approbation du ministre n'est pas nécessaire lorsque les sommes liquidées par les préfets n'excèdent pas 2,000 fr. (Instr. 1815, 1922, 1936).

Voir, au surplus, pour les difficultés qui peuvent s'élever, ainsi que pour les *contestations, dettes, droits des créanciers*, etc., les Circ. 621, 693, 756, 1720, 1814 et 1997 ; les Instr. 292, 302, 354, 462, 469, 1065, 1444, 1459, 1574 et 1815.

Les biens des contumax *déclarés en faillite* ne sont pas régis par l'Administration. (Instr. n° 2229).

§ 9. *Questions sur quelques parties de la législation générale qu'il importe aux préposés de connaître.*

N. 1. — Droit administratif. — Préfets. — Conseils de préfecture. — Conseil d'Etat. — Conflits.

N. 2. — Comptabilité générale. — Impôts. — Dette publique. — Grand-livre. — Emprunts.

N. 3. — Division des pouvoirs de l'Etat. — Conseil d'Etat. — Corps législatif. — Sénat.

N. 4. — Organisation administrative de la France. — Ministres.

N. 5. — Ministère des finances. — Organisation et attributions des diverses administrations financières.

N. 6. — Caisse des dépôts et consignations.

N. 7. — Banque de France.

N. 8. — Crédit foncier.

N. 9. — De la prescription.

(Se reporter, pour les numéros 1, 2, 3, 4 et 5, au chapitre troisième de la première partie du Manuel).

N° 6. Caisse des dépôts et consignations.

La *caisse des dépôts et consignations* est l'établissement public chargé de recevoir et d'administrer : 1° les sommes en litige; 2° les dépôts volontaires; 3° les fonds de divers services publics.

(Consulter l'édit royal de juin 1578; les lois de 1791, de l'an 13 et du 28 avril 1816, et l'ordonnance royale du 31 mai 1838).

L'administration de la caisse se compose d'un directeur général, d'un sous-directeur et d'un caissier, avec le nombre d'employés nécessaires, et d'une haute commission de surveillance. Les versements de sommes qui doivent ou peuvent être faits à la caisse se divisent en trois catégories :

1° *Sommes en litige;* c'est-à-dire deniers provenant d'offres réelles ou sommes consignées par autorité de justice;

2° *Dépôts volontaires* par les particuliers, les communes, les établissements publics;

3° *Fonds de divers services publics;* la caisse administre les fonds de la Légion d'honneur, de la dotation de l'armée, des caisses d'épargne, des sociétés de secours mutuels, etc.

Les fonds versés à la caisse des dépôts sont employés à diverses opérations de finances : achats de rentes sur l'Etat, comptes courants avec les receveurs généraux ou le Trésor, avances pour travaux publics, prêts à des communes ou établissements publics. La caisse des dépôts fait des bénéfices ; ils proviennent de la différence des intérêts qu'elle paie avec celui qu'elle obtient des fonds dont elle dispose ; ces bénéfices sont versés au Trésor.

N° 7. Banque de France.

La *banque de France* est le premier établissement de crédit de l'empire. Elle a seule le privilége d'émettre des *billets au porteur*, *payables à vue*, et dont la contrefaçon est passible des mêmes peines que la fabrication de la fausse monnaie. Les opérations de la banque consistent (indépendamment de son droit d'émettre des billets au porteur) à émettre des billets à ordre, à recevoir à l'escompte les effets de commerce souscrits par des individus notoirement solvables, à tenir une caisse de dépôts volontaires, à recevoir des comptes courants, à faire des avances sur effets publics, etc.

L'administration de la banque est confiée à un gouverneur et à deux sous-gouverneurs nommés par le chef de l'État, lesquels, assistés de quinze régents et de trois censeurs élus par l'assemblée générale des actionnaires, forment le conseil de la banque.

La banque a des succursales dans la plupart des villes importantes de France. Elle est tenue d'avoir une réserve métallique en proportion avec le chiffre de ses billets en circulation, et le *Moniteur* publie périodiquement son état de situation.

La loi du 9 juin 1857 a prorogé de trente années le privilége de la banque de France.

N° 8. Crédit foncier.

Le but de cette institution est de venir en aide à la propriété territoriale et de faciliter les progrès de l'agriculture, en permettant aux propriétaires de trouver de l'argent à un intérêt modéré et avec des conditions de remboursement avantageuses.

Le crédit foncier prête sur première hypothèque et seulement jusqu'à concurrence de la moitié de la valeur de l'immeuble. Des facilités spéciales lui sont accordées pour la purge des hypothèques et l'expropriation des biens des emprunteurs qui ne se libèrent pas dans le délai convenu. Les emprunts sont remboursables par annuités, de telle façon que le capital se payant avec l'intérêt, l'emprunteur se trouve libéré à l'expiration du terme fixé.

Les obligations ou lettres de gage du crédit foncier sont exemptes de l'impôt sur les valeurs mobilières ; elles sont désignées par la loi pour servir (comme les rentes sur l'Etat et les actions de la banque de France) à l'emploi des fonds appartenant aux mineurs et aux établissements publics.

Le crédit foncier est administré par un gouverneur et deux sous-gouverneurs (nommés par le chef de l'Etat) avec l'assistance de vingt administrateurs et de trois censeurs (élus par l'assemblée des actionnaires).

Le crédit foncier a été constitué par les décrets des 28 février 1852 et 6 juillet 1854.

N° 9. De la prescription.

La *prescription civile* est un moyen d'acquérir ou de se libérer, par un certain laps de temps, et sous les conditions prévues par la loi (Code Napoléon, art. 2219). Elle court contre toutes les personnes, sauf les cas d'exception légale (art. 2251). La prescription peut être interrompue, ou seulement suspendue. Il y a cette différence entre la suspension et l'*interruption*, que celle-ci fait disparaître le temps de la possession qui l'a précédée, ce temps antérieur ne compte plus, tandis que la *suspension* n'est qu'un sursis, un temps d'arrêt momentané qui n'efface pas la possession antérieure.

La prescription est suspendue, dans certains cas, en vertu du principe : *Contra non valentem agere non currit prescriptio.* — Ainsi, elle ne court pas contre *les mineurs et les interdits*, sauf les exceptions des art. 1676 et 2278 du Code Nap. les délais prescrits par le Code de procédure et les prescriptions spéciales au Code de commerce ; mais les tuteurs sont responsables vis-à-vis des mineurs et interdits. — Elle ne court pas *entre époux* (art. 2222, 2253 et 2256. Code Nap.) — Elle ne court pas, à l'égard d'une créance conditionnelle, jusqu'à l'événement de la condition ; à l'égard d'une action en garantie, jusqu'à l'éviction ; à l'égard d'une créance, jusqu'à l'échéance du terme ; elle ne court pas contre l'héritier bénéficiaire à l'égard de ses créances contre la succession (art. 2257 et 2258 Code Nap.) — Elle est suspendue, à l'égard du *domaine de l'Etat*, tant que les biens en dépendant font partie du domaine public ou du domaine de la couronne, lesquels sont imprescriptibles (art. 538 Code Nap. Loi de 1832). Elle est aussi suspendue dans les cas de force majeure (guerre, calamités publiques).

Il faut remarquer que la prescription se compte par jour et non par heures ; elle est acquise lorsque le dernier jour du terme est accompli (art. 2260 Code Nap.).

La prescription peut être interrompue naturellement ou civilement ; *naturellement*, lorsque le possesseur est privé, pendant plus d'un an, de la jouissance de la chose, même par un tiers; *civilement*, par une citation en justice, un commandement ou une saisie, signifiés à celui qu'on veut empêcher de prescrire (Art. 2242 à 2244, Code Nap.)

La *prescription en matière criminelle* est l'extinction, par un certain laps de temps, de l'action criminelle et civile pour crimes, délits et contraventions.

(*Voir, pour l'appréciation juridique et philosophique, le Traité de la Prescription de M. Troplong.*)

Les prescriptions usuelles les plus importantes sont celles ci-après:

PRESCRIPTION DE TRENTE ANS. — *Toutes les actions, tant réelles que personnelles, sont prescrites par trente ans.* C'est le terme le plus long de la prescription; elle constitue le droit commun et elle est acquise (même dans les cas de mauvaise foi) à toutes les actions pour lesquelles la loi n'a pas prévu d'exception. Elle s'applique par conséquent aux *droits de timbre*, et *aux droits simples d'enregistrement, d'actes et de mutations secrètes* (loi du 16 juin 1824); aux *droits simples et en sus de mutation par décès de rentes sur l'Etat* (loi du 8 juillet 1852); — aux *frais de justice; amendes en matière civile; dommages et intérêts alloués à l'Etat.* (Art. 2262 du Code Nap.)

PRESCRIPTION DE VINGT ANS. — *Immeubles situés hors du ressort de la Cour d'appel* dans l'étendue duquel le véritable propriétaire est domicilié. Le juste titre et la bonne foi sont deux conditions essentielles (art. 2265 du Code Nap.); — *Peines et amendes en matière criminelle* (du jour des arrêts ou jugements; Code d'instr. crim. art. 635).

PRESCRIPTION DE DIX ANS. — *Immeubles situés dans le ressort de la Cour d'appel* où habite le véritable propriétaire (art. 2265 Code Nap.); — *Recours en garantie* contre les architectes; — *Recours des pupilles contre leurs tuteurs* (du jour de la majorité); — *Action en rescision ou nullité des conventions* (art. 2270 Code Nap.); — *Inscriptions hypothécaires et privilèges* (du jour de leur date); — *Recours contre le conservateur des hypothèques* (du jour de la cessation des fonctions) (art. 2154 et 2180 Code Nap.); — *Droits des successions non déclarées* (Loi du 18 mai 1850); — *Recouvrement d'exécutoires en matière d'assistance judiciaire* (Loi du 22 janvier 1851).

PRESCRIPTION DE HUIT ANS. — *Mandats de poste non réclamés* (Loi du 31 janvier 1833).

PRESCRIPTION DE CINQ ANS. — *Peines et amendes en matière correctionnelle* (art. 636 du Code d'instr. crim.); — *Intérêts de créances, arrérages de rentes et pensions, loyers et prix de ferme* (art. 2277 du Code Nap.); — *Actions relatives aux lettres de change et billets à ordre* (art. 189 du Code de commerce); — *Omissions de biens et valeurs dans une déclaration de succession* (Loi du 18 mai 1850).

PRESCRIPTION DE TROIS ANS. — *Contributions directes* (loi du 3 frimaire an 7); — *Revendication d'objets mobiliers* en cas de perte ou de vol (art. 2279 du Code Nap); *délits forestiers non constatés; délits d'usure;* etc.

PRESCRIPTION DE DEUX ANS — *Droits en sus et amendes résultant de contraventions aux lois sur l'enregistrement, le timbre, le greffe, le notariat,*

19

le dépôt des répertoires, etc., — du jour où l'administration aura été mise à portée de constater la contravention. (Lois des 22 frimaire, 22 pluviôse et 13 brumaire an 7 ; 25 ventôse an 11 ; décret du 12 juillet 1808 ; etc.) — *Droits non perçus ; forcements de droits ; expertise pour insuffisance d'évaluation ; restitutions de droits ou d'amendes indûment perçus* (du jour de l'enregistrement ou de la déclaration. Loi du 22 frimaire an 7); — *Peines et amendes en matière de simple police* (art. 639 du Code d'Instr. crim.)

PRESCRIPTION D'UN AN. — *Expertise pour simulation de prix* (Loi du 22 frimaire an 7); — *Contraventions de voirie ; action des médecins, fournisseurs, huissiers, domestiques* (art. 2272 du Code Nap.); — *Péremption d'instance* (loi du 22 frimaire an 7).

PRESCRIPTION DE SIX MOIS. — *Dettes de logement et de nourriture ; salaires d'ouvriers* (art. 2271 du Code Nap.); *délits forestiers constatés ; délits de presse ;* etc.

PRESCRIPTION DE TROIS MOIS. — *Certains délits forestiers* (art. 185 du Code forestier).

PRESCRIPTION DE TRENTE JOURS. — *Délits de chasse et de pêche.* (Lois des 30 avril 1790 et 15 avril 1829.)

PRESCRIPTION DE NEUF JOURS. — *Certains vices rédhibitoires* (Loi du 20 mai 1838).

Les receveurs peuvent être rendus responsables des droits, revenus, frais et amendes prescrits par leur faute. (Instr. nos 1351 § 12, 1358 et 1423.)

ARTICLE III. — PARTIE ÉCRITE.

Opérations en présence des Examinateurs.

§ 1er. *Enregistrement de deux actes et de deux jugements compliqués.*

Arrivés à la fin de la troisième année de leur temps d'étude, les surnuméraires doivent avoir lu, analysé et enregistré un grand nombre d'actes et de jugements à dispositions multiples et compliquées ; il serait par conséquent superflu de reproduire ici des copies d'actes, qui, variant à l'infini, ne pourraient, pas plus que mille autres, leur servir de terme de comparaison ou de point de départ.

Cependant on ne saurait trop insister sur la nécessité de bien lire, au préalable, les actes ou jugements, afin d'en suivre le développement, et de saisir, au milieu trop souvent d'inutilités et de dispositions oiseuses, l'intention réelle des contractants, s'il s'agit d'un acte, et les motifs et considérants, s'il s'agit d'un jugement. Les surnuméraires devront également apporter toute leur attention à distinguer nettement les dispositions indépendantes les unes des autres de celles qui, par leur connexité, ont une liaison telle que les scinder pour leur appliquer à chacune un droit distinct serait en détruire l'ensemble.

§ 2. *Déclaration d'une succession soumise à une liquidation de communauté, et grevée de legs particuliers de sommes d'argent n'existant pas en nature dans l'actif.*

Quant à la liquidation de communauté, les surnuméraires se reporteront à l'exemple donné à l'article 3, § 2, de l'examen de seconde année.

Reste la question des legs particuliers.

La délivrance des legs particuliers, qu'ils existent ou non en nature dans la succession, n'opère pas de mutation des légataires universels aux légataires particuliers. Dans les deux cas, la loi considère les héritiers et les légataires universels comme de simples intermédiaires entre le testateur et les légataires particuliers. Aussi, lorsque des héritiers ou légataires universels sont grevés de legs particuliers de sommes d'argent non existant en nature dans la succession, et qu'ils ont acquitté le droit proportionnel sur l'intégralité des biens de l'hérédité, le même droit n'est pas dû sur ces legs ; les droits déjà payés par les légataires particuliers doivent s'imputer sur ceux dus par les héritiers ou légataires universels.

1° Lorsque les biens se trouvent en nature dans la succession, et que la quotité du droit est la même pour les divers héritiers, il n'y a pas de difficulté. (Inst. 366 et 1432.)

2° Les legs de sommes d'argent sont assimilés aux legs de valeurs mobilières quelconques, et peuvent dès lors être remplacés par du mobilier. (Inst. 1723, § 4.)

3° Legs de sommes d'argent qui n'existent pas en nature dans l'actif.

Deux principes dominent la matière : l'un, que l'on ne peut pas percevoir deux droits sur la même somme ; l'autre, que les droits de mutation par décès ne doivent être acquittés que sur les valeurs actives faisant réellement partie de l'hérédité, et qu'ils doivent être perçus au taux le plus élevé en raison de la qualité des héritiers ou légataires.

L'application de ces principes et la nécessité des imputations amenaient de nombreuses difficultés avant la loi de 1850, lorsque les meubles et les immeubles étaient frappés de droits différents. L'instruction générale n° 1432 résumait la doctrine et la jurisprudence sur ce point. Mais la loi du 18 mai 1850, en assujettissant les valeurs mobilières au même tarif que les immeubles, et en soumettant à l'impôt les mutations par décès de rentes sur l'Etat, a singulièrement simplifié la question.

A.... meurt laissant une succession dont l'actif s'élève à quatre-vingt-dix mille francs ; savoir : 10,000 fr. de meubles et créances, 80,000 fr. d'immeubles. Il a institué pour héritier B..., son neveu, et fait un legs de 25,000 fr. à C..., étranger.

Il peut se présenter deux cas, suivant que l'héritier ou légataire universel fait la déclaration *avant* ou *après* le légataire particulier.

Première hypothèse.

B... se présente le premier au bureau de l'enregistrement. Il acquitte les droits, savoir :

A 6 fr. 50 pour 100 fr., sur 10,000 fr.   650 fr.

—   —   — 80,000   5,200

                                      5,850 fr.   5,850 fr.

C... se présente ultérieurement. A raison de sa qualité d'étranger, il doit payer les droits à 9 fr. p. 100 sur le montant de son legs : 25,000 fr.

Mais B... a déjà payé pour lui 6 fr. 50 pour 100. Il faut imputer les droits avancés et ne réclamer que la différence, soit 2 fr. 50 p. 100.   625

        Total général des droits exigibles. . . .   6,475 fr.

Seconde hypothèse.

C..., étranger, se présente le premier au bureau et acquitte les droits à 9 fr. p. 100 sur le montant de son legs, soit.   2,250 fr.

B..., l'héritier, aura à payer les droits sur les meubles, dont la valeur est de. . . . . 10,000 fr.

Ceux sur les immeubles. 80,000

        Total de l'actif. . . . . . 90,000 fr.

Or, les droits ont déjà été payés, à un taux supérieur, sur. . . . . 25,000 fr.

B... n'aura plus à payer que sur la différence, soit. . . . . 65,000 fr.

A 6 fr. 50 pour 100. . . . .   4,225 fr.

        Total. . . . .   6,475 fr.

Et ce total général des droits dus au Trésor est bien le même que celui des droits exigibles en admettant la première hypothèse. (Voir l'Inst. nº 2234.)

§ 3. — *Rédaction d'un rapport sur une perception critiquée, ou d'un mémoire dans une instance relative à un droit contesté.*

Le plus ou moins de mérite d'un rapport ou d'un mémoire dépend nécessairement du degré d'intelligence de l'employé rédacteur. ainsi que de l'étendue de son instruction.

Clarté, précision et logique, telles sont les qualités essentielles d'un pareil travail : l'expérience, l'habitude, l'étude de bons modèles, parviendront seules à former sur ce point les surnuméraires, qui devront consulter avec soin les excellents documents de l'espèce que leur offre le mouvement des instances de chaque direction.

Bien qu'il soit difficile d'indiquer un plan uniforme à suivre, puisque le travail doit se modifier suivant la diversité des questions, il y a cependant une division méthodique, tracée par la nature même des choses, que les surnuméraires pourront adopter dans leurs rapports et leurs projets de mémoire, savoir :

1° *Exposé* succinct, mais clair, *des faits*, ou analyse de l'acte ;

2° *Résumé* suffisant *des moyens* opposés par la partie adverse ou des motifs de la perception critiquée ;

3° Développements des moyens du rédacteur, appuyés sur des décisions transmises par l'administration, ou sur des arrêts formant jurisprudence ; mais, avant tout, sur la *discussion* doctrinale du point de droit ;

4° *Conclusions* renfermant les demandes et prétentions motivées.

Il conviendra de terminer chaque travail de l'espèce par la note détaillée des pièces produites à l'appui.

Voici au surplus comment s'exprime à ce sujet l'instruction générale du 5 juin 1837, n° 1537, page 55 :

« En tête des mémoires, on indique sommairement l'objet de l'instance et les conclusions de l'administration. On expose ensuite avec fidélité et dans un ordre méthodique les faits de la cause.

« De l'exposé des faits on fait découler la question ; on la pose en termes clairs et précis, et on passe à la discussion.

« Celle-ci doit être complète, établir les droits de l'administration et déduire les moyens de la partie.

« Les dispositions de la loi, l'interprétation des conventions, l'appréciation de leur nature et de leurs effets d'après les règles du droit civil, la jurisprudence et l'opinion des auteurs, tels sont les éléments de la discussion.

« Quant aux autorités, il *convient de s'en tenir aux arrêts de la Cour de cassation et aux jugements des tribunaux* sur la question ou les questions analogues à celle qui s'agite ; *si l'on cite des décisions du ministre des finances ou des instructions de l'administration, ce ne doit pas être à titre d'autorité :* c'est précisément à développer et à justifier les motifs de ces décisions, lorsqu'il est nécessaire de les défendre, que l'on doit s'appliquer dans les mémoires.

« Il importe que les conclusions soient présentées avec soin, qu'elles embrassent toutes les circonstances de l'affaire et prévoient la solution de toutes les questions agitées même subsidiairement dans le procès. »

§ 4. — *Ouvrages à consulter.*

Les ouvrages que nous conseillons à nos jeunes camarades de consulter de préférence pour compléter leur instruction administrative ne sont pas nombreux, car en pareille matière *l'essentiel est dans le choix.*

Pour la manutention, la *Refonte et analyse des Instructions* de M. Bigorne.

Pour la perception, le *Répertoire périodique de l'enregistrement* qui continue le *Répertoire général* de M. Garnier.

Pour le domaine, le *Traité du domaine public* de Proudhon, et les livres de Macarel et Boulatignier.

Enfin, et surtout, la Collection des instructions générales et des circulaires que publie officiellement l'Administration.

ARTICLE IV. — QUESTIONNAIRE.

(Voir ci-dessus les Questionnaires du concours d'admission et des examens de la première et de la seconde année.)

Comptabilité.

1. Quelle est l'époque de la clôture des payements d'un exercice?
2. Que deviennent les mandats non acquittés à cette époque?
3. Que deviennent les droits des créanciers?
4. Qu'est-ce que le rappel sur exercice clos?
5. Comment se constatent les créances restant à payer?
6. Comment s'établit le compte de l'exercice clos?
7. Quelles sont les formalités du réordonnancement?
8. Pendant combien de temps les créances réordonnancées peuvent-elles être payées?
9. Qu'entend-on par exercice périmé?
10. Quelle est la prescription des créances sur l'Etat?

11. Quelles sont les exceptions à cette prescription?
12. Qu'est-ce que la déchéance?
13. Qu'entend-on par dépenses des exercices périmés?
14. Par combien de temps se prescrivent les rentes?
15. Par combien de temps se prescrivent les intérêts de cautionnement?
16. Par combien de temps se prescrivent les arrérages de pensions?
17. Par combien de temps se prescrivent les mandats sur la poste?

Hypothèques.

18. Qu'est-ce que l'hypothèque?
19. Qu'est-ce que le privilége?
20. Qu'est-ce que la transcription?
21. Comment se conservent les hypothèques?
22. Où sont établis les bureaux d'hypothèques?
23. Quelle est leur utilité?

24. De quelle nature est le cautionnement des conservateurs ?
25. Quelle est la loi d'institution des bureaux d'hypothèques ?
26. Les registres d'hypothèques sont-ils semblables à ceux d'enregistrement ?
27. Combien y a-t-il de droits d'hypothèques ?
28. Qu'entend-on par salaires ?
29. Dispositions principales de la loi du 23 mars 1855.
30. Différentes espèces de registres.
31. Quels sont ceux de formalité ?
32. Quels sont ceux de manutention ?
33. Quelle est la responsabilité des conservateurs envers le public ?
34. Quelle est la responsabilité des conservateurs envers l'administration ?
35. Quels sont les articles du Code Napoléon relatifs aux conservateurs ?

Code Napoléon.

36. Qu'est-ce que le régime dotal ?
37. Qu'est-ce que le régime de communauté ?
38. Qu'est-ce que le régime de la communauté légale ?
39. Qu'est-ce que la société d'acquêts ?
40. Comment doit être rédigé le contrat de mariage ?
41. De quoi se compose l'actif de la communauté ?
42. De quoi se compose le passif ?
43. Qui administre la communauté ?
44. Qu'est-ce que le remploi ?
45. Qu'est-ce que le prélèvement ?
46. Qu'est-ce que la récompense ?
47. Comment se dissout la communauté ?
48. Qu'est-ce que la séparation de biens ?
49. Qui la prononce ?
50. Quels sont les droits des créanciers ?
51. Quels sont les droits de la femme ?
52. La communauté dissoute par la séparation de biens peut-elle se reconstituer ?

53. Comment renonce-t-on à la communauté ?
54. Comment s'opère le partage ?
55. Qu'est-ce que la contribution aux dettes ?
56. Quels sont les droits de la femme, soit qu'elle renonce, soit qu'elle accepte ?
57. Qu'entend-on par reprises ?
58. Sur quoi se liquident-elles ?
59. De quelles diverses manières peut-on modifier la communauté ?
60. Qu'est-ce que l'ameublissement ?
61. Qu'est-ce que l'exclusion du mobilier ?
62. Qu'est-ce que l'exclusion des dettes ?
63. Qu'est-ce que le préciput conventionnel ?
64. Qu'est-ce que la communauté universelle ?
65. Peut-on se marier sans communauté ?
66. Peut-on se marier avec la clause de séparation de biens ?
67. Qu'est-ce que la dot ?
68. Qui la peut constituer ?
69. De quoi se compose-t-elle ?
70. La dot est-elle inaliénable ?
71. Quels sont les droits de la femme ?
72. Quels sont les droits du mari ?
73. Y a-t-il des exceptions à l'inaliénabilité de la dot ?
74. Quand et comment se restitue la dot ?
75. Qu'est-ce que les biens paraphernaux ?
76. Quels sont les droits de la femme sur ces biens ?
77. Qu'est-ce que la vente ?
78. Quelles sont les conditions qui la rendent parfaite ?
79. Qui peut acheter ou vendre ?
80. Que peut-on vendre ?
81. Quelles sont les deux obligations du vendeur ?
82. Qu'est-ce que la délivrance ?
83. Comment a-t-elle lieu ?
84. Quel est le recours de l'acheteur si la chose ne lui est pas livrée ?
85. Qu'est-ce que la garantie ?

208. Qu'est-ce que les coupes de bois ?
209. Quelle est le seul mode des ventes de coupes de bois ?
210. À qui est-il défendu de se rendre adjudicataire ?
211. Quelle est la forme des adjudications ?
212. Quelles sont les formalités de l'exploitation ?
213. Qu'est-ce que le garde-vente ?
214. Quelles sont les obligations de l'adjudicataire d'une coupe ?
215. Qu'est-ce que la vidange des coupes ?
216. Quel est le but du réarpentage et du récolement ?
217. Qu'est-ce que la glandée ?
218. Qu'est-ce que les affectations ?
219. Qu'est-ce que les droits d'usage ?
220. Qu'est-ce que le cantonnement ?
221. Quels sont les devoirs des usagers ?
222. Comment s'exercent les droits d'usage ?
223. Qui rédige les procès-verbaux ?
224. Comment sont signifiés les jugements ?
225. Qui est chargé du recouvrement des amendes ?
226. Comment s'exerce la contrainte par corps en matière forestière ?
227. Qu'appelle-t-on délinquants d'habitude ?
228. Comment s'exécutent les jugements rendus dans l'intérêt des particuliers ?

(*Voir ci-après* n° 391)

Domaines.

229. Qu'est-ce que le domaine ?
230. Qu'est-ce que le domaine direct ?
231. Qu'est-ce que le domaine utile ?
232. Qu'est-ce que le domaine corporel ?
233. Qu'est-ce que le domaine incorporel ?
234. Qu'est-ce que le domaine muable ?
235. Qu'est-ce que le domaine immuable ?
236. Qu'est-ce que le domaine fixe ?
237. Qu'est-ce que le domaine casuel ?
238. Qu'est-ce que les domaines engagés ?

239. Qu'est-ce que le domaine de la Couronne ?
240. Qu'est-ce que le domaine privé ?
241. Qu'est-ce que le domaine extraordinaire ?
242. Qu'est-ce que le domaine de l'État ?
243. Qu'est-ce que le domaine public ?
244. Qu'est-ce que le domaine aliénable ?
245. Qu'est-ce que le domaine inaliénable ?
246. Quelles sont les principales lois relatives au domaine ?
247. Quel est le mode de vente des immeubles de l'État ?
248. Quelles sont les formalités de la vente ?
249. Quelles sont les obligations de l'acquéreur ?
250. Qui rédige le cahier des charges ?
251. Qui procède à la vente ?
252. Qui perçoit le prix ?
253. Quel est le mode du payement du prix ?
254. Y a-t-il des exceptions à la règle générale de vente aux enchères ?
255. Comment se font les cessions de terrains par voies d'alignement ?
257. À quoi se réfère le droit de préférence des anciens propriétaires ?
258. Qui autorise les échanges d'immeubles ?
259. Comment a lieu l'aliénation des bois de l'État ?
260. Qu'est-ce que les biens de l'État affectés à un service public ?
261. Quels sont les modes de location des biens de l'État ?
262. Qui a le droit de vendre le mobilier de l'État ?
263. De quelle manière ?
264. Quels sont les divers objets à vendre ?
265. Dans quel cas y a-t-il lieu à inventaires et récolements ?
266. Comment se recouvrent les produits des domaines ?
267. Quel est le moyen de poursuites ?

268. Qui est chargé de décerner contrainte ?

269. Comment s'instruisent les instances?

270. Quelle différence y a-t-il entre les instances domaniales et celles en matière d'enregistrement ?

271. Quel est le fonctionnaire qui représente l'État en matière domaniale?

272. Qu'est-ce que les affectations dans les bois de l'État ?

273. Qu'est-ce que les droits d'usage ?

274. Quelle est l'origine de ces droits ?

275. Quelles sont les principales lois sur la matière ?

276. Comment se prouvent les droits d'usage ?

277. Quelle est l'utilité du cantonnement ?

278. Quels sont les derniers décrets relatifs aux droits d'usage ?

279. Qui est chargé de reconnaître l'opportunité du cantonnement ?

280. Qu'entend-on par successeur irrégulier?

281. Qu'est-ce qu'une succession en déshérence ?

282. Qu'est-ce qu'une succession vacante ?

283. Qui est chargé de régir les successions vacantes ?

284. Qui est chargé de régir celles en déshérence ?

285. Quelles sont les obligations des curateurs ?

286. Quelles sont celles des receveurs ?

287. Qu'est-ce que l'envoi en possession ?

288. Quelles sont les formalités à remplir?

289. Y a-t-il lieu à faire inventaire, et quelle en est l'utilité ?

290. Quel est le délai de l'envoi en possession ?

291. Quand la succession se trouve-t-elle définitivement acquise à l'État ?

292. Quels sont les droits des héritiers ?

293. Qu'appelle-t-on épaves ?

294. Que deviennent les biens vacants ?

295. Qui appelle-t-on contumax ?

296. Qu'est-ce que le séquestre ?

297. Comment les biens du contumax sont-ils régis par le domaine ?

298. Quel est le but du séquestre ?

299. Quels sont les droits des tiers, et le domaine rend-il compte de son administration ?

300. Quelles sont les causes qui mettent fin au séquestre ?

Questions spéciales.

301. Qu'est-ce que le pouvoir législatif?

302. Qu'est-ce que le pouvoir exécutif ?

303. Qu'est-ce que le pouvoir judiciaire?

304. Qu'est-ce que l'administration ?

305. Qu'est-ce que le contentieux ?

306. Quelle est la hiérarchie de la juridiction administrative ?

307. Attributions des ministres comme juges administratifs.

308. Attributions des préfets.

309. Attributions des conseils de préfecture.

310. Quelles sont les triples fonctions de ces derniers?

311. Procédure en matière administrative.

312. Attributions du Conseil d'Etat.

313. Qu'est-ce qui donne à ses arrêts la force de loi ?

314. Composition du conseil.

315. Décrets organiques.

316. Qu'est-ce que le conflit ?

317. Combien de sortes de conflits ?

318. Qui règle les conflits ?

319. Quelles sont les ressources de l'État?

320. Qu'est-ce que la dette publique ?

321. Qu'est-ce que la dette flottante ?

322. Qu'est-ce que la dette inscrite ?

323. Qu'est-ce que le grand-livre ?

324. Fonctions des agents de change?

325. Qu'est-ce que la caisse d'amortissement?

326. Qu'est-ce que la dette viagère ?

327. Qu'est-ce que les bons du Trésor ?

328. Qu'est-ce que les emprunts ?

329. Qu'est-ce que la caisse des dépôts et consignations ?

330. Quelles sont ses attributions ?

331. Quelle est son organisation ?

332. Quelles sont ses opérations?

333. Quelles sont les fonctions des maires ?

34. Quelles sont les fonctions des sous-préfets ?

335. Quelles sont les fonctions des préfets ?

336. Quels sont les conseils placés auprès de chacun de ces magistrats administratifs ?

337. Quelle est la hiérarchie des agents administratifs et financiers ?

338. Qui centralise les revenus publics dans l'arrondissement? Dans le département ?

339. Quels sont les chefs de service dans un chef-lieu de département ?

340. Attributions du payeur du Trésor.

341. Combien y a-t-il de ministères?

342. Leurs attributions.

343. Attributions spéciales du ministre des finances.

344. Qui recouvre l'impôt direct?

345. Qui recouvre l'impôt indirect ?

346. Quels sont les différents services composant le ministère des finances.

347. Quelles sont les directions spéciales?

348. *Quid*, direction de la dette inscrite ?

349. *Quid*, caisse centrale du Trésor?

350. *Quid*, mouvement des fonds ?

351. *Quid*, payeur central ?

352. *Quid*, contrôle central ?

353. *Quid*, contentieux ?

354. *Quid*, administrations centrales diverses ?

355. *Quid*, enregistrement et domaines ?

356. Contributions directes. — Leurs attributions

357. Qu'est-ce qu'un impôt direct ?

358. Qu'est-ce qu'un impôt de répartition ?

359. Qu'est-ce qu'un impôt de quotité ?

360. Combien de contributions directes?

61. *Quid* des centimes additionnels ?

362. Quels sont les agents de répartition ?

363. Quels sont les agents de recouvrement ?

364. Quelle est l'assiette de l'impôt ?

365. Quel est le mode de répartition ?

366. Quel est le délai de réclamation ?

367. Qu'est-ce qu'un rôle ?

368. Douanes et contributions indirectes ; attributions des douanes.

369. Qu'est-ce que l'importation ?

370. *Quid* de l'exportation ?

371. *Quid* de la réexportation?

372. *Quid* du transit?

373. *Qaid* de l'entrepôt?

374. *Quid* de la protection?

375. *Quid* du libre-échange ?

376. Organisation des douanes en bureaux et brigades ?

377. Attribution des contributions indirectes.

378. Qu'est-ce que les impôts indirects ?

379. Qu'est-ce que les droits constatés ?

380. Qu'est-ce que les droits au comptant ?

381. Administration des postes.

382. Son organisation.

383. Administration des forêts.

384. Son organisation.

385. Administration de la monnaie. Ses attributions.

386. Qu'est-ce qu'un hôtel des monnaies ?

387. Inspection générale des finances.

388. Ses attributions.

389. Rapports des employés avec l'inspection générale ?

390. Quelles sont les instructions relatives à ces rapports ?

391. Qu'est-ce que les transactions forestières ?

392. Peut-on transiger après jugement ?

393. A quoi se borne l'intervention de receveurs au sujet des transactions ?

894. Qu'est-ce que l'état de transactions

395. Les séances des conseils de préfec-

ture jugeant au contentieux sont-elles publiques ?

396. Comment se fait l'instruction des affaires ?

397. Peut-on y plaider sa cause ou s'y faire représenter par un avocat ?

398. Quel est le rôle actuel du ministre d'État ?

399. Q'appelle-t-on un journal d'annonces judiciaires ?

400. De quel intérêt est-il au point de vue légal ?

401. Q'est-ce que la prescription ?

402. Peut-on l'invoquer contre tous ?

403. Peut-elle être suspendue ?

404. *Quid* vis-à-vis de l'État ?

405. Comment s'interrompt la prescription ?

406. Quelle différence y a-t-il entre la prescription en matière civile et celle en matière criminelle ?

407. Combien y a-t-il de prescriptions ?

408. A quoi s'applique la prescription de trente ans ?

409. Celle de vingt ans ?

410. Celle de dix ans ?

411. Celle de huit ans ?

312. Celle de cinq ans ?

413. Celle de trois ans ?

414. Celle de deux ans ?

415. Celle d'un an ?

416. Celle de six mois ?

417. Celle de trois mois ?

418. Celle de trente jours ?

419. Celle de neuf jours ?

420. Comment se compte la prescription ?

421. Qui est juge de la prescription ?

422. Qui peut s'en prévaloir ?

423. Quelle est l'utilité publique de la caisse des dépôts et consignations ?

424. *Quid* de la Banque de France ?

425. *Quid* du Crédit foncier ?

(Se reporter pour les matières relatives à l'*Économie politique*, à la *Législation générale*, et à la *Comptabilité publique*, aux Questionnaires qui précèdent, et notamment à celui du *Concours d'admission du Surnumérariat*, chapitre IV de la première partie du *Manuel*).

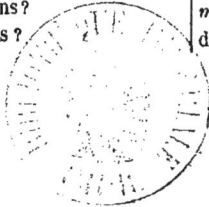

FIN.

Arras. — Typographie Rousseau-Leroy, rue Saint-Maurice , 26.

www.ingramcontent.com/pod-product-compliance
Lightning Source LLC
Chambersburg PA
CBHW060408200326
41518CB00009B/1292